Georg Theunissen

Behindertenarbeit vom Menschen aus

Unterstützungssysteme und Assistenzleistungen für Menschen mit Lernschwierigkeiten und komplexer Behinderung

LAMBERTUS

Georg Theunissen

Behindertenarbeit vom Menschen aus

Unterstützungssysteme und Assistenzleistungen für Menschen mit Lernschwierigkeiten und komplexer Behinderung

LAMBERTUS

Bibliografische Information der Deutschen Nationalbibliothek

Die Deutsche Nationalbibliothek verzeichnet diese Publikation in der Deutschen Nationalbibliografie; detaillierte bibliografische Daten sind im Internet über http://dnb.d-nb.de abrufbar.

1. Auflage 2021

www.lambertus.de
Umschlaggestaltung: Nathalie Kupfermann, Bollschweil
Druck: Elanders, Waiblingen
ISBN 978-3-7841-3159-7
ISBN eBook 978-3-7841-3160-3

Inhalt

Ausführliches Literaturverzeichnis unter
www.lambertus.de/behindertenarbeit

Vorwort

Die vorliegende Schrift stellt eine aktualisierte und teilweise völlig neu verfasste Ausgabe meines im Jahr 2012 erschienenen Buches „Lebensweltbezogene Behindertenarbeit und Sozialraumorientierung“ dar. Mit dieser Neuausgabe sollen Wege einer Behindertenarbeit vom Menschen aus aufgezeigt werden, die sich in erster Linie auf Erwachsene mit Lernschwierigkeiten und einer komplexen Behinderung bezieht.

Unter einer Behindertenarbeit vom Menschen aus verstehe ich einen personenzentrierten Ansatz, der ausgehend von der „Stimme der Betroffenen“ (Empowerment) an Konzepten und methodischen Instrumenten der Gemeinwesenarbeit, der Lebensweltorientierung sowie der Sozialraumorientierung in der Sozialen Arbeit anknüpft, um Leitprinzipien der Inklusion und Partizipation (Teilhabe) einzulösen, wie sie mit der Behindertenrechtskonvention der Vereinten Nationen kodifiziert worden sind.

Der Begriff der Personenzentrierung steht hierbei der Praxis von Leistungsträgern und Leistungserbringern gegenüber, die Behindertenhilfe in erster Linie von ihren Eigeninteressen oder einem institutionsbezogenen Denken, Planen und Handeln her zu gestalten. Als „Alternative zu den bisherigen einrichtungszentrierten Hilfen in der ‚Behindertenhilfe‘ … soll (er) die Grundlage für ein neues Paradigma der Assistenz darstellen, das dem UN-Übereinkommen über die Rechte von Menschen mit Behinderung entspricht“ (Liedke 2020, 14). Gleichwohl bedarf der personenzentrierte Ansatz einer kritischen Reflexion, soll er nicht zu einem vollmundigen Schlagwort oder gar zu einer Fehlentwicklung entgleiten. Diese Gefahr ergibt sich,

- wenn beispielsweise die Stimme der Betroffenen zu wenig Gehör findet und in ein eng geschnürtes „Hilfepaket“ verpackt wird, das die Möglichkeiten der Selbstbestimmung und die Lebensqualität des Einzelnen aus Kostengründen erheblich beschneidet;
- wenn der personenzentrierte Ansatz sich zu sehr an Menschen orientiert, die für sich selber sprechen und sich selbst vertreten können;
- wenn nur dort investiert wird, „wo es sich am meisten lohnt“ (Dörner 2010, 99);
- wenn somit nicht vom Menschen mit hohem Unterstützungsbedarf her gedacht wird oder anders gesagt: wenn „der *kategorische Imperativ des Sozialen*“ nicht beachtet wird, „stets mit dem Letzten zu beginnen, bei dem es sich am wenigsten lohnt“ (ebd.);

- wenn behinderte Menschen nicht „ganzheitlich“ in ihrer Lebenswelt gesehen werden, wenn also die Personenzentrierung und Lebenswelten oder Sozialräume nur „in ein additives Verhältnis gebracht werden“ (Liedke 2020, 17);
- wenn dementsprechend die Personenzentrierung nur als ein „einseitig am Individuum orientierter Ansatz verstanden“ (Eurich 2020, 46) wird und der Wechsel vom profizentrierten Ansatz zum personenzentrierten Modell den unmittelbaren Lebenweltbezug sowie das „*bürgerzentrische Paradigma*“ (Dörner) weithin übergeht.

Der Begriff der komplexen Behinderung bezieht sich auf Personen, die angesichts spezifischer Beeinträchtigungen auf kognitiver, motorischer, sensorischer, emotionaler und sozialer Ebene und darauf abgestimmter Bewältigungsstrategien eine entsprechende ressourcenorientierte Unterstützung zur Verwirklichung des menschlichen Lebens benötigen, die von lebenswelt- und sozialraumorientierten Maßnahmen nicht losgelöst betrachtet werden darf.

Folgerichtig geht es um ein Verständnis von Behinderung, welches anstelle einer bloßen individuumzentrierten Sicht die Erkenntnis zugrunde legt, „dass Behinderung aus der Interaktion zwischen Personen mit Beeinträchtigungen und einstellungs- und umweltbedingten Barrieren resultiert, die die volle und effektive gesellschaftliche Partizipation auf gleichberechtigter Basis mit anderen hindern“ (Behindertenrechtskonvention Präambel e; zit. n. Deutscher Bundestag 2008). In ähnlicher Bahn bewegt sich das Behinderungsverständnis der Weltgesundheitsorganisation mit ihrer ICF (Internationale Klassifikation der Funktionsfähigkeit, Behinderung und Gesundheit) sowie des Ende 2016 verabschiedeten Bundesteilhabegesetzes (BTHG).

Mit dem Begriffsanteil des „Komplexen“ sollen letztlich eine umfassende Perspektive und Aspekte von Behinderung sichtbar gemacht werden, die sich auf reziproke Zusammenhänge (Verknüpfungen) zwischen Formen einer individuellen Schädigung, Beeinträchtigungen, Lebensumstände, Zuschreibungen und der persönlichen Bewertung und Verarbeitung beziehen (vgl. dazu Theunissen 2021). Hierbei stehen v. a. Personen im Fokus, denen üblicherweise eine (schwere) geistige und mehrfache Behinderung nachgesagt wird. Angesichts des stigmatisierenden und diskriminierenden Charakters des Begriffs der „geistigen Behinderung“ gibt es Bestrebungen, ihn zu ersetzen, so z. B. durch die Bezeichnung „Menschen mit komplexer Behinderung“.

Die Selbstvertretungsbewegung „Mensch zuerst – Netzwerk People First Deutschland e.V.“ favorisiert hingegen die Bezeichnung „Menschen mit Lernschwierigkeiten“. Dieser Vorschlag stößt allerdings im Lager der

Behindertenhilfe, Heil- und Sonderpädagogik auf Kritik und Unbehagen – würden doch kognitive Beeinträchtigungen (Probleme beim Denken) zu sehr auf den Lernaspekt fokussiert und seien doch viele der betroffenen Menschen mehrfach behindert. Nichtsdestotrotz sollte die positive Konnotation und Wirkung, die vom Begriff der Lernschwierigkeiten gegenüber dem der geistigen Behinderung ausgeht, im Hinblick auf Einstellungen und Haltungen gegenüber einer betroffenen Person nicht unterschätzt werden; und da nicht jede Person, die als geistig behindert definiert wird, umfassende Beeinträchtigungen aufweist, bietet es sich an, beide Begriffe zu benutzen.

Einer Diskussion um geeignete Begriffe begegnen wir ebenso in anderen westlichen Industrienationen, beispielsweise im angloamerikanischen Sprachraum (z. B. USA, Kanada, Australien), wo die Bezeichnungen *„mental retardation“* oder *„mental handicap“* durch *„intellectual disabilities“* oder *„developmental disabilities“* ersetzt wurden (dazu ebd.). *Developmental disabilities* ist ein Oberbegriff, der sich neben Personen aus dem autistischen Spektrum auf Menschen mit einer organisch bedingten komplexen Behinderung oder mit Lernschwierigkeiten in Verbindung mit Hirnschädigungen erstreckt. Der Begriff der *intellectual disabilities* wird damit einerseits bei nachweisbaren Hirnschädigungen dem der *developmental disabilities* untergeordnet, andererseits bei sozial (familiar) bedingten kognitiven Beeinträchtigungen (Lernschwierigkeiten aufgrund sozialer Benachteiligung) als eigenständiger Terminus benutzt. Smith et al. (2008, 213) nehmen an, dass der Begriff der *developmental disabilities* „möglicherweise 40 % von jenen Menschen ausschließt, die bislang als *‚mildly mentally retarded‘*“ bezeichnet wurden. Grundsätzlich geht es um Personen mit einem mehr oder weniger eingeschränkten sozial adaptiven Verhalten und einem IQ < 70/75, deren Behinderung vor dem 18. Lebensjahr eingetreten sein muss. Das bedeutet, dass sowohl unter dem Begriff der *developmental disabilities* als auch unter dem der *intellectual disabilities*, der sich nahezu weltweit als Fachterminus für die alte Bezeichnung *„mental retardation“* durchgesetzt hat, immer auch Personen erfasst werden, die hierzulande als lernbehindert bezeichnet werden.

Bemerkenswert ist, dass sich im deutschsprachigen Raum wohl der Verständigung halber im Rahmen der EU allmählich eine Öffnung gegenüber der internationalen Begriffsdiskussion und eine Auslegung (Ausweitung) des Begriffs der geistigen Behinderung im Sinne einer *intellectual disability* abzeichnen. In der vorliegenden Schrift wird dieser Tendenz Rechnung getragen, die sich sowohl auf Menschen mit Lernschwierigkeiten im Sinne einer *intellectual disability* als auch auf Menschen mit einer komplexen Behinderung im Sinne einer (umfassenden) *developmental disability* bezieht.

Viele Jahrzehnte war es weltweit üblich, Menschen mit einer komplexen Behinderung ins gesellschaftliche Abseits zu verbannen. Wie sich der Umgang mit ihnen historisch dargestellt hat, welche Auswirkungen ihre Institutionalisierung in Anstalten hatte und welche Reformen hierzulande eingeleitet wurden, um ihre Lebenssituation zu verbessern, wird im ersten Kapitel der Schrift aufgegriffen. Ein Beispiel aus der Praxis, das auf Grundzüge einer Behindertenarbeit vom Menschen aus verweist, dem eine schwere komplexe Behinderung nachgesagt wird, rundet das Kapitel ab. Damit wird zugleich der „*kategorische Imperativ des Sozialen*“ (Dörner) tangiert.

Der anschließende Teil fokussiert ausgehend von den skizzierten Schattenseiten der Geschichte der Institutionalisierung behinderter Menschen die „Stimme der Betroffenen“ (Empowerment). Vor diesem Hintergrund wird mit Blick auf die Behindertenrechtskonvention der Vereinten Nationen die Bedeutsamkeit der lebensweltbezogenen Behindertenarbeit für einen personenzentrierten Ansatz herausgestellt und mit der inzwischen vielerorts wertgeschätzten Sozialraumorientierung verschaltet. Zugleich ergeben sich dadurch neue und anspruchsvolle Aufgaben sowie zukunftsweisende Perspektiven für die Behindertenhilfe. Mehrere Beispiele aus der Praxis runden den Beitrag ab.

Wie wir uns eine lebenswelt- und sozialraumorientierte Behindertenarbeit vom Menschen aus vorstellen können, wird nachfolgend am Beispiel der Behindertenhilfe in Kalifornien (Großraum Los Angeles) aufgezeigt und reflektiert. Die Auswahl dieses Beitrags hängt damit zusammen, dass wichtige Wegweiser für eine zeitgemäße Behindertenarbeit aus den USA stammen und in Kalifornien durch ein flächendeckendes Dienstleistungssystem zum Tragen kommen, welches für die hiesigen Verhältnisse (lern-)anregend und von hohem Erfahrungswert ist.

Das BTHG scheint einige dieser richtungsweisenden Aspekte, z. B. die Idee, unter Würdigung der Stimme einer betroffenen Person den Bedarf für eine Gesamt- und Teilhabeplanung zu ermitteln, aufgegriffen zu haben. Allerdings besteht die Gefahr, dass in vielen Bundesländern Erwachsene mit Lernschwierigkeiten und schwerwiegenden herausfordernden Verhaltensweisen davon kaum profitieren werden, wenn sich Leistungsträger und Leistungserbringer nicht grundlegend von ihrem bisherigen Umgang mit diesem Personenkreis verabschieden. Das betrifft v. a. ihr institutionsbezogenes Denken sowie eine reaktive, häufig restriktive Praxis, die keine positive Wirksamkeit erkennen lässt. Zu diesem Ergebnis kommt eine groß angelegte dreijährige Forschungsstudie, die von 2016 bis 2019 im Land Baden-Württemberg durchgeführt wurde. Darauf wird im vierten Kapitel näher eingegangen. Ausgehend von einem Problemaufriss werden Wege skizziert, die verhindern sollen, dass Menschen mit Lernschwierigkeiten und (schweren) Verhaltensauffälligkeiten durch eine Ghettoisierung in nicht selten überregionalen und großen Behinderteneinrichtungen gesellschaftliche Teilhabemöglichkeiten verwehrt werden.

Der abschließende Beitrag befasst sich gleichfalls mit einem marginalisierten Personenkreis und ruft den *„kategorischen Imperativ des Sozialen"* (Dörner) in Erinnerung. Wie Personen mit schwerwiegendem herausforderndem Verhalten stehen nämlich „Menschen mit hohem Unterstützungsbedarf in der Gefahr, vernachlässigt zu werden" (Liedke 2020, 16). In dem Fall geht es um eine personenzentrierte und lebensweltbezogene Behindertenarbeit mit älteren Menschen, denen Lernschwierigkeiten und schwere neurokognitive Störungen (demenzielle Erkrankungen) nachgesagt werden. Dass ich dieses spezielle Thema aufgreife, ist der Tatsache geschuldet, dass die Lebenserwartung von Menschen mit Lernschwierigkeiten oder komplexer Behinderung stetig steigt und Fragen der gesellschaftlichen Inklusion und Lebensweltorientierung in Bezug auf ältere Personen mit Lernschwierigkeiten und schweren neurokognitiven Störungen bislang sehr selten in den Fokus der Personenzentrierung gelangen.

Alles in allem hoffe ich, mit diesen fünf Beiträgen ein Buch vorgelegt zu haben, das ausgehend von der Geschichte bis zur Gegenwart ein Bewusstsein für die Notwendigkeit einer Behindertenarbeit vom Menschen aus wachhalten und fördern sowie richtungsweisend für eine gute Praxis sein kann.

Bedanken möchte ich mich bei allen, die das Buchprojekt unterstützt haben, v. a. bei Frau Winkler vom Lambertus-Verlag für die gute Zusammenarbeit.

Der Lesbarkeit halber wird stellenweise die männliche Schreibweise benutzt, Personen anderen Geschlechts sind dabei mitgedacht.

Georg Theunissen
Freiburg (Breisgau) im September 2020

Kapitel 1

Geschichte der Institutionalisierung behinderter Menschen[1]

Wenn wir einen Blick in die Literatur über die Geschichte der Versorgung behinderter Menschen werfen (Josef 1967; Kirmsse 1911; 1922; Merkens 1982; Meyer 1973), ist festzustellen, dass es Personen mit Lernschwierigkeiten und einer komplexen Behinderung wohl in allen Kulturen gegeben hat. Allerdings ist die Skizzierung eines historischen Rückblicks dadurch erschwert, dass die unterschiedlichsten Bezeichnungen für diesen Personenkreis (z. B. Idioten, Besessene, Missgestalten, Blöde, Krüppel, Mondkälber, Narren, Kretins, Tollen, Wechselbälger, Fallsüchtige) verwendet und zumeist mit Phänomenen des Wahnsinns, des Irreseins, des Subnormalen sowie der Armut vermischt wurden. Daher ist es heute kaum möglich, Menschen mit Lernschwierigkeiten oder einer komplexen Behinderung „genau auszumachen“ (Speck 1979, 57).

Wie keine andere Randgruppe der Gesellschaft waren diese Personen in der Vergangenheit abhängig von dem, was in den unterschiedlichen Zeiträumen als Mensch-Sein, lebenswert oder sinnhaft definiert wurde, und wie kaum eine andere Gruppe bekamen sie gesellschaftliche Umwälzungen, religiöse Auffassungen, weltanschauliche, politische oder kulturelle Veränderungen so unmittelbar rasch zu spüren.

1 Teile der folgenden Ausführungen stammen aus meiner Schrift „Wege aus der Hospitalisierung“ (Bonn 2000; lieferbar als ebook, 2005) und sind für die vorliegende Arbeit überarbeitet worden.

Im antiken Griechenland war es beispielsweise Tradition, Kinder mit einer komplexen Behinderung, deren Seelenhaftigkeit infrage gestellt wurde, in Schluchten zu werfen oder anderweitig zu töten (Kirmsse 1922, 84). Die Entscheidungsbefugnis über Leben und Tod behinderter Menschen oblag damals den Philosophen (Schadewaldt 1969, 31 f.), die auf dem Hintergrund der auf äußere und innere Harmonie gerichteten Idealvorstellungen (Merkens 1982, 299) das Erziehungsrecht und die Lebensberechtigung denjenigen absprachen, die diesem Leitbild nicht entsprachen. Nur selten gab es behinderte Menschen, die gesellschaftlich anerkannt waren (so z. B. blinde Seher, die dann zumeist zur privilegierten Schicht bzw. herrschenden Klasse zählten; Jantzen 1974, 39).

Aus dem antiken Rom wird berichtet, dass einerseits sogenannte Narren („missgebildete Idioten") als Spielzeug zum Gespött des Publikums verkauft oder verschenkt wurden, andererseits habe es – so Kirmsse (1911, 3 f.; 1922, 85) – aber auch die Ansicht des Philosophen Senecas gegeben, Personen mit Lernschwierigkeiten („Schwachsinnige") zu Hause aufzunehmen, um ihnen eine „menschenwürdige Behandlung" (Kirmsse) zukommen zu lassen.

Solche unterschiedlichen Einstellungen und Umgangsformen lassen sich auch in der Folgezeit beobachten: Zum einen wurden behinderte Menschen, Arme oder Irre als „unheilträchtig" und belastend für eine Gemeinschaft wahrgenommen, als Dämonen gefürchtet und daher vorzeitig getötet oder ausgesetzt, zum anderen kam es gelegentlich zur ihrer Verehrung, Duldung und Betreuung durch Familienangehörige, indem davon ausgegangen wurde, dass sie als „Wesen unter dem besonderen Schutz Gottes" (Disselhoff 1857, 5) stehend dazu auserwählt seien, alle Sünden einer Familie auf sich zu nehmen und abzubüßen.

Spätantike

In den ersten Jahrhunderten nach Christus wurden dann allmählich institutionelle Bemühungen um die Lebenserhaltung sozial bedürftiger, armer, behinderter und psychisch gestörter Menschen sichtbar, indem als Zeichen der Barmherzigkeit oder Frömmigkeit Klöster, Hospitäler oder kirchlich geführte Zufluchtsstätten (Xenodochien) eigens für diesen Personenkreis gegründet wurden (vgl. Josef 1967, 48 ff.; Bradl 1991, 129 ff.). Das christliche Ideal der Nächstenliebe wurde nunmehr zu einer unangefochtenen Grundlage für die Institutionalisierung behinderter Menschen. Jedoch konnten dadurch Aussetzungen von Kindern mit einer komplexen Behinderung noch nicht beseitigt werden. Zeitgleich wurde es allerdings auch manchen Menschen mit (leichten) Lernschwierigkeiten ermöglicht, in einer bäuerlichen Großfamilie zu verbleiben (Gastager 1973, 81).

Mittelalter: Behinderte Menschen als „Wechselbälge"

Um 1500 kam es erneut zu einer gegenläufigen Entwicklung oder, wie es Josef (1967, 52) treffend bemerkt, zu „Entgleisungen und Verirrungen", die damit zusammenhingen, dass die Kirche in einer Zeit sozialer Kämpfe und politischer Spannungen (z. B. Bauernkrieg) an Einfluss verlor und als Mittel zu ihrer Machterhaltung die Inquisition oder Folter einsetzte, in deren Fängen Personen gerieten, die als Hexen, Missgebildete, Wahn- oder Blödsinnige bezeichnet wurden. Zur Begründung solcher Maßnahmen hieß es, dass Missbildungen das Werk des Teufels oder ein Racheakt von dämonischen Mächten oder Hexen seien, die ihre Kinder heimlich gegen normal geborene austauschen würden (Kirmsse 1922, 87 f.) und dass aus der Vereinigung von Teufel oder Dämon mit Menschen oder Hexen „Wechselbälger" entstünden. Berühmt geworden sind diesbezüglich Martin Luthers „Tischreden", in denen er Wechselbälge als „Söhne des Satans", deren Tötung als „ein Gott wohlgefälliges Werk" (Kirmsse 1911, 9) betrachtet wurde, bezeichnet (Kirmsse 1922, 86; Schröder 1983, 25 f.).

In der Folgezeit begegnen wir wiederum einer Institutionalisierung, indem „Wahn- oder Blödsinnige" aus der Gesellschaft verbannt und gemeinsam mit Kriminellen, Armen, Arbeitslosen, Bettlern oder Landstreichern (vgl. Schröder 1979, 9) als Objekte der städtischen Gesundheits- oder Armenfürsorge in kirchlichen Asylen, Armen-, Findel- und Waisenhäusern oder in öffentlichen Arbeitsanstalten, Gefängnissen, ausbruchssicheren Irrentürmen, Zucht-, Narren- sowie Tollhäusern untergebracht wurden – „wo sie in gemauerten und vergitterten Gewölben eingekerkert auf Schmutz und Stroh lagen, von Neugierigen gereizt und vom Tollmeister gepeitscht" (Mönkemöller 1903, 43). Diese Praxis diente keineswegs einem „Heilzweck" (ebd., 38), sondern ausschließlich der „Strafe" (ebd.) und zum „Schutz der Öffentlichkeit" (Meyer 1973, 23). Wie viele Menschen mit Behinderungen davon betroffen waren, ist schwer auszumachen. Jedenfalls hatten – wie schon in den Jahrhunderten zuvor – manche Menschen mit leichten Lernschwierigkeiten („Schwachsinnige") wohl das Glück, von Großfamilien mitgetragen und als „Dorftrottel" von der Bevölkerung geduldet zu werden (Schröder 1983, 27).

Absolutismus: Zeitalter der Repression durch Foltermethoden

Erst im Zeitalter des aufgeklärten Absolutismus kam es mit der Auflösung der feudalistischen Ständegesellschaft sowie infolge eines Bevölkerungszuwachses und einer Arbeitsüberlastung vieler Familien zu einer Institutionalisierung auch dieses Personenkreises in Zucht-, Korrektions- oder Arbeitshäusern. Diesbezüglich sollten Menschen mit (leichten) Lernschwierigkeiten zur Zwangsarbeit herangezogen werden, um der Gesellschaft „nicht mehr zur Last zu fallen" (Heller 1925, 439). Bei (anderen) Personen mit einer komplexen Behinderung stand hingegen die Ausrottung des „Bösen" oder „Verkehrten" im Menschen im Vordergrund der Anstaltspraxis – galten sie doch von Natur aus als „böse", „sündig", „verkehrt" oder vom „bösen Geist besessen" (ebd., 438). Auf dem Hintergrund dieser Ansicht kam es im Absolutismus – einem Zeitalter „massiver Repression" (Blasius 1980, 21) – zur Erfindung und Anwendung zahlreicher aversiver (Folter-)Methoden, die der Erziehung behinderter und psychisch gestörter Menschen dienten. Die Palette der Zwangsmittel und Zwangsmaßnahmen reichte von Fixiergurten, Handfesseln, Zwangsjacken, Maulkörben über Fußschellen, Fußklötze, Beinketten bis hin zu Drehmaschinen, Drehbetten, Käfigen, Zwangsstuhl, Zwangsschaukel, Peitschenhiebe, Isolierzellen, Essens- oder Schlafentzug, Glüheisen, Brechmittel oder Tauchkörbe (vgl. hierzu die bemerkenwerte Zusammenstellung in Schröder 1983, 40 ff.; vgl. auch Jacobi 1834, 177 ff.).

Diese Zwangsmittel wurden bis zum 19. Jahrhundert in fast sämtlichen öffentlichen Narren-, Zucht- oder Aufbewahrungshäusern fleißig genutzt, aber auch in kirchlichen Anstalten, Armen- oder Rettungshäusern kam der Zwangserziehung (v. a. bei den Pietisten) durch Strafe, körperliche Züchtigung mit Rutenschlägen, Anwendung von Zuchtbänken oder „Bärenkästen" große Bedeutung zu (hierzu auch Röper 1976, 102, 105, 115; Theunissen 1980, 24 f.). Zu Beginn der Aufklärung hatte sich nämlich ein enger „Normalitätsbegriff" etabliert (Dörner 1969). Durch diesen sollten alle Personen, bei denen eine „ordentliche Erziehung" (v. Rohden, 1907) versagt hatte und die aufgrund einer „Blödheit" als „seelenlos" galten (Kant zit. nach Gerhardt 1911, Sp. 1459), zur „Seelenheilung", zur Hinführung zu „ewiger Glückseligkeit" und „zur Bewahrung vor Müßiggang oder Verderben sowie zur Überwindung von Charakterfehlern" (A. H. Francke), in (privaten) Rettungshäusern oder (öffentlichen) Zucht- bzw. Korrektionsanstalten (zwangs-)eingewiesen und unter strenger Überwachung und körperlicher Züchtigung erzogen werden (dazu auch Kirmsse 1911, 20). Dieser Umgang mit allen „Unvernünftigen" (Dörner) hing mit der Lehre von der Erbsünde zusammen, „dass das menschliche Herz von Jugend auf böse sei" (Röper 1976,

182). Unter Berufung auf Immanuel Kant, dass das „Böse" im Menschen als „das unentbehrliche Befördernis des Guten zu verstehen" sei (Weinstock 1960, 305) – eine Position, die z. B. von Friedrich Schiller (zit. in ebd., 300) nicht geteilt wurde – erhofften sich viele Pädagogen und Theologen durch eine strenge Zucht letztlich die Rettung der „Seele" bzw. den „Sieg des guten Prinzips über das böse" (314).

19. Jahrhundert: Anfänge der Psychiatrie und Ausbau des Anstaltswesens

Eine Wende auf dem Gebiete der Institutionalisierung trat ein, als sich zu Beginn des 19. Jahrhunderts eine von medizinisch-naturwissenschaftlichen Denkmodellen geleitete „neue" Disziplin – die Psychiatrie – etablierte, welche eine „dem damaligen Wissensstand angepasste Wissenschaftlichkeit" (Keupp 1974, 124) versprach und die bisher unzureichend konstituierte Heil- und Sozialpädagogik („Schwachsinnigen- und Fürsorgeerziehung") mit einem begrifflichen und methodischen Handlungsapparat zu systematisieren versuchte (vgl. auch Meyer 1973, 9, 30 ff.). Etwa zur gleichen Zeit war es nämlich durch engagierte Ärzte, Theologen und Pädagogen (z. B. Guggenbühl, Georgens und Deinhardt, Haldenwang, Itard, Kern, Milde, Rösch, Saegert, Séguin) zu ersten „heilpädagogischen" Konzepten und Maßnahmen gekommen (dazu Bradl 1991, 217 ff.; Josef 1967, 54 ff.; Kaspar 1980; Lindmeier & Lindmeier 2002; Möckel 2007; Speck 1979), die mit einer begrifflichen Differenzierung behinderter Menschen in Blinde, Taubstumme, Krüppel und Schwachsinnige sowie mit einer Neubestimmung des Anstaltswesens und Gründung von neuen Behinderteneinrichtungen einhergingen. Anstelle der Toll- und Zuchthäuser alter Prägung entstanden nun neben Irrenanstalten spezielle Taubstummen-, Blinden- oder Idiotenanstalten mit Unterrichts- und Arbeitsangeboten sowie in der zweiten Hälfte des 19. Jahrhunderts öffentliche Hilfsschulen für „bildbare Schwach- oder Blödsinnige" (vgl. Mönkemöller 1903, 260 ff.).

Bei der Neugründung der Behindertenanstalten waren zum einen „fundamentale christliche Impulse" (Speck 1979, 58) bedeutsam. Besonders im philanthropisch-caritativen Bereich (dazu Heller 1925, 447 f.) entstand eine neue Haltung, die stärker vom Gedanken der Nächstenliebe sowie „der Selbstlosigkeit und Aufopferung bestimmt war" (Schröder 1983, 35). Dennoch blieben Formen der Zwangserziehung sowie der „pragmatisch-klerikale Moralismus" (Jantzen 1982, 31) zunächst noch weitgehend unangetastet (dazu auch Röper 1976, 184 ff.). Zum anderen spielten humanitäre und soziale Gesichtspunkte in Verbindung mit pädagogischen Heilungsabsichten (im medizinischen Sinne) eine Rolle, die sich v.a. durch die zunehmende Industrialisierung und der damit verknüpften Auflösung der Großfamilien und Landflucht ergaben. Die wirtschaftliche Entwicklung hatte zur Folge, dass in noch weitaus stärkerem Maße als bisher behinderte, schwache oder hilfebedürftige Menschen nicht mehr familiär versorgt werden konnten, überdies kam es zu einer wachsenden Verelendung großer Teile der Arbeiterklasse, worunter die heranwachsende Generation in starkem Maße zu leiden hatte. Einige Reformer (z.B. Georgens und Deinhardt 1858; 1861; 1863; Séguin 1912) hatten das „ökonomische Elend" sowie die „Not" weiter Teile behinderter und nichtbehinderter Kinder und Jugendlicher als ein gesellschaftliches Problem erkannt, wurden jedoch an der Implementierung ihrer Vorstellungen und Konzepte gehindert, galten sie doch als zu revolutionär und „exotisch" in einer Zeit, in der Formen einer Zwangserziehung, Ausgrenzung und Diskriminierung sozial benachteiligter und behinderter Menschen redlich gepflegt wurden.

Was die heilpädagogische Arbeit in den neu gegründeten Anstalten betraf, so liefen sämtliche Bemühungen auf den Versuch hinaus, möglichst viele behinderte Personen zu „heilen" sowie „erwerbsfähig und brauchbar für's Leben" (Probst zit. n. Meyer 1973, 138) zu machen. Dabei wurde die bisherige Vermutung, dass es einerseits Kinder und Jugendliche mit leichten Lernschwierigkeiten gab, die „bedeutend gebessert" werden konnten und dass andererseits Heranwachsende mit Lernschwierigkeiten und massiven Verhaltensproblemen sowie Personen mit einer komplexen Behinderung „bildungs- und erziehungsunfähig", „unheilbar ... seelenlos und darum auch keiner Therapie zugängig seien" (Meyer 1973, 239), alsbald bestätigt.

Mit dieser Erfahrung wurde letztlich von großen Teilen der Heilpädagogik und Idiotenanstalten eine Denkfigur legitimiert, die eine Unterscheidung in „heilbare und unheilbare Idioten" vorsah und zu Beginn des 19. Jahrhunderts durch Reil (1803), mit dessen Arbeit „man gemeinhin die deutsche Psychiatrie beginnen lässt" (Dörner 1969, 216), befördert wurde. Reil hatte nämlich eine Unterteilung des „Blödsinns" in drei Grade vorgeschlagen:

„Der erste Grad ist am schwersten zu bestimmen, weil er eine Demarkationslinie zwischen gesundem Menschenverstand und anfangendem Blödsinn voraussetzt, die nicht so leicht gefunden werden kann (...). Der mittlere Grad ist von beiden Endpunkten gleich weit entfernt. Der Kranke ist nicht ganz sinnlos, sondern fasst noch die einfachsten Begriffe, doch er ist zu den gemeinsten Geschäften unfähig, wenn sie nicht ganz mechanisch abzumachen sind (...). In dem äußersten Grade des Blödsinns, von welchem der vollkommne Kretin das lebendige Beispiel ist, fehlen alle Wahrnehmungen der Sinne, weil sie stumpf sind, oder die Seele keinen ihrer Eindrücke beachtet. Der Kranke hört ein wildes Geräusch, aber überall keinen verständlichen Ton, weil er nicht imstande ist, einen aus der Menge auszuheben, ihn nicht auf seine Ursache zurück zu führen, und dadurch seine Bedeutung einzusehen. Er sieht eine unordentliche Zusammenstellung von Farben und Gestalten, von welchen er keine besonders unterscheidet. Seine Seele ähnelt einem Spiegel, in welchem sich ein totes Bild der Welt abprägt. Er ist ohne Begriffe, Urteile, Gefühle, Leidenschaften, also auch ohne Triebe und Willen. Selbst die Gefühle des Hungers, Durstes und Schmerzes sind stumpf und werden dunkel vorgestellt. Der Kranke bewegt sich entweder äußerst träge oder gar nicht, geifert, lässt jedes Glied in der Lage liegen, in welche man es bringt, und es herunterfallen, wie die Schwere es leitet, wenn es aufgehoben wird. Kurz, er lebt zwar, weil er vegetiert, aber außer dieser ganz allgemeinen Funktion des Organismus, durch welche er vor Auflösung geschützt wird, ist weiter kein Charakter der Tierheit vorhanden" (Reil 1803, 413 ff.).

Diese Einteilung des Blödsinns, bei der „nur der erste Grad (…) einer radikalen Heilung fähig zu sein (…) scheint" (ebd., 432 f.), wurde in den nachfolgenden Jahrzehnten zu einer handlungsbestimmenden Größe auf dem gesamten Gebiet der Institutionalisierung von Menschen mit Lernschwierigkeiten oder einer komplexen Behinderung; und bis heute wirkt sie als *Oligophrenie-Konzept*[2] im Lager der traditionellen Psychiatrie nach.

Zur Differenzierung zwischen „Heilbaren" und „Unheilbaren"

So kam es in der Folgezeit zu einer „Zweiteilung" des Anstaltswesens, indem erstens zwischen Institutionen für „heilbare" psychisch Kranke oder „erziehungs- und arbeitsfähige" behinderte Menschen auf der einen Seite und Institutionen für „unheilbare", „bildungsunfähige" und pflegebedürftige, „hoffnungslose Fälle" auf der anderen scharf differenziert wurde. Zweitens wurden kombinierte Einrichtungen, z. B. Heil- und Pflegeanstalten oder Idiotenanstalten, geschaffen, die intramural sowohl eine Abteilung für „heilbare" und/oder arbeitsfähige Personen als auch eine Abteilung für „unheilbare Pflegefälle" aufwiesen (ebd., 453 ff.). Durch diese Kombination, die aus der Kritik an einer zu scharfen Abgrenzung zwischen „heilbar" und „unheilbar" im Modell von Reil hervorgegangen war, sollte der „Heilgedanke in das

2 Das Oligophrenie-Konzept der traditionellen Psychiatrie unterscheidet zwischen „Debilität" als leichte Form einer „Intelligenzminderung" (intellektuellen Behinderung; Lernschwierigkeit), „Imbezillität" als mittlere Form und „Idiotie" als schwere Form (komplexe Behinderung). Dieses Konzept wirkt bis heute nach (vgl. Theunissen 2021).

System der Aufbewahrung" hineingetragen werden (Blasius 1980, 39 f.). Tatsächlich aber profitierten davon nur sehr wenige Menschen mit schweren Behinderungen (Mönkemöller 1903, 255). Bis auf wenige Einrichtungen (vgl. Kaspar 1980) wurden in den meisten Idiotenanstalten fast ausschließlich „bildungsfähige Idioten" betreut (Laquer 1906, 321). Nahezu alle „Idioten schweren Grades" wie aber auch zum Teil andere „Schwachsinnige, Krüppel oder fallsüchtige Idioten" – die sogenannten „sozialen und intellektuellen Nullen" (Griesinger 1872, 285) – wurden hingegen weiterhin in Siechen- oder Bewahranstalten, Pflegeheimen und Nothospitälern notdürftig, nicht selten menschenunwürdig versorgt (vgl. Mönkemöller 1902, 157; Kastner 1977, 131 ff.). Schließlich handelte es sich hierbei nach Jacobi (1834, 189), einem einflussreichen Gründer einer Irrennstalt im Rheinland, um „die traurigsten und in Bezug auf die Wartung lästigsten Fälle (...), [um, G.T.] unreinlich Tobsüchtige oder sinnlose Kranke, [die, G.T.] durch gewisse Krankheitszustände, Schwäche, Lähmung, Wunden usw. anhaltend bettlägerig" waren. Spätestens seit Ende des 19. Jahrhunderts wurden die Zwangsmaßnahmen in den Institutionen deutlich kritisiert (Kastner 1977, 86; Mönkemöller 1903, 113; Schroeter 1897, 23, 38), dennoch standen aversive Methoden wie körperliche Züchtigungen, Isolierzellen und die Anwendung von Drehstühlen, Zwangsfütterung, Zwangsduschen oder Maulkörben nach wie vor auf der Tagesordnung einer Anstaltspraxis (Kastner 1977, 123; Wiehl 1925, 139 f.). So ist nachvollziehbar, dass sich mit Blick auf Menschen mit einer komplexen Behinderung trotz mancher heilpädagogischer Bemühungen insgesamt „ein erschütterndes Bild menschlichen Elends" (Mönkemöller 1903, 333) bot, welches ein „trauriges Eingeständnis" dafür war, „wie unendlich wenig damals für die Unglücklichsten der Unglücklichen getan wurde" (ebd.).

Verschärft wurde diese Situation letztlich noch dadurch, dass sich einige Universitätskliniken im Zuge der Etablierung der Psychiatrie um die wissenschaftliche Erforschung des „Schwachsinns" bemühten (vgl. Sommer 1906; 1907), der jetzt „nicht mehr als Folge von Sünde oder von Erbschuld", sondern als „Körperkrankheit" betrachtet wurde (Jantzen 1982, 39; Kastner 1977, 94). Zugleich wurde dabei der soziale Faktor bei der Betrachtung der schweren Formen eines „Schwachsinns" gänzlich ausgeblendet – ein Aspekt, der für die Institutionalisierung des betroffenen Personenkreises erhebliche Nachteile mit sich brachte, indem nunmehr ausgehend von organischen Defekten die Bettenpflege und ein therapeutischer Nihilismus naturwissenschaftlich-medizinisch legitimiert wurden (dazu auch Blasius 1980, 95). Deshalb konnte Scholz in einem vom Deutschen Verein für Psychiatrie preisgekrönten „Leitfaden für Irrenpfleger" noch 1927, in der 21. Auflage, unangefochten über Menschen mit einer komplexen Behinderung schreiben:

„Zahlreich sind (...) die Grade der Hemmung, mannigfaltig die Abstufungen, denen wir bei diesen Stiefkindern der Natur, den Geistesschwachen, hinsichtlich des Umfangs ihres geistigen Horizonts begegnen können. In den schwersten Fällen stehen diese Unglücklichen tiefer, man möchte sagen, als das Tier, und erweisen sich schon von frühester Jugend an unfähig, auch das Allereinfachste zu begreifen. Kaum vermögen sie oftmals die Sprache zu erlernen. Ihre Äußerungen sind nur blödes Stammeln, und es fehlt jede Fähigkeit der Bildung höherer Begriffe und der Verarbeitung von Sinneseindrücken. Unreinlich, eine Qual für die ihrigen, vegetieren sie dahin bis ein früher Tod sie wohl erlöst, was aber keineswegs immer der Fall ist, denn bei guter Fürsorge können selbst diese Zerrbilder von Menschtum zu Jahren gelangen. Die geistigen Mängel dieser tiefstehenden Idioten erkennt auch der Laie sofort als Krankheitszeichen an" (108 f.).

Aufgrund des „Rückzugs" einiger Ärzte aus den Anstalten in die Forschung (vgl. hierzu Meyer 1973, 142, 145), hatten zunächst in der zweiten Hälfte des 19. Jahrhunderts vorwiegend Theologen oder Pädagogen die Leitung der Idiotenanstalten inne, allerdings wurde kurz vor 1900 „eine ärztliche Kommission für Idiotenforschung und Idiotenfürsorge" gebildet (Heller 1925, 15), der es darum ging, deutlich zu machen, „dass für die Idiotenanstalten ausnahmslos ärztliche Leitung und staatliche Aufsicht zu verlangen sei" (Dannemann 1911, Sp. 1465; dazu auch Laquer 1907, 463, 475; Mönkemöller 1903, 264; Strohmayer 1911, Sp. 1239 f.). Dieser Auffassung stand die Ansicht vieler nicht-ärztlicher Anstaltsleiter (v. a. aus dem Lager der Kirche) entgegen, dass Menschen mit Lernschwierigkeiten oder einer komplexen Behinderung in erster Linie heilpädagogisch betreut werden müssten. Da sich der preußische Staat jedoch weitgehend der Forderung der Psychiater anschloss, trat in der Folgezeit ein Wandel in vielen Idioten- und Pflegeanstalten ein, indem immer mehr Ärzte an die Spitze dieser Einrichtungen gestellt oder als leitende Mitarbeiter mit sozialer Kontroll- und zentraler Entscheidungskompetenz ausgestattet wurden (vgl. Mönkemöller 1903, 268). Vor dem Hintergrund dieser Entwicklung (dazu ausführlich Bradl 1991, 520 ff.) kam es zu einer Angleichung der Idiotenanstalten an die psychiatrischen Heil- und Pflegeeinrichtungen (vgl. auch Mönkemöller 1903, 239), was dazu führte, dass ein am Oligophrenie-Konzept orientiertes, psychiatrisches Denk- und Handlungsmodell zum Paradigma der Behindertenhilfe avancierte.

Dieser von Klevinghaus (1972, 22 f.) konstatierte Rückschritt, der u. a. darin bestand, dass sich die heilpädagogische Arbeit nur noch auf bildbare und arbeitsfähige Jugendliche mit leichten Lernschwierigkeiten in „Anstaltshilfsschulen" beschränkte (Speck 1979, 61; vgl. auch Schenk 1913), wurde von einigen der „wichtigsten Figuren der deutschen Heilpädagogik" (Jantzen

1982, 24), so beispielsweise von Heller (1925), geradezu befördert: Nach Hellers Auffassung war nämlich „in schweren Fällen von Idiotie" (479), „die keine Spur geistigen Lebens" (30) zeigten, „die weder Aufmerksamkeit noch Gedächtnis" besaßen (300), die „nicht dressurfähig" waren (300), „bei denen die primitivsten Triebe und Instinkte kaum zur Entwicklung" (30) gelangten, die „durch keine Bewegung irgendeine psychische Regung (23) verrieten, die in der Regel „körperlich unterentwickelt" und daher von „kurzer Lebenszeit" (23) waren und bei denen die einzige Regung zumeist der „Nahrungstrieb" (23) war, „jede pädagogische Wirksamkeit vergeblich" (479). Deswegen gehöre dieser Personenkreis der „Bildungsunfähigen" (27, 454) gleichermaßen wie „versorgungsbedürftige Asylisten" (481) „unter ausschließlich ärztliche Aufsicht" (479) in Pflegeanstalten, die „bereits bestehenden Irren- oder Siechenhäusern angegliedert" (479) werden sollten.

Gleichermaßen nihilistisch wurde auch im Rahmen des preußischen Krüppelfürsorgegesetzes argumentiert (1920, 158); das Gesetz sah vor, dass alle „Siechen und Unheilbaren", bei denen die Anwendung teurer Apparate „nur einen sehr bescheidenen Erfolg" versprach, aus rein ökonomischen Gründen in Pflegeeinrichtungen untergebracht werden sollten. Welche Konsequenzen dies für die Betroffenen hatte, wird von Ulbrich (1921, 132) recht plastisch herausgestellt:

„Die deutschen Krüppelheime und die Kindersiechenhäuser bieten eine traurige Heerschau der armen belasteten Wesen, die mit trüben Augen, laufenden Ohren, verklebter Nase, verkrümmten Gliedern und eiternden Fisteln dasitzen, einer Schuld büßend, wofür sie keine Verantwortung tragen. Viele von ihnen haben Klein- oder Wasserköpfe, Turmschädel, Sattelnasen, Henkelohren, angefressene Zähne, ekelhafte Ausschläge und andere Schäden. Nicht selten paart sich mit der körperlichen Gebrechlichkeit geistige und seelische Minderwertigkeit. Viele dieser Kinder werden zu ihrem Glück nicht alt, sondern sinken für den Lebenskampf untauglich in ein frühes Grab. Andere jedoch müssen leben und sich durch Jahrzehnte hindurchquälen, in lichtlose Dunkelheit gehüllt und mit Schmerzen und Qualen behaftet, welche die Kunst der Ärzte vergeblich zu lindern sucht."

Unter solchen Lebensbedingungen mussten sich im frühen 20. Jahrhundert Menschen mit schweren kognitiven Beeinträchtigungen und einer komplexen Behinderung zurechtfinden; und ihre Situation wurde zur Zeit des Ersten Weltkrieges noch einmal besonders problematisch, als einige Behindertenanstalten, z. B. in der Rheinprovinz, als Kasernen oder Lazarette benutzt wurden, sodass ein Teil der Bewohner in andere Institutionen verlegt werden musste (vgl. hierzu LVR 1962 b, 14; Kastner 1977, 150 ff.). Unter diesen Umständen ließ sich in vielen (psychiatrischen) Anstalten „eine ordnungsmäßige Pflege und Trennung der Geisteskranken (und Menschen mit Behinderungen, G.T.) nicht mehr durchführen“ (Wiehl 1925, 125, 171).

Vorboten des Nationalsozialismus

Zugleich hatte sich aber auch schon eine verhängnisvolle Entwicklung angebahnt, über die ich angesichts der Euthanasiedebatte gegen Ende der 1980er-Jahre (vgl. Theunissen 1989b) ausführlicher berichten möchte, um deutlich zu machen, dass Irrwege, wie die Vernichtung „lebensunwerten Lebens“, niemals wieder Realität werden dürfen.

Es ist unbestritten, dass bestimmte gesellschaftliche, wissenschaftliche und geistige Strömungen der Euthanasie behinderter Menschen im Hitlerfaschismus den Weg geebnet haben. Einige wichtige Lehren und Wegbereiter sollen kurz genannt sein:

Sozioökonomischer Utilitarismus

Mit dem Zeitalter der Aufklärung, dem Kampf des Bürgertums gegen den Feudaladel und der Industrialisierung der Wirtschaft, wurde im europäischen Sprachraum eine sozioökonomisch geprägte utilitaristische Kultur entwickelt, die bis heute wirksam ist: Was zählt ist nur noch die Nützlichkeit des Einzelnen auf der Basis eines kompromisslosen Leistungsprinzips, nicht aber die menschliche Existenz an sich, die Einmaligkeit und Einzigartigkeit menschlichen Lebens. Die Ausrichtung menschlichen Handelns nach utilitaristischen (marktwirtschaftlichen) Gesichtspunkten (kritisch dazu Gouldner 1974, 81 ff.) führte, wie bereits anskizziert, seit dem 19. Jahrhundert zu einer scharfen Trennung zwischen brauchbaren und unbrauchbaren Mitgliedern der Gesellschaft, die sich ihrerseits in ein effektives Wirtschafts- und ineffektives (kostenintensives) Sozialsystem spaltete (Dörner 1988, 65 ff.). Menschen mit Lernschwierigkeiten und einer komplexen Behinderung galten weitgehend als unbrauchbar. Folglich hing ihr „Schicksal“ von dem ab, was der Staat bereit war, an sozialer Hilfe (Fürsorge) zu investieren. An dieser sozialen Abhängigkeit hat sich bis heute nichts geändert. Besonders bedrohlich wird sie für alle Betroffenen, wenn in Zeiten wirtschaftlicher Krisen soziale Hilfen oder Leistungen gestrichen oder wenn ökonomische Motive und egoistisch-utilitaristische Interessen soziale und humane Aufgaben verkommen lassen. Für den Nationalsozialismus bot die utilitaristische Philosophie wertvolle Anknüpfungspunkte. Durch Kosten-Nutzen-Analysen sollte die Sinnlosigkeit der Fürsorge für alle unbrauchbaren Menschen, die als „Ballastexistenzen“ galten, unterstrichen werden (Binding & Hoche 1920, 55).

Nietzsches Theorie des „Herrenmenschen"

Schon der antike griechische Philosoph Platon ging davon aus, dass nur der „schöne Mensch", das harmonisch gestaltete Individuum auch klug, begabt, stark, vollkommen und mächtig sei. Folgerichtig waren Menschen mit einer komplexen Behinderung wertlos und durften getötet werden. Dieser Geringschätzung behinderter oder auch schwer kranker, pflegebedürftiger alter Menschen begegnen wir später gleichfalls bei Friedrich Wilhelm Nietzsche (1844 bis 1900), der mit seinem Werk „Also sprach Zarathustra" (1883) eine Lehre vom „Übermenschen" vertrat, die wegbereitend für das nationalsozialistische Menschenbild und die rassistisch-naturalistische, heroistische Kultur war.[3] Der Über- oder Herrenmensch ist für Nietzsche ein höheres, geläutertes Wesen, dessen „Herrenmoral" sich zum Recht des Stärkeren bekennt. Dies bedeutet zugleich eine rigorose Abwertung alles Schwachen: „Der Übermensch liegt mir am Herzen, der ist mein Erstes und Einziges, – und nicht der Mensch: nicht der Nächste, nicht der Ärmste, nicht der Leidendste, nicht der Beste. (…) Werdet hart gegen alle Kraftlosen, Kranken und Knechte, gegen alle heillos Mittelmäßigen und Minderwertigen" (251) lässt Nietzsche Zarathustra sagen. Ähnlichen Ansichten begegnen wir auch in Hitlers „Mein Kampf".

Malthusianismus und Sozialdarwinismus

Der Malthusianismus geht auf den Sozialforscher Thomas Robert Malthus (1766–1834) zurück, der die These vertrat, dass menschliches Elend (Armut, Hunger, Slums) auf das Anwachsen der Bevölkerung zurückzuführen sei, für die es auf Dauer nicht genügend Nahrung gebe. Um der drohenden Überbevölkerung entgegenzutreten, sah Malthus in kriegerischen Auseinandersetzungen, Seuchen und Krankheit einen „natürlichen" (naturgesetzlichen) Ausgleich. Darüber hinaus wurde die Forderung nach Enthaltsamkeit, Spätheirat, Kinderlosigkeit und Freigabe der Abtreibung bzw. einer Geburtenverhütung erhoben.

Malthus war mit seinen Thesen und Vorstellungen, die die Ideologie der Nationalsozialisten direkt beeinflussten, weltweit bekannt geworden. Das gilt ebenso für Charles Darwin (1809–1882), dessen Evolutionstheorie auf menschliche Gesellschaften übertragen wurde. Dafür steht der Begriff des Sozialdarwinismus, unter dem verschiedene Theorien subsumiert werden, die gesellschaftliche Entwicklung als Folge „natürlicher Selektion" auffassen und dabei den Schluss ziehen, dass „gesunde" Erbanlagen zu fördern und schwache, geschädigte oder „schlechte" zu eliminieren seien. Bis heute wird

3 Inwieweit sich dabei Nietzsche durch Rassentheorien (z. B. durch Gobineau's Ansichten; dazu später) beeinflussen ließ, wird bis heute diskutiert.

die Rolle Darwins im Hinblick auf den Sozialdarwinismus diskutiert. Seine Position war dem Anschein nach uneindeutig:

„Unter den Wilden werden die an Körper und Geist Schwachen bald eliminiert; die Überlebenden sind gewöhnlich von kräftigster Gesundheit. Wir zivilisierten Menschen dagegen tun alles mögliche, um diese Ausscheidung zu verhindern. Wir erbauen Heime für Idioten, Krüppel und Kranke. Wir erlassen Armengesetze, und unsere Ärzte bieten alle Geschicklichkeit auf, um das Leben der Kranken so lange als möglich zu erhalten. Wir können wohl annehmen, dass durch die Impfung Tausende geschützt werden, die sonst wegen ihrer schwachen Widerstandskraft den Blättern zum Opfer fallen würden. Infolgedessen können auch die schwachen Individuen der zivilisierten Völker ihre Art fortpflanzen. Niemand, der etwas von der Zucht von Haustieren kennt, wird daran zweifeln, dass dies äußerst nachteilig für die Rasse ist. Es ist überraschend, wie bald Mangel an Sorgfalt, oder auch übel angebrachte Sorgfalt, zur Degeneration einer domestizierten Rasse führt; ausgenommen im Falle des Menschen selbst wird auch niemand so töricht sein, seinen schlechtesten Tieren die Fortpflanzung zu gestatten. Die Hilfe, die wir dem Hilflosen schuldig zu sein glauben, entspringt hauptsächlich dem Instinkt der Sympathie, die ursprünglich als Nebenform des sozialen Instinkts auftrat, aber in der schon früher angedeuteten Weise allmählich feiner und weitherziger wurde. Jetzt können wir diese Sympathie nicht mehr unterdrücken, selbst wenn unsere Überlegung es verlangte, ohne dass dadurch unsere edelste Natur an Wert verlöre. Der Chirurg mag sich hart machen, wenn er eine Operation ausführt; denn er weiß, dass sie zum Besten des Kranken dient. Wenn wir aber absichtlich die Schwachen und Hilflosen vernachlässigen wollten, so wäre das nur zu rechtfertigen, wenn das Gegenteil ein größeres Übel, die Unterlassung aber eine Wohltat herbeiführen würde. Wir müssen uns daher mit den ohne Zweifel nachteiligen Folgen der Erhaltung und Vermehrung der Schwachen abfinden. Doch scheint wenigstens ein ständiges Hindernis dieses Vorgangs zu existieren, nämlich die bei den sehwachen und inferioren Mitgliedern geringere Neigung zum Heiraten als bei den Gesunden. Dies Hindernis könnte noch viel wirksamer werden, wenn die körperlich und geistig Schwachen sich der Ehe enthielten. Allerdings kann dies mehr erhofft als erwartet werden" (Darwin 1982 [1871], 96).

Demgegenüber war das „sozialdarwinistische Denken" *(survival of the fittest)* des britischen Sozialphilosophen Herbert Spencer (1820–1903) eindeutig, an dem sich in Verbindung mit Rassentheorien die Nationalsozialisten ideologisch orientieren konnten (Fest 2006, 106f.).

Rassentheoretisches Denken und Rassenhygiene

Besonders willkommen für Adolf Hitlers Rassenideologie und Schlussfolgerungen waren Rassentheorien, wie sie insbesondere vom französischen Diplomaten und Schriftsteller Joseph Arthur Graf von Gobineau (1816–1882) vertreten wurden (dazu Fest 1992, 81 f.). Gobineau versuchte in einem vierbändigen Essay aufzuzeigen, dass es mit der „arischen", „nordischen" und „germanischen Rasse" eine „weiße Urrasse" gebe, der eine „gelbe" und „schwarze Rasse" nachgeordnet sei. Diese „weiße Urrasse" repräsentiere in ihrer Vollkommenheit die höchste gesellschaftliche Schicht wie die Aristokratie; und um ihre Reinheit und Überlegenheit zu sichern, sei es wichtig, jegliche Vermischungen zu vermeiden. Dabei ging es sowohl um die Reinhaltung der verschiedenen Menschenrassen, als auch um eine scharfe Grenzziehung zwischen den sozialen Klassen (Aristokratie und Proletariat), die später vonseiten der Mittelschicht vereinnahmt wurde, um sich von unteren Klassen *(working class)* abzugrenzen. In dieser Bahn bewegte sich u. a. auch der Schriftsteller und Philosoph Houston Stewart Chamberlain (1855–1927), dessen Arbeiten wegbereitend für die Heroisierung der arischen Rasse und für einen rassistischen Antisemitismus waren.

Ausgehend von Rassentheorien, vom Malthusianismus und vom Sozialdarwinismus war der Schritt zu einem erbbiologischen und rassenhygienischen Denken nicht weit. So fand in Deutschland der Sozialdarwinismus insbesondere durch den Biologen Ernst Haeckel (1906) seine Verbreitung, der die darwinistische Lehre mit rassistischem Gedankengut bereicherte und die Vorherrschaft des deutschen Volkes abzuleiten versuchte. Damit war der Weg zur Eugenik und Rassenhygiene geebnet. Sterilisation, Heiratsverbot und Impfzwang wurden nunmehr als probate Mittel zur Reinhaltung der Rasse und Vermeidung von „Schwachsinn" bzw. zur Verhütung von behinderten Menschen erkoren, wobei der wichtigste Adressat der erbbiologischen Auslesemaßnahmen die armen und niedrigen Schichten der Gesellschaft waren. Gefordert wurde dieser Gedanke der Eugenik insbesondere durch Alfred Ploetz (1895) und Wilhelm Schallmayer, der in seiner Arbeit „Vererbung und Auslese" (1918), zu der Alfried Krupp einen Preis gestiftet hatte, schreibt:

„Allmählich müssen die Grundlehren (der Vererbungsbiologie, G. T.) populär werden, und dann wird sich auch die Einsicht siegreich durchsetzen, dass nicht Milieueinflüsse, sondern Auslesebedingungen den belangreichsten Einfluss auf die (…) Entwicklung der Erbqualität einer Bevölkerung ausüben, und dass wir diese Auslesebedingungen (…) erheblich in eugenischer Richtung modifizieren können. Als untüchtig haben nicht etwa nur pathologische Anlagen zu gelten, sondern auch schwache Begabungen, die ebenfalls als ungenügende Anpassungen an die (…) bestehenden Anforderungen der Daseinskonkurrenz anzusehen sind" (360).

Ferner sei auf Adolf Jost (1895) und Ernst Mann (1920; 1922) verwiesen, die eine antireligiöse Haltung einnahmen sowie die Auffassung vertraten, dass die „Erlösung" der Menschen von unheilbar Kranken oder „wertlosen" Individuen eine Tat der „Barmherzigkeit" (tödliches Mitleid) sei.

Eine darüber hinaus gehende (subtile) Zuarbeit im Hinblick auf Entwertung und Tötung behinderter Menschen leistete Paul Schultze-Naumburg (1928), ein damals hoch angesehener Hochschullehrer, Architekt und Kunsttheoretiker, der einen menschlichen und gesellschaftlichen Verfall beklagte, den er am Beispiel der zeitgenössischen Kunst zu belegen versuchte. So verglich er auf der Basis sozialdarwinistischer und rassistischer Argumente Abbildungen von Menschen mit schweren kognitiven und körperlichen Beeinträchtigungen mit expressionistischen Bildwerken der Avantgarde, um beispielsweise modernen Künstlern einen „Kretinismus" als Form einer Entartung der Rasse nachzuweisen. Daran anknüpfend ging es ihm um eine kulturbiologische „Gesundung" des deutschen Volkes. Schultze-Naumburgs Schrift „Kunst und Rasse" war zugleich wegbereitend (ja vorbildlich) für die von den Nazis am 18. Juli 1937 im München eröffnete Wanderausstellung „Enartete Kunst", die bis Anfang der 1940er-Jahre teilweise mit wechselnden Exponaten in mehreren Großstädten zu sehen war.

Karl Binding und Alfred Hoche

Der nachhaltigste Einfluss auf die „Vernichtung lebensunwerten Lebens" im Hitlerfaschismus ging zweifellos vom Leipziger Strafrechtler Karl Binding und vom Freiburger Psychiater Alfred Hoche aus, die zu den profiliertesten Gelehrten ihrer Zeit gehörten. In ihrer Schrift „Die Freigabe der Vernichtung lebensunwerten Lebens" (1920) urteilen sie über Menschen mit einer komplexen Behinderung:

„Sie haben weder den Willen zu leben, noch zu sterben. So gibt es ihrerseits keine beachtliche Einwilligung in die Tötung, andererseits stößt diese auf keinen Lebenswillen, der gebrochen werden müsste. Ihr Leben ist absolut zwecklos, aber sie empfinden es nicht als unerträglich. Für ihre Angehörigen wie für die Gesellschaft bilden sie eine furchtbar schwere Belastung. Ihr Tod reißt nicht die geringste Lücke" (ebd., 32 f.).

An anderer Stelle beklagen sie, dass der durchschnittliche Jahresaufwand von 1.300 Reichsmark für einen „Idioten" viel zu hoch sei; die Kostenersparnis durch eine Vernichtung dieser Menschen veranschlagen sie mit zehn Mio. Mark. Unverhüllt wird von den Autoren die Tötung dieser „Ballastexistenzen" propagiert, und es wird im Unterschied zu Jost das „Prinzip der Erhaltung fremden Lebens" nicht nur bei „unheilbar Kranken", sondern auch bei Kindern mit einer komplexen oder Körperbehinderung aufgegeben und außer Kraft gesetzt. Im Gegensatz zu Jost lässt Hoche das Mitleidsmotiv nicht mehr gelten. Mitgefühl sei ein „unausrottbarer Denkfehler", denn: „Wo kein Leiden ist, ist auch kein Mit-Leiden" (49).

Psychiatrisierung der Behindertenfürsorge und präfaschistoides Denken in der Heilpädagogik

Dem historischen Rückblick ist zu entnehmen, dass schon Ende des 19. Jahrhunderts die Heilpädagogik und Behindertenhilfe zusehends „psychiatrisiert" wurden, was zur Folge hatte, dass christlich-religiöse (caritative und diakonische) sowie humanistisch-pädagogische Ansätze zurückgedrängt wurden (Bradl 1991, 571 ff.). Stattdessen kam es zu einer verhängnisvollen Ehe zwischen der schon existierenden utilitaristischen Theorie der Heilpädagogik (Erziehung Behinderter zur ökonomischen Brauchbarkeit) und dem medizinisch-psychiatrischen Modell, welches auf der Basis der utilitaristisch präformierten Differenzierung zwischen brauchbaren und unbrauchbaren behinderten Menschen ein ausgesprochen negatives, nihilistisches Bild von Personen mit einer komplexen Behinderung verbreitete. Dieses Modell nahm für sich in Anspruch, durch eugenisch-präventive Maßnahmen und therapeutisch-disziplinierende Praktiken das Problem der bildungsunfähigen und minderwertigen „Elemente" (v. Rohden, 1907) kostensparend für die Gesellschaft zu lösen (Brill 2011, 52 f., 355). Damit fand eine enge Anlehnung an rassentheoretisches und sozialdarwinistisches Denken statt.

Diese Medizinierung der Heilpädagogik wurde sogar von wichtigen Repräsentanten der deutschen Heilpädagogik voll unterstützt und gefordert. Unschwer lassen sich eugenische Ansichten in den einschlägigen Fachzeitschriften der Behindertenfürsorge von 1910–1933 nachweisen, was ein Beleg dafür ist, dass viele Heilpädagogen oder Hilfsschullehrer an der Eugenikdebatte beteiligt waren (vgl. Berner 1984 a, b; Brill 2011; Hänsel 2006; 2008; Rudnik 1985). Dies gilt auch später für die Zeit des Nationalsozialismus und für die Euthanasiediskussion (Rudnick 1985, 73 ff., 147; 1990; dazu auch Brill 2011, 303 ff.). So wird z. B. 1935 in der Zeitschrift für Krüppelfürsorge von Meinhof die Ansicht vertreten, dass „alle Schwächlinge", die „Ballast für die anderen" seien und nicht ihre Fähigkeiten „im Dienst der Allgemeinheit stellen" könnten, „nach Möglichkeit abzuschütteln" seien (75).

Es gab es nur wenige Stimmen innerhalb des heilpädagogischen Lagers, die sich öffentlich gegen dieses verhängnisvolle Denken wandten (Brill 2011, 131 f.; Klevinghaus 1972, 74 ff., 82 f.). Ein Kritiker war Heinrich Hanselmann (1976, 127 f.), der ein „unwertes" Leben als ein „krankes" und damit als ein auf Pflege und „besondere Schutzmaßnahmen" angewiesenes Leben auszulegen versuchte; ferner hatte Brunger bereits 1921 auf einer Konferenz der Vorsteher evangelischer Idiotenanstalten eindringlich empfohlen, sich für Aktionen „gegen Verbreitung des Gedankens über die Freigabe der Vernichtung lebensunwerten Lebens“ einzusetzen (zit. n. Zeitschrift für die Behandlung Schwachsinniger 1921, 105).

Euthanasieaktionen während des Nationalsozialismus

Ausführliche Darstellungen über die Vernichtung „lebensunwerten“ Lebens im Nationalsozialismus leisten insbesondere die Arbeiten von Ernst Klee (1985; 1986; 2004) und Martin Rudnick (1990). Wir können hier nur einen knappen Überblick geben:

Nur wenige Monate nach der Machtergreifung durch das Hitlerregime wurde am 14. Juni 1933 vom deutschen Reichstag das „Gesetz zur Verhütung erbkranken Nachwuchses“ verabschiedet, mit dem die Zwangssterilisation bei „angeborenem Schwachsinn“, Epilepsie, „manisch-depressivem Irresein“, Schizophrenie, erblicher Blindheit und Taubheit, körperlicher Behinderung und Alkoholismus legalisiert wurde. Schätzungen zufolge wurden zwischen 1933 und 1945 weit über 300.000 Menschen Opfer dieser Maßnahmen, wobei sich die Aktionen nicht nur auf Personen mit einer komplexen Behinderung, sondern später auch auf viele Fürsorgezöglinge, Hilfsschüler oder Menschen mit leichten Lernschwierigkeiten erstreckten (Brill 2011, 226ff., Rudnick 1990). Für die Zwangssterilisierung wurde mit mehreren Propagandafilmen, in denen behinderte Menschen als „Monster“ und „unnütze Esser“ vorgeführt wurden, öffentlich geworben. Maßgeblich beteiligt an der Ausarbeitung des „Gesetzes zur Verhütung erbkranken Nachwuchses“ war der Psychiater, Eugeniker und Rassenhygieniker Ernst Rüdin, der das Sterilisierungsgesetz als „die humanste Tat der Menschheit“ (Weber zit. in Klee 2011, 513) bezeichnet hatte. Ohne die enge Verflechtung von staatlichen Behörden, Parteiapparat und Psychiatrie (in Lehre und Forschung)[4], die sich von Anfang an stark in den Dienst der Obrigkeit gestellt hatte und vorzüglich benutzen ließ, wäre der Umfang dieser Maßnahmen kaum möglich gewesen.

Während der 1930er-Jahre wurde der Ruf nach Euthanasiemaßnahmen immer lauter. Neben dem Sozialdarwinisten Alfred Ploetz und dem Philosophen Ernst Bergmann, der schon 1933 den „Menschenkehricht der Großstädte (...) beiseite geschaufelt“ wissen wollte (zit. n. Stroothenke 1940, 113), stellte Fritz Lenz, ein bedeutsamer Exponent der Rassenhygiene, die These auf: Je mehr Euthanasie bei Kindern, desto weniger Sterilisierung (ebd., 112; vgl. auch Rudnick 1985, 16 f.). Ferner wurde im Lager der Medizin

4 Nachweislich hatte die große Mehrheit der Psychiater den Nazis fleißig zugearbeitet (vgl. Klee 1985; 1986; 2004). Nur wenige Psychiater wie zum Beispiel Jürg Zutt (1893–1980) oder Rudolf Degkwitz (1920–1990) leisteten dem Naziregime Widerstand.

(Psychiatrie) die Grenzziehung zwischen staatlichen und individuell-menschlichen Interessen weithin aufgegeben. Das bedeutete, dass es immer weniger um die Gesundheit des Einzelnen als vielmehr um das Wohl des deutschen Volkes ging. Daher gab es vonseiten der Ärzteschaft kaum Protest, als viele Anstalten mit sogenannten „Ballastexistenzen" oder „geistig Toten" (Binding & Hoche), die dem Staat nur „unnötige" Kosten verursachten, seit 1933 weniger (Verpflegungs-)Gelder bekamen.

Ebenso verhalten waren die kritischen Stimmen, als dann am 18. August 1939 die Meldepflicht für „missgestaltete und idiotische Kinder" eingeführt wurde. Dieser Erlass führte dazu, dass in der Folgezeit in 21 „Kinderfachabteilungen" an verschiedenen Heilanstalten ca. 5.000 Kinder getötet wurden (Ehrhardt 1965, 32). Bemerkenswert ist, dass diese als „Heilbehandlung" getarnte Maßnahme bis Ende des Krieges durchgeführt und in der Schlussphase auch auf Erwachsene mit einer komplexen Behinderung ausgedehnt wurde.

Die Aktion T 4

Das verhängnisvollste Euthanasieprogramm war freilich die „Aktion T4". Vorbereitet wurde sie im Juli 1939 mit der Einrichtung der Dienststelle Tiergartenstraße 4 in Berlin und dem Aufbau von drei Tarnorganisationen: (1) der „Allgemeinen Stiftung für Anstaltswesen", diese war für die Mitarbeiter der Tötungsanstalten zuständig (hierzu wurden sechs Heilanstalten angepachtet und mit Gaskammern ausgestattet); (2) der „Reichsarbeitsgemeinschaft Heil- und Pflegeanstalten", sie war zuständig für das Verschicken von Meldebögen und für die Begutachtungen; und (3) der „Gemeinnützigen Krankentransportgesellschaft", die für sämtliche Transporte zuständig war.

Im Oktober 1939 wurden die ersten Meldebögen zur Erfassung verschiedener „Krankheiten" wie Schizophrenie, Epilepsie, „Schwachsinn jeder Ursache", senile Erkrankungen, Encephalitis, Lues, Huntington oder andere „neurologische Endzustände" sowie „krimineller Geisteskranker" (Klee 1985, 93) verschickt. Die Bögen waren so gut getarnt, dass anscheinend zunächst kaum ein Anstaltsleiter Verdacht schöpfte. Viele gaben ihre tüchtigsten Bewohnerinnen und Bewohner, also auch Personen mit leichten Lernschwierigkeiten als „Schwächlinge" an, um sie für ihre Anstalt zu erhalten. Dies aber stellte sich alsbald als ein Trugschluss heraus. Sämtliche „Schwächlinge" sollten unter dem Vorwand einer „besseren Heilbehandlung" verlegt werden. Der Ort der Verlegung wurde geheim gehalten. Die Unterbringung fand zunächst in einer sogenannten Durchgangs- oder Beobachtungsanstalt (dies betraf mehrere psychiatrische Landeskrankenhäuser) statt, von wo aus der Abtransport in eine der sechs äußert streng bewachten Tötungsanstalten (Grafeneck; Brandenburg; Bernburg; Hartheim; Sonnenstein; Hadamar) erfolgte.

Insgesamt kamen im Rahmen der eineinhalb Jahre dauernden Aktion T 4 ca. 71.000 Menschen, v. a. Behinderte, Anfallskranke, „kriminelle Psychopathen", Sittlichkeitsverbrecher, Homosexuelle, aber auch psychisch auffällige Juden durch Vergasung mit Kohlenmonoxyd ums Leben.

Am 24. August 1941 war die Aktion T4 eingestellt worden. Ausschlaggebend dafür waren v. a. Beschwerden und Strafanzeigen aus der Bevölkerung sowie Proteste der beiden Kirchen, z. B. durch Pastor Braune für die Innere Mission und durch den katholischen Bischof von Münster, Graf von Galen, der am 3. August 1941 von seiner Kanzel aus die Vernichtung „lebensunwerten Lebens" öffentlich anprangerte und damit Aufsehen erregte.

Insgesamt betrachtet kam der Widerstand der Kirchen jedoch zu spät; hatten sie doch lange Zeit die nationalsozialistische Bewegung – insbesondere ihren Kampf gegen die Gottlosen und den Bolschewismus – bejaht (Klee & Petrich 1990) und die Zwangssterilisierung von Menschen mit Lernschwierigkeiten oder einer komplexen Behinderung als ein Gott wohlgefälliges Werk befürwortet (z. B. F. Bodelschwingh und J. Mayer). Im Unterschied zur evangelischen Kirche wurde aber noch im Jahre der Machtergreifung durch Hitler von katholischer Seite her die Zwangssterilisation infrage gestellt und als Eingriff in den Prozess der Entstehung menschlichen Lebens abgelehnt (Caritas 1933, 347).

Allerdings passten sich nicht nur die meisten evangelischen, sondern auch viele katholische Anstalten dem Zeitgeist sowie den Anordnungen des Staates an. Einige Einrichtungen der Inneren Mission und der Diakonie hatten sogar den Vernichtungsaktionen wissentlich zugearbeitet (z. B. Scheuern an der Lahn; dazu Klee & Petrich 1990; Klee 1985, 268 ff.).

Zur „wilden Euthanasie"

Trotz Stopps der Aktion T4 ging die Ermordung in den Tötungsanstalten noch weiter, so z. B. in Bernburg, Hartheim und Sonnenstein, wo bis 1943/44 KZ-Häftlinge vergast wurden. Die übrigen Tötungsanstalten wurden wieder in Landesheilanstalten umgewandelt und ein Großteil der Vergasungsanlagen mit dem dazugehörigen Personal wurde nach Osteuropa verlagert. Insofern kann die T4-Aktion als „Vorläufer" der ab 1941 durchgeführten Vergasung von Juden mit Zyklon B in Auschwitz verstanden werden. Allerdings fand nun in den ehemaligen Gasmordanstalten eine von der T 4-Zentrale aus gesteuerte „wilde Euthanasie" statt, indem behinderte, psychisch kranke Menschen und (an Tuberkulose) erkrankte KZ-Häftlinge mit Überdosen von Medikamenten (z. B. durch Morphium, Barbiturate oder Luminal-Cocktails) getötet wurden oder durch einen allmählichen Nahrungsentzug zu

Tode hungern mussten (Schnierer 1998). In diesem Zusammenhang ist die „Sonderbehandlung 14 f 13“ zu nennen, die von März 1941 bis April 1943 in den Konzentrationslagern durchgeführt wurde. Es handelte sich hier offiziell um eine Ausmusterung leistungsschwacher, kranker und behinderter Häftlinge wie auch um rassisch Verfolgter, die in die ehemaligen Vergasungsanstalten überführt wurden. In Wirklichkeit wurden unter diesen Personen auch politische Gegner, insbesondere Kommunisten, erfasst (Dörner 1967, 145). Die zweite Phase der Euthanasieaktionen (z. B. Tötung durch systematische Unterernährung) wurde auch auf andere größere Anstalten ausgedehnt (z. B. Irsee/Kaufbeuren; Meseritz/Obrawalde; Eglfing/Haar; dazu Klee 1985, 429 ff.).

Wie viele behinderte Menschen noch nach dem offiziell verkündeten Euthanasie-Stopp ermordet wurden, lässt sich nicht genau angeben. Die Schätzungen reichen bis zu 100.000 Menschen (Rudnick 1990).

Diese knappen Ausführungen über die Vernichtungsaktionen „lebensunwerten Lebens“ – der „Problemlösung“ durch die Nazis – können das Leid der Betroffenen wie die gesamte Brutalität, Unmenschlichkeit und den Schrecken nur erahnen lassen. Die bislang anskizzierte Geschichte der Institutionalisierung findet zweifelsohne im Nationalsozialismus durch die systematische Tötung behinderter Menschen den erschreckenden Höhepunkt. Treffend sind Schröders (1983, 59) Worte hierzu: „Die Geschichte unserer Behindertenarbeit ist gekennzeichnet durch Brutalitäten und Unmenschlichkeiten, für die wir ein Stück Verantwortung und Kollektivschuld mitzutragen haben.“

Nachkriegszeit

Nach 1945 bot sich zunächst in den meisten Anstalten für psychisch Kranke oder behinderte Menschen ein katastrophaler Zustand: Zum einen hatte sich mit Ende des Krieges die Versorgungslage in den Einrichtungen immer mehr verschlechtert, das Gros der Patienten oder behinderten Menschen war abgemagert, klagte über Hunger und sammelte oftmals Essensreste aus den Mülltonnen (Graf 1983, 13). Zum anderen waren viele Anstalten oder Anstaltsgebäude vernachlässigt, zerstört und mit Flüchtlingen fremdbelegt worden (Kastner 1977, 170), sodass eine menschenwürdige Versorgung und geordnete Unterbringung psychisch Kranker und behinderter Menschen, welche die Barbarei des Krieges überlebt hatten, nicht möglich war. Zunächst fehlten Gelder zur Wiederherstellung der verkommenen oder zerstörten Gebäude, sodass nur „improvisiert“ werden konnte (Kleine 1962, 99), um „den rasch ansteigenden Bettenbedarf zu decken“ (Müller & Scheuerle

1962, 7). Dieser war dadurch entstanden, dass sich ein Teil der privaten und öffentlichen Einrichtungen „nicht mehr vom Schlag durch den Krieg und die Nachkriegsjahre erholen" konnte (Kastner 1977, 167).

In den 1950er-Jahren wurde dann allmählich sowohl in Westdeutschland als auch in der DDR an der Zweiteilung des Anstaltswesens und an der Anstaltspraxis vor 1933 wieder angeknüpft und das traditionelle psychiatrische Modell (dazu später) als Wegweiser zugrunde gelegt.[5]

Dies führte einerseits zur Wiederbelebung der traditionsreichen Behindertenanstalten unter zumeist diakonischer oder caritativer Trägerschaft, die sich mit Abteilungen für (schulbildungsunfähige) förderungs- und arbeitsfähige Personen mit (leichten) Lernschwierigkeiten und Pflegeabteilungen für Menschen mit einer komplexen Behinderung zu profilieren versuchten.

Andererseits waren die Anzahl dieser Einrichtungen sowie die Aufnahmekapazitäten in den Behindertenanstalten begrenzt; und da (u. a. dank fortschreitender Erkenntnisse auf dem Gebiete der Medizin) eine zunehmende Zahl an Kindern mit einer komplexen Behinderung zu verzeichnen war (Müller & Scheuerle 1962, 22, 40), kam es vermehrt zu einer Unterbringung dieses Personenkreises in staatlichen psychiatrischen Heil- und Pflegeanstalten (den späteren Landeskrankenhäusern). Zudem spielten aber auch soziale Gründe (z. B. beengte familiale Wohnverhältnisse, Überforderung der Eltern, *broken homes*, familiale Armut und Benachteiligung) eine wesentliche Rolle, dass in der Folgezeit häufig auf Drängen der Ärzteschaft nicht nur Kinder mit einer komplexen Behinderung, sondern ebenso andere Jugendliche oder junge Erwachsene mit Lernschwierigkeiten (nicht selten vor dem Hintergrund von [drohender] Verwahrlosung) in psychiatrische Heil- und Pflegeanstalten eingewiesen wurden. Dies führte in vielen psychiatrischen Krankenhäusern zu einer drastischen Überbelegung (ebd., 19, 29, 40 f.), bei der ein Großteil der behinderten Kinder und Jugendlichen „notdürftig (…) auf zu eng belegten Abteilungen für Erwachsene" (47) untergebracht war und sich unter „erheblichen Personalschwierigkeiten" (50) zurechtfinden musste (auch Kleine 1962, 102). Befördert wurde die Überbelegung (dazu Psychiatrie-Enquete 1975, 62; Finzen & Schädle-Deininger 1979, 10) aber auch durch die Tendenz einiger Einrichtungen unter privater oder freier Trägerschaft (z. B.

5 Dass die psychiatrische Denkfigur in Bezug auf „Oligophrenie" und „Verwahrlosung" aus der Vorkriegszeit „überlebt" hatte, war zum einen der Tatsache geschuldet, dass einige einflussreiche Psychiater aus der Zeit des Nationalsozialismus nach 1945 weithin „ungestraft" davongekommen waren bzw. unterstützt durch ihre Standesvertretung weiter forschen, praktizieren und ihre Vorstellungen verbreiten konnten (dazu Klee 2004, 139 ff., 171 f.; 2011, 240, 317, 366 f., 614, 641). Zum anderen war weltweit das Interesse für Menschen mit Lernschwierigkeiten und komplexer Behinderung ausgesprochen gering gewesen. Daher war das seit den Anfängen der Psychiatrie verbreitete biologistisch-nihilistische Bild von „geistig behinderten" Menschen bis vor etwa 40 Jahren eine unhinterfragte Prämisse.

aus dem Bereich der anthroposophisch-heilpädagogischen Camphill-Bewegung), sich besonders schwierigen, sogenannten „erethischen" oder „torpiden" Jugendlichen mit einer komplexen Behinderung durch ein Abschieben in psychiatrische Krankenhäuser zu entledigen (dies lässt sich anhand von Akten belegen; vgl. auch Kleine 1962, 102; Gaertner 1983, 15). Dort mussten sich die Betroffenen unter menschenunwürdigen Verhältnissen zurechtfinden und einer Anstaltspraxis unterwerfen, bei der mit der Einführung des Chlorpromazins (vgl. Psychiatrie-Enquete 1975, 62) eine Behandlung mit Neuroleptika gleichermaßen wie der Rückgriff auf (traditionelle) aversive Methoden (Schockbehandlung, Fixierung, Zwangsduschen, Isolierzellen) oftmals leichtfertig und unkontrolliert angewandt wurde.

An dieser Situation, unter der v. a. Menschen einer komplexen Behinderung und Verhaltensauffälligkeiten zu leiden hatten, änderte sich zunächst wenig, auch wenn sie durch die damals gegründete Elternvereinigung „Lebenshilfe" (1958) in die Kritik geraten war. Die Lebenshilfe vermochte es nämlich in den 1960er- und 1970er-Jahren noch nicht, Menschen mit einer komplexen Behinderung oder Verhaltensauffälligkeiten in ihre Konzepte einzubeziehen, hatte doch zuerst einmal die Überwindung eklatanter Versäumnisse und Rückstände im Bereich der Hilfen für Menschen mit (leichten) Lernschwierigkeiten Priorität. Quasi kontrapunktisch zum bisherigen Anstaltswesen ging es der Lebenshilfe um den Aufbau dezentraler Angebotsstrukturen durch Frühförderung, familienentlastende Dienste, Behindertenwerkstätten und Wohnheime. Ferner setzte sie sich im Schulterschluss mit anderen Elternorganisationen aus führenden westlichen Industrienationen für die Einführung der Schulpflicht für alle behinderten Kinder ein. Diese Errungenschaft, der wir in den 1970er-Jahren nicht nur in Westdeutschland, sondern ebenso in anderen hoch entwickelten westlichen Staaten begegnen, sollte aber nicht darüber hinweg täuschen, dass die unter dem Dach der Lebenshilfe organisierten Eltern im Unterschied zu Elternbewegungen in anderen Ländern, z. B. in den USA, die Institutionalisierung behinderter Menschen nicht grundsätzlich infrage stellten. Während hierzulande vonseiten der Lebenshilfe Wohnheime (mit > 40 Plätzen) als Alternative zur Unterbringung in einer Anstalt favorisiert und geschaffen wurden, ging es einflussreichen Eltern behinderter Kinder in den USA oder skandinavischen Ländern bereits um ein „normales" häusliches Wohnen ihrer Söhne und Töchter in der Gemeinde.

An dieser Stelle bietet es sich an, den historischen Rückblick für einen Moment zu unterbrechen, um das psychiatrische Modell zusammenzufassen, welches im Laufe der vergangenen Jahrzehnte den fühlbaren Hintergrund der Institutionalisierung bildete.

Exkurs: Die Symptome des traditionellen psychiatrischen Modells

Über alle Differenzierungen hinweg lassen sich fünf zentrale Symptome nennen, die das psychiatrische Modell im Hinblick auf Theorie und Praxis bei Menschen mit Lernschwierigkeiten oder einer komplexen Behinderung charakterisieren:

1. Das biologistisch-nihilistische Menschenbild

Meinen Ausführungen ist unschwer zu entnehmen, dass die bisherige Institutionalisierung von Menschen mit Lernschwierigkeiten oder einer komplexen Behinderung von einem biologistischen Nihilismus nachhaltig durchdrungen wird. Gutachterliche Aussagen, denen wir insbesondere in älteren Krankengeschichten begegnen (vgl. Theunissen 2000), sind ein deutlicher Beleg dafür: Menschen mit einer komplexen Behinderung gelten als „bildungsunfähig" „kommunikationsunfähig", „lernunfähig" oder „total pflegebedürftig". Daher sei jeder Versuch einer heilpädagogischen Förderung vergeblich und nicht lohnenswert.

Zur Rechtfertigung dieser nihilistischen Aussage wird in der Regel auf eine schwere Hirnschädigung, auf einen absolut feststehenden Defekt verwiesen (Ziehen 1902; 1915), der – so die klassische Lehrmeinung – dem Betroffenen jede Möglichkeit nehme, sich menschlich zu entwickeln (defektbedingte Entwicklungsbeschränkung) und sich selbst zu verwirklichen (Lutz 1961, 156f.; Wunderlich 1970, 55f.). Diese Defektorientierung befördert ein Verständnis von einer komplexen Behinderung, nach dem weithin alle Ausdrucks- und Verhaltensweisen als Zeichen einer Krankheit, als „abartig" oder „abnorm" und im Falle zusätzlicher Verhaltensprobleme oder psychischer Störungen nicht selten auch als Hinweis auf einen sich im Inneren des Menschen vollziehenden pathologischen (Abbau-)Prozess gelten (Schulte & Tölle 1977, 287). Eine komplexe Behinderung ist im Lichte dieser Argumentation eine ausschließlich individuelle (Krankheits-)Kategorie, ein persönliches, unveränderliches und somit hinzunehmendes Schicksal. Diese Pathologisierung von Menschen mit einer komplexen Behinderung impliziert, dass einerseits bei der Ursachenforschung nur biologisch gedacht und schlussgefolgert wird; andererseits wird eine ausschließlich individuumzentrierte, biologistisch-nihilistisch geprägte Praxis in Betracht gezogen, die sich durch eine soziale Blindheit disqualifiziert.

2. Das individualistisch-disziplinierende Behandlungsprinzip

Das biologistisch-nihilistische Menschenbild, welches sich insbesondere durch die Sprache verrät, so z. B. durch fatalistisch-pessimistisch geprägte Aussagen wie „bei dem kann man nichts (mehr) machen“, ist wegebnend für eine rein pflegerisch dimensionierte Versorgung und therapeutische Praxis, die psychiatrisch-neurologisch gesehen nur in der Manipulation des defekten biologischen Trägermaterials liegen kann. Wurden früher Zwangsmethoden und -mittel (Drehmaschinen, Tauchbäder, Isolationshaft, Essensentzug, Fixierungen, Schutzjacken u. dgl.) angewandt, so spielen spätestens seit den 1950er-Jahren Neuroleptika eine prominente Rolle, auf die zur Disziplinierung und Sanktionierung („Ruhigstellung“) behinderter Menschen gemäß der psychiatrischen Denkfigur zurückgegriffen wird. Dabei gibt es Bemühungen, die Vergabe von Neuroleptika auch biologisch zu begründen, was letztlich aber nur ein Beleg dafür ist, dass Verhaltensauffälligkeiten oder psychische Störungen bei Menschen mit Lernschwierigkeiten oder einer komplexen Behinderung weithin als personinhärente Merkmale betrachtet werden. Sozialisations- und Entwicklungsgeschichten, soziale Faktoren – insbesondere institutionelle Bedingungen – werden als ein zentraler Bezugspunkt für Interventionen völlig ausgeblendet. Soziale Aspekte gehen in das therapeutische Denken und Handeln kaum ein – gilt doch einzig und allein der Betroffene in seinem Verhalten und Erleben als „gestört“. Die Dialektik (und implizite Wechselbeziehung) von Individuum und Umwelt (Institution) bleibt bei dieser „täterorientierten“ Problemsicht und therapeutischen Praxis völlig außer Betracht.

3. Totale Institution und Hospitalisierung

Das psychiatrische Modell verleitet zu einer Praxis, die Menschen mit einer komplexen Behinderung jegliche personale Wertschätzung und Achtung, Bürgerrechte und Ansprüche auf ein menschenwürdiges Leben, insbesondere auf Kommunikation, soziale Beziehungen, Selbstbestimmung, gesellschaftliche Inklusion und kulturelle Partizipation vorenthält. Eine derartige Praxis ist nach Goffman (1972) charakteristisch für eine „totale Institution“. Hierunter werden „geschlossene“, von der Außenwelt abgetrennte, isolierte Einrichtungen verstanden, die – durch ein autoritär-hierarchisch strukturiertes Organisations- und Sanktionssystem gestützt – als Stätten der Fremdbestimmung, Verdinglichung, Dehumanisierung und Freiheitsberaubung gesellschaftliche Exklusion und Entfremdung erzeugen sowie für Identitätsbeschädigungen und Hospitalisierungssymptome haftbar gemacht werden können (Jantzen 1979; 1980, 131; Jervis 1978, 131). Den Prozess der Hospitalisierung hat Jervis (1978, 129) treffend herausgestellt:

„Der Aufenthaltsort in der Irrenanstalt bewirkt fast ausnahmslos nach einigen Jahren, und manchmal nach einigen Monaten, eine charakteristische Art von

Verhalten, die ‚institutionelle Neurose' ‚institutionelle Regression' oder richtiger ‚institutionelle Psychose' (‚Anstaltspsychose') genannt wird. Der Patient verschließt sich langsam immer mehr in sich selbst, wird energielos, abhängig, gleichgültig, träge, schmutzig, oft widerspenstig, regrediert auf infantile Verhaltensweisen, entwickelt starre Haltungen und sonderbare stereotype ‚Tics', passt sich einer extrem beschränkten und armseligen Lebensroutine an, aus der er nicht einmal mehr ausbrechen möchte, und baut sich oft als eine Art Tröstung Wahnvorstellungen auf (die sog. ‚institutionellen Delirien'). Die geschichts- und zeitlose Welt der Abteilungen für Langzeitpatienten ist verantwortlich für diese Symptome, die auch in Konzentrationslagern festgestellt worden sind."

Ähnlich argumentiert auch Blatt (1974, 21), der in scharfer Abgrenzung zur traditionellen Sicht, die Verhaltensprobleme oder psychische Störungen als unvermeidliche Folgeerscheinung einer komplexen Behinderung oder als Ausdruck eines „völligen Schwachsinns" auszulegen pflegt (Bleuler 1949, 420), Verhaltensweisen wie Beißen, Schlagen, sich selbst verletzen, Haare reißen, Einnässen, Einkoten, Ruminieren, Wippen, Kopfwackeln, Onanieren u.v.m. als Ausdruck eines für die betroffene Person zweckmäßigen Problemlösungsmusters begreift, welches aus der jeweiligen Lebenssituation, der individuellen Wirklichkeitswahrnehmung und -verarbeitung sowie der (unzureichenden) Verfügbarkeit von Bewältigungsstrategien (Coping) und sozialer Ressourcen resultiert. Nach Jantzen (1980, 141) ist ein Leben unter isolierenden Bedingungen[6] ein fruchtbarer Boden für inadäquate Wahrnehmungstätigkeiten und Verlust an Realitätskontrolle.

„Die versuchte Realitätskontrolle ist aus der Logik der Biographie des handelnden Individuums heraus hochzweckmäßig, ist die adäquate Anwendung seiner Handlungspläne, Perspektiven und Fähigkeiten in der isolierenden Situation und trotzdem zugleich hemmend, wenn nicht die äußeren Bedingungen der Situation geändert werden" (ebd.).

Eine totale Institution ist vor diesem Hintergrund alles andere als ein Ort zum Leben. Allein ihre Organisationsstruktur – gekennzeichnet durch eine unantastbare Hierarchie von oben nach unten (Goffman 1972, 45, 49) – befördert nicht nur bei Mitarbeitenden an der Basis Entmündigung und Burnout, sondern sie bleibt auch bei den institutionalisierten Personen nicht folgenlos: „Wo eine gestaffelte Autorität und diffuse, ungewohnte

6 Die Kategorie der „Isolation" bezieht sich auf das Zusammenspiel biologisch-physischer, psychischer und sozialer Faktoren in einem reziproken Prozess. Hirnschädigungen können zum Beispiel Auslöser für isolierende Lebensbedingungen sein, wenn die gegebenen Umweltstrukturen mit dem individuellen System inkompatibel sind, und ebenso können institutionelle Bedingungen Isolation befördern, wenn sie für die individuelle Lern- und Entwicklungsbasis „unpassend" sind.

und strikt überwachte Vorschriften vorhanden sind, können wir erwarten, dass die Insassen (psychisch kranke oder behinderte Menschen, G. T.) ... in permanenter Angst vor einer Übertretung der Regeln und vor den Folgen, die diese zeitigt, leben ... (denn es drohen ihnen massive Sanktionen, G. T.)" (ebd. 1972, 49, 337 f.). Als Reaktion darauf „entfremdet sich der Insasse häufig bis zu einem gewissen Grade der bürgerlichen Gesellschaft, was sich manchmal darin ausdrückt, dass er nicht bereit ist, die Klinik zu verlassen. Diese Entfremdung kann sich unabhängig von der Art der Krankheit (Behinderung, G. T.) entwickeln, die zur Einlieferung des Patienten (behinderten Menschen, G. T.) führte; sie bildet eine Nebenwirkung der Hospitalisierung, die häufig für den Patienten und seine persönliche Umgebung mehr Bedeutung gewinnt, als seine ursprünglichen Schwierigkeiten" (ebd.). Ferner lässt sich nach Goffman (ebd., 78) schlussfolgern, dass starre Anstaltsordnungen, zentrale Versorgungsleistungen (z. B. durch Regiebetriebe) sowie Rituale oder Handlungsmaximen wie Ordnung, Sauberkeit und Disziplin (z. B. zu „welchen Stunden die Krankenhausmahlzeiten ausgegeben werden oder wie die Bettwäsche der Klinik gefaltet werden muss") die Anstaltspraxis wesentlich stärker prägen als etwa Konzeptionen im Interesse und aus der Sicht Betroffener. Das belegen auch Bartons (1974, 19 ff.) Beobachtungen[7], die geradezu typisch für eine am traditionellen psychiatrischen Modell orientierte „totale" Pflegepraxis sind.

4. Der arbeits- und beschäftigungstherapeutische Fehlansatz

Um den arbeits- und beschäftigungstherapeutischen Fehlansatz zu verstehen, bietet sich ein kurzer Rückblick in die Anstaltsgeschichte an. Stand die Institutionalisierung von Menschen mit einer komplexen Behinderung ganz im Zeichen des therapeutischen Nihilismus, so sollten „Schwachsinnige" oder „Debile" (Menschen mit leichten Lernschwierigkeiten) durch einfache, nutzbringende Arbeiten diszipliniert und aktiviert werden (Längle 1971, 59). Die Palette der Arbeitsangebote war zunächst sehr breit: von Handarbeiten als Disziplinierungsmittel (Kleben, Flechten, Falten, Knüpfen ...) über Holz-, Land-, Gartenarbeiten, Tierpflege, Putzen, Papier auflesen bis hin zu hauswirtschaftlichen und handwerklichen Tätigkeiten. Viele dieser Arbeitsangebote dienten der Selbstversorgung der Anstalten, sodass ihnen eine sinnstiftende und therapeutische (charakterbildende) Funktion zukam.

Später, etwa seit den 1930er-Jahren, gab es dann in vielen psychiatrischen Anstalten Bestrebungen, den Arbeitsbereich als *Arbeitstherapie* (Simon) umzugestalten. Mit Blick auf Fließbandverfahren im Bereich der Großindustrie

---

7 „Schwestern hindern Patienten, selbst ihre Betten zu machen u.s.w. (...); viele Patienten dürfen sich nicht selbst waschen oder baden. (...) Wenn ein Patient aufsteht, kommt es vor, dass es heißt, er solle sich wieder hinsetzen (...)" (Barton 1974, 19 ff.).

hatte nun die Serienherstellung von Werkstücken Priorität. Entsprechende Arbeitsangebote sollten den gestörten bzw. herabgesetzten Einzelfunktionen jedes arbeitsfähigen Patienten zugutekommen und zur Kompensation von Intelligenzmängeln oder „motorischer Minderbegabung“ beitragen.

Dieses System, „das ganz nach dem Prinzip der Erziehung der Nützlichkeit aufgebaut“ (ebd., 59) war, hatte jedoch seine Grenzen, die alsbald erkannt wurden. „Durch die strengen Forderungen Simons, der Einzelne habe sich ganz der Umwelt unterzuordnen und die Tätigkeit des Kranken habe sich auf das rein Nützliche zu beschränken, lief das Anstaltsleben Gefahr, ein rein zunehmend starres, unpersönliches Gepräge anzunehmen“ (ebd.). Bemängelt wurde insbesondere die Ignoranz des „(psycho-)therapeutischen Prinzips“ (Otto 1971, 45 ff.):

„Die Definition des Begriffes Therapie schließt in sich, dass jede wirkliche Therapie aktives Handeln ist. (…) Dem Arzt kommt es zwar zunächst nicht auf den wirtschaftlichen Wert der geleisteten Arbeit an, jedoch ist es therapeutisch wichtig, dass die Arbeitskraft nach Möglichkeit auch nützlich verwertet wird damit die Pfleglinge das Gefühl haben, dass die von ihnen verlangte Arbeit einen Zweck hat. Nur so werden sie zur Arbeit auch eine geistige Beziehung erlangen. Denn ein erster Grundsatz einer gesunden Logik ist, dass das, was man tut, auch einen Sinn und Zweck hat. Schon deshalb ist die Beschäftigung der Pfleglinge mit nutzlosen Dingen ganz verkehrt, weil sie niemals imstande sein kann, den Pflegling zu fordern, und gerade das wollen wir mit unserer Therapie erreichen. Geradezu ein Fehler wäre es, einem Pflegling eine Beschäftigung in der Richtung seiner krankhaften, abwegigen Gedankengänge oder Verirrungen zuzuweisen.“[8]

Aus der Kritik am arbeitstherapeutischen Fehlansatz ist dann im Laufe der vergangenen Jahre die sogenannte *Beschäftigungstherapie* als ergänzendes Angebot hervorgegangen, die „im Rahmen einer umfassenden Milieutherapie dem modernen psychiatrischen Krankenhaus ein lebendiges, der Persönlichkeit des einzelnen Patienten angepasstes Gepräge geben“ sollte (Längle 1971, 60; auch Janz & Hillers 1971, 132). Allerdings war es dazu im Rahmen der

---

8 Die Problematik „stupider Betätigung“ hatten übrigens schon einige „Väter“ der Psychiatrie, z. B. Griesinger (zit. n. Janz & Hillers 1971, 128), zum Thema gemacht: „Der Mensch, auch der sogenannte Geisteskranke, ist keine lebendige Maschine, deren Funktion mit Befriedigung von Essen oder Trinken und kahler mechanischer Arbeit abgetan wäre, er hat Sinne, er hat ein Herz. Wohl ist bei vielen psychisch Gestörten der Geist in Nacht versunken, das Gemüt erloschen, der Wille gebrochen, aber bei anderen sind diese Regungen noch vorhanden, wenn auch oft nur als unter der Asche glimmende Funken. Es sind kostbare Funken! Die Seelenkräfte der menschlichen Natur, die gesunden Gemütsregungen, müssen an diesem Kranken gehegt und gepflegt werden, müssen zur Geltung kommen und sich betätigen können“. Reils „Curmethode“ (1803), die mit den Anfängen der Beschäftigungs- und Kunsttherapie in Verbindung gebracht wird (Domma 1990), hat hier ihren Stellenwert. Freilich war dieses exklusive Angebot für Menschen mit einer komplexen Behinderung (in Form von „Imbezillität und Idiotie“) nicht vorgesehen – galten sie doch im Unterschied zu den „Schwachsinnigen“ (Kraeplin), gemeint waren hier „debile“ Personen, als „Nullen“ (Griesinger) und „unbrauchbar“.

Institutionalisierung von Menschen mit einer komplexen Behinderung nie gekommen. Denn im Mittelpunkt der Beschäftigungstherapie standen weithin nur sogenannte *produktorientierte Arbeiten* wie Hand- oder Holzarbeiten, Werken, Basteln oder künstlerisches Gestalten, denen jeweils ein bestimmtes Maß an „Können" und „Arbeitsfähigkeit" unterlegt wurde.

„Die Beschäftigungstherapie selbst enthält immer auch unschöpferische, zweckgebundene, also ‚arbeitstherapeutische' Komponenten, z. B. die Knüpf- und Webetechnik, also die Handfertigkeiten, ohne die nichts Künstlerisches oder Handwerkliches geschaffen werden kann und bestimmte Arbeitsgänge, wie sie etwa beim Flechten von Bastzöpfen, beim Herstellen von Bastkörben in größeren Mengen, Holzarbeiten usw. benötigt werden" (Janz & Hillers 1971, 131).

Das bedeutete, dass nur behinderte Menschen, denen eine sogenannte Werkreife, Kenntnisse im Umgang mit Material, Symbolverständnis und spezifische Fähigkeiten und Fertigkeiten zur Herstellung von Objekten attestiert wurden, überhaupt in den Genuss der Beschäftigungstherapie kamen. Da Menschen mit einer komplexen Behinderung von diesem „Ergänzungsangebot" kaum profitieren konnten (vgl. hierzu Kleine 1962, 87 f., 92, 103; Psychiatrie-Enquete 1975, 61), sprechen wir an dieser Stelle von einem beschäftigungstherapeutischen Fehlansatz.[9]

5. Politische Botmäßigkeit und Alibifunktion

Dass das (traditionelle) psychiatrische Modell Dimensionen gesellschaftlicher Macht und Herrschaft prägnant widerspiegelt, ist nicht nur aus soziologischer Sicht (Goffman 1972), sondern auch im Lager der Sozialpsychiatrie (Jervis 1978, 12) unstrittig:

„Der Patient wird von Personen im weißen Kittel empfangen und Entkleidungs- und Unterwerfungsriten unterzogen, die mit pseudotechnischen Gründen gerechtfertigt werden. (Sehr oft trägt auch der Anstaltsportier einen weißen Kittel, obwohl es dafür keinerlei hygienische Rechtfertigung geben kann: Es handelt sich einfach um eine Uniform und soll daran erinnern, dass, wer hier befiehlt und einschließt im Namen der Wissenschaft handelt). Die dem Patienten vorbehaltene Behandlung, v. a., wenn er in eine geschlossene Abteilung zwangseingewiesen wurde, ist ein Weg der Depersonalisation, der aktiven Degradierung, der Aufhebung seiner psychologischen Würde, oft der reinen psychischen Gewalt. (…) Zusammengefasst erweist sich die

---

9 Vor einigen Jahren ist diese Problematik erkannt und aufgegriffen worden (Domma 1990). So begegnen wir heute häufig einer Auflockerung der (klinischen) Beschäftigungstherapie durch Angebote aus dem kunsttherapeutischen Bereich, der ästhetische Prozesse und basale Erfahrungen, Momente der „Offenheit" der ästhetischen Sache, Kreativität und Originalität, freies bildnerisches Gestalten u. dgl. fokussiert. Wie wir noch sehen werden, profitieren von diesem ästhetisch-künstlerischen Ansatz Menschen mit einer komplexen Behinderung (dazu Kap. 3).

Irrenanstalt als ein bürokratisches und pseudowissenschaftliches Universum, eine Bewahranstalt, wo der Arzt unumschränkte Macht hat, für die es keine Kontrolle gibt, und das allgemeine Ziel bei der Verwaltung des Kranken ist Disziplin und Ruhe."

Dieses (selbst-)kritische Fachverständnis führt zu der Frage nach dem funktionalen Stellenwert der Psychiatrie für ein gesellschaftliches System. Die Antwort aus dem Lager der traditionellen (konservativen) Psychiatrie ist hierzu eindeutig: Nach Weitbrecht und Glatzel (1979, 150; auch Weitbrecht 1973, 188) sei es Aufgabe der psychiatrischen Anstalt, den Staat vor allen „Asozialen"[10], allen „nutzlosen" Mitgliedern, die eine Belastung für die Gesellschaft darstellen, zu schützen, so z. B. vor psychisch Kranken, vor von Verwahrlosung Bedrohten oder verwahrlosten Individuen und insbesondere vor „leicht Schwachsinnigen", bei denen „es sich je nach Temperament bei männlichen Jugendlichen um arbeitsscheue Bummler und Landstreicher, um Gelegenheitsdiebe, aber auch um (…) Handlanger bei schweren Verbrechen", bei weiblichen Heranwachsenden um „Prostituierte" handle (ebd.). Diese Funktion bzw. Aufgabe der Psychiatrie wird bis heute von totalitären Staaten gerne in Anspruch genommen, aber auch in anderen Ländern schimmern der systemaffirmative Charakter, der Normanwendungsprozess und die Definitionsmacht des (traditionellen) psychiatrischen Modells (dazu Blasius 1980, 90 ff.) mitunter noch durch.

Enthospitalisierung und Integration

Diese gesellschaftliche Funktion sowie die Denkfigur und Praxis der Psychiatrie wurden gegen Ende der 1960er-Jahre in den (führenden) westlichen Industrienationen durch eine „antipsychiatrische" Bewegung, die später als *Sozialpsychiatrie* oder demokratische (Gemeinde-)Psychiatrie in die Fachgeschichte eingegangen ist, tiefgreifend infrage gestellt und erschüttert (Basaglia 1974; 1981; Dörner 1969; Finzen 1985, 30 ff.; Häfner 1969; Jervis 1978; Szasz 1960: 1961). In Osteuropa und in der DDR gab es hingegen zunächst keine vergleichbare Entwicklung, hier setzte eine nachhaltige Phase der Kritik und Veränderung erst zu einem späteren Zeitpunkt ein (L.d.P. 1991; Dörner 1998, 36). Das betraf insbesondere auch die Auseinandersetzung mit dem psychiatrischen Modell in der Behindertenhilfe (dazu Theunissen 2006),

---

10 Scholz (1927, 124) spricht in seinem „Leitfaden für Irrenpflege" von „Schädlingen". Welche fatalen Folgen die Orientierung am psychiatrischen Modell in der Nachkriegszeit mit sich brachte, zeigen Lebensgeschichten, ja Leidensgeschichten von Personen auf, die aus rein ideologischen Gründen von Gerichtsmedizinern (Psychiatern) als „asozial", „verwahrlost", „debil" oder „psychopathisch" etikettiert in psychiatrische Anstalten oder Erziehungsheime eingewiesen wurden (vgl. dazu das Beispiel „Paul Brune" [WDR 2006], bei dem sich das Land NRW vor wenigen Jahren offiziell entschuldigt hat).

wobei jedoch ebenso in Westdeutschland die Kritik an der Psychiatrisierung von Menschen mit Lernschwierigkeiten und einer komplexen Behinderung erst um 1980 voll im Gange war.

Wichtige Impulse für entsprechende Reformen in Westdeutschland gingen von der *Psychiatrie-Enquete* (1975) aus, die eine grundsätzliche Trennung der Versorgung von Menschen mit Behinderungen und psychischen Störungen (Krankheiten) und damit eine Ausgliederung behinderter Personen aus psychiatrischen Einrichtungen, eine Abkehr vom klassischen psychiatrischen Modell und eine Hinwendung zu pädagogischen Konzepten empfahl (Theunissen 1989a).

Zur Normalisierung und Deinstitutionalisierung

Eine prominente Rolle spielte im Rahmen dieser Empfehlungen das aus Skandinavien stammende *Normalisierungsprinzip*, welches schon seit den 1960er-Jahren die Behindertenarbeit in Dänemark und Schweden maßgeblich bestimmte (Bank-Mikkelsen 1982; Nirje 1969; 1972; Thimm 1984), indem es allen Menschen mit Behinderungen das Recht zusprach, so „normal" wie jede andere Person leben zu dürfen. Da Anstalten oder Heime nicht dem entsprachen, was sich Betroffene unter einem „normalen" Wohnen vorgestellt hatten, nämlich ein selbstbestimmtes Leben (ggf. mit persönlicher Assistenz) in der eigenen Wohnung oder in einer kleinen Wohngemeinschaft inmitten der Gesellschaft, lief das Normalisierungsprinzip von Beginn an auf ihre Verkleinerung und Abschaffung hinaus, indem es den Aufbau gemeindeintegrierter, kleiner und häuslicher Wohnformen zum Programm erklärte. Im Zuge des Abbaus von Anstalten und Heimen wurde alsbald der Begriff der *Deinstitutionalisierung* geläufig, der zum Markenzeichen für vergleichbare Reformen in anderen hoch entwickelten Ländern wie USA, Großbritannien oder Australien avancierte (Mansell et al. 2006; Mansell & Beadle-Brown 2010; Mansell & Ericsson 1996; Theunissen 2013, 325 ff.; 2014; Wiesel 2010, 131).

Mit der Deinstitutionalisierung sollten nicht nur Heime abgeschafft, sondern zugleich auch typische Strukturmerkmale (z. B. Zentralversorgung) und Systemzwänge einer Institution überwunden werden, um ein „normales" Wohnen und Leben in der Gesellschaft (*community living; community housing*) zu ermöglichen (dazu Kozma, Mansell & Beadle-Brown 2009, 194 f.; Mansell & Beadle-Brown 2010, 205 f.).

Vor diesem Hintergrund wurden in mehreren Staaten (USA, Skandinavien) spätestens seit den 1980er-Jahren nur noch Wohnformen mit maximal sechs Plätzen (z. B. Einzel- oder Paarwohnen, Gruppenwohnen mit drei bis sechs Personen, Wohnen in einer Zweier- oder Dreierwohngemeinschaft zusammen mit einer nichtbehinderten Person) akzeptiert (dazu Felce & Perry 2007). An diesem Richtwert hat sich bis heute nichts geändert, im Gegenteil, manche Länder (Schweden, USA/Kalifornien [dazu Kap. 3 und 4]) versuchen gar, große Gruppen mit fünf oder sechs Personen zu vermeiden, um Menschen mit Lernschwierigkeiten oder komplexer Behinderung ein größtmögliches Maß an Lebensautonomie zu offerieren. Favorisiert werden heute in mehreren hochentwickelten Ländern Wohngruppen mit maximal vier Plätzen (vgl. Theunissen 2014, 26; Theunissen u. a. 2018, Kap. C4). Der Prozess des deinstitutionalisierten Wohnens ist in den nordeuropäischen Ländern und in den USA am weitesten fortgeschritten (vgl. hierzu die Zusammenschau in Kozma, Mansell & Beadle-Brown 2009; Scott, Lakin & Larson 2008; Theunissen 2013, 326; 2014). So gibt es z. B. in Schweden keine Heime für Menschen mit Behinderungen mehr und in den USA leben nur noch etwa 15 % aller Menschen mit Lernschwierigkeiten bzw. einer komplexen Behinderung in Einrichtungen, die mehr als 16 Plätze aufweisen (Prouty, Lakin & Coucouvanis 2007).

Zur Enthospitalisierung

In Westdeutschland sowie in Österreich und der deutschsprachigen Schweiz wurde hingegen seltener von einer Deinstitutionalisierung als vielmehr von einer *Enthospitalisierung* gesprochen. Dies war in erster Linie dem hohen Anteil fehlplatzierter Menschen mit einer komplexen Behinderung in psychiatrischen Anstalten geschuldet. Einerseits sollten durch soziale, heilpädagogische und therapeutische Maßnahmen Hospitalisierungsschäden, (institutionsbedingte) Verhaltensauffälligkeiten, psychische Störungen, Lern- und Entwicklungsbeeinträchtigungen abgebaut, überwunden oder kompensiert werden; und andererseits ging es bei der Enthospitalisierung um die „Wiederherstellung normalisierter Lebensumstände für Menschen mit Behinderungen nach langdauerndem Aufenthalt in psychiatrischen Krankenhäusern“ (Egli 1998, 82).

Nordrhein-Westfalen mit einer Fehlbelegung von über 7.000 Personen mit einer komplexen Behinderung in psychiatrischen Krankenhäusern war eines der ersten Bundesländer, die auf die Psychiatrie-Enquete reagierten. Mit der Bildung der *Heilpädagogischen Heime* im Rheinland (HPH) und der *heilpädagogischen Abteilungen* in Westfalen-Lippe wurden um 1980 zwei flächendeckende Reformen vollzogen, an denen sich später andere Bundesländer orientierten. Aufgabe der *Heilpädagogischen Heime*, die als organisatorisch unabhängige, eigenständige Einheiten aus den Behindertenabteilungen der psychiatrischen Landeskrankenhäuser hervorgegangen waren und weiterhin unter staatlicher Trägerschaft standen, war es, sich durch ein dezentralisiertes und regionalisiertes Netz an differenzierten Wohnformen langfristig überflüssig zu machen (Theunissen 1989a, 131). Nachdem diese Aufgabe zunächst als eine Normalisierung der Lebensbedingungen innerhalb der Heime missverstanden wurde, kam es dann auf der Grundlage politischer Beschlüsse zu einer systematischen Ausgliederung langzeithospitalisierter Menschen mit Lernschwierigkeiten und komplexer Behinderung in dezentrale Wohnformen, sodass heute über 95 % aller ehemaligen Heimbewohnerinnen und -bewohner gemeindeintegriert leben (Bradl & Küppers-Stumpe 2018). Für rund 200 Menschen werden diesbezüglich ambulante Wohnhilfen in der eigenen Wohnung angeboten, ansonsten dominieren Wohngruppen, häufig mit acht Personen, die aufgrund (schwerer) komplexer Behinderungen eine 24-stündige Unterstützung durch ein festes Mitarbeiterteam benötigen. Um den Prozess des Wohnens in der Gemeinde sowie der Teilhabe am gesellschaftlichen Leben noch weiter zu befördern, wurden kürzlich die Heilpädagogischen Heime als „Netzwerke Heilpädagogischer Hilfen" umbenannt und entsprechend umorganisiert (vgl. ebd.). Diesen „rheinischen Weg", der bislang „eine in Deutschland einzigartige und vielbeachtete Entwicklung" (ebd. 57) dokumentiert, werde ich später noch einmal kurz aufgreifen (Kap. 2 [KoKoBe]; Kap. 4 [Konsulentendienste]).

In *Westfalen-Lippe* wurde im Unterschied zum Rheinland auf die „Übergangslösung ‚Heilpädagogisches Heim'" verzichtet, indem mit der Bildung sogenannter heilpädagogischer Abteilungen die staatlichen Landeskrankenhäuser aufgefordert waren, durch selbstinitiierte Enthospitalisierungsmaßnahmen alle bislang hospitalisierten behinderten Menschen möglichst in Wohneinrichtungen freier oder privater Träger zu (re-)integrieren. Zwei Landeskliniken (Gütersloh; Lengerich) gelang es hierbei, ihre heilpädagogischen Abteilungen gänzlich aufzulösen (Moser 1996; Dörner 1998). In den übrigen Landeskrankenhäusern wurden vor einigen Jahren die heilpädagogischen Abteilungen in Förderzentren als staatliche Einrichtungen der Eingliederungshilfe umgewandelt. Dort lebten im Jahr 2003 noch ca. 730 Menschen mit einer komplexen Behinderung.[11]

---

11 Diese und alle nachfolgenden Angaben zur Enthospitalisierung beruhen weithin auf Informationen, die wir im Jahre 2003 aufgrund von bundesweiten Anfragen und/oder Gesprächen mit zuständigen Behörden (Sozialministerien, Wohlfahrtsverbände, Kostenträgern) erhalten haben.

Eine weitere Reform wurde in *Bremen* vollzogen, wo es gegen Ende 1988 zur völligen *Auflösung der Klinik Kloster Blankenburg* gekommen war, indem sich drei gemeinnützige Träger der Behindertenhilfe bereit erklärt hatten, einen regionalen Versorgungsauftrag mit differenzierten Wohn- und tagesstrukturierenden Angeboten für jeweils 50 behinderte Menschen aus Blankenburg in Bremer Stadtbezirken zu übernehmen (Gromann-Richter 1991).

1988 wurden ebenso in *Hessen* die Behindertenabteilungen der staatlichen psychiatrischen Krankenhäuser als *Heilpädagogische Einrichtungen* (HPE) aus den Kliniken herausgelöst und beauftragt, sich innerhalb der nächsten 15 Jahre weithin überflüssig zu machen (Theunissen 1988). In den ersten Jahren der Reform konnte etwa die Hälfte der einst psychiatrisch untergebrachten Personen in gemeindenahe Wohnformen, v.a. in Einrichtungen in freier Trägerschaft, eingegliedert werden. 1996 wurde der Übergangscharakter der Heilpädagogischen Einrichtungen aufgehoben. Seitdem gelten sie als Dauereinrichtungen in der Trägerschaft des Landeswohlfahrtsverbandes. Im Jahre 2003 lebten von ursprünglich etwa 2.000 fehlplatzierten Personen 492 behinderte Menschen in den Heilpädagogischen Einrichtungen, davon 291 Personen auf dem sogenannten Kerngelände und 201 Personen in Außenwohngruppen.

In *Baden-Württemberg*, wo etwa 1.000 Menschen mit einer komplexen Behinderung als fehlplatziert galten, gab es bereits in den 1980er-Jahren Ausgliederungsprojekte und Bestrebungen, ehemals psychiatrisch untergebrachte Personen mit Behinderungen in bestehende Einrichtungen freier Träger unterzubringen. Heute leben nur noch wenige Menschen mit einer komplexen Behinderung auf dem Gelände der psychiatrischen Kliniken in sogenannten heilpädagogischen Wohnheimen.

Erst in den 1990er-Jahren fand in *Bayern* und im *Saarland* eine systematische Ausgliederung von Menschen mit einer komplexen Behinderung aus den psychiatrischen Landeskliniken statt. Begleitstudien zur Enthospitalisierung in Bayern zeigen auf, dass ein Großteil der etwa 2.100 ehemals psychiatrisch untergebrachten behinderten Menschen heute in Alten- und Pflegeheimen, Wohnpflegeheimen mit angegliederten Förderstätten oder in Komplexeinrichtungen lebt (Dalferth 2000). Auch im Saarland wurden viele der 291 fehlplatzierten behinderten Menschen in pflegerisch dimensionierte Einrichtungen überführt. Nur wenige Personen (u.a. mit Verhaltensauffälligkeiten) konnten in gemeindenahen therapeutischen oder sozialpädagogischen Wohngruppen ein neues Zuhause finden.

Ebenso wurde in *Rheinland-Pfalz*, *Niedersachsen* und *Schleswig-Holstein* erst vor etwa 20 Jahren mit systematischen Maßnahmen auf die Psychiatrie-Enquete reagiert. In *Rheinland-Pfalz* wurden die Langzeitbereiche der Landeskrankenhäuser mit etwa 800 fehlplatzierten behinderten Menschen ähnlich wie im Rheinland (NRW) zu heilpädagogischen Heimen umgestaltet und verselbstständigt. Fokussiert werden (bis) heute Bemühungen, über regionale Hilfeplankonferenzen und mit Hilfe des Persönlichen Budgets möglichst viele der betroffenen Menschen in ein gemeindenahes Wohnen zu vermitteln. Davon profitieren allerdings kaum Menschen mit einer komplexen Behinderung. Sowohl in *Schleswig-Holstein*, wo laut Psychiatrie-Enquete 1.283, als auch in *Niedersachsen*, wo 1.699 Menschen mit einer komplexen Behinderung als fehlplatziert galten, begegnen wir mit Ausgliederungsbemühungen sowie der Bildung heilpädagogischer Zentren auf dem Gelände der Kliniken weithin einer Entwicklung wie in Westfalen-Lippe.

Was die *neuen Bundesländer* betrifft, so wurde hier kurz nach der Wende ein *Gutachten über die Lage der Psychiatrie* (L. d. P. 1991) erstellt, welches inhumane Lebensbedingungen in Behindertenanstalten und Landeskrankenhäusern dokumentierte und sich daher für Maßnahmen einer Enthospitalisierung, Normalisierung der Lebensbedingungen, Regionalisierung und Ausgliederung behinderter Menschen aus den psychiatrischen Kliniken in dezentrale Wohnformen aussprach. Zugleich wurde sowohl den staatlichen Institutionen als auch den Behindertenanstalten unter freier Trägerschaft (Diakonie) empfohlen, nicht in Um- oder Neubauten auf ihrem Einrichtungsgelände, sondern in den Aufbau gemeindeintegrierter Wohnformen zu investieren, um an eine zeitgemäße Behindertenarbeit Anschluss zu finden (dazu McManama 2010, 132 ff.).

Brandenburg war eines der wenigen ostdeutschen Länder, die mit Blick auf die Reformen in NRW, Hessen und Bremen den Empfehlungen des Gutachtens Rechnung zu tragen versuchte. Bis zur Mitte des Jahres 1997 konnten etwa 700 (über 50 %) fehlplatzierte Menschen in Wohneinrichtungen bis zu 40 Plätzen ausgegliedert oder in ein betreutes Wohnen überführt werden.

In den übrigen neuen Bundesländern sind bislang weitaus bescheidenere Reformprozesse zu verzeichnen (Hofmann 1996; 1999). So ist in *Sachsen* die Enthospitalisierung angesichts fehlender finanzieller Ressourcen in den Anfängen stecken geblieben, was dazu geführt hat, dass bis heute langzeithospitalisierte Menschen mit komplexer Behinderung in pflegedimensionierten Heimen leben. Das gilt ebenso für *Thüringen* oder *Mecklenburg-Vorpommern*, wo beispielsweise 1997 entgegen den Empfehlungen des oben genannten Gutachtens (L.d.P. 1991) die Gebäude auf dem Gelände der Behindertenanstalt „Kloster Dobbertin" grundlegend saniert wurden, um etwa 270 Menschen mit komplexer Behinderung ein neues Zuhause zu bieten.

In ähnlichen Bahnen bewegt sich letztlich auch die Enthospitalisierung in *Sachsen-Anhalt*. Hier galten Anfang der 1990er-Jahre etwa 2.800 Personen mit Lernschwierigkeiten oder komplexer Behinderung offiziell als fehlplatziert. Viele dieser Personen leben heute in Heimen, die entweder aus den ehemaligen Behindertenabteilungen der psychiatrischen Krankenhäusern hervorgegangen sind oder als Langzeiteinrichtungen neu geschaffen wurden (Baudisch 2000; McManama 2010, 453).

Bleibt zu guter Letzt ein Blick auf *Berlin*[12], wo gleichfalls wie in einigen anderen Bundesländern die Enthospitalisierung kein einheitliches Gepräge aufweist, was der Vielzahl von Trägern und ihren Interessen geschuldet ist. So begegnen wir sowohl verschiedensten Heimsystemen (v. a. für Menschen mit komplexer Behinderung) als auch dezentralen Wohnformen (Wohngemeinschaften, Einzelwohnungen), die regionale Dienste oder Serviceleistungen (ambulante Betreuung) in Anspruch nehmen. Vor wenigen Jahren lebten von etwa 9.000 Menschen mit Lernschwierigkeiten bzw. komplexer Behinderung ca. 4.000 in Wohnformen wie Wohngemeinschaften oder in der eigenen Wohnung und ca. 5.000 in Heimen, davon 2.000 Personen außerhalb von Berlin (Seifert 2010a).

Resümee mit einem Beispiel aus der Praxis

Ziehen wir aus der vorausgegangenen Zusammenschau ein Resümee, so lässt sich festhalten, dass bis auf wenige Reformen und Projekte keine Enthospitalisierung, sondern lediglich eine *Umhospitalisierung* vollzogen wurde (Hoffmann 1999). Denn viele hospitalisierte Menschen, v. a. jene mit einer komplexen Behinderung, wurden zwar aus einer psychiatrischen Anstalt ausgegliedert, aber nicht wie in den skandinavischen Ländern oder USA in kleine, gemeindebezogene Wohnformen integriert, sondern in andere Langzeiteinrichtungen (z. B. Förder- und Pflegewohnheimen) untergebracht. Dies entsprach nicht dem, was sich die Fachwissenschaft unter Enthospitalisierung

---

12 Manchem dürfte aufgefallen sein, dass Hamburg nicht berücksichtigt wurde. Das hängt damit zusammen, dass dort die staatliche Psychiatrie als Versorgungssystem für Menschen mit Lernschwierigkeiten oder komplexer Behinderung kaum eine Rolle spielte. Stattdessen gab es die Alsterdorfer Anstalten, die einer „totalen Institution" entsprachen und sich noch weit in die 1980er-Jahre einer Deinstitutionalisierung gegenüber verweigerten. Heute imponiert die evangelische Stiftung Alsterdorf (als Träger der ursprünglichen Anstalt) hingegen mit modernen Konzepten (Maas 2010; Hauser 2008; 2010; Schablon 2016).

und Normalisierung vorgestellt hatte, und erst recht nicht dem, was im angloamerikanischen Sprachraum als Deinstitutionalisierung zum Programm erklärt worden war. Somit wurde vielerorts in Deutschland mit der Enthospitalisierung ein Etikettenschwindel betrieben und an der Institutionalisierung von Menschen mit komplexer Behinderung grundsätzlich festgehalten.

Das betraf nun keineswegs nur Reformen in Bezug auf staatliche Einrichtungen, sondern ebenso die Entwicklungen in Behindertenanstalten oder anderen psychiatrischen Krankenhäusern unter freier (kirchlicher) oder privater Trägerschaft. Die meisten dieser Institutionen zeigten bis weit in die 1990er-Jahre ein selbstgenügsames Beharrungsvermögen, welches nicht selten spezifischen Trägerinteressen, v. a. der Aufrechterhaltung von Macht, Geltung, Einfluss und Autorität, geschuldet war. So wurden Vorstellungen wie die Auflösung von Heimen oder die Deinstitutionalisierung als eine existenzielle Bedrohung wahrgenommen, weswegen das Anstaltswesen als Errungenschaft aus der Geschichte mit allen Mitteln verteidigt werden musste. Freilich konnten sich die Behindertenanstalten der öffentlichen Kritik an menschenunwürdigen Zuständen nicht gänzlich entziehen, wenngleich die Bedingungen innerhalb der Einrichtungen vielfach günstiger beurteilt wurden als in den vergleichbaren staatlichen Institutionen. Diese Einschätzung, die u. a. von der Elternvereinigung „Lebenshilfe" geteilt wurde, weshalb ihre Kritik an den Behindertenanstalten verhaltener war als gegenüber den staatlichen psychiatrischen Krankenhäusern, nutzten nicht wenige kirchlich geführte Einrichtungen zu ihren Gunsten, indem sie sich nicht unter politischen Druck stellen ließen und anstelle tiefgreifender Reformen lediglich zu einer Normalisierung der Lebensbedingungen innerhalb ihrer Institutionen bereit erklärten. Dass dies mit der ursprünglichen Intention der Enthospitalisierung und dem Normalisierungsprinzip wenig zu tun hatte, wurde dabei wissentlich in Kauf genommen (vgl. dazu auch McManama 2010, 437 ff., 462 ff.).

Nichtsdestotrotz wäre es ein Irrtum anzunehmen, dass die skizzierten Reformen in den 1980er-Jahren auf dem Gebiet der Behindertenarbeit in Deutschland nichts bewegt hätten. Es wurde nur nicht in vielen Teilen der Republik im Sinne und unter Beteiligung betroffener Menschen konsequent reformiert, und daher ist es verständlich, dass sich Menschen mit Lernschwierigkeiten oder anderen Behinderungen nicht mit den Veränderungen, die die Institutionalisierung weithin unangetastet ließen, zufrieden geben konnten. Welche Konsequenzen sich aus dieser Kritik der Institutionalisierung ergaben, wird im anschließenden Kap. 2 thematisiert.

Zuvor möchte ich mit einem Beispiel aus der Praxis die Geschichte der Institutionalisierung abrunden, indem der „rheinische Weg" der Enthospitalisierung exemplarisch an der heilpädagogischen Förderung eines langzeithospitalisierten Mannes mit einer komplexen Behinderung aufgezeigt wird. Förderung bedeutet in dem Fall ganz im Sinne einer am Empowerment-Konzept orientierten Behindertenarbeit vom Menschen aus: von der Person aus (empathisch-verstehend), mit ihr (dialogisch-kooperativ) und für sie (antizipatorisch) Unterstützung zur Gewinnung von mehr Autonomie, Handlungskompetenz und Lebensqualität anzubieten. Dieses für die vorliegende Schrift überarbeitete und reflektierte Beispiel stammt ursprünglich aus meiner Schrift „Wege aus der Hospitalisierung" (Theunissen 1989a; 2000) und zählt zu den bedeutsamsten Berichten, aus denen nicht nur ein richtungsweisender Ansatz einer lebensweltbezogenen Behindertenarbeit von Menschen aus, denen (schwere) komplexe Behinderungen nachgesagt werden, sondern zugleich Grundzüge des Konzepts der Positiven Verhaltensunterstützung[13] für die Pädagogik bei Verhaltensauffälligkeiten oder Problemverhalten hervorgegangen sind (dazu Kap. 4).

Zur Geschichte einer Enthospitalisierung – das Beispiel Herr B.

Herr J. B., geb. 1947, stammt aus geordneten Familienverhältnissen. Bis zu seinem fünften Lebensjahr lebte er zu Hause bei seinen Eltern. Gegen Ende seines ersten Lebensjahres war ein geistiger Rückstand festgestellt worden. In seinem zweiten und vierten Lebensjahr musste er wegen beidseitiger Hüftgelenkserkrankungen für einige Wochen stationär behandelt werden. Aufgrund dieser Körperbehinderung habe er nie Stehen oder Laufen gelernt.

Da sich seine Eltern bei der alltäglichen Pflege überfordert fühlten, folgten sie im Jahre 1952 dem ärztlichen Rat, Herrn B. in eine orthopädische Kinderabteilung einer psychiatrischen Krankenanstalt für eine dauerhafte stationäre Betreuung einzuweisen. Dort wurde eine Little'sche Krankheit (spastische Kinderlähmung, ein Befall beider unterer Extremitäten, der Rückenmuskulatur wie auch der oberen Gliedmaßen) festgestellt. Ferner wurden multiple Kontrakturen beider Knie und Hüftgelenke diagnostiziert, außerdem waren die Füße in Fehlstellung fixiert. Da mehrere orthopädische Versuche (durch Behandlung mit Beinschienen oder Spreizlagerungsschale), ein gewisses Maß

13 Die Positive Verhaltensunterstützung ist ein Konzept, das aus der Enthospitalisierung behinderter Menschen und aus der Kritik an einem aversiven, verhaltensorientierten Umgang mit kognitiv beeinträchtigten oder autistischen Menschen, die zugleich als verhaltensauffällig gelten, hervorgegangen ist. Damit steht die Positive Verhaltensunterstützung in der Tradition behavioraler Ansätze, hat aber die verhaltensorientierte Praxis wesentlich weiterentwickelt (vgl. Sarimski 2019; Theunissen 2019; 2020).

an Steh- und Gehfähigkeit zu erreichen, fehlschlugen, wurde Herr B. spätestens nach seinem sechsten Lebensjahr nur noch im Bett gehalten. Nunmehr galt er als „völlig pflegebedürftig“, „schwachsinnig vom Grade der Idiotie“ und „bildungsunfähig“.

Nach einer organisatorisch bedingten Verlegung in ein anderes psychiatrisches Landeskrankenhaus bot er das Bild eines völlig unselbstständigen „schwierigen Pflegefalls“, der angesichts eines „ständig störenden Verhaltens“ (durch lautes, unartikuliertes Schreien, Abwehrhaltungen bei verbalem Zuspruch) sediert werden musste. Während er sich zu Beginn der Verlegung noch gelegentlich mit Ein- oder Zwei-Worten Sätzen sprachlich äußerte und an seinem Bett mit Bauklötzen beschäftigen konnte, wurde er gegen Ende der 1970er-Jahre als völlig apathisch und inaktiv beschrieben. Nach Aussagen des Personals habe man „psychisch keinen Kontakt mehr zu ihm herstellen“ können. Ferner habe er „keine einfachen Begriffe oder Aufforderungen mehr erfassen können“ und sich nur noch äußerst selten in unartikulierten Zwei-Wort-Sätzen geäußert. Berichten zufolge muss Herr B. in den 1970er-Jahren während seines Aufenthaltes in der Psychiatrie mehrfach beim Baden misshandelt worden sein, indem er routinemäßig, ohne Rücksicht auf seine Befindlichkeit, unfreundlich und ruppig in die Badewanne gezerrt, mit lauwarmem, zum Teil zu kaltem oder auch unter fließend heißem Wasser gefühlskalt und kräftig von Pflegern abgewaschen wurde, danach ohne Gespür und Anteilnahme aus der Wanne herausgezogen und notdürftig abgetrocknet und versorgt wurde. Während dieser Zeit war es zu zwei Brüchen seiner Beine gekommen (Diagnose: Osteoporose). Vermutet wurden Misshandlungen durch das Personal, die aber nie nachgewiesen werden konnten.

Der Psychiatrie-Enquete folgend wurden 1979 alle Langzeitstationen mit behinderten Menschen organisatorisch zusammengefasst und 1980 aus der psychiatrischen Anstalt herausgelöst und verselbstständigt. Seitdem ist Herr B. Bewohner eines Heilpädagogischen Heimes (inzwischen umbenannt als Netzwerk Heilpädagogische Hilfen). Sowohl sein psychisches Verhalten als auch sein körperlicher Zustand wurden im ersten Jahr des Heimaufenthaltes als unverändert erlebt. Herr B. verbrachte seine ganze Zeit im Bett und musste ständig gefüttert und geregelt werden. Zur Ruhigstellung erhielt er weiterhin die bisherige sedierende Arznei.

Im April des Jahres 1981 rückte er dann erstmalig ins pädagogische Interesse. Ausschlaggebend hierfür war u. a. die Aussage eines Orthopäden, dass er niemals einen Rollstuhl erhalten könne, weil er zu stark körperlich behindert und nur aufs Liegen angewiesen sei. Die zuständige Heimärztin war hingegen anderer Auffassung und animierte das Personal, mit Herrn B. gezielt pädagogisch-therapeutisch zu arbeiten.

Eine Heilgymnastin des Heimes zeigte damals großes Interesse, bei Herrn B. eine „Bewegungstherapie“ durchzuführen. Der Schwerpunkt ihrer Arbeit lag auf Krankenmassage, die sie viermal wöchentlich etwa zehn Minuten lang durchführte. Leider ging die Fachkraft gleich zu Beginn ihrer Arbeit zu „schulmäßig“ vor und versäumte es, zu Herrn B. eine emotional fundierte Beziehung herzustellen. Die Tatsache, dass er bei ihrer Arbeit ständig Zeichen einer „muskulären Panzerung“ (Reich) sowie damit verknüpfte tiefgreifende Ängste zeigte, seine Arme fest um den Kopf klammerte und laut schrie, war ein Beleg dafür, dass die therapeutische Arbeit der Heilgymnastin durch einen anderen Ansatz abgelöst werden musste.

Gegen Ende des Jahres 1981 kam es zur Verkleinerung der bisherigen Station mit 25 Männern auf eine Gruppengröße von 14 Bewohnern, die wenige Jahre später nach einem Umbau auf acht Personen reduziert werden konnte. Diese verbesserten Rahmenbedingungen trugen dazu bei, dass ab April 1982 eine gezielte heilpädagogische Entwicklungsförderung ins Auge gefasst werden konnte.

Ausgangspunkt dieser Arbeit war die Erstellung einer Ausgangslage im Rahmen einer Unterstützerkonferenz, der Konsultationen mit den Eltern und ehemaligen Mitarbeitern, die Erstellung einer Lebensgeschichte, Verhaltensbeobachtungen, die Einschätzung des Lern- und Entwicklungsniveaus unter Berücksichtigung des S/P=P-A-C (Günzburg), des Entwicklungsprofils nach Doman (1971) und des sensomotorischen Entwicklungsgitters nach Kiphard (1976) sowie eine an Stärken orientierte Sicht vorausgingen.

Stichwortartige Zusammenfassung der Ausgangslage (April 1982)

Zum psychischen, sozialen und kommunikativen Verhalten: reagiert mit tiefgreifenden Ängsten, wenn Mitarbeiterinnen oder Mitbewohner auf ihn zukommen, ihn berühren oder pflegen (schreit laut, hält sich mit den Händen die Ohren und mit dem Ellbogen die Augen zu (Armeklammern) und verspannt sich), zeigt nur äußerst selten Ausdruck von Freude (durch Lächeln oder Lachen), wirkt gelegentlich apathisch; ist völlig isoliert von Mitbewohnern, fast ständiger Aufenthalt im Schlafsaal (wird gelegentlich mit seinem Bett in den Tagesraum gefahren); versucht durch Echolalie (Ein- oder Zwei-Wort-Sätze, die den Stationsalltag betreffen) Aufmerksamkeit seiner Mitarbeiter auf sich zu lenken; reagiert auf Ansprache durch Mitarbeiter ebenfalls mit

Echolalie in Form von Zwei-Wort-Sätzen, deren Inhalt nicht in Verbindung mit den gegebenen Situationen steht.

Zur Motorik und zum körperlichen Bereich: ist völlig unbeweglich, liegt ständig auf Rückenlage im Bett, Beugekontrakturen an Hüften und Knien, klammert mit Armen und versteift sich aus Angst heraus, wenn man ihn auf Bauchlage dreht, aus dem Bett hebt oder badet; im Bereich der oberen Extremitäten besteht medizinisch gesehen keine nennenswerte Bewegungseinschränkung, leichte Athetose; dreht sich nicht vom Rücken auf den Bauch oder vom Bauch auf den Rücken; bewegt seine Beine nicht; sitzt nicht; greift mit zwei oder drei Fingern.

Zur Selbstständigkeit, Motivation, Aufmerksamkeit und Wahrnehmung seiner Umgebung: braucht bei allen Verrichtungen des täglichen Lebens Hilfe, benötigt zwei Mitarbeiter beim Heben aus dem Bett, bei der Toilettenregelung, beim Baden, beim An- und Ausziehen; wirkt interessiert an Geschehnissen des Alltags, beobachtet intensiv seine Umkreispersonen, nimmt Ereignisse aus der Umgebung wahr; spricht kurze, stereotype Zwei-Wort-Sätze (Gardine kaputt), die er ständig wiederholt, geht nicht auf Spielangebote ein, schiebt Spielmaterialien (z. B. Bauklötze) beiseite oder wirft Spielzeug weg.

Auf die Ausgangslage bezogen wurden folgende Ziele ins Auge gefasst:

- Aufbau einer vertrauensvollen Beziehungsgestaltung;
- Abbau von Angst;
- Anbahnung und Förderung von Spaß, Freude und emotionalem Wohlbefinden;
- Ermöglichung einer physisch-psychischen Entspannung;
- Förderung der Mobilität im Oberkörperbereich, Entwicklung von Kraft, Aufbau und Förderung selbstständigen, selbstinitiierten Handelns;
- Herstellung und Ausbau von Sozialkontakt, Abbau isolierender Bedingungen.

Ausgangspunkt der Einzelarbeit, die durch eine behutsam angelegte Reduktion der sedierenden Arznei unterstützt wurde, war zunächst eine Phase der Kontaktaufnahme, indem ein forschender Pädagoge (mit dem Studienschwerpunkt Heil- und Sonderpädagogik) in der Regel viermal wöchentlich für 30 bis 45 Minuten Herrn B. an seinem Bett im Schlafsaal besuchte und bestrebt war, durch leises, freundliches Zureden, behutsames Streicheln und vorsichtiges Stimulieren der Haut mit weichen, samtenen Stoffen eine emotional fundierte, kommunikative Beziehung herzustellen und ein körperlich-seelisches Wohlbefinden und Entspanntsein zu bewirken. Hierzu nahm sich der Pädagoge anfangs oft über eine Stunde Zeit. Diese basal-kommunikative Arbeit, die mit ruhiger, meditativer Musik untermalt wurde, fand in einer improvisierten „Mattenecke" im Schlafsaal auf dem Boden statt, wozu Herr B. stets von zwei Mitarbeitern aus seinem Bett gehoben werden musste.

Bereits nach einer Woche intensiver Kontaktaufnahme war zu beobachten, dass er nicht mehr tiefgreifende Züge von Angst erkennen ließ, weniger mit seinen Armen klammerte sowie dem Blickkontakt auswich; überdies wurde er gesprächiger, indem er beispielsweise den Vornamen des Pädagogen rief und Fragen wie „Wie geht es Dir heute?" mit „gut" und einem Lächeln oder freudigem Murmeln beantwortete.

Vor diesem Hintergrund war es nach der sechsten Kontaktstunde möglich, auch Spielmittel einzusetzen. Damit wurde die basal-kommunikative Arbeit allmählich zeitlich reduziert, wohl aber weiterhin bei körperlicher Verkrampfung, psychischem Unwohlsein oder Ängsten fokussiert. Neben dem gemeinsamen Betrachten, assistierenden Erzählen und Vorlesen von Bilderbüchern bzw. Bildergeschichten wurde das regelmäßige Ballspielen zu dem wichtigsten Bestandteil der fast täglichen Arbeit.

Zunächst fanden die Ballspiele vom Bett aus, später dann nur noch in der Mattenecke am Boden statt. Zum damaligen Zeitpunkt konnte Herr B. noch nicht in Bauchlage auf dem Boden liegen. In dieser Lage zeigte er massive Ängste, indem er seinen Kopf zwischen seinen Armen verschränkte, sich in starkem Maße verkrampfte (muskuläre Panzerung) und anhaltend laut schrie. Ziel der Ballspiele war es, nicht nur schöne Begegnungen zu erleben, sondern auch eine verbesserte Mobilität im Oberkörperbereich zu erreichen. So musste Herr B. beispielsweise seine Arme immer seitwärts, hinterrücks oder nach vorne strecken, um überhaupt an einen Ball zu gelangen. Das Zuwerfen der Bälle wurde so manipuliert, dass er gezwungen war, sich immer mehr zum Erreichen eines Balles zu strecken. Diese Manipulation mit den Bällen führte auf Dauer dazu, dass er im Oberkörperbereich beweglicher wurde sowie in seinen Armen Kräfte entwickelte. Überdies wurde er auch mit seinen Händen geschickter, indem er immer besser verschieden große Bälle mit einer Hand abwerfen konnte.

Daraufhin gab es Anfang August (1982) den Versuch, ihm das selbstständige Essen beizubringen. Innerhalb nur weniger Tage war er in der Lage, selbstständig mit dem Löffel zu essen. Ebenso brauchte er nicht mehr zu den Frühstücks- oder Abendbrotmahlzeiten gefüttert zu werden. Zu bemerken ist, dass sich Herr B. zum selbstständigen Essen sehr gut motivieren ließ, überdies war er auf diese eigenständige Leistung sehr stolz.

Im Sommer des gleichen Jahres wurde mit drei weiteren Bewohnern, die sich nur kriechend fortbewegen konnten, zusätzlich zur Einzelarbeit eine sogenannte Spielgruppe gebildet, die in der Regel dreimal wöchentlich für 30 bis 45 Minuten stattfand und in der durch gemeinsame Aktivitäten (z. B. einfache Ballspiele, Musizieren mit Percussion-Instrumenten, Singen, Türme bauen mit großen Klötzen, Fingermalen, Farbspuren und -abdrücke herstellen) der (eintönige) Alltag aufgelockert, Wohlbefinden ermöglicht sowie Sozialkontakt und Sozialverhalten angebahnt und gefördert werden sollten. Während dieses Zeitraumes konnte die sedierende Arznei bei Herrn B. völlig abgebaut werden.

Dies alles führte dazu, dass Herr B. im November 1982 im Rahmen der Einzelarbeit erstmalig auf Bauchlage gedreht werden konnte, ohne dabei Ängste zu zeigen oder zu klammern. Damit war ein wichtiger Schritt für seine weitere Entwicklung eingeleitet worden, denn von nun an wurde er täglich auf Bauchlage gedreht, zunächst für ein bis zwei Minuten, dann fünf Minuten, später (nach drei Wochen) ca. 30 Minuten lang. Zudem fanden jetzt die Ballspiele auf Bauchlage statt. Um Unbehagen, Unsicherheiten oder unnötigen Ängsten in dieser für ihn noch wenig vertrauten Situation vorzubeugen, ging der Pädagoge sehr behutsam und einfühlend vor. Er legte sich ebenfalls auf den Boden und rollte Herrn B. die Bälle so zu, dass dieser sie mühelos abstoßen konnte. Nachdem sich Herr B. an die neue Lage gewöhnt hatte, wurden die Ballspiele wieder allmählich im Niveau gesteigert, indem er in zunehmendem Maße seine Arme weit ausstrecken musste, um überhaupt zu einem Ball zu gelangen. Eines Tages war er dann gezwungen, nicht nur seine Arme weit auszustrecken, sondern sich zugleich auch wenige Zentimeter selbstständig vorwärts zu bewegen, um einen Ball überhaupt zu erreichen. Da er grundsätzlich hochmotiviert war, mit Bällen zu spielen, gelang es ihm, erstmalig alleine wenige Zentimeter vorwärts zu rutschen, indem er sich auf seine Arme abstützte und vorwärts drückte. Da diese Aktivitäten mit großer Anstrengung verbunden waren (Schweißausbrüche bei Herrn B.), war es wichtig, ihn hierbei nicht zu überfordern. So wurde er zunächst veranlasst, sich für nur fünf bis zehn Zentimeter fortzubewegen. Allmählich wurden jedoch die Abstände zwischen Ball und Herrn B. immer größer. Gegen Ende des Jahres 1982 war er dann in der Lage, über einen halben Meter selbstständig zu robben und sich umzudrehen. Bemerkenswert ist, dass die eigenständige Fortbewegung ursprünglich nicht intendiert war, sich jedoch aus der subjektzentrierten Arbeit, d.h. von Herrn B. ausgehend als Zielperspektive ergeben hatte. Heute würden wir hier von einem *„supported empowerment“* sprechen.

Etwa zur gleichen Zeit wurde er erstmalig von den Mitarbeitern auch an den Esstisch zu anderen Bewohnern gesetzt. Erinnert sei diesbezüglich an die Aussage des Orthopäden, der das Sitzen auf einem Stuhl für „unmöglich" gehalten hatte. Herr B. schien von Anfang an das Sitzen bei den Mahlzeiten zu genießen und freute sich nunmehr darauf, wenn er tagsüber öfters auf einen Stuhl gesetzt wurde. Ferner machte er weitere Fortschritte in seinem Sprachverhalten, indem er sich immer häufiger in kurzen Sätzen mit situationsadäquatem Inhalt zu äußern versuchte.

Neben den Ballspielen wurden ihm in der Folgezeit noch viele weitere Anreize zum eigenständigen Robben geschaffen (z. B. durch Ausräumen oder Füllen einer Tonne mit Spielmaterialen, durch das Anschaffen von Spielmaterialien, durch das Bauen mit großen Klötzen), was zur kontinuierlichen Verbesserung seiner eigenständigen Fortbewegung führte. So war er seit Mai 1983 in der Lage, alle Räume robbend zu erreichen, und seitdem hielt er sich tagsüber zumeist nur noch bei seinen Mitbewohnern im Gruppenraum auf. Ferner erhielt er ein Rollbrett, mit dem er in seiner Gruppe noch mobiler wurde und sich aktiver ins Gruppengeschehen einbringen konnte.

Im Sommer des gleichen Jahres wurde dann mit ihm ein Selbstständigkeitstraining im Bereich des An- und Ausziehens und der Toilettenregelung durchgeführt, was dazu führte, dass er gegen Ende des Jahres 1983 in der Lage war, sich selbst zu regeln (Urinflasche anlegen und handhaben) sowie Unterhemd und Pullover alleine an- und auszuziehen.

Vor dem Hintergrund dieser Entwicklung und dadurch, dass Herr B. sich auf die alltäglichen Pflegeprozesse immer besser psychisch und physisch einstellen konnte (nur noch sehr selten krampfte und schrie), wurde er „pflegeleichter" und zugleich beliebter beim Personal, sodass sich für den Pädagogen die Situation ergab, seine Arbeit ganz behutsam durch Übernahme vonseiten des Gruppenpersonals ausschleichen zu lassen. Der bisherige pädagogische Bezug hatte sich offenbar überflüssig gemacht, und der Prozess der Loslösung verlief problemlos. Allerdings war es in den nachfolgenden Jahren nicht zu einem völligen Bruch der Beziehungen gekommen. So begleitete der Pädagoge z. B. Herrn B. weiterhin beim wöchentlichen Schwimmbadbesuch der Wohngruppe. Zudem übernahm eine Mitarbeiterin die Bezugsassistenz, von der Herr B. bis heute (2005; Ende der Berichterstattung) profitiert – gibt es doch eine Person, zu der ein besonders vertrauensvolles Verhältnis besteht.

Günstig für den Ablösungsprozess war es zudem, dass Herr B. im August 1983 einen Rollstuhl erhielt, sodass erstmalig auch eine „Öffnung nach außen" ins Auge gefasst werden konnte (durch Ausflüge, Fahrten, Zoobesuche,

Teilnahme an Ferienfreizeiten). Dieser Prozess wurde in der Folgezeit dadurch unterstützt, dass Herr B. mehrere Jahre einmal wöchentlich oder 14-tägig Besuch von einer freiwilligen Helferin erhielt, die mit ihm viele Ausflüge, Stadtfahrten, Einkäufe, Cafébesuche oder Ähnliches unternahm und ihm somit wertvolle Möglichkeiten einer aktiven Teilhabe am gesellschaftlichen Leben bot.

Diese Begegnungen und Anregungen trugen dazu bei, dass Herr B. sich fortan immer besser sprachlich zu verständigen wusste, sodass es alsbald für ihn selbstverständlich wurde, Wünsche zu äußern, in ganzen Sätzen zu sprechen oder Fragen adäquat zu beantworten.

Bezüglich seiner Selbstständigkeit gab es zuvor etwa gegen Mitte der 1980er-Jahre noch einen weiteren enormen Fortschritt, als er sich erstmalig auf einen Stuhl hochzog und damit lernte, sich alleine – ohne fremde Hilfe – zu setzen. Zeitgleich eignete er sich darüber hinaus Techniken an, sich selbstständig in ein niedriges Holzbett zu legen oder dieses eigenständig zu verlassen.

All die beschriebenen Entwicklungsfortschritte haben dazu geführt, dass Herr B. seit jener Zeit zu den aktivsten Bewohnern seiner Wohngruppe zählt.

Betrachten wir die weitere Entwicklung[14], so stoßen wir zunächst einmal auf ein tagesstrukturierendes Angebot außerhalb seiner Wohngruppe, welches Herr B. nunmehr seit etwa 20 Jahren gerne wahrnimmt, nämlich den regelmäßigen Besuch einer Tagesstätte auf dem Gelände der psychiatrischen Klinik. Hier wird er auf vielseitigste Weise aktiviert, durch einfache Arbeiten und Spiele am Tisch (Puzzle), über „ergotherapeutische" oder Angebote aus dem ästhetischen Bereich (Malen mit Wachsmalstiften oder Kreide; plastisches Gestalten mit Ton und Knete) bis hin zu „offenen" Freizeit- und Gruppenaktivitäten. Diese Vielfalt der Angebote sei wichtig, so die Auffassung seiner Bezugsassistentin, um ihm einerseits „positive Erlebnisse" und Anregungen zu bieten und um andererseits seine Feinmotorik, Handgeschicklichkeit und Auge-Hand-Koordination stetig zu trainieren, was sich auf seine Selbstständigkeit z. B. beim Essen (Umgang mit Messer und Gabel) günstig auswirken würde.

Bemerkenswert sind Aufzeichnungen zu Beginn der 1990er-Jahre, die Herrn B. als einen aufgeschlossenen, kontaktfreudigen, mit sich selbst

14 Die folgenden Ausführungen basieren auf Hospitationen und Gespräche mit Herrn B. und seinen Assistentinnen.

zufriedenen, umgänglichen und freundlichen Bewohner beschreiben, der „nicht im herkömmlichen Sinne als pflegebedürftig" (1992) zu betrachten sei. So würde er inzwischen seine räumliche Umwelt noch intensiver erfahren, miterleben und begreifen als die Jahre zuvor; überdies würde er von sich aus Kontakte zu seinen Mitbewohnern und zum Personal knüpfen, Wünsche äußern und auch sprachlich kommunizieren. Kleine und einfach strukturierte Gespräche seien mit ihm gut möglich, wenngleich er dabei oftmals „stereotype Elemente" nutzen würde, „die jedoch als angenehm, positiv und auch als lebendig in Gegenseitigkeit" erfahren werden.

Abschließend sei erwähnt, dass Herr B. vor etwa zwölf Jahren mit seiner gesamten Wohngruppe (acht Personen) in einen eigens für Menschen mit schweren komplexen Behinderungen konzipierten Neubau außerhalb des (ehemaligen) Heim- und bisherigen Klinikgeländes auf der gegenüberliegenden Straßenseite umgezogen ist. Alle Gruppenmitglieder haben seitdem ein eigenes Zimmer, und die alltägliche Arbeit ist nunmehr noch stärker als bisher auf ein häusliches Wohnen nach dem Grundsatz der Normalisierung und dem Ziel der Teilhabe am Leben in der Gesellschaft ausgerichtet. Ein weiterer Schwerpunkt bezieht sich nicht zuletzt aufgrund des Alters und der Schwere der Behinderung einiger Mitbewohnerinnen auf die Pflege „basaler Individualinteressen" und auf die Unterstützung einer sinnerfüllten Lebens- und Alltagsgestaltung, um ein Höchstmaß an Lebensqualität zu erreichen.

Perspektiven für die lebensweltbezogene Behindertenarbeit

Wie schon oben erwähnt, war die Arbeit mit Herrn B. wegbereitend für ein Konzept, das sich heute im Bereich des unterstützten Wohnens für Menschen mit einer komplexen Behinderung etabliert hat. Da ich in anderen Schriften (Theunissen 2000; 2021) diese Konzeption ausführlich beschrieben habe, genügen im Folgenden nur stichwortartige Hinweise: Aus der Arbeit mit Herrn B. sind handlungsbestimmende *Leitprinzipien* hervorgegangen, die jedes Konzept fühlbar durchdringen sollten: Das gilt insbesondere für die

(1) Beziehungsgestaltung, die für die Selbstbestimung fundamentale Bedeutung hat und als positiver Wirkfaktor empirisch nachgewiesen wurde (Grawe, Donati & Bernauer 2001; Grawe 1995),
(2) Subjektzentrierung, die die Interessen und Stärken der Person wert zu schätzen weiß,
(3) Entwicklungsgemäßheit, bei der über- oder unterfordernde Situationen vermieden sowie Gesetzmäßigkeiten und atypische Verläufe der menschlichen Entwicklung beachtet werden,

(4) Ganzheitlichkeit, bei der das Zusammenwirken emotionaler, körperlicher und kognitiver Kräfte der Person in sozialer und ökologischer Bezogenheit fokussiert wird,
(5) Ressourcenaktivierung (Stärken-Perspektive), deren positive Wirksamkeit gleichfalls empirisch nachgewiesen wurde (Grawe & Grawe-Gerber 1999),
(6) Selbstbestimmung, die wesenhaft zum Menschensein gehört und als „soziale Kategorie" vestanden wird sowie
(7) Inklusion (soziale und gesellschaftliche Zugehörigkeit) und Partizipation (Teilhabe) an sozialen Bezügen und am Leben in der Gesellschaft.

Bemerkenswert ist, dass im Rahmen der dokumentierten pädagogisch- therapeutischen Arbeit auch neurowissenschaftliche Erkenntnisse und Aspekte zum Tragen kommen, die heute u. a. m. in der Neuropsychotherapie (Grawe 2004) Eingang gefunden haben. Werfen wir dazu noch einmal einen Blick auf die Ausgangssituation: Nach seiner Verlegung in eine psychiatrische Anstalt hatte Herr B. mehrfach körperlich äußerst unangenehme, Schmerzen verursachende Erfahrungen gemacht. Diese (traumatisierenden) Erfahrungen wurden im limbischen System (Amygdala) abgespeichert und auf Dauer neurologisch gebahnt. Funktional betrachtet handelte es sich dabei um ein Abwehr- und Vermeidungssystem, welches nicht nur bei alltäglichen Pflegeprozessen und körperlichen Berührungen, sondern bereits bei Annäherungen (1) neurochemisch: eine hohe Ausschüttung von Stresshormonen wie Adrenalin und Noradrenalin sowie einen stark erhöhten Cortisolspiegel, (2) emotional: starke Angstgefühle, (3) körperlich: Verspannungen, Zittern, Schwitzen, Herzklopfen und Gesicht verzerren, (4) funktionell: eine Abschaltung der mit dem limbischen System (Amygdala) verknüpften Hirnregionen (z. B. Bereiche im Frontalhirn, cingulärer Cortex), die für bewusste Bewertungs- und Steuerungsprozesse zuständig sind, und somit (5) kognitiv: Denkblockaden und Wahrnehmungseinschränkungen (*black out*) hervorrief.

Aus neurobiologischer Sicht macht es in dem Falle keinen Sinn, unmittelbar an den Auffälligkeiten zu arbeiten, weil dadurch die überentwickelten (rechtshirnigen) neuronalen Verbindungen stets aktiviert statt gehemmt werden (Grawe 2004; auch Lingg & Theunissen 2017, 154 ff.). Insofern war die Arbeitsweise der Heilgymnastin auch neurowissenschaftlich betrachtet kontraproduktiv. Vielmehr musste an dem (d.h. an verkümmerten, linkshirnigen neuronalen Strukturen) angeknüpft werden, das Herrn B. psychisch aufzubauen bzw. zu stärken versprach. Dies konnte in unserem Beispiel durch den behutsam angelegten Aufbau einer freundlichen, vertrauensvollen Beziehung erreicht werden, bei dem Prinzipien der dialogischen Begegnung (Buber 1962; 1969), Empfindlichkeiten von Herrn B., Wahl und Entscheidungen in

Bezug auf Nähe, Dauer der Anwesenheit sowie Angebote aus seinem Stärken- und Interessenbereich berücksichtigt wurden.

Neurobiologisch bedeutsam waren somit
(1) die Beziehungsgestaltung zur Befriedigung des Grundbedürfnisses nach zwischenmenschlicher Kommunikation,
(2) die neuen Formen der Annäherung, Angebote und Kommunikation, welche das neuronale System in einen wenig angstbesetzten, entspannten, angenehmen Zustand brachten,
(3) die Wahl- und Entscheidungsmöglichkeiten zur Befriedigung des Grundbedürfnisses nach Selbstbestimmung und Lebenskontrolle,
(4) die Ressourcenaktivierung für die Entwicklung eines Selbstwertgefühls, eines Selbstvertrauens und einer positiven (Lebens-)Einstellung sowie
(5) das Wiederholungsprinzip und die Langfristigkeit des Programms, um die neuen neuronalen Verbindungen mit ihren Bereichen dauerhaft zu festigen, wohl wissend, dass neuronal gebahnte emotionale Erfahrungen (z. B. Traumata) nicht völlig ausgelöscht, sondern nur gehemmt werden können.

Neurochemisch betrachtet wurde durch die behutsam angelegte Beziehungsarbeit und Entwicklungsförderung die Cortisolausschüttung gehemmt sowie das Serotoninsystem als Vehikel für subjektives Wohlbefinden aktiviert. Außerdem konnte durch die Ressourcenaktivierung das Dopaminsystem als Vehikel für Motivation und Lernbereitschaft sowie als innerer Verstärker für die neue neuronale Bahnung positiv beeinflusst werden.

Wenngleich das skizzierte Vorgehen nicht nur heilpädagogisch, sondern ebenso neurowissenschaftlich bedeutsam war, darf nicht verkannt werden, dass ein solches Unterstützungsprogramm nur dann zum Erfolg gereichen kann, wenn die Lebensbedingungen eine entsprechende Arbeit zulassen. Insofern war eine Kontextveränderung (Verkleinerung der Gruppe, Bezugsassistenz, Schaffung einer „freundlichen Umgebung", einer positiven Atmosphäre und eines Ermöglichungsraums) für die Persönlichkeitsentwicklung von Herrn B. und sein erfolgreiches Lernen unabdingbar. An dieser Stelle lässt sich zugleich eine Brücke zur lebensweltbezogenen Behindertenarbeit schlagen, der diese „Doppelperspektive" einverleibt ist.

Kapitel 2

Von der Deinstitutionalisierung zur Lebenswelt- und Sozialraumorientierung

Reformen in der Kritik

Wie bereits im vorausgegangenen Kapitel anskizziert, wurde in Deutschland die Institutionalisierung behinderter Menschen kaum infrage gestellt. Folglich wurde das Normalisierungsprinzip nicht konsequent genug umgesetzt:

Erstens fand in weiten Teilen Deutschlands keine Deinstitutionalisierung statt. Vielmehr wurde anstelle einer Auflösung oder Abschaffung von Anstalten eine intramurale Humanisierung von Lebensbedingungen in den Blick genommen (z. B. durch Renovierung, Umbauten, Verkleinerung von Gruppen; normale Möblierung).

Zweitens wurden gemeindenahe (Wohn-)Angebote für ein Leben „so normal wie möglich“ vielerorts nur durch neue Wohnheime geschaffen; Wohnheime entsprechen aber nicht dem, was gemeinhin unter einem „normalen“ Wohnen verstanden wird.

Drittens wurde im Zuge der Normalisierung die Orientierung am traditionellen Behindertenbild (Defizitorientierung) kaum hinterfragt.

Viertens wurden Menschen mit Behinderungen an der Normalisierung ihrer Lebensbedingungen nur selten beteiligt – waren es doch in der Regel

Professionelle oder Einrichtungsbetreiber, die am besten wussten, was für sie gut und richtig war.

Fünftens wurde Normalisierung als „Normierung der Lebenswelt" (einheitliche Ausstattung aller Wohngruppen eines Heimes) sowie als ein „Normal-Machen" behinderter Menschen sehr oft missverstanden.

Diese Fehlentwicklung wurde alsbald von Menschen mit Behinderungen selbst aufgegriffen. Zunächst waren es körper- und sinnesbehinderte Menschen, die sich in selbstorganisierten Gruppenzusammenschlüssen gegen die Institutionalisierung sowie den Missbrauch des Normalisierungsprinzips wandten. Scharf kritisiert wurde die Priorisierung von Eigeninteressen der Kostenträger (nunmehr als Leistungsträger bezeichnet), Wohlfahrtsverbände und Organisationen der Behindertenhilfe (als Leistungs- oder Dienstlesitungserbringer bezeichnet) sowie deren Orientierung an einem Verständnis von Behinderung, das die Abhängigkeit und Verdinglichung betroffener Personen unterstrich. Stattdessen wurde ein selbstbestimmtes Wohnen und Leben eingefordert (vgl. VIF 1982; Theunissen 2013, 324 ff.). Dabei war die Position eindeutig: keine Unterbringung in Wohnheimen, Pflege- oder großen Behindertenanstalten, sondern ein Leben in der eigenen Wohnung. Institutionen (Heime, Anstalten) entsprachen nicht dem, was unter Wohnen verstanden wurde (und bis heute verstanden wird) – nämlich

„in einer nach außen abgeschlossenen Einheit mit Küche, Bad und eigenem Eingang zu leben. In aller Regel existiert ein Namensschild, das den Besitzer ausweist und somit der Räumlichkeit eine Identität gibt. Der Besitzer bestimmt, wie und wann er sie nutzt und welchen anderen Personen er Zutritt gewährt" (Österwitz 1994, 52 f.).

Derlei Vorstellungen finden inzwischen auch bei einer immer größer werdenden Zahl an Menschen mit Lernschwierigkeiten oder komplexer Behinderung (dazu Metzler & Rauscher 2004, 25 f.; Rauscher 2005) sowie bei ihren Eltern als gesetzliche Betreuer Zuspruch, die „das gegenwärtige ‚Platzierungsmodell' der Behindertenhilfe in Frage" stellen und sich für ihre Töchter oder Söhne ein „Leben in Nachbarschaften" (Seifert 2011a, 77 f.) wünschen.

Aber auch in den Ländern, die sich der Deinstitutionalisierung, Normalisierung und Integration behinderter Menschen in die Gesellschaft verpflichtet hatten, gab es bei einer insgesamt positiven Entwicklung (Kozma, Mansell & Beadle-Brown 2009; Kim, Larson & Lakin 1999, 6 ff.; Mansell & Beadle-Brown 2010; Theunissen 2013, 330) vereinzelt konzeptionelle Fehlentwicklungen und Unzufriedenheit bei Menschen mit Behinderungen und ihren Angehörigen. So hatten z. B. Untersuchungen in den USA zutage gebracht, dass im Rahmen der Deinstitutionalisierung oftmals „Menschen mit Lernschwierigkeiten nicht die Chance hatten, ihr neues Zuhause selbst auszusuchen“ (Bostock & Gleeson 2004, 44). Zudem erfolgte häufig unter Ignoranz der Subjektperspektive eine unbedachte Schaffung neuen Wohnraumes in eng besiedelten, sozial benachteiligten Stadtteilen (ebd., 48), sodass es nicht in jeder Hinsicht zu einer Verbesserung der Lebensbedingungen gekommen war. Es wurden aber auch die Selbst-Hilfe-Fähigkeiten der betroffenen Personen mitunter überschätzt und haltgebende soziale Ressourcen durch eine Vorbereitung des Umfeldes auf ein Leben mit behinderten Menschen in Nachbarschaften sowie durch den Aufbau tragfähiger Netzwerke kaum in den Blick genommen.

Offensichtlich hatten manche zuständigen Behörden und Leistungsträger die Möglichkeit genutzt, Sozialausgaben durch Deinstitutionalisierung einzusparen (Dalferth 1999). Ferner waren einige private Organisationen auf dem Gebiete der Deinstitutionalisierung tätig, „die offenkundig eine Möglichkeit entdeckten, auf dem Rücken der behinderten Menschen große Geschäfte zu machen, aber wenig Bereitschaft zeigten, angemessene Versorgungs- und Betreuungsbedingungen zu garantieren“ (ebd., 104). Daraufhin wurde mancherorts in den USA (z. B. Kalifornien [siehe Kap.3]) die Deinstitutionalisierung für vermeidbare Todesfälle, körperliche Schäden, medizinische und soziale Verwahrlosung, Isolation, Vereinsamung, psychosoziale Krisen und psychische Dekompensationen haftbar gemacht. Hinzu kam, dass längst nicht alle Menschen mit Behinderungen in die Maßnahmen einer Deinstitutionalisierung mit einbezogen wurden. Dies führte dazu, dass vielerorts Personen mit komplexen Behinderungen oder zusätzlichen Verhaltensauffälligkeiten sowie mit einer „Doppeldiagnose“ (geistig behindert und psychisch gestört) in den Institutionen verweilen mussten (Waldman & Perlman 2006, 237). Folglich standen nicht wenige Institutionen in der augenfälligen Gefahr zu Einrichtungen ausschließlich für Menschen mit (schweren) komplexen Behinderungen oder Problemverhalten zu gerinnen; und wie die Geschichte zeigt (Kap.1) bieten solche Institutionen dann häufig zu wenig Lebensanreize, „so dass sie zu Stätten der Dehumanisierung werden können“ (Speck 1987, 25).

Mit dieser Praxis der Deinstitutionalisierung wurde somit das Recht aller Personen mit Behinderungen auf ein *„community living“* (Leben im Gemeinwesen) nicht eingelöst. Verständlicherweise ließ daher die Kritik nicht lange auf sich warten. Repräsentiert durch selbstorganisierte Gruppenzusammenschlüsse, Formen einer Selbsthilfe und Selbstvertretung behinderter Menschen formierte sich in „kollaborativer Allianz“ (Turnbull & Turnbull) mit aufgeschlossenen Elterngruppen behinderter Kinder sowie mit Fachleuten aus dem fortschrittlichen Lager der Heilpädagogik *(special education)*, Sozialen Arbeit und Gemeindepsychologie ein wachsendes politisches Engagement für die Rechte und Würdigung der Stimme aller Menschen mit Behinderungen. Dabei ging es v. a. um die rechtliche Kodifizierung von Gleichstellung, Selbstbestimmung und Anti-Diskriminierung (vgl. Theunissen 2013).

Die bisherige an den Prinzipien der Normalisierung, Deinstitutionalisierung und Integration orientierte Behindertenpolitik und Behindertenhilfe wurde alsbald mit ihren „Top-down-Implikationen" infrage gestellt und spätestens zu Beginn der 1990er-Jahre neu justiert. Paradigmatisch möchte ich hierzu ein bemerkenswertes Statement zitieren, das 1995 von *The Arc of New Jersey*[15], einer einflussreichen Elternvereinigung, die sich für die Rechte und Interessen von Menschen mit Lernschwierigkeiten und komplexer Behinderung einsetzt, veröffentlicht wurde und bis heute als wegweisend für *Inklusion* betrachtet werden kann:
„Alle Menschen, mit oder ohne Behinderung, haben das Recht auf eine volle Zugehörigkeit in unterschiedlichsten Gemeinschaften.

Kinder mit intellektueller Behinderung sollten:

- in ihrer Familie leben
- sich in ihrer Persönlichkeit entfalten und lebendige Beziehungen innerhalb und außerhalb ihrer Familie pflegen können
- in ihrer Nachbarschaft, im Kindergarten wie auch in regulären Schulklassen mit nicht behinderten Kindern gemeinsam spielen und lernen können
- an Gemeinschafts- oder Freizeitaktivitäten partizipieren können. Erwachsene mit intellektueller Behinderung sollten Möglichkeiten haben:
- für eine größtmögliche Kontrolle ihres eigenen Lebens
- für Partnerschaften, Freundschaften oder Lebensgemeinschaften
- in einem eigenen Zuhause zu leben
- einer für sie bedeutungsvollen Arbeit nachgehen zu können, die angemessen bezahlt wird
- an Freizeitaktivitäten zu partizipieren und sich zu erfreuen
- ein spirituelles (religiöses) Leben zu pflegen.

15 The Arc (auch The ARC) steht für The Association for Retarded Citizens (früher Retarded Children); weil heute Wörter wie „retarded" abgelehnt werden, operiert The ARC inzwischen nur noch mit dem Begriffskürzel.

Unterstützungsleistungen, die Menschen mit intellektueller Behinderung benötigen, sollten ihnen in ihrem eigenen Zuhause wie auch in den Gemeinschaften, wo sie leben, lernen, arbeiten und spielen, zusammen mit nicht-behinderten Menschen angeboten werden" (deutsche Übersetzung vom Autor; Original ohne Seitenangabe).

Dieses Statement entsprach der Stimme behinderter Menschen, auch wenn es gemeinsam von Eltern behinderter Kinder, Menschen mit Behinderungen und Fachleuten aus Wissenschaft und Praxis artikuliert wurde; und in der Tat fanden Menschen mit Behinderungen zusehends Gehör, indem sich unter dem Leitgedanken des *Empowerment* Bewegungen formierten und Selbstvertretungsgruppen bildeten[16], deren Ziel es war, als „Experten in eigener Sache" auf die Behindertenpolitik Einfluss zu nehmen, an Konzeptentwicklungen und an Entscheidungen zu partizipieren, die ihre eigenen Angelegenheiten betrafen. Im Zuge dieser Entwicklung avancierte Empowerment alsbald zu dem zentralen Wegweiser der Behindertenarbeit, dessen Aktualität bis heute ungebrochen ist (vgl. Kap. 3). Daher möchte ich im Folgenden kurz Grundzüge des Empowerment-Konzepts in der Behindertenarbeit skizzieren.

Empowerment

Der Begriff „Empowerment", der aus der US-amerikanischen Bürgerrechtsbewegung *(civil rights movement)* des schwarzen Amerikas hervorgegangen ist (Herriger 2014), wird häufig mit Selbstbefähigung, Selbstbemächtigung, Selbstermächtigung oder Selbstvertretung in Verbindung gebracht (Theunissen 2013). Um eine terminologische Klärung bemüht sich Thompson (2007, 17), indem er über den Begriffsanteil *„power"* im Sinne von Macht, Kraft und Stärke vier Zugänge aufsucht:

(1) *power from within* als eine Kraft und Stärke, die von der Person und ihren individuellen Ressourcen ausgeht,
(2) *power over*, die ungleiche Machtverhältnisse reflektiert, die es im Falle von Unterdrückung, Missbrauch oder Benachteiligung durch Nutzung einer Widerstandskraft zu überwinden gilt,
(3) *power with*, die auf die erkenntnisleitende soziale Ressource „gemeinsam sind wir stark" verweist und

16 Rückblickend lassen sich diesbezüglich in den USA drei zentrale Empowerment-Bewegungen ausmachen: die Bewegung von Eltern behinderter Kinder, das Independent Living Movement von Menschen mit Körper- und Sinnesbehinderungen und das People First Movement von Menschen mit Lernschwierigkeiten und komplexer Behinderung. In jüngster Zeit gibt es mit dem Autism Rights Movement noch eine vierte Bewegung (vgl. Theunissen 2013, 107 f; 2020b).

(4) *power to*, die sich auf die professionelle Aufgabe bezieht, Menschen zu „starken" Persönlichkeiten zu befähigen.

Zusammengefasst verweist diese begriffliche Konnotation auf ein *self-empowerment, political empowerment* und ein *supported empowerment*. Diese Fokussierung hat nicht nur in den von Martin Luther King inspirierten Bürgerrechtsbewegungen des schwarzen Amerikas ihre Wurzeln, sondern sie reflektiert weitere Bezugspunkte des Empowerment-Konzepts, die in der lateinamerikanischen Befreiungstheologie und der „Pädagogik der Unterdrückten" im Sinne von Paulo Freire (Evans 1992; Knauth & Schroeder 1998) sowie mit dem Menschenbild und Persönlichkeitsmodell der humanistischen Psychologie nach Carl Rogers (1974) zum Tragen kommen.

Stärken-Perspektive und Wertebasis

Von hier aus lässt sich eine Stärken-Perspektive (Saleebey 1997) begründen, die der Gepflogenheit, behinderte Menschen im Lichte von Defiziten, Schwächen oder eines Nicht-Könnens zu betrachten und zu behandeln, kontrapunktisch gegenübersteht (Theunissen & Schubert 2010). Die Stärken-Perspektive hat im Empowerment-Konzept zu handlungsbestimmenden Grundeinsichten geführt; stichwortartig seien genannt:

- Die Abkehr vom Defizit-Blickwinkel,
- die unbedingte Annahme des Anderen und Akzeptanz seines So-Seins,
- das Vertrauen in individuelle und soziale Ressourcen,
- der Respekt vor der Sicht des Anderen und seinen Entscheidungen, die Akzeptanz unkonventioneller Lebensentwürfe,
- der Respekt vor der „eigenen" Zeit und vor „eigenen" Wegen des Anderen,
- der Verzicht auf etikettierende, entmündigende und denunzierende Expertenurteile,
- die Grundorientierung an der Rechte-Perspektive, der Bedürfnis- und Interessenlage sowie der Lebenszukunft marginalisierter Personen.

Diese Grundeinsichten (dazu ausführlich Herriger 2014, 72 ff.) verweisen auf die Wertebasis, die die Empowerment-Praxis fühlbar durchdringt.

Das betrifft (1) die *Selbstbestimmung* des Menschen, die im Empowerment-Konzept als „soziale Kategorie" aufbereitet (Theunissen 2013, 40 ff.) Vorstellungen eine Absage erteilt, welche die Idee des freien, unabhängigen Individuums absolut setzen und den Sozialbezug als fundamentale Tatsache menschlicher Existenz aus dem Blick verlieren (kritisch dazu auch Liedke 2020), (2) die *demokratische und kollaborative Partizipation*, welche besagt: „Wo immer Menschen von Entscheidungen betroffen sind, haben sie ein Recht auf Mitbestimmung!“ (Galtung 2000, 109, 116); und (3) die *„faire und gerechte Verteilung von Ressourcen und Lasten in der Gesellschaft“* (Prilleltensky 1994, 306) und somit Fragen nach sozialer Benachteiligung, Segregation, Exklusion sowie Chancengleichheit und Inklusion behinderter Menschen. An dieser Stelle sei erwähnt, dass z. B. Kommunen nach dem Raumordnungsgesetz (ROG) nahegelegt wird, „gleichwertige Lebensverhältnisse in allen (städtischen) Teilräumen herzustellen (Paragraf 1) und ausgeglichene wirtschaftliche, infrastrukturelle, soziale, ökologische und kulturelle Verhältnisse anzustreben (Paragraf 2)“ (Rund, Lutz & Fiegler 2011, 93). Vor diesem Hintergrund gilt es (städtische) Sozialräume zu vergleichen und deren Ausgestaltung in Bezug auf Benachteiligungen oder Barrieren für Partizipation sowie im Hinblick auf Teilhabemöglichkeiten für alle dort lebenden Menschen zu thematisieren.

Auswirkungen

Alles in allem ist unschwer zu erkennen, dass Empowerment in dem skizzierten Sinne als ein Vehikel zur Gewinnung von mehr Menschlichkeit und sozialer Gerechtigkeit verstanden wird. Aktuelle Entwicklungen zeigen jedoch auf, dass wir es heute v. a. in den USA mit einer Inflationierung und Idealisierung des Empowerment-Begriffs zu tun haben, die ihn zu einer apolitischen und asozialen Leerformel gerinnen lässt. Das gilt z. B. für psychologische Trainingsprogramme zur Selbstbehauptung und Selbstdurchsetzung, die nicht selten auf ein karriereorientiertes Ego-Denken hinauslaufen und einen (asozialen) Individualismus befördern. Ferner gibt es Fehlentwicklungen, wo Freiheit und Flexibilität gleichgesetzt werden und der Begriff des Empowerment „in die Nähe zu der neoliberalen Forderung nach dem flexiblen, marktgängigen Menschen“ (Quindel 2002, 132) gerät. Das erweist sich als problematisch, da die neoliberale Freiheitsideologie der Flexibilität „von der zunehmenden Abkoppelung der Individuen von emotionalen Bedingungen zu ihrem Wohnumfeld, ihren FreundInnen, ihren ArbeitgeberInnen (lebt, G. T.). Neoliberale Freiheit bedeutet nicht, dass die Gestaltungsmöglichkeit im Rahmen verbindlicher Beziehungen wächst, sondern dass die Verbindlichkeit der Beziehungen schwindet“ (ebd.). Ein dritter Kritikpunkt bezieht sich auf das „kollektive Empowerment“, wenn z. B. fundamentalistisch-religiöse Gruppen ihren Mitgliedern Systemzwänge und Pflichtnormen ohne Rücksicht auf individuelle Interessen oder Selbstbestimmungsbedürfnisse auferlegen und damit Konformität sowie Exklusion erzeugen. All diese

Erscheinungen haben mit dem hier vertretenen Empowerment-Konzept nichts zu tun.

Wie bedeutsam Empowerment in der US-amerikanischen Behindertenarbeit einzuschätzen ist, wird insbesondere an den Errungenschaften der Betroffenen-Bewegungen sichtbar, z. B. am Anti-Diskriminierungsgesetz (ADA) von 1990, welches einen „equal access to transportion, communication, shopping, entertainment, politics, adult education, (…) indeed to all opportunities of public life" (Dowrick & Keys 2001, 4) regelt und damit wichtige Voraussetzungen für Inklusion und Partizipation geschaffen hat. Ferner ist es ein Empowerment-Zeugnis, wenn nunmehr schon seit etwa drei Jahrzehnten der US-amerikanische Senat und Präsident unmittelbar von Menschen mit Behinderungen im Rahmen verschiedener Komitees (*Subcommitee on Disability Policy; Developmental Disabilties Planning Councils; Administration on Developmental Disabilities; The President's Committee for People with Intellectual Disabilties*) beraten wird. Des Weiteren haben Empowerment-Initiativen dazu beigetragen, dass Reformen der Deinstitutionalisierung nachhaltig verbessert wurden, indem nicht mehr eine bloße (räumliche) Integration behinderter Menschen, sondern zugleich auch eine sozio-kulturelle Einbindung durch facettenreiche Netzwerke, Kontakte und Teilhabemöglichkeiten im Gemeinwesen in den Blick genommen wurde. Welches Niveau diese Entwicklung mittlerweile in den USA erreicht hat, ist dem nachfolgenden Kap. 3 über Kalifornien zu entnehmen. Gleichwohl haben die genannten Errungenschaften unter der Trump-Regierung an Wertschätzung verloren, weshalb seit Kurzem eine Revitalisierung öffentlicher Protestaktionen und verstärkte politische Einmischung (*policymaking*) der Empowerment-Bewegungen behinderter Menschen zu beobachten ist. Dabei geht es v. a. um Widerstand gegen Veränderungen am ADA (Abbau an Rechten behinderter Menschen), gegen Verschlechterungen des Gesundheitswesens (Abschaffung von Obamacare) sowie gegen ersatzlose Streichungen oder Kürzungen finanzieller Mittel vom US-Staat für Behindertenorganisationen oder Selbsthilfeprojekte.

Freilich fanden Empowerment-Initiativen nicht nur in den USA, sondern ebenso in Deutschland und auf der Ebene der Europäischen Gemeinschaft bzw. später der Europäischen Union Gehör, die vor einigen Jahren mehrere Strategiepapiere, Gemeinschaftsinitiativen und Aktionsprogramme auf den Weg gebracht hatte (z. B. HELIOS-Programme; SOKRATES; LEONARDO DA VINCI; Charta von Luxemburg; Europäische Sozialagenda; HORIZON; EQUAL), um Diskriminierung und Benachteiligung behinderter Menschen im europäischen Raum abzubauen und ihre Chancengleichheit und Gleichberechtigung als Bürger Europas zu fördern. Bemerkenswert ist, dass im Rahmen dieser Programme und Initiativen Behinderung nicht mehr als eine Krankheitskategorie, sondern in erster Linie als ein gesellschaftliches Problem betrachtet wurde. Daher sollte die gesellschaftliche Integration behinderter Menschen fokussiert werden.

Hierzulande führten die Empowerment-Initiativen behinderter Menschen im Schulterschluss mit Fachverbänden 1994 zur Aufnahme eines Benachteiligungsverbots aufgrund von Behinderung im deutschen Grundgesetz (Art. 3), im Jahre 2001 zum 9. Sozialgesetzbuch (SGB IX), welches für Selbstbestimmung und Teilhabe behinderter Menschen am gesellschaftlichen Leben die rechtliche Basis schafft, 2002 zu einem eigenen Behindertengleichstellungsgesetz mit dem Schwerpunkt der Herstellung von Barrierefreiheit als Auftrag für die Träger öffentlicher Dienste bzw. für öffentlich-rechtliche Körperschaften und schließlich im August 2006 zu einem Allgemeinen Gleichbehandlungsgesetz mit weitreichendem Diskriminierungsschutz am Arbeitsplatz und im Bereich des privaten Geschäftsverkehrs.

Wer sich durch die Ausweitung des Grundgesetzes, durch das SGB IX und das Gleichstellungsgesetz die Überwindung der Besonderung behinderter Menschen oder den uneingeschränkten Rechtsanspruch auf integrative Bildungs- und Unterstützungssysteme erhofft hatte, wurde jedoch enttäuscht. Die meisten Bundesländer ließen z. B. ihr Schulrecht im Hinblick auf Integration behinderter Schülerinnen weithin unangetastet; und viele behinderte Menschen wurden nach wie vor bei ihrer Wahl für eine Wohnform einer Fremdbestimmung durch Sozialleistungs- und Einrichtungsträger unterworfen.

Daher braucht es uns nicht zu wundern, dass bis heute die Wohnsituation vieler Menschen mit Lernschwierigkeiten oder komplexer Behinderung nicht ihren Wünschen entspricht. Etwa zwei Drittel aller Erwachsenen mit Lernschwierigkeiten oder kognitiver Behinderung, die nicht bei ihren Eltern oder bei Angehörigen leben, werden in Heimen betreut (Schädler 2011a, 21; Seifert 2011a, 75; dazu auch Rohrmann & Schädler 2011, 435; BAGüS 2020, 7, 11 f.). „Insbesondere für Menschen mit kognitiven Einschränkungen und hohem Unterstützungsbedarf gibt es gegenwärtig kaum Alternativen zum Leben im Heim“ (Seifert 2011a, 75).

Insgesamt ist die Situation des Wohnens behinderter Menschen in Deutschland trotz einiger bemerkenswerter Reformen und Bemühungen auf dem Gebiet des dezentralen, deinstitutionalisierten und gemeindeintegrierten Wohnens (dazu Bradl & Küppers-Stumpe 2018; Fink & Hinz 2011;

Glasenapp 2010[17]; Kalesse und Team 2018; Meißner 2011; Theunissen & Kulig 2016) gegenüber anderen hoch entwickelten Industrienationen (skandinavische Länder, USA, Großbritannien) ausgesprochen unbefriedigend (Theunissen u. a. 2018; auch Kap. 3 im vorliegenden Band): „In kaum einem anderen europäischen Land ist der Anteil der behinderten und alten Menschen, die den Status ‚Heimbewohner' haben, so hoch wie in Deutschland" (Schädler 2011a, 21).

Hinzu kam, dass Menschenrechtsdebatten im Rahmen der Vereinten Nationen sowie Studien über bestehende Menschenrechtskonventionen einschließlich ihrer Umsetzung in den Mitgliedsstaaten einen mangelnden Schutz und eine unzureichende Berücksichtigung der Belange behinderter Menschen zutage brachten (Degener 2003).

Eine herausragende Stellung zur weiteren Entwicklung im Bereich der Europäischen Union hatte im Jahre 2002 ein Behindertenkongress in Madrid, auf dem von über 600 Teilnehmenden die sogenannte *Deklaration von Madrid* als wichtiger Impuls für eine gesellschaftliche Inklusion behinderter Menschen verabschiedet und ein richtungsweisender Rahmen für das nachfolgende Europäische Jahr von Menschen mit Behinderungen (2003) begründet wurde (Madrid Declaration 2002). Mit einem breiten Forderungskatalog wie beispielsweise

(1) Betrachtung der Behinderung als Menschenrechtsthema,
(2) keine Bevormundung,
(3) keine Diskriminierung,
(4) Chancengleichheit statt Wohltätigkeit,
(5) Barrierefreiheit,
(6) öffentliche Initiativen zur Einstellungsänderung der nichtbehinderten Bevölkerung gegenüber behinderten Menschen,
(7) Unterstützung von Familien behinderter Menschen,
(8) gleiche Möglichkeiten und Zugang zu allen gesellschaftlichen Ressourcen,
(9) Dienstleistungen, die ein unabhängiges Leben fördern,
(10) Integration behinderter Menschen in alle Bereiche des Lebens,

---

17 Glasenapp (2010, 191 ff.) berichtet über ein Ausgliederungs- und Deinstitutionalisierungsprojekt, welches sich auf 51 Personen mit Lernschwierigkeiten oder komplexer Behinderung bezieht. Diese Arbeit belegt sowohl positive Effekte „des Deinstitutionalisierens" (ebd., 284 f.) für die betroffenen behinderten Personen (z.B. im Hinblick auf differenzierte Aktivitäten, Ressourcenorientierung, soziale Kompetenzen, Zufriedenheit) als auch für die professionellen Unterstützenden (z.B. in Bezug auf Visionen, Selbstwirksamkeit, allgemeine Arbeitszufriedenheit, Blick für „Freiheitsaspekte behinderter Menschen" (285). Zugleich macht der Autor aber auch auf „Risiken des Deinstitutionalisierens" im Rahmen von Ausgliederungsprojekten aufmerksam, zum Beispiel auf die Gefahr einer verschlechterten Erreichbarkeit medizinischer Dienste (239) sowie negativer Auswirkungen (z.B. durch Abnahme des Mitarbeiterengagements) auf die „Zurückgebliebenen" (278, 285).

(11) eine inklusive Gesellschaft für alle,
(12) Arbeit und Beschäftigungsmöglichkeiten auf dem allgemeinen Arbeitsmarkt als Schlüssel für soziale Inklusion,
(13) spezielle Aufmerksamkeit für behinderte Frauen,
(14) Mitsprache und Entscheidungskompetenz behinderter Menschen bei Fragen der Behindertenpolitik („Nichts über behinderte Menschen ohne behinderte Menschen")

wurden bereits Themen und Prinzipien vorweggenommen, die dann wenige Jahre später in der von den Vereinten Nationen am 13. Dezember 2006 verabschiedeten Konvention über die Rechte behinderter Menschen aufgegriffen wurden.

UN-Behindertenrechtskonvention

Unter Hinweis auf die Allgemeine Charta der Menschenrechte der Vereinten Nationen wird mit der Behindertenrechtskonvention noch einmal nachdrücklich die Anerkennung der Würde und Werte sowie der gleichen und unveräußerlichen Rechte aller Menschen betont und das Verständnis von einer Gesellschaft bekräftigt, die eine Exklusion behinderter Personen nicht akzeptiert. Hierbei geht es der Behindertenrechtskonvention nicht etwa um die Formulierung von „Spezialrechten" für behinderte Menschen.

„Vielmehr bekräftigen und konkretisieren Menschenrechtskonventionen für einzelne von Diskriminierung bedrohte Bevölkerungsgruppen die universellen Menschenrechte, die jedem Menschen aufgrund seines Menschseins zukommen" (Schädler 2011a, 23).

Eine prominente Rolle spielt in der Behindertenrechtskonvention das Leitprinzip der *„full and effective participation and inclusion in society"* (Art. 3 [c]), das sich auf alle gesellschaftlichen Lebensbereiche, Erziehungs-, Bildungs- und Dienstleistungssysteme erstreckt, so z. B. auch auf eine „unabhängige Lebensführung und Inklusion in der Gemeinde" (Art. 19). Diesbezüglich heißt es:

„Die Vertragsstaaten anerkennen das gleiche Recht aller Menschen mit Behinderungen, mit gleichen Wahlmöglichkeiten wie andere Menschen in der Gemeinde zu leben, und treffen wirksame und geeignete Maßnahmen, um Menschen mit Behinderungen den vollen Genuss dieses Rechts und ihre volle Inklusion und Partizipation in der Gemeinde zu erleichtern, indem sie gewährleisten, dass

- Menschen mit Behinderungen gleichberechtigt mit anderen die Möglichkeit haben, ihren Aufenthaltsort zu wählen und zu entscheiden, wo und mit wem sie leben, und nicht verpflichtet sind, in einer besonderen Wohnform zu leben;

- Menschen mit Behinderungen Zugang zu einer Reihe von gemeindebezogenen Unterstützungsdiensten in ihrem Zuhause sowie zu sonstigen gemeindebezogenen Unterstützungsdiensten haben, einschließlich der persönlichen Assistenz, die zur Unterstützung eines Lebens in der Gemeinde und zur gesellschaftlichen Inklusion sowie zur Verhinderung von Isolation oder Segregation von der Gemeinde notwendig ist;
- Gemeindebezogene Dienste und Einrichtungen für die Allgemeinheit Menschen mit Behinderungen auf der Grundlage der Gleichberechtigung zur Verfügung stehen und ihren Bedürfnissen Rechnung tragen" (übersetzt nach der englischsprachigen Originalversion der Behindertenrechtskonvention).

Mit dem Leitprinzip der Partizipation und Inklusion tritt die Behindertenrechtskonvention zugleich als ein kritisches Korrektiv in Erscheinung, indem sie sich gegen alle Erscheinungen wendet, die Menschen mit Behinderungen aus der Gesellschaft ausgrenzen, ihnen den Zugang erschweren oder gar verwehren. Dies wird ausdrücklich mit der Forderung der „vollen Zugänglichkeit" (vgl. Präambel [v]; Art. 9), nicht selten als „Barrierefreiheit" bezeichnet, unterstrichen: Entscheidend ist, dass Menschen mit Behinderungen wie alle anderen Mitglieder einer Gesellschaft am allgemeinen, sozio-kulturellen Leben partizipieren und allgemeine Ressourcen der Gesellschaft, die nichtbehinderten Menschen zugänglich sind, nutzen können. Als menschenrechtswidrig gelten beispielsweise eine unfreiwillige Beschulung behinderter Kinder in Sonderschulen (vgl. Art. 24), eine Verweigerung einer unterstützten Beschäftigung eines jungen Erwachsenen mit Behinderung auf dem ersten Arbeitsmarkt zugunsten einer Unterbringung in einer Behindertenwerkstatt (vgl. Art. 27) oder die Verweigerung eines unterstützten, häuslichen Wohnens in einer eigenen Wohnung mit dem Verweis auf freie Plätze in einem Wohnheim (vgl. Art. 19).

Bemerkenswert ist, dass diesbezüglich die Behindertenrechtskonvention ganz im Sinne des Empowerment-Konzepts das Recht auf Inklusion mit dem Recht auf Selbstbestimmung bzw. persönliche Freiheit eng verknüpft (vgl. Präambel [n]; Art. 3 [a]). Das bedeutet, dass Wohnangebote für Menschen mit Behinderungen nicht „normiert" oder vorgeschrieben werden dürfen. Vielmehr muss die Pluralität an Möglichkeiten akzeptiert werden. Das kann ein punktuell oder intensiv unterstütztes Einzel-, Paar- oder Gruppenwohnen in einer eigenen oder angemieteten Wohnung sein, ein unterstütztes Wohnen in einer Mehrgenerationenwohnanlage oder auch ein Einzel- oder Paarwohnen, bei dem der Betreffende entweder mit einer nichtbehinderten Person zusammenlebt, die ihm z. B. auf 400-Euro-Basis Unterstützung anbietet oder ein Einzelwohnen, bei dem der Betreffende unmittelbar von Nachbarn unterstützt wird. Derlei Angebote gibt es hierzulande z. B. in Münster (vgl. Hoppe 2008; 2016; Schäfer 2011).

All solche Wohnformen beruhen ganz im Sinne der Behindertenrechtskonvention auf persönlichen Wünschen und Entscheidungen. Dies gilt ebenso für ein Leben in einer speziellen Einrichtung wie z. B. Farm, Bauernhof, Heim oder einem Arbeits-, Wohn- und Lebensraum mit Dorfcharakter, dem neben einigen Eltern als gesetzliche Betreuer jedoch nur wenige behinderte Menschen gegenüber dem Wohnen in einem (städtischen) Gemeinwesen den Vorzug geben (vgl. Theunissen 2016). Eine weitere Möglichkeit bietet das Betreute Wohnen in Gastfamilien (BWF) – ein Konzept, das bislang viel zu wenig Beachtung findet (vgl. Konrad, Becker & Eisenhut 2012). Das BWF ist nämlich in vielerlei Hinsicht dem institutionellen Wohnen überlegen und bietet behinderten Menschen soziale und gesellschaftliche Inklusion. Insgesamt verlangt die Vielfalt an selbstbestimmten Wohnmöglichkeiten für den deutschen Gesetzgeber die Neugestaltung von Leistungen der Eingliederungshilfe, indem „die Trennung der Leistungsformen ambulant, teilstationär, stationär zugunsten einer Durchlässigkeit und Flexibilität der Leistungsformen überwunden werden sollte“ (Deutscher Verein 2007, zit. n. Rohrmann & Schädler 2011, 437). Diese Trennung mit unterschiedlichen Finanzierungssystemen ist ein eklatanter Hemmschuh für ein zeitgemäßes Wohnen behinderter Menschen, welches von einer Personenzentrierten Planung (Kap. 4) aus gedacht werden muss.

Daher ist es erfreulich, dass das Ende 2016 verabschiedete Bundesteilhabegesetz an diesem Postulat anknüpft und die Unterscheidung zwischen einem ambulanten und stationären Wohnen aufgehoben hat. Fokussiert wird zukünftig ein selbstbestimmtes Wohnen unter Berücksichtigung des Sozialraumes (Konrad & Rosemann 2017, 17; Rosemann & Konrad 2017b, 39), wobei stationäre Wohnsysteme als „gemeinschaftliche Wohnformen“ ausgewiesen werden. Ob sich dadurch der „stationäre Charakter“ in nicht wenigen Wohngruppen in Behinderteneintrichtungen oder Heimen überwinden lässt, bleibt allerdings abzuwarten.

Im Sinne der Behindertenrechtskonvention sollte jedenfalls den Wünschen behinderter Menschen im Hinblick auf ein selbstbestimmtes Wohnen entsprochen werden. Diesem Menschenrecht auf persönliche Wünsche sowie auf gesellschaftliche Teilhabe und Inklusion versucht nunmehr das BTHG zu entsprechen. So sollen z. B. Leistungen zur Teilhabe und Dienste den leistungsberechtigten behinderten Menschen möglichst viel Raum zu eigenverantwortlicher Gestaltung ihrer Lebensumstände lassen und ihre Selbstbestimmung fördern (§ 8 SGB IX, Abs. 3 [neu]). Ferner sollen die Leistungen der Eingliederungshilfe „nach der Besonderheit des Einzelfalles" (§ 104 SGB IX, Abs.1 [neu]) die Wünsche der Leistungsbrechtigten im Hinblick auf die Wohnform berücksichtigen (Abs. 2, 3), soweit sie angemessen sind (d. h. Kosten für eine vergleichbare Leistung durch einen anderen Leistungserbringer nicht unverhältnismäßig übersteigen).

Die Behindertenrechtskonvention ist aber nicht nur für das Wohnen und eine gleichberechtigte Inklusion bedeutsam, sondern sie hat gleichfalls eine freiheitliche Zugehörigkeit behinderter Menschen im Blick – so der Menschenrechtsexperte H. Bielefeldt (2006, 7):

„Nach der Konvention gehören individuelle Autonomie und soziale Inklusion unauflöslich zusammen; sie müssen für ein angemessenes Verständnis zusammen gelesen und auch in der praktischen Umsetzung der Konventionsverpflichtung stets zusammen bedacht werden. (…) Ohne soziale Inklusion kann Autonomie praktisch nicht gelebt werden, und ohne Autonomie nimmt soziale Inklusion fast zwangsläufig Züge von Bevormundung an."

Diese Vorstellung verträgt sich nicht mit dem traditionellen Bild eines behinderten Menschen als anleitungs-, versorgungs- oder behandlungsbedürftiges Defizitwesen. Zudem überwindet die Behindertenrechtskonvention die herkömmliche Konvention, Behinderung zu individualisieren, indem sie die Erkenntnis zugrunde legt, „dass Behinderung aus der Interaktion zwischen Personen mit Beeinträchtigungen und einstellungs- und umweltbedingten Barrieren resultiert, die die volle und effektive gesellschaftliche Partizipation auf gleichberechtigter Basis mit anderen hindern" (Präambel [e]). Infolgedessen ist es konsequent, wenn die Behindertenrechtskonvention davon ausgeht, dass gesellschaftliche Inklusion nur dann gedeihen kann, wenn alle Bürgerinnen und Bürger ein entsprechendes Bewusstsein, nämlich eine positive Einstellung Menschen mit Behinderungen gegenüber, entwickeln. Hierzu ist es ihr um eine „Bewusstseinsbildung" durch Aufklärungs- und Öffentlichkeitsarbeit in der Gesellschaft zu tun (vgl. Art. 8).

Ebenso bedeutsam ist es, dass sich die Behindertenrechtskonvention in ihrer Präambel (o) und mit Artikel 29 der „Partizipation am politischen und öffentlichen Leben" (z. B. gleichberechtigt wie andere durch Wahlrecht) sowie dem Empowerment-Gedanken verschrieben hat, der Menschen mit Behinderungen als „Experten in eigener Sache" eine Stimme verleiht und ihre aktive Mitwirkung an Entscheidungsprozessen über Konzepte der Behindertenpolitik sowie die Selbstvertretung zum Programm erklärt. Diesbezüglich heißt es im Artikel 29 (b), dass sich die Vertragsstaaten dazu verpflichten,

„aktiv ein Umfeld zu fördern, in dem Menschen mit Behinderungen ohne Diskriminierung und gleichberechtigt mit anderen wirksam und umfassend an der Gestaltung der öffentlichen Angelegenheiten partizipieren können, und ihre Partizipation an den öffentlichen Angelegenheiten zu begünstigen, u. a. Partizipation in nichtstaatlichen Organisationen und Vereinigungen (...) und bei den Aktivitäten und der Verwaltung politischer Parteien; Bildung von Organisationen von Menschen mit Behinderungen, die sie auf internationaler, nationaler, regionaler und lokaler Ebene vertreten, und den Beitritt zu solchen Organisationen" (übersetzt nach der Originalversion).

Wohl wissend, dass es Menschen mit Behinderungen gibt, die nicht als *„empowered persons"* für sich selber sprechen können, werden neben dem Prinzip der „politischen Partizipation" gleichfalls assistierende Hilfen und Bildungsprogramme eingefordert, die betroffene Menschen stärken und zu einem „Bewusstsein ihrer Würde und ihres Selbstwertes" (Art. 24 [1a]) verhelfen sollen.

Erfreulich ist es, dass Deutschland zu den Ländern zählt, die die Konvention ratifiziert und sich somit zur Umsetzung der genannten Prinzipien verpflichtet haben. Seit dem 26. März 2009 ist die Behindertenrechtskonvention in Deutschland verbindlich.

Für die Implementierung der Leitprinzipien ist es allerdings irritierend, dass mit der deutschsprachigen Übersetzung der Behindertenrechtskonvention eine Version vorliegt, die an mehreren Stellen dem Anliegen des offiziellen englischsprachigen Dokuments nicht gerecht wird. Als besonders kritisch muss der Umgang mit dem Begriff der Inklusion gesehen werden, der in der deutschsprachigen Version der UN-Konvention durch „Integration" oder „Einbeziehung" ersetzt wurde (vgl. Deutscher Bundestag Drucksache 16/10806, 2008). Das hat an mehreren Stellen zu inhaltlichen Verzerrungen geführt, die die Intention der Behindertenrechtskonvention verfehlen. Fragen wir zunächst nach dem Unterschied zwischen Integration und Inklusion.

Integration

Integration kann abgeleitet vom lateinischen „integrare" mit „heil, unversehrt machen, wiederherstellen, ergänzen" (Duden 1997, 308) in Verbindung gebracht werden. Mit Blick auf das Wohnen wird hingegen in der Regel nur eine gesellschaftliche Eingliederung, ein Input-Prinzip, in den Blick genommen. Dieses verkürzte Begriffsverständnis führt zur Vernachlässigung des Wohnumfeldes und der nichtbehinderten Bezugswelt. Außerdem geht das verkürzte Begriffsverständnis mit der Vorstellung einher, dass Menschen mit Behinderungen in die „normale“ Welt der Nichtbehinderten einzubeziehen seien. Wir können hier auch von der Zwei-Welten-Theorie sprechen. Ein solcher Input-Prozess verlangt nicht selten eine einseitige Anpassung behinderter Menschen an die nichtbehinderte Bevölkerung. Ferner erfolgt die Integration als Input-Prinzip über segregierende (ausgrenzende) Institutionen wie Sonderschulen, Werkstätten für behinderte Menschen oder Heime, die als Regelsysteme gelten. Ferner vollzieht sich das Ganze als eine profizentrierte Top-down-Praxis.

Inklusion

Inklusion stammt hingegen vom lateinischen Verb „includere“ (einschließen) und wird mit dem Adjektiv „inclusivus“ (eingeschlossen) sowie der Adverbform „inclusive“ (einschließlich, inbegriffen) in Verbindung gebracht (Duden 1997, 306). Davon lässt sich zum einen ein *„Eingeschlossensein“* ableiten. Diese Auslegung wird von der Behindertenrechtskonvention gänzlich verworfen, indem sie die persönliche Freiheit (Autonomie) mit Inklusion verknüpft. Insofern ist ein „Eingeschlossensein“ in einem sozialen System oder auch in der Gesellschaft als problematisch einzuschätzen, wenn dadurch Systemzwänge erzeugt oder normative Anpassungsleistungen abverlangt werden, die die Selbstbestimmungsmöglichkeiten in sozialer Bezogenheit und Verantwortung unterdrücken und somit die „volle Verwirklichung der Menschenrechte und Grundfreiheiten aller Menschen“ (Behindertenrechtskonvention Artikel 4 § 1) gefährden.

Aber auch eine zweite Auslegung, die sich auf ein unmittelbares *soziales Zugehörigsein* bezieht, z. B. zu einer Familie (dazu Kap. 5), Gemeinschaft oder Gruppe, reicht der Behindertenrechtskonvention nicht aus. Wenngleich sie diesen Aspekt nicht verwirft, geht sie einen entscheidenden Schritt weiter, indem sie Inklusion in erster Linie als *unmittelbare gesellschaftliche Zugehörigkeit* versteht (vgl. Bielefeldt 2010, 67). Diese Vorstellung gilt übrigens nicht nur für Menschen mit Behinderungen. Letztlich geht es um ein Leben in einer multikulturellen Gesellschaft, in der es die Verschiedenheit von Menschen und unterschiedliche Lebensformen in einem sozial verträglichen Ganzen zu respektieren gilt. Ein solches Leben in Inklusion lässt die Zwei-Welten-Theorie obsolet werden und setzt voraus, dass den Mitgliedern einer Gesellschaft alle allgemeinen Dienstleistungssysteme und sozio-kulturellen Angebote verfügbar und zugänglich sein müssen. Spezielle (z. B. heil- oder sonderpädagogische) Systeme legitimieren sich nur noch als zusätzliche Angebote, wenn sie von behinderten Menschen als Unterstützungsressource erwünscht sind bzw. als notwendig erachtet werden.

Zusammengefasst merken wir, dass einerseits zwischen Integration und Inklusion differenziert werden sollte (so auch Fink 2011, 21). Es wäre aber ein Missverständnis anzunehmen, dass nunmehr das bisherige Ziel der gesellschaftlichen Integration durch Inklusion abzulösen sei. Integrationsbemühungen sind nämlich „als eine Zwischenphase zu verstehen und (…) nicht völlig zu verwerfen“ (Speck 2011, 287). Solange Menschen mit Behinderungen in der Gesellschaft ausgegrenzt werden, bedarf es erst einmal ihrer Integration, die es dann in ein „Leben in gesellschaftlicher Inklusion“ zu überführen gilt. In dieser Bahn bewegt sich auch die Deklaration von Madrid.

Andererseits stellen wir fest, dass es ebenso unzulässig ist, Inklusion nicht „von Anfang an und in allen gesellschaftlichen Feldern“ (Fink 2011, 22; auch Hinz 2011, 120; MSJG 2018, 22f.) zu denken, sondern lediglich etymologisch abgeleitet als „Einbeziehung“ zu bezeichnen. Wer sich an dieser Begriffsauslegung orientiert, geht von aus einer „Außenperspektive“ eines nichtbehinderten Menschen oder einer sozialen Instanz aus, die sich am Pol der Macht (mit Entscheidungsbefugnis) befindet. Genau das aber will die Behindertenrechtskonvention vermeiden, wenn sie sich dem Empowerment und Leben behinderter Menschen in gesellschaftlicher Inklusion verschrieben hat (Bielefeldt 2006, 1). Hierzu lassen sich vier zentrale Aspekte herausstellen:

(1) Personale Wertschätzung und Respekt vor der Person und ihrem So-Sein

Mit dieser grundlegenden ethischen Maxime wird auf einen Anspruch verwiesen, der jedem Menschen zukommt und im Artikel 1 unseres Grundgesetzes seinen Niederschlag gefunden hat. Dort wird „ein unverlierbarer und unverfügbarer Wert ausgedrückt, auf den nicht verzichtet werden kann, wenn es eine sittliche Ordnung des Zusammenlebens aller geben soll. Gemeint ist der unhintergehbare Kennwert des Menschen als Person, als Selbst oder Subjekt jenseits ökonomischer und sozialer Nutzeinschätzungen“ (Speck 1995, 355). Menschen mit Behinderungen sind somit in ihrem Person- und So-Sein anzunehmen und zu respektieren, und das führt uns zu dem in der Behindertenrechtskonvention angelegten *„Diversity-Ansatz“*, der Behinderung als Bestandteil menschlicher Normalität, Vielfalt und Bereicherung betrachtet, wie es in jüngster Zeit z. B. autistische Personen deutlich zum Ausdruck bringen (vgl. Theunissen 2016; 2020b).

Die Akzeptanz menschlicher Vielfalt und eines „Lebens in Plural“ (Welsch), welches zugleich Voraussetzung für ein Leben in Inklusion ist, fällt vielen Menschen in unserer Gesellschaft schwer. Das spüren nicht wenige Menschen mit Behinderungen, wenn sie mit ihren Vorstellungen bzw. als „Experten in eigener Sache“ nicht ernst genommen werden. Daher dokumentieren Befragungen von Menschen mit Lernschwierigkeiten, dass sie sich in erster Linie Respekt von ihren nichtbehinderten Mitmenschen wünschen (Kniel & Windisch 2001, 106f.).

(2) Interdependenzbeziehungen

Nach Kronauer (2002, 152) wird Inklusion als gesellschaftliche Zugehörigkeit durch zwei Interdependenzbeziehungen vermittelt: zum einen durch die „Einbindung in die gesellschaftliche Arbeitsteilung“, die „auf wechselseitiger (meist allerdings ungleicher) Abhängigkeit in geregelten Kooperationsverhältnissen“ (ebd. 44) beruht; zum anderen „über Einbindungen in Sozialbeziehungen“, die informelle gegenseitige Verpflichtungen in persönlichen Nahbeziehungen beinhalten (ebd.). Beide Formen treten bei Menschen mit Behinderungen unterentwickelt zu Tage. Was die Einbindung in die gesellschaftliche Arbeitsteilung betrifft, so dominiert hier eine Marginalisierung „in doppelter Hinsicht“, indem nur sehr wenige Menschen mit Lernschwierigkeiten überhaupt auf dem ersten Arbeitsmarkt tätig sind (Bieker 2005, 323; BMAS 2009, 60; Theunissen 2013, 286ff.) und die meisten in Werkstätten für behinderte Menschen (WfbM) beschäftigt werden, die ihrerseits zum Teil als „Auftragsempfänger“ marginal am allgemeinen Arbeitsmarkt partizipieren bzw. als „Stätten eines Sonderdaseins“ auf dem ersten Arbeitsmarkt fungieren.

Darüber hinaus haben wir es mit einer unzureichenden Einbindung in soziale Netze zu tun, die für ein „inklusives“ Leben in einer Gemeinde von zentraler Bedeutung sind (Forrester-Jones et al. 2006; Robertson et al. 2001; Theunissen 2013, 349f.; MSJG 2018). Nach wie vor scheinen Mitarbeitende *(staff)* als Unterstützende und Netzwerker im Leben von Menschen mit Lernschwierigkeiten oder komplexer Behinderung die zentrale Rolle zu spielen (dazu auch Tattermusch 2010, 4f.), wobei derlei Beziehungsverhältnisse gegenüber reziproken Beziehungen im Rahmen informeller Netzwerke (z. B. Familien- oder Freundeskreis, *self-advocacy groups*, Nachbarschaften) eher einbahnig bzw. einseitig verlaufen (Forrester-Jones et al. 2006, 289f.). Das Fehlen tragfähiger informeller Beziehungen in einer Gemeinde (z. B. zu Nachbarn, Geschäftsleuten) birgt Risiken sozialer Isolation und Exklusion. Daher kann eine „bürgerzentrierte“ Netzwerkarbeit in einem definierten Sozialraum (Wohnviertel, Stadtteil) nicht hoch genug eingeschätzt werden (dazu später). Hierzu ist es allerdings unabdingbar, dass zugleich auch (v. a. institutionalisierte) Menschen mit Lernschwierigkeiten oder komplexer

Behinderung durch ein soziales Kompetenztraining befähigt werden, ihre erlernte Hilflosigkeit *(learned helplessness)* zu überwinden (Alphen et al. 2009, 753 ff.), auf nichtbehinderte Personen als potenzielle Netzwerkerinnen zuzugehen, sich mit Nachbarn anzufreunden und an allgemeinen sozialen Aktivitäten im gesellschaftlichen Leben (*'ordinary' activities including leisure and social events* [Forrester-Jones et al. 2006, 293]) zu partizipieren.

(3) Selbstbestimmung

Ein Leben in (gesellschaftlicher) Inklusion würde in der Tat einen gefängnisartigen Charakter annehmen, würde die Ermöglichung und Wahrung von Selbstbestimmung ignoriert. Das Recht auf Selbstbestimmung, individuelle Wahl- oder Entscheidungsfreiheit wurde viele Jahrzehnte Menschen mit Behinderungen vorenthalten, und selbst heute scheint es trotz rechtlicher Kodifizierung auf handlungspraktischer Ebene längst noch nicht gesichert zu sein. Dabei spielt es keine Rolle, ob z. B. eine behinderte Frau gegen ihren Willen in eine Wohngruppe platziert oder ob ihr von Mitarbeiterinnen im Heim die Teilnahme an einer lokalen Selbstvertretungsgruppe erschwert wird. Bei aller Bedeutsamkeit des Rechts auf Selbstbestimmung sollte jedoch nicht verkannt werden, dass der Bezugswert in der Gefahr steht, als „individualistische Kategorie" missverstanden zu werden. Es ist wichtig, Selbstbestimmung (Autonomie) nicht absolut zu setzen, sondern in der Interaktion mit anderen bzw. der Umwelt sozial zu verankern (dazu Theunissen 2013, 43 ff.; Eurich 2020; Liedke 2020). Nur in diesem Sinne kann eine „inklusive Kultur" in einem Sozialraum, d.h. ein „inklusiver Sozialraum" (Deutscher Verein 2010; Hoch 2011) gedeihen.

(4) Partizipation

Dies ist ein rechtlich kodifizierter Begriff, der mit Teilnahme, Beteiligung, Teilhabe, Mitwirkung wie auch Mitbestimmung in Verbindung gebracht wird. Wichtig ist dabei die Unterscheidung zwischen einer bloßen Teilnahme behinderter Menschen an einer inklusiven Gemeinschaft oder Kultur (*community presence*) und einer Teilhabe an sozio-kulturellen Bezügen, bei der Betroffene (z. B. als Konsumenten oder Mitbürgerinnen eines Sozialraums) durch aktive Beteiligung, kollaborative Mitwirkung, Anhörung und Mitbestimmung auf Aktivitäten, Bereiche und Entwicklungen im gesellschaftlichen Lebensraum Einfluss nehmen (*community participation; citizen participation*). Der am Empowerment-Konzept orientierte Aspekt der Mitbestimmung kommt in manchen Ausführungen zur Partizipation als Teilhabe zu kurz (so z. B. bei Seifert 2011b, 212, wo auf v. Kardorffs Begriffsbestimmung Bezug genommen wird).

Dem Recht auf aktive Partizipation (auch als *„full participation"* bezeichnet), das Menschen mit Behinderungen schon seit geraumer Zeit einfordern (dazu Martin 2006), wird in der Behindertenarbeit längst noch nicht Rechnung getragen. Dabei wünscht sich gleichfalls der Bundesgesetzgeber mit dem SGB IX eine Teilhabe behinderter Menschen im Gemeinwesen. Trotzdem dominiert nach wie vor eine Praxis, bei der Repräsentanten der Behindertenhilfe und der staatlichen Behörden für Menschen mit Lernschwierigkeiten oder einer komplexen Behinderung den Rahmen ihrer Partizipationsmöglichkeiten abstecken und Entscheidungen treffen. Dies ist eine Top-down Partizipation, der eine Bottom-up Partizipation im Sinne des Empowerments kontrapunktisch gegenübersteht (dazu später, S. 131 f.). Soll im Sinne der Behindertenrechtskonvention die Partizipation behinderter Menschen gestärkt werden, müssen Dienstleister bereit sein, Menschen mit Lernschwierigkeiten als Entscheidungsträger zu akzeptieren und sie in dieser Rolle zu unterstützen (Frawley & Bigby 2010; Vieweg 2011). Das betrifft mit Blick auf gesellschaftliche Inklusion v. a. vier Ebenen, (1) die Ebene der Bedarfserhebung (BTHG) im Sinne einer Personenzentrierten Planung (dazu Kap. 4), (2) die Ebene der Institutionen und Organisationen (z. B. Heimmitwirkung; Mitbestimmung bei der Gestaltung von Einrichtungen, Planung von Maßnahmen etc.), (3) die Ebene regionaler bzw. sozialräumlicher Planung (z. B. parlamentarische Formen wie Behindertenbeirat; offene Beteiligungsformen wie Hearings; projektbezogene Partizipation wie Zukunftswerkstätten; Planung einer kommunalen Begegnungsstätte) und (4) die Ebene der Kontrolle von Dienstleistungen (z. B. Nutzerkontrolle; Beteiligung Betroffener an Evaluations- und Forschungsprozessen).

Mit diesen vier Aspekten, die durch ihre reziproke Verknüpfung Inklusion konstituieren, wird eine Position skizziert, die eine gesellschaftliche Exklusion von Menschen mit Behinderungen zu überwinden versucht. Nun lässt sich diesbezüglich einwenden, dass behinderte Menschen in modernen Gesellschaften wie der unsrigen letztlich doch nicht exkludiert seien, weil es Institutionen wie Heime, Sonderschulen oder Behindertenwerkstätten gebe, die eigens von der Gesellschaft zum Schutz vor und zum Wohl für Menschen mit Behinderungen geschaffen wurden (dazu Kap. 1). Damit würde unsere Gesellschaft ihrer sozialen Verantwortung und Fürsorgepflicht gegenüber behinderten Menschen Rechnung tragen. Wenngleich diese Einrichtungen „von außen her als absondernd (exklusiv) und diskriminierend" (Speck 2011, 288) betrachtet werden, sei zu beachten, dass es behinderte Menschen gebe, die sich in diesen Institutionen z. B. wegen ihres außerordentlich hohen Unterstützungsbedarfs „durchaus wohlfühlen (würden G. T.), also eigentlich inkludiert" (ebd., 288) seien. Wer so argumentiert, fokussiert die *soziale* Inklusion. Dabei sollte jedoch die randständige und isolierende Funktion sowie der „Gettocharakter“ von Sondereinrichtungen im gesellschaftlichen Kontext nicht unterschätzt werden; auch wenn es rein formal betrachtet stimmen sollte, dass selbst institutionalisierte Menschen mit Behinderungen nicht außerhalb der Gesellschaft leben, kann dennoch von Inklusion nicht die Rede sein, wenn ihnen der Zugang zu Systemen der Gesellschaft verwehrt oder erschwert wird, die allen anderen Mitgliedern weithin offen stehen. Genau dies wird von betroffenen Personen als Diskriminierung, Benachteiligung und Ausgrenzung erlebt, die es durch Beseitigung von Barrieren und Inklusion zu überwinden gilt.

Dennoch führt uns der obige Einwand vor Augen, dass Vorstellungen im Rahmen der Heilpädagogik, Behindertenhilfe und Inklusionsdebatte zu kurz greifen, die von einer Gesellschaft ausgehen, in der alle Menschen mit Behinderungen uneingeschränkt willkommen sind und grundsätzlich akzeptiert werden. Diese Auffassung ist visionär (Martin 2006; Vieweg 2011, 49), und es stellt sich die Frage, ob eine solche Gesellschaft überhaupt möglich sein bzw. sich entwickeln kann. Denn: „Inklusion bedeutet nicht, dass ein Gesangsverein einen Menschen mit Behinderung aufnehmen muss, der nicht singen kann“ (Konrad & Rosemann 2016, 44).

Aus soziologischer Sicht wird eine Gesellschaft häufig als eine „funktional-differenzierte“ (Kulig 2010, 52), aus Teilsystemen bestehende, beschrieben (Wansing 2005). Gemeint sind Teilsysteme, die funktional zusammenhängen, reziprok miteinander kommunizieren und sich in größere, übergeordnete und kleinere Subsysteme, in Makro- und Mikrosysteme ausdifferenzieren (dazu Luhmann 1997). Solche verschiedenen Teil- bzw. Funktionssysteme erzeugen Inklusion und Exklusion, wobei Sonderinstitutionen mit Blick auf die Frage der gesellschaftlichen Teilhabe behinderter Menschen eine Paradoxie darstellen, indem sie sich selbst als rechtlich kodifizierte Einrichtungen der gesellschaftlichen Teilhabe definieren, durch ihre Existenz aber Exklusion erzeugen und mit ihrem Auftrag Teilhabe ermöglichen sollen (z. B. WfbM). An dieser Stelle gilt es zu fragen, welche Konsequenzen sich daraus für die Vorstellung einer „inklusiven Gesellschaft“ ergeben, die sich der Idee nach auf ein gesellschaftliches System bezieht, dessen Funktionssysteme mit allgemeinem Charakter für alle offen sein bzw. jedem Einzelnen die Option bieten sollten, selbst über die Inanspruchnahme eines Teilsystems (z. B. Wahl zwischen einer Unterstützten Beschäftigung auf dem ersten Arbeitsmarkt oder einer Arbeit in einer WfbM) zu entscheiden.

Grundsätzlich können wir davon ausgehen, dass nicht jeder Bürger Mitglied jedes Teilsystems sein kann, wohl aber kann er auf alle (größeren) Funktionssysteme Einfluss nehmen (z. B. durch Ausübung des Wahlrechts auf die

Politik, als Fernsehkonsument auf die Medien) oder versuchen, in möglichst vielen oder einflussreichen Funktionssystemen Mitglied zu werden. Das erhöht seine gesellschaftliche Position in einer „inklusiven Gesellschaft“ und verpflichtet ihn zugleich zu erhöhter sozialer Verantwortung gegenüber jenen, die sich nicht am Pol der Macht befinden oder kaum Möglichkeiten und/oder Ressourcen haben, handlungsbestimmend auf gesellschaftliche Prozesse Einfluss nehmen zu können.

Hierzu das folgende Beispiel:
In einer mittelgroßen Gemeinde in den USA leben fünf Menschen mit Lernschwierigkeiten in einer zentral gelegenen Wohngemeinschaft. In der Gemeinde gibt es so gut wie keine allgemein öffentlichen Einrichtungen, stattdessen gibt es zwei Schwimmbäder, die von zwei privaten Organisationen unterhalten werden, zudem gibt es drei Sportcenter, die gleichfalls privat betrieben werden. Zudem stehen die meisten kulturellen Angebote unter der Regie von Organisationen. Um am sozio-kulturellen Leben (z.B. Sport) partizipieren zu können, bedarf es der Mitgliedschaft in einer oder mehreren Organisationen. Wird dem Einzelnen eine Mitgliedschaft verwehrt oder durch zu hohe Kosten verunmöglicht, sind die Möglichkeiten der Partizipation am gesellschaftlichen Leben in erheblichem Maße eingeschränkt. Unser Beispiel zeigt auf, dass Inklusion nur auf der Ebene von Teilsystemen möglich ist und dass selbst Menschen mit Behinderungen, die dem Anschein nach inkludiert in einem eigenen Zuhause in einer Gemeinde leben, Gefahr laufen, „von sozialer Wechselseitigkeit, gesellschaftlichen und kulturell angemessenen Teilhabemöglichkeiten“ (Kronauer 2002, 136) ausgeschlossen zu werden, wenn beispielsweise gesellschaftliche Teilsysteme durch private ersetzt werden. Dabei stellt vor allem Armut ein hohes Exklusionsrisiko dar (Mercier & Picard 2011), und zwar in materieller, kultureller, gesundheitlicher und sozialer Hinsicht.

Fassen wir die vorausgegangenen Überlegungen zusammen, so können wir mit Hartmann (2011, 87) festhalten:

„Im Sinne der Systemtheorie bezeichnet Inklusion die Einbindung der Individuen in ein Funktionssystem. (…) Alle gesellschaftlichen Teilsysteme streben eine möglichst umfassende Inklusion an. (…) Dabei werden Menschen nicht als ‚Ganzes‘ inkludiert, sondern Personen, d.h. rollenspezifische Aspekte der Individuen, die als Adressaten für die Kommunikation der Teilsysteme fungieren (etwa als Konsumenten im Wirtschaftssystem oder des Schülers im Bildungssystem). Gelingt die Einbindung in ein Funktionssystem nicht, wird von *Exklusion* gesprochen. (…) Eigentlich ist Exklusion ein grundlegendes Element der funktional differenzierten Gesellschaft. Denn erstens werden immer nur bestimmte Rollen eines Menschen inkludiert und andere nicht (...), und zweitens ist der temporäre Ausschluss aus gesellschaftlichen Teilsystemen durchaus normal (...). Problematisch wird es, wenn Personen dauerhaft von den Leistungen eines Funktionssystems ausgeschlossen werden, oder wenn der Ausschluss aus einem Teilsystem den Ausschluss aus anderen Teilsystemen nach sich zieht. (...) Soziale Dienste haben in diesem Kontext die Funktion, die negativen Auswirkungen (...) abzufedern. Sie sind Daseinsfürsorge in dem Sinn, dass sie die Voraussetzungen für Inklusion gewährleisten (Bildung) oder im Falle von Exklusion die Ausschlussfähigkeit des Individuums wieder herzustellen helfen (Gesundheitsversorgung). Ihre Aufgabe besteht gleichzeitig darin, Ausmaß und Intensität von Exklusionen zu beobachten; daher sind sie für die gesellschaftlichen Teilsysteme auch ein wichtiger Mechanismus der Reflexion."

Das Problem der Exklusion behinderter Menschen lässt sich somit nicht durch Sondereinrichtungen lösen, sondern nur durch eine offensive Heilpädagogik oder Soziale Arbeit als gesellschaftskritisches Korrektiv.

Inklusion als gesellschaftliche Zugehörigkeit muss sich allerdings nicht nur auf Menschen mit Behinderungen beziehen, sondern gilt ebenso für andere Gruppen der Gesellschaft, die allzu leicht marginalisiert, ausgegrenzt und benachteiligt werden (dazu MSJG 2018: Lob-Hüdepohl 2020). Gegen ein solches über Menschen mit Behinderungen hinausgehendes Inklusionsverständnis ist im Prinzip nichts einzuwenden, ließe sich nicht beobachten, dass diese Sichtweise in der Gefahr steht, das Anliegen der Behindertenrechtskonvention und damit die Interessen sowie die Rechte behinderter Personen zu verfehlen.

Das betrifft v.a. Inklusionskonzepte und -planungen auf kommunaler oder kommunalpolitischer Ebene. So wächst in letzter Zeit die Zahl an Städten, Gemeinden und Landkreisen stetig an, die sich ausgehend von der Behindertenrechtskonvention parteiübergreifend oder im Schulterschluss mit sozialpolitischen Arbeitskreisen der Inklusion als Leitbild zur Wahrung des gesellschaftlichen Zusammenhalts verschrieben haben (vgl. MSJG 2018, 53f.). Hierzu werden Aktionspläne für ein „inklusives Gemeinwesen" verabschiedet (ebd., 92ff., 154ff.), wobei selbstverständlich auch die Inklusion behinderter Menschen aufgegriffen wird – allerdings eingereiht im Kontext anderer Themen wie z.B. Vermeidung einer sozialräumlichen Segregation von Migranten, Aufnahme von Flüchtlingen und Asylbewerbern, Verbesserung frühkindlicher Bildung, Ausbau der Sprachförderung und Hausaufgabenbetreuung für Kinder mit Migrationshintergrund, Elterncafé und Offene Treffs für sozial benachteiligte Kinder und Jugendliche, Vermeidung von Langzeitarbeitslosigkeit, Altersarmut oder Armutsgefährdung im Alter,

Gewalt gegenüber Frauen, Armut und Benachteiligung alleinerziehender Frauen oder Schaffung eines bezahlbaren Wohnraums für sozial schwache Haushalte oder kinderreiche Familien. An dieser Stelle möchte ich stellvertretend für manche Gemeinden und Landkreise aus einem im Frühjahr 2015 vorgestellten kommunalpolitischen Entwurf zum Thema der Inklusion und Teilhabe behinderter Menschen zitieren: „Die Angebotspalette der Teilhabeplanung umfasst für Menschen mit Behinderung, die zur Eingliederungshilfe berechtigt sind, vorschulische Frühförderung und Gewährung von Integrationshilfen an allgemeinen Schulen oder auch Leistungen durch Förderschulen. Etwa ein Fünftel aller Schülerinnen und Schüler mit sonderpädagogischem Förderbedarf besuchen derzeit eine allgemeine Schule und nehmen am gemeinsamen Unterricht teil. Die Angebote und Hilfesysteme setzen sich fort über Werkstätten für behinderte Menschen, verschiedenste Wohnformen bis hin zur Betreuung von älteren Menschen mit Behinderungen.“[18]

Scharf kritisiert werden muss an dem zitierten Abschnitt zweierlei: Zum einen scheinen die Verfasser solcher Aussagen nicht verstanden zu haben, was Behinderung, Inklusion und Partizipation (Teilhabe) im Sinne der Behindertenrechtskonvention bedeutet. Daher werden unreflektiert Sondereinrichtungen aufgegriffen, die nach Ansicht behinderter Menschen der Inklusion kontrapunktisch gegenüberstehen. Zugleich fehlen Aussagen zur Vermeidung von Diskriminierung und Überwindung von Barrieren sowie zu sozialen Systemen, Angeboten und Ermöglichungsräumen der Inklusion behinderter Menschen (z. B. inklusive Kindertagesstätten, Unterstützte Beschäftigung, Arbeitsangebote auf dem 1. Arbeitsmarkt, selbstbestimmtes Wohnen mit Unterstützung, inklusive Freizeit-, Kultur-, Kinder-, Jugend- und Altenarbeit) – ein Zeichen dafür, dass eine tiefgreifende Auseinandersetzung mit der Behindertenrechtskonvention wohl nicht stattgefunden hat.

Zum anderen lässt die Länge des zitierten Abschnitts, gegenüber dem gesamten Text des Entwurfs, den Schluss zu, dass das kommunalpolitische Interesse für die Belange behinderter Menschen wesentlich geringer zu sein scheint als für andere gesellschaftlich marginalisierte Gruppen, deren Problemlage durch Vorschläge zur Überwindung prekärer Lebensverhältnisse wesentlich mehr Raum gegeben wird. Der Geringschätzung der Interessen behinderter Menschen entspricht letztlich die Botschaft der zitierten Worte, dass die gegenwärtige Angebotspalette für Personen mit Behinderungen schon inklusionsfördernd sei und daher keiner wesentlichen Veränderung bedarf, sondern unter Berücksichtigung von Sondereinrichtungen weiter

18 Um eine Diskriminierung zu vermeiden, bleibt die Herkunft des Entwurfs dieses kommunalen Aktionsplans für Inklusion anonym.

fortgeschrieben werden soll. Aufgrund dessen scheint es für die zuständige Politik konsequent zu sein, wenn sie sich nunmehr verstärkt anderen sozial benachteiligten oder gefährdeten Gruppen widmet, um Inklusion für alle fruchtbar werden zu lassen.

Wer so denkt und handelt, hat sich allerdings von dem ursprünglichen Anliegen der Behindertenrechtskonvention weit entfernt, ja verabschiedet. Leider ist das hier aufgezeigte Beispiel kein Einzelfall. Das signalisiert die kritische Anmerkung von Rohrmann (2014, 32) in Bezug auf die Inklusion behinderter Menschen als kommunalpolitische Aufgabe: „Es besteht zumindest in einigen Kommunen das Risiko, dass die Rezeption des innovativen Gehalts lediglich in dem eher zeremoniellen Aufgreifen der Inklusionsbegrifflichkeit aufgeht und nicht in systematischen, strukturellen Veränderungen mündet."

Folglich gilt es zu vermeiden, dass der Begriff der Inklusion im Bereich der Kommunalpolitik zu einem euphemistischen Schlagwort gerinnt und in einem weiten Verständnis für Menschen mit Behinderungen an Substanz verliert. Genau dieses unzureichende Interesse für die Belange und Rechte behinderter Menschen war das Problem bisheriger Menschenrechtskonventionen und der Grund dafür, dass sich Betroffene für die Erstellung einer Behindertenrechtskonvention engagiert hatten. Daher ist es wichtig, Fehlentwicklungen aus der Perspektive und im Interesse behinderter Menschen rechtzeitig zu erkennen. Durchaus hilfreich ist in dem Zusammenhang der von der Montag Stiftung Jugend und Gesellschaft (2011; 2018, 64ff.) herausgegebene „kommunale Index für Inklusion", welcher die Möglichkeit bietet, die „Inklusionstauglichkeit" einer Stadt oder eines Landkreises mit seinen Gemeinden anhand von Indikatoren zu prüfen, wie sie in der Behindertenrechtskonvention angelegt sind bzw. aus ihr hervorgehen. Zudem bietet dieser Index wertvolle Anregungen für die handlungspraktische Ebene einer lebensweltbezogenen Behindertenarbeit und Sozialraumorientierung.

Lebensweltbezogene Behindertenarbeit vom Menschen aus

Unter dem Stichwort der lebensweltbezogenen Behindertenarbeit werden verschiedene Ansätze und Überlegungen zusammengeführt, welche Lebens- oder Sozialräume, Kontextveränderungen, gemeinwesenorientierte

Maßnahmen bzw. sogenannte *„community-based supports and programs"*[19] in den Blick nehmen. Dadurch soll ein Höchstmaß an Lebensqualität *(quality of life)* für Menschen mit Lernschwierigkeiten oder komplexer Behinderung erzielt werden (Felce & Perry 2007; Goode 1994; Wehmeyer und Schwartz 1998; Schalock et al. 2002; Carr 2007). Mit dem Begriff der Lebensqualität wird auf den Grad der subjektiven Einschätzung einer behinderten Person ihrer Lebenssituation in Bezug auf folgende Faktoren verwiesen: gesundheitliches, physisches, psychisches und soziales Wohlbefinden, Selbstbestimmung, Wahl-, Entscheidungs- und Kontrollmöglichkeiten hinsichtlich der eigenen Lebensumstände, zwischenmenschliche Beziehungen, materielle Standards, Verwirklichung von Lebenszielen und politischen Rechten, gesellschaftliche Akzeptanz (Nichtdiskriminierung und Wertschätzung), Partizipation (Teilhabe) und Inklusion (Zugehörigkeit) (dazu auch WHO 1986). Diese Aspekte werden seit der Kritik an der verkürzten Integrationspraxis und dem Scheitern mancher Deinstitutionalisierungsmaßnahmen für ein *community living* fokussiert und zur Beurteilung einer *best practice* herangezogen. Wenngleich dabei die subjektive Lebenszufriedenheit eines behinderten Menschen der wichtigste Indikator ist, werden zugleich auch Durchschnittswerte, die auf der Grundlage empirischer Wohlfahrtsmessungen in dem jeweiligen Land im Hinblick auf Lebensstandard und Wohlbefinden einer Bevölkerung gelten, beachtet, um eventuelle (notwendige) Kontextveränderungen bei einer geäußerten Lebenszufriedenheit unter objektiv schlechten Lebensbedingungen zu vermeiden.

Vor diesem Hintergrund sollen nunmehr Grundzüge einer lebensweltbezogenen Behindertenarbeit aufgezeigt werden. Dabei orientiere ich mich an Diskussionen und Überlegungen, wie sie in den 1980er-Jahren unter Stichworten wie Gemeinwesenarbeit (Oelschlägel), Lebensweltorientierung oder Alltagsorientierung (Thiersch) die Soziale Arbeit maßgeblich bestimmt haben und heute unter Sozialraumorientierung (Hinte) gefasst werden. Eine herausragende Bedeutung hat im Rahmen dieses Kontextes die von Thiersch (1997) begründete Lebensweltorientierte Soziale Arbeit, die wie Oelschlägels Ansatz der Gemeinwesenarbeit (2001; 2004) über bloße *community-based programs* hinausgeht, indem sie ein gesellschaftskritisches Anliegen beinhaltet (Thiersch 1997, 25; auch Thiersch 2002, 131). Ferner bilden Grundzüge und

---

19 Der Begriff der community bezieht sich hierbei sowohl auf Gemeinden, Wohnviertel oder Stadtteile als auch auf (kleinere) Lebens-, Wohn- oder Arbeitsgemeinschaften. Seine Verwendung „reflects the importance attached to acceptance and assistance from members of the public in their roles as neighbours, friends, shopkeepers, colleagues and so on, sustaining the disabled person through supportive relationships that are not solely based on payment" (Mansell & Beadle-Brown 2010,106). In diesem Sinne lässt sich community auch als Gemeinwesen definieren, das heute „nicht mehr nur als seine abgegrenzte geographische Einheit verstanden (wird, G. T.), sondern darüber hinaus vernetzt mit gesellschaftlichen Kräften und Infrastruktur auf verschiedenen Ebenen, die für die kleinere Lebenseinheit eine Rolle spielen" (Wegner-Schneider 2011, 55).

Grundanliegen des Empowerment-Konzepts (Herriger 2014; Theunissen 2013) den fühlbaren Hintergrund der lebensweltbezogenen Behindertenarbeit, die als ein spezifisches Praxismodell für Empowerment und Inklusion ausgelegt werden kann. Zudem haben Anregungen aus Bronfenbrenners „Ökologie der menschlichen Entwicklung" (1981) sowie aus Specks „System Heilpädagogik" (2003) die Entwicklung der lebensweltbezogenen Behindertenarbeit nachhaltig befruchtet. Es dürfte klar sein, dass an dieser Stelle weder eine Darstellung noch eine kritische Würdigung all dieser Bezugsquellen geleistet werden kann. Stattdessen beschränke ich mich auf eine synthetisierende Skizze, wie sie für das Anliegen der Behindertenrechtskonvention (Inklusion) und für eine moderne Behindertenpolitik und Praxis notwendig erscheint.

Ihren Ausgangspunkt nimmt die lebensweltbezogene Behindertenarbeit in den 1980er-Jahren, als (v. a.) in den USA die Deinstitutionalisierung mit *community-based programs, social networking and volunteering* verstärkt angereichert, in der Sozialen Arbeit die „Alltagswende" (Thiersch) eingeläutet und in der hiesigen Theorie der Heilpädagogik (Speck 2003) nicht mehr das bloße Behindertsein bzw. Menschen mit Beeinträchtigungen oder Defiziten, sondern behinderte Personen mit ihren Bedürfnissen und Vorstellungen in ihrer Lebenswelt fokussiert wurden. Diese Abkehr von einer individuumzentrierten Problemsicht und Hinwendung zu einer systemischen Perspektive war zunächst von der aus der Tradition des psychiatrisch präformierten, fernab vom Gemeinwesen gettoisierten Anstaltswesens kommenden Behindertenhilfe kaum zur Kenntnis genommen worden. Erst die jüngsten Entwicklungen und Diskussionen um das Verständnis von Behinderung der ICF (DIMDI 2005), um bürgerzentrierte Netzwerk- und Gemeinwesenarbeit, Teilhabe, Integration, Inklusion und Sozialraumorientierung, zeigen auf, dass ein ethisch reflektierter Veränderungsprozess im Umgang mit behinderten Menschen eingesetzt hat, der betroffene Personen nicht mehr entkontextualisiert und absolut setzt, d.h. losgelöst von ihrer Lebenswelt betrachtet (vgl. Liedke 2020).

Wenn wir nunmehr Menschen in ihrer Lebenswelt fokussieren, ist es natürlich wichtig, begriffliche Missverständnisse oder Verkürzungen zu vermeiden. Daher werden zunächst vier eng miteinander verknüpfte Themen aufgegriffen, die mit dem Begriff der Lebenswelt in Verbindung gebracht werden und für die lebensweltbezogene Behindertenarbeit eine konstitutive, praxisbestimmende Bedeutung haben. Anschließend wird eine Zusammenschau der zentralen Leitprinzipien der lebensweltbezogenen Behindertenarbeit skizziert, von der zugleich eine Brücke zur gegenwärtigen Debatte der Sozialraumorientierung in der Behindertenhilfe geschlagen wird.

Lebenswelt als subjektzentrierte Kategorie

Mit Blick auf seine phänomenologischen Wurzeln wird der Begriff der Lebenswelt in der lebensweltbezogenen Behindertenarbeit als eine subjektive Konstruktion von Wirklichkeit definiert, „die erlebt, erfahren und erlitten wird“ (Schütz & Luckmann 1984, 11). Insofern spielen die subjektive Wahrnehmung, Verarbeitung und Bewertung von „Welt“ eine ebenso wichtige Rolle wie die aktive Auseinandersetzung (Aneignung, Kontrolle, Bewältigung) des Menschen mit seiner Lebenswelt. In diesem Sinne erscheint sodann Lebenswelt als ein „persönlich bedeutsames Ganzes, in dem ich darin stehe und auf das mein Verhalten bezogen ist, der erfüllte Lebensraum, in dem ich mein Dasein in meiner individuellen Lebensgeschichte als Eigenwesen“ lebe; und „nur wenn wir die Art kennen, wie der einzelne lebendige Mensch seine ‚Welt‘ hat, sind wir in der Lage, diesen konkreten Menschen in seiner Eigenart und in seinem Verhalten zu verstehen“ (Petermann 1938, 105f.).

Folglich geht es bei der Subjektperspektive von Lebenswelt um das respektvolle Verstehen des anderen, oder anders gesagt: Ausgangspunkt der lebensweltbezogenen Behindertenarbeit ist das Bemühen, die subjektiv erfahrene Wirklichkeit eines behinderten Menschen zu verstehen, die uns nicht nur Probleme, Widrigkeiten eines erlebten Lebens, sondern ebenso Lebensgelingen oder positive Seiten erlebten Lebens vor Augen führen kann.

Methoden des Kompetenzdialogs (Herriger 2014, 112ff.; Wüllenweber 2017) und *circle of friends* im Vorfeld oder als Bestandteil einer Personenzentrierten Planung (Kap. 4) haben hier ebenso ihren Platz wie (teilnehmende) Beobachtungen alltäglicher Situationen, um Personen mit komplexer Behinderung, die sich kaum oder nicht sprachlich verständigen können, sowie älter werdende bzw. alte Menschen mit Lernschwierigkeiten und zusätzlichen Beeinträchtigungen (z. B. Demenz, Depression) in ihrer Lebenswelt mit ihren Bedürfnissen, Vorlieben, Lebensstil, Stärken und Erlebensweisen aufzusuchen und zu verstehen. Das wäre in dem Fall der erste Schritt einer Behindertenarbeit vom Menschen aus.

Dieser Akt eines empathischen Sich-Hineinversetzens in die Situation eines anderen Menschen bzw. eines Miterlebens und Nachvollziehens ist freilich mit Risiken verknüpft, z. B. mit der Gefahr, sich in der Person „emotional zu verlieren“ (zu starkes Mitgefühl bzw. zu starke Identifikation), sodass ein notwendiges Maß an Distanz verloren gehen kann. Daher ist eine „reflexive Haltung“ im Nacherleben (Jantzen 1996, 27) geboten, was nach Buber (1962) als „Urdistanz“ in der Begegnung ausgelegt werden kann.

Des Weiteren verleitet das empathische Nachvollziehen zu einer gemeinsamen, quasi identisch gelagerten Ereigniswahrnehmung und Wirklichkeitskonstruktion. Dass es übereinstimmende Situationsdeutungen und Sinngebungen geben kann, die beispielsweise aus psychophysischen Ausdrucksformen, aus der Mimik, Gestik oder Körperhaltung erschlossen werden können, möchte ich nicht in Abrede stellen. Jedoch ist mir die andere Person niemals völlig zugänglich. Insofern gibt es grundsätzlich *Grenzen des Verstehens*, was nicht gegen unsere Methode, sondern für uns Menschen spricht. Ob wir die andere Person (z. B. mit einer schweren neurokognitiven Störung oder hochgradigen kognitiven und komplexen Beeinträchtigung), „richtig" verstanden haben, lässt sich letztlich nur im Nachhinein feststellen, dann, wenn (validierende) Angebote gemacht worden sind, von denen wir annehmen, dass sie dem Lebensstil, den Bedürfnissen, Wünschen oder der Wirklichkeitskonstruktion ihrer Lebenswelt entsprechen.

Lebenswelt und Lebensbedingungen

Die Subjektperspektive wird ebenso im Konzept der Lebensweltorientierten Sozialen Arbeit beachtet, wenn „auf die Notwendigkeit einer konsequenten Orientierung an den Adressat*innen mit ihren spezifischen Selbstdeutungen und Handlungsmustern in den gesellschaftlichen und individuellen Bedingungen und den sich daraus ergebenden Schwierigkeiten und Optionen" (Thiersch 2002, 129) verwiesen wird. Zugleich werden jedoch auch Lebensbedingungen angesprochen, die es zu beachten gilt (z. B. Arbeits- und Wohnsituation, finanzielle und materielle Ressourcen, mitmenschliches, soziales und infrastrukturelles Umfeld, soziokulturelle Normen); und es wird letztlich signalisiert, dass die Wirklichkeitskonstruktion des Subjekts nicht losgelöst von (derlei) Bedingungen betrachtet werden darf, weil sie von ihnen mitbestimmt wird. Kraus (2006) zufolge habe diese grundlegende Erkenntnis manche in der Sozialen Arbeit dazu veranlasst, den Begriff der Lebenswelt nur noch unter „objektiven" Lebensbedingungen im Interesse der Adressatinnen (Veränderung der Lebenslage) aufzubereiten und die Subjektperspektive zu vernachlässigen. Die Gefahr, auf die der Autor verweist, bezieht sich letztlich auf eine gesellschaftskritische Top-down-Praxis, die es versäumt, vom Menschen (Adressaten) aus und mit ihm gemeinsam Veränderungs- und Gestaltungsmöglichkeiten von Lebenswelten zu erschließen und in den Blick zu nehmen. Daher schlägt Kraus vor, die subjektiv wahrgenommene Lebenswelt von den Lebensbedingungen (Lebenslage) zu unterscheiden, um ihre Bedeutung für die subjektiven Betrachtungen, Deutungen, Konstruktionen und Handlungsmuster besser in den Blick nehmen zu können. Von hier aus ist der Schritt nicht weit, die Lebenswelt als *„Möglichkeitsraum"* (Oelschlägel) zu betrachten, der „immer ein Verhältnis von Behinderungen und Möglichkeiten menschlichen Handelns" (Oelschlägel 2004, 7) darstellt und der lebensweltbezogenen Behindertenarbeit eine „Aktivierung der Menschen" (ebd.) zur Kontrolle über Lebensbedingungen, zur Verbesserung der Lebenslage sowie zur Gestaltung der eigenen Lebenswelt für ein sinnerfülltes Leben in sozialer Verantwortung nahe legt. Ein solcher Aktivierungsprozess, der bei alten Menschen mit Lernschwierigkeiten in den Arbeitsansatz des *„Unterstützten Ruhestands"* überführt werden kann (dazu Hollander 2011), darf freilich nicht mit einer (heil-)pädagogischen Bevormundung einhergehen, sondern er muss im Sinne des Empowerments eine facilitatorische (wegbereitende) und konsultative Assistenz (gemeinsames Beraten, dazu Kap. 4) beinhalten.

Beobachtungen und Erfahrungen zufolge kann nicht erwartet werden, dass sich Menschen in prekären Lebenslagen grundsätzlich bzw. auf Dauer dagegen erheben (Herriger 2014, 53 ff.; Oelschlägel 1994; Theunissen 2000, 201 ff.). Bei nicht wenigen Menschen mit Lernschwierigkeiten oder komplexer Behinderung hinterlässt ein Leben unter institutionellen Sachzwängen Formen „erlernter Hilflosigkeit" (Seligman), „erlernter Fügsamkeit" (Herriger) und „erlernter Bedürfnislosigkeit" (Theunissen); und dennoch sind sie keine passiven Opfer ihrer Lebensbedingungen, sondern „Überlebenskünstler", insofern sie sich unter widrigen Umständen zu behaupten wissen. Dieser „Selbstschutz", der wohl nicht selten als „verhaltensauffällig" wahrgenommen wird, ist es, der allzu oft Skepsis oder gar mangelndes Interesse gegenüber Initiativen der Veränderung ihrer Lebensbedingungen befördert; und am ehesten sind dann demoralisierte (z. B. institutionsgeschädigte) Menschen bereit, sich auf Veränderungen einzulassen, wenn sie Respekt und die Wertschätzung ihrer Stärken erfahren sowie einen persönlichen Gewinn davon tragen können. Vor diesem Hintergrund knüpft die lebensweltbezogene Behindertenarbeit am Programm der Gemeinwesenarbeit an, wenn sie einen „zentralen Aspekt in der Aktivierung der Menschen in ihrer Lebenswelt (sieht, G. T.): Sie sollen zu Subjekten aktiven Handelns und Lernens werden und zunehmend Kontrolle über ihre Lebensumstände gewinnen. Dazu sollen sie v. a. in gemeinsamen Aktionen der Problembearbeitung bis hin zum Widerstand Kompetenzerfahrungen machen" (Oelschlägel 2004, 2).

Freilich stößt dieses Programm bei Menschen mit Demenz oder einer schweren komplexen Behinderung, die sich nicht als *„empowered persons"* selbst vertreten können, auf Grenzen. In dem Falle bedarf es einer advokatorischen Assistenz und Parteinahme für die Interessen und Rechte der Betroffenen (Theunissen 2013, 69; auch Kap. 5).

Lebenswelt und Alltag

Die Begriffe Lebenswelt und Lebensweltorientierung werden im Kontext der Sozialen Arbeit häufig mit Alltag bzw. Alltagsorientierung weithin synonym benutzt (Thiersch 1997; 2002, 130f.). Dies kann zu einer konzeptionellen Verkürzung führen, wenn die subjektive Konstruktion von Lebenswelt missachtet und der Alltagsbegriff nicht als eine soziale Konstruktion begriffen, von Bedingungen abstrahiert und nur auf „Selbstverständlichkeiten" (Rausch 1998, 139) bezogen wird. Greifen wir hingegen das „ambivalente Gesicht des Alltags" (Thiersch 1997, 41) und „einen spezifischen Modus des Handelns im Alltag" (ebd., 43) auf, der als „vergesellschaftet" (44) zutage tritt, gelangen wir zu einem Blickwinkel, der eine Differenzierung zwischen Lebenswelt und Alltag erlaubt oder zumindest das bisherige Verständnis von Lebenswelt um eine wichtige Perspektive erweitert. In diesem Sinne schreiben Schütz und Luckmann (1984, 11):

„Die Lebenswelt ist (...) auch eine Wirklichkeit, die im Tun bewältigt wird, und die Wirklichkeit, in welcher – und an welcher – unser Tun scheitert. Vor allem für die Lebenswelt des Alltags gilt, dass wir in sie handelnd eingreifen und sie durch unser Tun verändern. Der Alltag ist jener Bereich der Wirklichkeit, in dem uns natürliche und gesellschaftliche Gegebenheiten als die Bedingung unseres Lebens unmittelbar begegnen, als Vorgegebenheiten, mit denen wir fertig zu werden versuchen müssen. Wir müssen in der Lebenswelt des Alltags handeln, wenn wir uns am Leben erhalten wollen. Wir erfahren den Alltag wesensmäßig als den Bereich menschlicher Praxis."

Darum ist es letztlich Thiersch (1997, 46ff.) zu tun, wenn er vor dem Hintergrund der Ambivalenz von Alltag (Gewohnheiten, Sicherheiten wie Verunsicherungen, Brüche, Unzuverlässigkeiten) einerseits die *„Alltäglichkeit"* durch Alltagserfahrungen, Erwartungen, Hoffnungen, Befürchtungen, Aneignungsformen, Bewältigungsmuster, den Modus des Verstehens und Handelns im Alltag, das Erleben im Alltag u.a.m. aufzubereiten versucht, und andererseits *„Alltagswelten"* herausstellt, in denen sich die Alltäglichkeit abspielt, z.B. in der Familie, Schule, Arbeitswelt, Kirchengemeinde, Freizeitpark oder Öffentlichkeit.

Von hier aus ergibt sich für die lebensweltbezogene Behindertenarbeit die Aufgabe, jene Alltagswelten aufzusuchen, die für Menschen mit Lernschwierigkeiten oder komplexer Behinderung relevant sind. Diese Alltagswelten sollten als Ort (Lebenswelt) studiert werden, wo alltägliche Begegnungen, Interaktionen, Kommunikationen oder Handlungen stattfinden, denen (unhinterfragte) Regeln und bestimmte (regelmäßige) Erfahrungen einverleibt sind, die von Gewohnheiten geprägt sind (Rausch 1998, 13) oder ein spezifisches „Konfliktmaterial" bzw. Probleme implizieren, die einer gesellschaftspolitischen und handlungspraktischen Auseinandersetzung und Veränderung bedürfen. Nehmen wir z. B. die Alltagswelt „Schwimmbad", an der einige Menschen, die offiziell als „geistig behindert" gelten, aber nur im Hinblick auf finanzielle Angelegenheiten eine gesetzliche Betreuung haben, gerne teilhaben möchten. Eine Benutzung des Bades ist ihnen jedoch nur mit einer „geeigneten Begleitperson" gestattet. Solche Haus- und Badeordnungen empfinden sie zu Recht als diskriminierend – schränken sie doch ihre Möglichkeiten, selbstbestimmt am alltäglichen gesellschaftlichen Leben zu partizipieren, erheblich ein. Initiativen zur Veränderung dieser unbefriedigenden Situation (Neufassung der Badeordnung) wären für eine sozialraumorientierte Arbeit relevant (dazu später). Ein weiteres Beispiel: Alltäglich werden Bewohnerinnen einer Wohngruppe von ihren Mitarbeiterinnen „gut" versorgt: durch Zubereitung und Bereitstellung von Essen mit vorgeschriebenen Mahlzeiten, pflegerische Betreuung mit festgelegten Badeplänen, Aufräumen, Wäsche waschen etc.; die Reinigung der Räume erfolgt durch eine Putzfirma. Solche tradierten, in der Regel unreflektierten Konzepte (dazu Göthling & Schirbort 2011, 62 f.) erzeugen auf den ersten Blick Stabilität, Verlässlichkeit, Sicherheit, Vertrautheit, andererseits verhindern sie Selbstbestimmung, persönliche Wahl- und Entscheidungsmöglichkeiten, Selbstgestaltung, Kontrolle über die eigenen Lebensumstände und Aktivität. Daher gilt es solche alltäglichen Ereignisse zu hinterfragen und zu durchbrechen – wohl wissend, dass damit einhergehende Veränderungen (Enthierarchisierung von Mitarbeiterinnen, Verzicht auf eine Reinigungskraft, Aktivierung von Personen, die bisher einen hotelähnlichen Versorgungsalltag gewohnt waren) schwierig und aufwendig sein können. Davon abgesehen möchte ich in dem Zusammenhang eine bemerkenswerte Einsicht in Erinnerung rufen, deren Missachtung ein pädagogischer Kunstfehler ist: Lernfortschritte und Lebensqualität eines Menschen mit Lernschwierigkeiten oder komplexer Behinderung hängen „maßgeblich von der Lernfähigkeit der ihn umgebenen Bezugspersonen ab" (Schwarte & Oberste-Ufer 2001, 227).

Lebenswelt im Plural

Der Verweis auf Alltagswelten lässt schon erahnen, dass die Lebenswelt eines Menschen „im Plural" gedacht und auch im Hinblick räumlicher Ausdifferenzierung und sozialer Interdependenzen erschlossen und aufbereitet werden muss. Diesbezüglich bietet es sich an, auf Bronfenbrenners „Ökologie der menschlichen Entwicklung" (1981) zurückzugreifen, die sich „mit der fortschreitenden gegenseitigen Anpassung zwischen dem aktiven, sich entwickelnden Menschen und den wechselnden Eigenschaften seiner unmittelbaren Lebensbereiche[20] (befasst, G. T.). Dieser Prozess wird fortlaufend von den Beziehungen dieser Lebensbereiche untereinander und von den größeren Kontexten beeinflusst, in die sie eingebettet sind“ (ebd., 37). Folglich sind all jene Maßnahmen in der Behindertenhilfe als verfehlt zu betrachten, die Menschen mit Lernschwierigkeiten oder komplexer Behinderung bestimmte Lebenswelten und Standards einfach vorsetzen und dabei die aktiven Aneignungsmöglichkeiten, eine sinnerfüllte, selbstbestimmte Erschließung von Lebensräumen, weithin außer Betracht lassen (vgl. auch Speck 2003, 271 ff.). Bronfenbrenner unterscheidet in seinem Modell vier Lebensbereiche, die unterschiedlich intensiv und reziprok auf die Entwicklung des Menschen wirken und von ihm beeinflusst werden.

Der erste ist das *Mikrosystem*, d.h. der „unmittelbare Lebensraum, der die sich entwickelnde Person umgibt“ (ebd., 19) und in dem sie sich zu bestimmten Zeiten aufhält (z. B. eigene Wohnung, Wohngruppe, Tagesförderstätte, WfbM, Familie, Schule).

„Ein Mikrosystem ist ein Muster von Tätigkeiten und Aktivitäten, Rollen und zwischenmenschlichen Beziehungen, die die in Entwicklung begriffene Person in einem gegebenen Lebensbereich mit den ihm eigentümlichen physischen und materiellen Merkmalen erlebt“ (38).

Für eine lebensweltbezogene Behindertenarbeit rückt damit die Frage nach der subjektiven Bedeutung und individuellen Aneignung der primären Lebenswelt in den Mittelpunkt der Betrachtung. Gelingende Entwicklung, psychisches Wohlbefinden und Lebenszufriedenheit sind hier in besonderem Maße abhängig von sinnstiftenden Handlungsmöglichkeiten und von der Qualität konkreter Beziehungsgefüge, in dem Personen miteinander kommunizieren, gemeinsam handeln, Rollen übernehmen und haushalten (dazu Kap. 5). Außerdem kommt es auf die Qualität der konkreten materiellen Umwelt an (z. B. Wohnraumgestaltung).

Der zweite Lebensbereich, das *Mesosystem*, umfasst die institutionalisierten wie informellen Wechselbeziehungen zwischen den Mikrosystemen, an denen die sich entwickelnde Person partizipiert (z. B. Interaktion zwischen Wohngruppe und WfbM, Nachbarschaft, kulturelle Orte). Da, wo der Zugang zu bestimmten Mikrosystemen (z. B. öffentliche Einrichtungen, Vereine) Menschen mit komplexer Behinderung verwehrt oder erschwert wird, bleiben mikrosystemische Vernetzungen zu einem komplexen Mesosystem aus. Es werden weniger Lebensräume erschlossen und weniger Lebensanreize

---

20 Die Begriffe Lebenswelt, Lebensbereich und Lebensraum werden in dem Zusammenhang weithin synonym benutzt.

geschaffen, sodass weniger neue Mikrosysteme erlebt werden können. Dies blockiert ebenso die Persönlichkeitsentwicklung, das Erleben eines positiven Alltags und ein Leben in Inklusion wie ein widersprüchliches, gegenläufiges Beziehungsgefüge zwischen den Systemen (z. B. bei „Dauerkonflikten" zwischen Eltern und Mitarbeiterinnen einer Heimgruppe; bei unzureichender Kooperation zwischen Wohnheim- und WfbM-Personal).

Den dritten Lebensbereich bildet das *Exosystem,* zu dem die sich entwickelnde Person keinen unmittelbaren Kontakt unterhält, in dem jedoch Ereignisse im Alltag stattfinden, die für die persönliche Entwicklung, für das Erleben von Zugehörigkeit und Wertschätzung, für das Zusammenleben oder alltägliche Zusammenarbeiten relevant sein können (z. B. private Probleme von Mitarbeitern, die in die berufliche Alltagsarbeit hineingetragen werden). In dem Fall macht beispielsweise Praxisberatung oder Supervision für Mitarbeiterinnen Sinn. Infrastrukturen, gesellschaftliche Institutionen (z. B. Polizei), Massenmedien oder soziokulturelle Netzwerke bilden Exosysteme, die den Lebensalltag mitbestimmen und -gestalten. Ein Exosystem wird dann zu einem Mesosystem, wenn es direkt von der Person in Anspruch genommen wird.

Der vierte Lebensbereich, das *Makrosystem,* stellt den kulturellen Überbau, die gesellschaftlichen Normen, Werte und Ideologien dar, die über die herrschenden Instanzen vermittelt auf die Entwicklung des Einzelnen wirken. Es umfasst sämtliche kulturellen, weltanschaulichen, politischen und ökonomischen Determinanten (z. B. Trägerphilosophie; Heimrichtlinien; ökonomische Rahmenbedingungen; Gesetzeslage; Einstellung der nichtbehinderten Bevölkerung gegenüber behinderten Menschen). Alle Lebensbereiche sind im Makrosystem eingelagert, welches deren Funktionen strukturiert. Daher kommt der Analyse des Makrosystems als Vehikel oder Barriere für Entwicklung, Integration, Inklusion und Partizipation eine besondere Bedeutung zu.

Insgesamt führt uns Bronfenbrenners Modell vor Augen, dass es wenig Sinn ergibt, die vier Zugänge zum Begriffsverständnis von Lebenswelt isoliert zu betrachten und aufzubereiten. Vielmehr haben wir es mit gegenseitigen Verknüpfungen und Interdependenzen zu tun, sodass es sich nur aus methodischen Gründen anbietet, differenziert und schrittweise vorzugehen, um eine verkürzte Analyse zu vermeiden. Dadurch gelingt es, nicht nur der Sicht des anderen Menschen Respekt zu zollen und Lebenswelten in ihrem Eigensinn zu sehen, sondern ebenso Ambivalenzen, Abhängigkeiten, Ausgrenzungen, Normen oder Rechtsverletzungen zu erfassen, die einen Veränderungsbedarf im Umgang mit behinderten Menschen erfordern, um soziale oder gesellschaftliche Integration, Inklusion und Partizipation zu ermöglichen.

Mit Blick auf Bronfenbrenner hat Baake (1993, 163 f.) eine ähnlich gelagerte Einteilung von vier *„sozialökologischen Zonen"* vorgenommen, indem

(1) das „ökologische Zentrum" (Familie, das „Zuhause"), in welchem emotionale Bindungen einen zentralen Stellenwert haben,
(2) der „ökologische Nahraum" (Nachbarschaft, Stadtviertel, Dorf o.Ä.), der für erste Außenbeziehungen und spätere Treffpunkte mit Aktionsmöglichkeiten steht,
(3) die „ökologischen Ausschnitte" (Kindergarten, Schule, Kirche, Geschäfte etc.), welche durch funktionsbestimmte Beziehungen gekennzeichnet sind (z.B. Schule zum Lernen; Sportanlage zur körperlichen Ertüchtigung; Kaufhaus zum Einkauf) und
(4) die „ökologische Peripherie" (weite Reisen, Urlaubsorte ...), die nur zuweilen aufgesucht wird, unterschieden werden.

Diese Zonen haben einen sozialräumlichen Charakter und sind identitätsstiftende, persönlichkeitsbildende Handlungs- und Sozialisationsfelder, die größtenteils schon (üblicherweise) im Kindes- und Jugendalter nach und nach erschlossen und erweitert werden. Wenngleich Bronfenbrenners Ansatz insbesondere durch die explizite Beachtung des Makrosystems breiter angelegt ist, kann aber auch Baakes Modell durchaus hilfreich sein, wenn es um die Analyse bestimmter Orte in unterschiedlichen Zonen eines Sozialraums geht.

Leitprinzipien

Die vorausgegangenen Überlegungen stecken den Rahmen ab, in dem sich eine lebensweltbezogene Behindertenarbeit vom Menschen aus bewegen sollte. Auf dieser Grundlage sollen nunmehr spezifische Leitprinzipien herausgestellt werden, die zum Teil mit Richtzielen, Struktur- und Handlungsmaximen des Konzepts der Lebensweltorientierten Sozialen Arbeit (Thiersch 1997; Grunwald & Thiersch 2004) und Empfehlungen im 8. Jugendbericht der Bundesregierung (BMFSFJ 1990) korrespondieren:

Ganzheitlichkeit

Ganzheitlichkeit als Leitprinzip der lebensweltbezogenen Behindertenarbeit besagt, dass jeder Mensch nicht nur in seiner Einmaligkeit und personalen Totalität (Körper-Seele-Geist-Einheit) betrachtet und gewürdigt, sondern ebenso in seiner sozialen Bezogenheit als ein vergesellschaftetes, weltverbundenes und weltoffenes Wesen gesehen werden muss (Speck 2003, 269 ff.). Dieser Sozialbezug führt uns unmittelbar zu der Lebenswelt des Menschen, die sich zumeist über weite Strecken des menschlichen Lebens in verschiedene Aufenthaltsorte und Alltagswelten differenziert.

Der ganzheitlichen Orientierung aufs Subjekt (z. B. durch Angebote einer allseitigen Entwicklung der Persönlichkeit, die psychisches Wohlbefinden befördern) hat der Bezug auf die Lebenswelt zu korrespondieren. Wenn z. B. eine Wohngruppe Systemzwängen unterliegt und kaum Möglichkeiten der Selbstbestimmung und Persönlichkeitsentfaltung zulässt, geht die Behindertenarbeit ins Leere. Wesentlich ist somit die ganzheitliche Betrachtung des Menschen mit seinen Erfahrungen und seiner Stimme in seinem Lebensraum: „Es geht um die Lebensverhältnisse, Lebensformen und -zusammenhänge der Menschen, v. a. so, wie diese selbst sie sehen“ (Oelschlägel 2004, 2). Nur dadurch lässt sich die Person verstehen; und nur von diesem Ausgangspunkt aus kann ein Veränderungsbedarf zur Erhöhung der Lebensqualität erschlossen und legitimiert werden.

Selbstbestimmung (Autonomie)

Selbstbestimmung kommt als Prinzip der lebensweltbezogenen Behindertenarbeit in zweifacher Hinsicht zum Tragen: Zum einen geht es um persönliche Entscheidungen und Freiheit im Hinblick auf Wahl, Gestaltung und Pflege des eigenen Zuhauses (selbstbestimmte Wohnraumgestaltung etc.; Verfügung und Kontrolle über die eigenen Lebensumstände, Wohnen und Leben nach eigenen Vorstellungen); zum anderen bezieht sich das Prinzip auf die individuellen Interessen, Bedürfnisse, persönliche Freiheit, Wahl und Entscheidung in Bezug auf Teilhabe am gesellschaftlichen Leben (z. B. selbstbestimmte Aktivitäten im gesellschaftlichen Lebensbereich [Sozialraum]; selbstbestimmtes Aufsuchen sozio-kultureller Orte; selbstbestimmte Pflege sozialer Kontakte oder Beziehungen im Wohnumfeld). Vor diesem Hintergrund wird deutlich, dass Teilhabe am gesellschaftlichen Leben gleichfalls wie das Wohnen nicht „verordnet“, sondern nur von der Person aus (über eine Personenzentrierte Planung) erschlossen werden darf. Daher macht der Begriff der „selbstbestimmten Teilhabe“ (Hoch 2010, 14) Sinn. Werden beide Aspekte isoliert betrachtet, gerinnt Teilhabe zu einem Top-down-Prinzip und Selbstbestimmung zu einer Leerformel, da sie erheblich dekapitiert wird.

Respekt

Respekt dem anderen gegenüber ist ein weiteres, grundlegendes Leitprinzip der lebensweltbezogenen Behindertenarbeit, welches alle handlungspraktischen Ebenen fühlbar zu durchdringen hat und Formen einer Entwertung oder Diskriminierung behinderter Menschen diametral gegenübersteht. Respekt dem anderen Menschen gegenüber führt uns zugleich zu seiner personalen Wertschätzung, zur Akzeptanz seines So-Seins und Eigensinns, zur „Akzeptanz unkonventioneller Lebensentwürfe“ (Herriger 2014, 73), der „eigenen Wege“ und der „eigenen Zeit“ (ebd., 74).

Freilich bedeutet dies nicht ein grenzenloses Hinnehmen eigensinniger Lebensentwürfe; denn die Toleranz endet dort, wo Menschen in der Gefahr stehen, sich selbst in erheblichem Maße zu schädigen oder die Rechte anderer Personen zu verletzen, wo „die Achtung vor der physischen und psychischen Integrität des Anderen und der Verzicht auf schädigende Angriffe in Gefahr geraten“ (ebd., 75 f.). In dem Falle bedarf es der systemischen oder psychosozialen Beratungskunst und „intervenierenden Assistenz“ (Theunissen 2000, 138; 2013, 70), Menschen von schweren Rechtsverstößen, Selbst- oder Fremdgefährdungen abzuhalten und bei der Erarbeitung und Nutzung von sozialen Handlungsalternativen zu unterstützen.

Vertrauen

Vertrauen ist unabdingbar, wenn assistierende Hilfen anstehen, v. a. dann, wenn wie zuvor anskizziert nicht jedes Verhalten akzeptiert werden kann. Um Vertrauen zu gewinnen, bedarf es vertrauensstiftender Maßnahmen, die personenzentriert erschlossen werden müssen. Eine prominente Rolle spielt hierbei die Orientierung an individuellen Stärken und Ressourcen. Bei Menschen mit komplexer Behinderung lässt sich Vertrauen häufig über basale Angebote und empathisch-dialogische Begegnungen herstellen.

Vertrauen sollte aber nicht nur einseitig in den Blick genommen werden. Ebenso wichtig ist es, dass sich Bezugspersonen auf Vertrauen und Zutrauen einlassen, und dazu bedarf es eines positiven Menschenbildes und optimistischen Denkens, Vertrauen in die Fähigkeiten des Anderen, Vertrauen, dass Menschen mit Lernschwierigkeiten oder komplexen Behinderungen Kompetenzen und das Potenzial zu ihrer Selbstbestimmung, Selbstaktualisierung, Daseinsgestaltung und Lebensbewältigung in sich tragen.

Subjektzentrierung

Subjektzentrierung als Leitprinzip der lebensweltbezogenen Behindertenarbeit bedeutet, Menschen nicht als Objekte von Maßnahmen (im Stile einer Top-down-Praxis) zu betrachten, sondern als „Experten in eigener Sache“ wertzuschätzen, in ihrer Subjektivität zu erschließen und in ihrer „alltäglichen Lebenswelt“ (Schütz & Luckmann, 1984) aufzusuchen, um Lebensqualität aus der Subjektperspektive bestimmen zu können. Letztlich geht es darum, das alltägliche Leben behinderter Menschen „mit ihren Augen“ zu sehen und keine voreiligen Schlüsse aus der Außenperspektive (Profisicht) zu ziehen. Methodische Instrumente aus dem Koffer der Personenzentrierten Planung (Kap. 4) haben hier zur Implementierung der Subjektzentrierung ihren Platz.

Partizipation (Teilhabe)

Partizipation ist allein durch die Behindertenrechtskonvention der lebensweltbezogenen Behindertenarbeit aufgegeben. Hinzu kommt die exponierte Stellung des Rechts auf Teilhabe behinderter Menschen am Leben in der Gesellschaft im SGB IX oder BTHG, in dem von einem Verständnis von Behinderung ausgegangen wird, welches „die Notwendigkeit einer Neuorientierung des Unterstützungssystems für Menschen mit Behinderungen insgesamt nach sich zieht. Nach der dort eingeführten Definition begründet nicht länger das individuelle Defizit die soziale Unterstützung, sondern die Beeinträchtigung der Teilhabe“ (Rohrmann & Schädler 2011, 437). Wenn wir darüber hinaus von unseren Beobachtungen und Erkenntnissen ausgehen, dass nach wie vor der Alltag (Alltäglichkeit und Alltagswelten) vieler Menschen mit Lernschwierigkeiten oder komplexer Behinderung von Systemzwängen, Fremdinteressen und Bevormundung geprägt ist, kann das Leitprinzip der Partizipation für ein selbstbestimmtes und soziales Leben in Inklusion nicht hoch genug eingeschätzt werden.

Wichtig ist es, sich Partizipation als „Bottom-up-Prinzip“ zu vergegenwärtigen. Darauf gehe ich an späterer Stelle ein. Hier genügt nur der Hinweis, dass dieses Prinzip für verschiedene Alltagswelten und Handlungsebenen (z. B. Wohnen, Freizeit, örtliche Teilhabeplanung) hoch relevant ist – nimmt es doch (betroffene) Menschen mit ihren Auffassungen, Wünschen, Befürchtungen oder Hoffnungen ernst und offeriert es Formen einer Zusammenarbeit unterschiedlicher Interessengruppen oder Personenkreise „auf Augenhöhe“. Das gilt nicht nur für die Arbeit mit behinderten Menschen, sondern ebenso für die Kooperation mit freiwilligen Helfenden, die sich heute gleichfalls nicht mehr bevormunden lassen, sondern Mitsprache, Mitgestaltung und Mitbestimmung wünschen.

Politische Einmischung

Sie ergibt sich aus der Tatsache, dass Lebens- oder Alltagswelten „vergesellschaftet“ (Thiersch) bzw. durch Bedingungen (z. B. infrastrukturell, institutionell, materiell, normativ) geprägt sind, die als „kritisch“, z. B. inkompatibel mit der Behindertenrechtskonvention, einzuschätzen sind und der Veränderung bedürfen. Wenngleich Initiativen zur Veränderung von betroffenen Personen ausgehen sollten (im Sinne einer Bottom-up-Partizipation oder Hilfe zur Selbsthilfe), kann nicht erwartet werden, dass alle die erforderliche Durchsetzungskraft mitbringen oder sich entsprechend engagieren können (z. B. Menschen mit komplexer Behinderung). Daher bedarf es zur Durchsetzung von Rechten oder Interessen professioneller und informeller Unterstützung in Form einer „Anwaltschaft für Adressaten“ (Thiersch 1997, 35). Wir können hier auch von einer „advokatorischen Assistenz“ (Theunissen) oder

„parteilichen Vertretung“ (Grunwald & Thiersch) sprechen, die möglichst in „kollaborativer Allianz“, d.h. gemeinsam mit betroffenen Menschen zum Tragen kommen sollte, die die Angelegenheiten und Sicht der behinderten Personen zu verdeutlichen und zu verteidigen hat und die nicht in die Bahn von parteilicher oder paternalistischer Bevormundung oder Fürsorglichkeit oder gar von Eigeninteressen entgleiten darf. Um dies zu vermeiden bedarf es einer arbeitsbegleitenden kritischen Reflexion, die aber auch aus einem anderen Grund, nämlich angesichts der Gefahr der sozialen Kontrolle und „Kolonialisierung der Lebenswelten“ (Habermas 1981, 522) behinderter Menschen, wichtig ist.

Prävention

Sie bezieht sich einerseits auf die Überzeugung, dass Lebens- oder Alltagswelten, die positiv erlebt werden können, für die persönliche Entwicklung und Entfaltung sowie salutogenetisch (d. h. für individuelles Wohlbefinden und psychische Gesundheit) bedeutsam sind. Folglich gilt es möglichst gemeinsam mit betroffenen Menschen entsprechende Lebensbereiche aufzusuchen und so zu gestalten, dass seelische Belastungen oder Verletzungen z. B. durch Ausschluss, Diskriminierung oder Mobbing sowie psychosoziale Krisen weithin vermieden werden können. Gerade im Hinblick auf Inklusion ist es wichtig, mit ihr so früh wie möglich zu beginnen (z. B. durch inklusive Krabbel- und Spielgruppen, inklusive Kindertagesstätten mit einer altersgemäßen positiven Peerkultur [Opp & Teichmann 2008]), sodass es zu Ausgrenzungen oder sozialen Problemen erst gar nicht kommt.

Andererseits sollte neben der Schaffung und Stabilisierung geeigneter Rahmenbedingungen, Strukturen und lebensweltlicher Systeme auch die Arbeit mit dem Einzelnen oder mit mehreren Personen nicht zu kurz kommen. Prävention zielt hier auf die *Stärkung der Person*, auf die Förderung von protektiver Lebenskraft, von Kompetenzen zu einer (möglichst) souveränen, eigenständig-verantwortlichen Lebensbewältigung und von Widerstandsfähigkeiten, sich gegenüber anderen Menschen behaupten zu können und sich gegenüber psychosozialen Krisen zu immunisieren. Gruppenbezogene Präventionsarbeit setzt v. a. auf Methoden des sozialen Lernens und Rollenhandelns, der Fairness, Mediation oder positiven Peerkultur (dazu die Übersichten in Theunissen 2021).

Neben diesen allgemeinen Überlegungen sollte ein spezieller Aspekt nicht zu kurz kommen, der sich auf die *Prävention herausfordernden Verhaltens* bezieht. Darauf wird im vierten Buchkapitel näher eingegangen.

Ressourcenorientierung und -aktivierung

Dies ist ein Leitprinzip, das heute in keinem Konzept der Heilpädagogik oder Behindertenarbeit mehr zu fehlen scheint – gehört es doch zum „guten Ton", statt an Defiziten behinderter Menschen an Ressourcen, Stärken oder Kompetenzen anzuknüpfen (Herriger 2014; Theunissen 2013; 2016b). In der Tat hat sich die Aktivierung von persönlichen Ressourcen oder Stärken als ein positiver Wirkfaktor im Rahmen psychosozialer (psychotherapeutischer) Hilfen bestätigt, dessen Bedeutung zudem neurowissenschaftlich nachgewiesen werden kann (Grawe 2004; Grawe & Grawe-Gerber 1999; Lingg & Theunissen 2017, 164).

Ein Blick hinter die Kulissen zeigt jedoch auf, dass Rhetorik und Praxis nicht selten auseinanderdriften, scheint es doch einerseits Praktikern schwer zu fallen, Ressourcen oder Stärken von Menschen mit Lernschwierigkeiten oder komplexer Behinderung zu erkennen, aufzugreifen und zu unterstützen (Theunissen 2013, 235). Andererseits wird oft nur die personenbezogene, psychologische Seite der Medaille gesehen und die Synergiewirkung im Hinblick auf psychische Stabilität, Gesundheit sowie Identitätsentwicklung und Lebensqualität durch das Zusammenspiel individueller und sozialer Ressourcen verkannt oder unterschätzt. Genau an dieser Stelle setzt die lebensweltbezogene Behindertenarbeit an, wenn sie unter Ressourcen sowohl positive *Personpotenziale* (individuelle Ressourcen) als auch *Umweltpotenziale* (soziale Ressourcen, Umfeldstärken) versteht,

„die von der Person (1) zur Bewältigung altersspezifischer Entwicklungsaufgaben, (2) zur gelingenden Bearbeitung von belastenden Alltagsanforderungen und kritischen Lebensereignissen und (3) zur biographischen Verarbeitung der negativen Folgen früherer Belastungen und Traumata genutzt werden können und damit zur Sicherung ihrer psychischen Integrität, zur Kontrolle von Selbst und Umwelt sowie zu einem umfassenden biopsychosozialen Wohlbefinden beitragen" (Herriger 2014, 95 [kursiv im Original]).

Ressourcenorientierung bedeutet in dem Falle, mittels spezifischer Methoden wie z. B. Personenzentrierte Planung, Netzwerkkarten, Kompetenzdialog und Ressourcenassessment (ebd., 90 ff.) individuelle und soziale Ressourcen (Stärken) zu erschließen, um von hier aus assistierende, schützende, Halt gebende und entwicklungsfördernde Angebote in den Blick zu nehmen und in Form eines Unterstützungsnetzwerkes aufzubereiten. Solche „aktive oder aktivierbare Netze reichen über Verwandte, Freunde, entfernte Bekannte und Nachbarn über den Postboten, den Hausarzt, die Gemeinde-Caritas, die Skatbrüder bis hin zu Ortspolitiker/innen, Geschäftskund/innen oder dem/der Versicherungsvertreter/in" (Hinte 2008, 8).

Regionalisierung und Dezentralisierung

Regionalisierung und Dezentralisierung sind mittlerweile die „Klassiker" der Leitprinzipien lebensweltbezogener Behindertenarbeit, die aus der Kritik an der Institutionalisierung und (impliziten) Gepflogenheit hervorgegangen sind, Menschen mit komplexen Behinderungen in abseits gelegene (Komplex-) Einrichtungen am Rande oder außerhalb einer Gemeinde unterzubringen. Es sollte heute unstrittig sein, dass behinderte Menschen wie alle anderen Bürgerinnen und Bürger ein Recht darauf haben, in der ihnen vertrauten bzw. von ihnen gewünschten Lebenswelt wohnen und leben zu dürfen. Dafür steht das Prinzip der Regionalisierung, welches wie die Behindertenrechtskonvention ein Abschieben eines behinderten Menschen in ein fernab von der Heimatgemeinde gelegenes Heim mit dem Hinweis auf einen freien Platz oder geringere Kosten gegen den Willen der Person nicht akzeptiert. Ebenso inakzeptabel ist es, wenn die Lebenswelt der Person als Bestandteil einer Komplexeinrichtung zentralen Versorgungsstrukturen unterworfen ist und zu einem „intramuralen" Alltagsleben verleitet oder in ein entsprechendes Korsett geschnürt wird, aus dem ein selbstbestimmter Ausbruch durch Partizipation am gesellschaftlich-kulturellen Leben kaum möglich erscheint. Dezentrale und deinstitutionalisierte Unterstützungssysteme sind hier das Gebot der Stunde, welche v. a. dem Wunsch nach Autonomie und Regiekompetenz in Bezug auf die eigene Lebensgestaltung Rechnung tragen können.

Vernetzung

Vernetzung ergibt sich als Leitprinzip einerseits aus der Notwendigkeit, dezentrale Unterstützungssysteme „im Kontext der jeweiligen lokalen regionalen Gegebenheiten" (Thiersch 1997, 31) miteinander abzugleichen und zu koordinieren, sodass ein Nebeneinander oder gar Gegeneinander der Dienstleistungen vermieden werden kann. Dass hierbei eine Zusammenarbeit von Trägern der Behindertenhilfe mit anderen allgemeinen Dienstleistungsanbietern gedeihen muss, ist im Sinne der Behindertenrechtskonvention unstrittig. In der Praxis haben wir es jedoch noch mit erheblichen Barrieren einer Zusammenarbeit zu tun, deren Gründe vielschichtig sind (z. B. Desinteresse, Unkenntnis, Eigeninteresse). Insofern müssen Leistungserbringer der Behindertenhilfe gleichfalls wie allgemeine Dienstleister und das Gemeinwesen nicht nur zu einer inklusiven Praxis bereit sein, sondern sich ebenso dazu „befähigen". Wir können hier letztlich auch von *„enabling communities"* sprechen (Lob-Hüdelpohl 2020, 124 f.).

Andererseits zielt Vernetzung nicht nur auf „neue Formen der Kooperation zwischen den Dienstleistungen der Sozialen Arbeit (einschließlich der Behindertenhilfe, G.T.) untereinander" (Thiersch 2002, 137), sondern ebenso auf koordinierende Strukturen (z. B. durch eine mobile Assistenzzentrale) innerhalb eines Trägers, wenn beispielsweise ein *Wohnverbund mit verschiedenen Wohnformen* (Einzel-, Paar-, Gruppenwohnen) organisiert werden soll.

Des Weiteren geht es unter dem Stichwort der Vernetzung um Zusammenarbeitsformen zwischen professionellen und informellen Unterstützungssystemen, die freilich nur dann als soziale Ressource fungieren, wenn sie leicht zugänglich und erreichbar sind sowie als verlässlich und valide von ihren Adressaten erlebt werden.

Solchen Kooperationen, die *bürgerschaftliches Engagement* [21] für gelingende Inklusion zu schätzen wissen, kommt unter den Stichwörtern der *Netzwerk- und Gemeinwesenarbeit* in der lebensweltbezogenen Behindertenarbeit hohe Bedeutung zu. Von einer Bürgerzentrierung (Dörner 2010) oder Bürgerarbeit (Herrmann 2018) können wir auch sprechen, wenn sich Menschen mit Lernschwierigkeiten nicht nur informelle Assistenz bei der Organisation von Selbstvertretungsgruppen (People First) als *„enabling niches"* (Taylor 1997), d.h. als unterstützende, schützende und emotionalen Halt gebende Ressource wünschen, sondern ebenso Unterstützung durch andere informelle Netzwerke, die es dementsprechend anzustiften und zu mobilisieren gilt (dazu Tattermusch 2010)[22]. Das betrifft z. B. die Förderung konkreter Nachbarschaftshilfe[23] im direkten Wohnumfeld durch niedrigschwellige Angebote (Besuchs-, Hol- und Bringdienste) oder die Förderung „institutioneller Netzwerker" als „Vertrauensleute in Ämtern" (Thiersch 2002, 48), Geschäften bzw. im Gemeinwesen sowie eine Vermittlungshilfe und Unterstützung beim Aufsuchen öffentlicher Orte oder Treffpunkte wie Kneipen, Cafés, Kino, Kirchengemeinde, Altenclub, Fußballstadion, örtlicher Vereine oder kultureller Ereignisse im lokalen Raum (dazu v. Lüpke 1994, 113 f.; Fietkau, Kurzenberger & Sack 2018; Herrmann 2018). Wie wertvoll das freiwillige Engagement für Menschen in riskanten Lebens- oder Problemlagen, für Erwachsene mit Lernschwierigkeiten, seelischen Behinderungen,

---

21 Der Begriff des bürgerschaftlichen Engagements steht für freiwillige und unentgeltliche Aktivitäten, die dem übergeordneten Gemeinwohl, dem „Wohl aller", dienen sollen (Olk & Hartnuß 2011, 150 f., 158,f.). Damit werden unter dem bürgerschaftlichen Engagement Begrifflichkeiten wie Ehrenamt, politische Partizipation, ziviler Ungehorsam oder Protest sowie Selbsthilfe oder freiwilliges Engagement subsumiert, sofern entsprechende Tätigkeiten über unmittelbare Eigeninteressen hinausgehen und das Gemeinwohl bereichern. In Bezug auf „‚unzivile' Formen des Engagements, also etwa rassistische Netzwerke rechtsextremer Aktivisten, partikularistische Interessenklüngel oder clanartige Mafiastrukturen" (ebd., 159), die sog. „dunklen Seiten der Zivilgesellschaft", wird demzufolge eine scharfe Demarkationslinie gezogen, so „dass der Begriff des bürgerschaftlichen Engagements nicht zu einem konturlosen Allerweltsbegriff verkommt" (ebd., 159).

22 Zielgruppe des von Tattermusch (2010) beschriebenen Sozialraum-Projekts der Stadt Stuttgart zum Aufbau informeller Netzwerke waren Menschen mit Behinderungen (Lernschwierigkeiten), die ambulant oder selbstständig wohnen.

23 C. Preißmann (2012, 120) weist darauf hin, dass sich mittlerweile in manchen Städten Nachbarschaftshilfe „als feste Struktur" etabliert hat. Dabei muss es sich nicht nur um kleine Hilfstätigkeiten für Menschen mit Behinderungen handeln, ebenso denkbar sind Gegenleistungen (win-win), etwa über eine „Tauschbörse", durch die sich „nicht nur viel Geld sparen" lässt, sondern die zudem eine Hilfe sein kann, „persönliche Kontakte herzustellen" (ebd.).

psychischen Beeinträchtigungen oder herausfordernden Verhaltensweisen einzuschätzen ist, hat soeben auch Dochat (2017, 231) durch den Verweis auf die zentrale Funktion eines „Bürgerhelfers" als „Brückenbauer hin zur Gesellschaft und Begleiter auf den Weg über die Brücke" herausgestellt. An dieser Stelle gewinnt zugleich das Konzept der Sozialraumorientierung an Bedeutung (Budde, Früchtel & Hinte 2006; Hinte 2001a; 2008; Hinte & Treeß 2007; Merten 2002; Konrad & Rosemann 2016, 97 ff.), das mittlerweile nicht nur in der Sozialen Arbeit (v. a. der Jugendhilfe) oder Gemeindepsychiatrie, sondern ebenso in der Behindertenhilfe bemerkenswerten Zuspruch erfahren hat (DHG 2008; Franz 2007; Franz & Beck 2007; Gaida & Konieczny 2011; Hoch 2010; 2011; Hinte 2011; Krach 2010; Schwarte 2010; Seifert 2010b; 2011a; b; Tattermusch 2010; Welke 2010). Zudem ist der Gedanke der Sozialraumorientierung im Bundesteilhabegesetz aufgegriffen worden (vgl. Konrad & Rosemann 2017, 17).

Sozialraumorientierung

Der Ansatz der Sozialraumorientierung[24], dessen Wurzeln weit in die US-amerikanische Sozialarbeit zurückreichen (Leuchte 2013)[25], ist hierzulande aus der Kritik an der (klassischen) Gemeinwesenarbeit der 1960er- und 1970er-Jahre hervorgegangen (Galuske 2007, 99 ff.; Hinte & Treeß 2007). Außerdem hat er Erkenntnisse aus der Lebensweltorientierten Sozialen Arbeit (Grunwald & Thiersch 2004) aufgegriffen und sich dem Empowerment-Konzept verschrieben. Seinen zentralen Ausgangspunkt und Fokus hat er im Bereich der Kinder- und Jugendhilfe. Diesbezüglich kommt v. a. Wolfgang Hinte und Team am Institut für Stadtteilentwicklung, sozialraumorientierte Arbeit und Beratung (ISSAB) der Universität Duisburg-Essen das Verdienst zu, Sozialraumorientierung als Fachkonzept für die Kinder- und Jugendliche entwickelt und aufbereitet zu haben. Kontrapunktisch zu einer bisher weit verbreiteten individuumzentrierten, entkontextualisierten „Fallarbeit" geht es in diesem Fachkonzept um den „Fall im Feld" (Hinte 2001b), wobei der Blick auf die Interessenlage und das Eingebundensein betroffener Menschen

24 Eine exakte Übersetzung des Begriffs der Sozialraumorientierung ins Englische ist allerdings schwer auszumachen. Eher lässt sich durch Bezeichnungen oder (Konzept-)Begriffe wie „community-based", „community programs", „community living management", „community supports", „community care", „social case work", „environmental social work", „social work in natural environment", „empowerment of communities", die eine Fokussierung Sozialer Arbeit im Gemeinwesen signalisieren, eine terminologische Annäherung erzielen bzw. ein Zugang zur Sozialraumorientierung erschließen (dazu auch Wegner-Schneider [2011, 52]). Ein gemeinsamer Nenner all dieser unterschiedlichen Begriffe besteht in der Formulierung von Gegenpositionen zur Institutionalisierung.

25 V. Leuchte verweist in dem Zusammenhang auf die sogenannte Chicago-Soziologie (School of Chicago), die sich seit den 1920er-Jahren mit sozialen Folgeproblemen (z.B. Gettoisierung, Slums, Obdachlosigkeit, Armut, Bandenkriminalität) der durch Einwanderung von Menschen unterschiedlicher kultureller Herkunft bedingten Entwicklung kleiner amerikanischer Gemeinden zu großen Metropolen einer Verstädterung und Industrialisierung befasst.

in einem Gemeinwesen, auf eine sogenannte Beteiligungskultur sowie auf die Bedeutung von Stärken und v.a. von informellen Unterstützungsressourcen in einem sozialen Raum gelenkt wird, die es zu erschließen, zu aktivieren, zu vernetzen und finanziell zu unterstützen gilt.

Auf den ersten Blick vermittelt der Begriff der Sozialraumorientierung „eine infrastrukturelle Vorstellung. (...) Anders als bei der Lebensweltorientierung ist der Denkansatz nicht auf das Individuum gerichtet, sondern auf den geographischen und administrativen Bezug, auf dessen Grundlage Infrastruktur betrachtet wird" (Merchel zit. n. Schwarte 2010, 5f.). Wenngleich Sozialraumorientierung mit einem territorialen bzw. infrastrukturellen Gebiet (z.B. Stadtteil, Wohnviertel) assoziiert wird, sind die beiden Aspekte (Begriffe) aber nicht identisch (Hinte & Treeß 2007, 29ff.). Mit dem Begriff des Sozialraums sollen nämlich auch Inhalte erfasst werden, insbesondere die Gestaltung sozialer Beziehungen und die Art und Weise, wie Menschen sich selbst einen Lebensraum aneignen, ihm eine subjektiv relevante Bedeutung zuschreiben, ihn gestalten und nutzen (ebd.; auch Spatscheck 2011, 1f.). Hierbei (z.B. durch Netzwerkanalysen [dazu Kap. 4]) zeigt sich, dass gleichfalls Lebensräume, soziale Netze und Beziehungen für Menschen von großer Bedeutung sein können, wenn sie außerhalb, ja fernab vom vertrauten Wohnviertel oder Stadtteil liegen (Straus 2004). Die vermehrte und intensive Nutzung eines Smartphones und (virtueller) sozialer Netzwerke wie Facebook trägt zu dieser Ausdehnung eines Sozialraums im Sinne einer Erschließung von Welt wesentlich bei (vgl. B. Theunissen 2015). Solche „subjektbezogenen und qualitativen Aspekte" (Deinet 2002, 31f.) lenken den Blick auf selbstbestimmte Lebenswelten, die sich räumlich, z.B. im Sinne einer „ökologischen Peripherie" (Baake 1993, 164), ausdifferenzieren können. Insofern handelt es sich „anders als es die Raumsemantik nahe legt, (...) beim Fachkonzept Sozialraumorientierung (zugleich, G. T.) um ein hochgradig personenbezogenes Konzept" (Fehren 2011, 443), das bei der einzelnen Person oder mehreren Menschen ansetzt und von hier aus soziale Räume zu erschließen versucht. Die Nähe zum Konzept der lebensweltbezogenen (Behinderten-)Arbeit ist an dieser Stelle kaum zu übersehen und wird v.a. auch durch „adressatenbezogene Leitziele" (z.B. Subjektorientierung, Partizipation, Selbstbestimmung, Integration, Ressourcenorientierung, Prävention), die sich weitgehend am Alltagsparadigma orientieren, formuliert (Schäfer 2005, 16f.).

Von zentraler Bedeutung ist die Beobachtung, dass bei geringer Mobilität und schwachen materiellen Ressourcen Lebenswelten und Sozialraum „tendenziell stärker in Übereinstimmung stehen" (Merchel zit. n. ebd., 32). Das betrifft v.a. alte Bürgerinnen, die schon über Jahrzehnte in ihrem Stadtteil leben, behinderte Menschen mit einem schwach ausgeprägten sozialen (nicht virtuellen) Netzwerk sowie Familien in Armut oder sozialer Benachteiligung. Inwieweit in diesem Fall die Nutzung von Smartphones oder Tablets sowie die Pflege (virtueller) sozialer Netzwerke wie Facebook Veränderungen in der Aneignung von Welt und eine persönlich zufriedenstellende Kompensation mangelnder finanzieller Ressourcen und immobiler Lebensgestaltung ermöglicht, bleibt abzuwarten. Es hat den Anschein, dass die Zahl behinderter Menschen (v.a. aus dem Autismus-Spektrum) immer mehr zunimmt, die die Vorzüge eines Smartphones, Tablets oder Notebooks als geeignetes Mittel der Kommunikation und Aneignung eines selbstbestimmten Sozialraumes für sich entdeckt haben.

Gleichwohl gilt bislang das Interesse der Behindertenhilfe insbesondere dem konkreten Wohnumfeld, Wohnviertel, Quartier oder Kiez wie auch kleinen, überschaubaren Gemeinden, d.h. den Orten, wo es mitunter täglich zu (nachbarschaftlichen) Kontakten kommen kann, wenn z.B. Menschen aus einem Stadtteil immer wieder den wöchentlichen Stadtteilmarkt, den lokalen Supermarkt, ‚ihren' Bäcker oder andere vertraute Orte aufsuchen (Seifert 2010b; 2011a, 80f.; 2017; Menzl 2017; Kopyczinski 2017). In dem Zusammenhang wird nicht selten der Begriff der Sozialraumorientierung als Quartiersentwicklung und Quartiersarbeit diskutiert und konkretisiert.

Dieser Blick auf den sozialen Raum im Sinne eines „ökologischen Nahraums und ökologischen Ausschnitts" (Baake), der Aneignungsprozesse von Alltagswelten thematisiert (dazu Spatscheck 2011, 5) und in der Behindertenhilfe mit Vorstellungen des Auf- und Ausbaus eines barrierefreien „inklusiven Sozialraums" (Welke 2010; Hoch 2011), mit der Bewegung *Community Care* (Maas 2010; Schablon 2016), mit Perspektiven und Anlagen für ein Mehrgenerationenwohnen (BMFSFJ 2009, 112; Bürkle, Elsäßer & Santos 2016; Fietkau, Kurzenberger & Sack 2018, 105f.; Theunissen 2013, 358ff.; Gerzer-Sass 2011), mit „integrativen Hausgemeinschaften" (Seifert 2011a, 78) oder mit dem Konzept der Nachbarschaftshäuser (Seifert 2011b, 219; Teske 2011) korrespondiert, stößt ebenso auf wachsendes (kommunal-)politisches Interesse. Allerdings wird hierbei mit dem Begriff des Sozialraums zumeist eine „Stadtplanungs- und Verwaltungskategorie" (Schwarte 2010, 5) assoziiert, „etwa zur Kennzeichnung von Stadtbezirken oder Stadtteilen" (ebd.), die zur Finanzierung von sozialstaatlichen Leistungen für kommunale Verwaltungen bzw. Leistungsträger attraktiv zu sein scheint. Unter dem Etikett einer Verwaltungsmodernisierung und Optimierung der Effizienz sozialer Dienste können so durch eine geschickte Budgetierung „komplexer Leistungen" und Vergabe eines Sozialraumbudgets[26] für ein ganzes Jahr an einflussreiche (große) Träger (Fehren 2011, 451, 453), die sich kostengünstig auf dem Sozialmarkt anbieten[27], Haushalte „gedeckelt" bzw. entlastet werden (Dahme & Wohlfarth 2002; Krölls 2001; Schipmann 2002; Wohlfahrt 2002).

Des Weiteren drängt sich der Eindruck auf, dass die Politik den Ansatz der Sozialraumorientierung instrumentalisiert, wenn sie die sozialstaatliche Verantwortung in den sozialen Nahraum durch Stärkung von Eigenverantwortung der Bürger zu verlagern versucht – und dies ganz nach dem neoliberalen Motto, dass Menschen selbst für ihr Schicksal verantwortlich seien (Otto & Ziegler 2004; Röbke 2005).

Solche Vorstellungen sowie die Reduktion der Sozialraumorientierung auf (stadtteilbezogene) Sozialraumbudgets werden im Lager der Sozialen Arbeit (Jugendhilfe) kontrovers und kritisch diskutiert (Hinte 2001a, 126f.; Krölls 2001, 6ff.; Münder 2001; Schäfer 2005; Wohlfahrt 2002). Diesbezüglich gibt es trotz aller Kritik nicht wenige Stimmen, die einer Sozialraumbudgetierung grundsätzlich aufgeschlossen gegenüberstehen und Aspekte einer modernen Kinder- und Jugendhilfe hervorheben, die zum Vorteil gefährdeter, sozial benachteiligter Jugendlicher sowie sozial schwacher oder problembelasteter Familien gereichen sollen. Das betrifft bei einem hintergründigen Verzicht auf ein einzelfallfinanziertes Fachleistungsstundenmodell (Schäfer 2005, 20, 61) und einer Abkehr vom „Trend der Individualisierung und Therapeutisierung" (ebd., 219) v.a. den präventiven Effekt sozialraumorientierter, niedrigschwelliger Angebote durch Krisendienste, Anlaufstellen (Stützpunkte), Aufbau und Pflege sozialer Netzwerke zur Verhinderung sozialer Auffälligkeiten (Krölls 2001, 3), Flexibilisierung der Hilfen durch Einbeziehung von Nachbarn oder anderen freiwilligen Helfern (*volunteers*), institutionellen Netzwerkern oder auch „durch die Übernahme von Sachleistungen wie Vereinsbeiträgen etc." (Schäfer 2005, 75), durch spezielle, „fallübergreifende oder fallunspezifische" Maßnahmen (z.B. „Schüler helfen Schülern", Hausarbeitenbetreuung, Stadtteilfeste) sowie durch die (implizite)

26 Sozialraumbudgets (dazu Schäfer 2005; Wohlfahrt 2002) im Bereich der Kinder- und Jugendhilfe umfassen in der Regel ambulante, teilstationäre, „fallspezifische" Erziehungshilfen oder Leistungen und „fallunspezifische", niedrigschwellige Angebote. Nicht wenige Sozialraumbudgets beinhalten Teilbudgets für „fallspezifische" Leistungen zu 80–90% und Teilbudgets für „fallübergreifende" oder auch „fallunspezifische" Hilfen zu 20–10%. Die Finanzierung stationärer Hilfen (Heime) erfolgt unabhängig eines Sozialraumbudgets. Ein schwieriges Geschäft ist die Bildung von Sozialindikatoren bzw. einer Bemessungsgrundlage für Sozialraumbudgets, „letztlich handelt es sich bei der Zuweisung von Budgets immer um politische Entscheidungen und nicht um sozialplanerisch abzuleitende Finanzvolumina" (Wohlfahrt 2002, 29f.).

27 Diesbezüglich besteht die Gefahr einer „Trägerexklusivität" und „Wettbewerbsverzerrung", wenn bei einer Sozialraumorientierung vor allem kleine Dienstleistungsanbieter benachteiligt werden oder unberücksichtigt bleiben (Krölls 2001, 13f.; Wohlfahrt 2002, 31f.). Daher wird von juristischer Seite auf die Wahrung der Trägerpluralität und Angebotsvielfalt Wert gelegt und zudem auf das Wahl- und Wunschrecht der Hilfeempfänger geachtet (vgl. Apitzsch 2005; Plassmeyer 2009; VG Lüneburg 2005).

Berücksichtigung individueller oder familialer Lebenslagen und kultureller (tradierter) Lebensstile und Normen.

Neben positiven Ergebnissen (*outcomes*), zu denen u. a. die Reduzierung von Heimplätzen zählt (Schäfer 2005, 67 ff.), haben wir es zugleich mit spezifischen Problemen zu tun, die uns vor Augen führen, dass Sozialraumbudgets, wie sie in der Jugendhilfe angedacht oder (modellhaft) umgesetzt werden, nicht ohne Weiteres auf die Behindertenarbeit übertragen werden können (vgl. auch Franz & Beck 2007, 3). Das bleibt mitunter, so z. B. in einem in der Zeitschrift „Teilhabe" veröffentlichten Beitrag von Hinte (2011), weithin unberücksichtigt.

So ist zunächst einmal der Ausgangspunkt ein anderer, wenn durch Sozialraumorientierung und Sozialraumbudgets Veränderungen (Modernisierungen) der Jugendhilfestrukturen (Wohlfahrt 2002, 28) herbeigeführt werden sollen, um letztlich durch „fallspezifische" und zugleich „fallübergreifende und fallunspezifische" Angebote, „stationäre Fallzahlen" senken zu können (Schäfer 2005, 14). Von einer solchen Zielsetzung „präventiv vor ambulant" (ebd., 41) kann jedoch in der Behindertenarbeit, v. a. bei Menschen mit (schwerer) komplexer Behinderung, nicht ausgegangen werden (vgl. Seifert 2017). Hinzu kommt, dass wir es in der Behindertenarbeit nicht mit „Fällen" zu tun haben bzw. Vorstellungen einer Verdinglichung von Personen ablehnen[28], weshalb das in der Kinder- und Jugendhilfe geläufige Vokabular vermieden werden sollte.

Ferner gilt in der Jugendhilfe das Prinzip „ambulant vor stationär" (ebd.), bei dem eine Heimerziehung wenig zur Disposition gestellt wird (vgl. ebd., 67 ff.). Wenngleich wir auch in der Behindertenhilfe einer Unterbringung in Heimen begegnen, die – wie schon eingangs erwähnt – hierzulande nach wie vor breiten Raum einnimmt (vgl. Seifert 2011a, 75, 78), ist diese Institutionalisierung dennoch spätestens seit der Behindertenrechtskonvention obsolet geworden. Stattdessen muss es nunmehr grundsätzlich um ein selbstbestimmtes Wohnen gehen, welches mit einer Trennung zwischen ambulant und stationär als Barriere für persönliche Wahl- und Entscheidungsmöglichkeiten unvereinbar ist. Mit dem Bundesteilhabegesetz ist – wie schon erwähnt – diese Trennung aufgehoben worden.

Des Weiteren macht es einen Unterschied, ob im Rahmen von Sozialraumbudgets Jugendliche (Adressaten) an einer individuellen Hilfeplanung

---

28 Daher sprechen wir auch nicht von einem Case Manager, sondern von einem Unterstützungsmanager oder community living manager.

beteiligt werden (Schäfer 2005, 50 f.) oder ob behinderte Menschen im Erwachsenenalter über ihre Lebenszukunft und Ziele im Rahmen einer Personenzentrierten Planung (Kap. 4) selbst entscheiden können. Um ein solches Selbstbestimmungsrecht ist es der Behindertenrechtskonvention zu tun, und dies bedeutet, dass Betroffene selbst Verhandlungspartner mit Leistungsträgern und Leitungserbringern sein sollten. Ob auf der Grundlage des Bundesteilhabegesetzes ähnlich verfahren wird, bleibt abzuwarten. Im Rahmen einer solchen Personenzentrierten Planung (Gesamt-/Teilhabeplanung) kann z. B. ein Persönliches Budget in Anspruch genommen werden, das die Sozialraumbudgetierung (Jugendhilfe) so nicht kennt bzw. so nicht vorsieht. Vertragspartner im Rahmen der Sozialraumbudgetierung sind hingegen Leistungsanbieter und Leistungsträger, die gemeinsam ein Budget für von ihnen selbstbestimmte Leistungen aushandeln, wobei dem Anschein nach oftmals Eigeninteressen mit im Spiele sind, Wahlmöglichkeiten der Hilfeempfänger ignoriert oder auf ein Minimum reduziert werden sowie adressatenbezogene Ziele mitunter in Vergessenheit geraten. Dies wird im Lager der Jugendhilfe scharf kritisiert. Als ebenso inakzeptabel gelten Leistungsverträge bzw. (zu) knapp bemessene Budgets, die zu einem (schleichenden) Abbau an Einzelhilfeleistungen (Fachleistungsstunden) verleiten (Krölls 2001, 6 ff.; Wohlfahrt 2002, 6 ff.). Dabei ist die von Oelschlägel (2004, 8 f.) konstatierte Gefahr eklatant, dass Gemeinwesenarbeit als „sozialräumliche Strategie (…) unter dem Druck neoliberaler Strategien (z. B. des ‚aktivierenden Staates', G. T.) ihren emanzipatorischen Gehalt verliert."

Vor diesem Hintergrund sei vor einer unreflektierten, ja „unseligen Verknüpfung zwischen Sozialraumorientierung und Sozialraumbudgetierung" (Krölls 2001, 18, 20) gewarnt, und am besten scheint mir (insbesondere auch mit Blick auf die Behindertenarbeit, dazu später) ein Konzept zu sein, das, wie in Tübingen (dazu Wohlfahrt 2002, 23 f.) praktiziert oder von Otto (2000, 30 f.; zit. n. ebd., 37) vorgeschlagen, „Einzelfallfinanzierungen" (z. B. eine Abrechnung von Fachleistungsstunden und sozialraumorientierten, informellen Unterstützungsleistungen) und zugleich ein (Quartiers-)Budget für sozialraumbezogene (Teilhabe-)Projekte, Aktivierungs-, Milieu- oder Präventionsarbeit, Freiwilligenengagement (*volunteering*), Unterstützung von Infrastrukturen und dergleichen vorsieht (dazu auch Krölls 2001, 9). Sollen darüber hinaus Chancen, die die Sozialraumorientierung bietet, nicht durch Trägerinteressen oder Profizentrierung verspielt werden, macht es Sinn, die lebensweltbezogene Subjektperspektive mit der Orientierung an einem konkreten Wohnumfeld und sozio-kulturellen Lebensraum im Hinblick auf Partizipation und Empowerment zu verschalten (Spatscheck 2011).

An dieser Stelle haben sich die Wertebasis und die Handlungsmaxime des Empowerment-Konzepts zu beweisen, wenn die Sozialraumorientierung durch Förderung und Unterstützung von individueller und kollektiver Partizipation und Verhandlungsprozessen (*citizen participation*) zwischen gleichwertigen und gleichberechtigten Partnern (Grunwald & Thiersch 2004, 22 ff.) auf Veränderungs- bzw. Gestaltungsmöglichkeiten sozialer Räume (v. a. Stadtteile) „und nicht auf die wie immer geartete gezielte Beeinflussung psychischer Strukturen von Menschen" (Hinte & Treeß 2007, 30) abzielt. Wichtig ist es, dass sie in dem Zusammenhang auch die schon eingangs genannte Gefahr der „Kolonisierung von Lebenswelten" (Habermas) reflektiert. „Datenschutzbelange, die auch immer den Schutz der Privatsphäre beinhalten, müssen berücksichtigt bleiben" (Schäfer 2005, 52). Sozialraumorientierung im Sinne von Empowerment impliziert folgerichtig neben dem Schutz der Privatsphäre professionelle Zurückhaltung und Respekt vor den Lebenszielen und der Lebenssituation der Adressaten.

In diesem Sinne möchte ich nunmehr in Anlehnung an Hinte (2008; 2011) und Hinte und Treeß (2007, 45 ff.) fünf handlungsleitende Prinzipien herausstellen, die durch ein sechstes ergänzt werden:

(1) Orientierung an den Interessen und am Willen des/der Adressaten

Ausgangspunkt der Sozialraumorientierung sind die Interessen und der Wille von Menschen und nicht etwa Vorstellungen von Trägern der Behindertenhilfe oder ein von sozialen Instanzen ermittelter (individueller) Hilfebedarf. Bemerkenswert ist die von Hinte (2008, 2) herausgestellte Unterscheidung zwischen Wille und Wunsch:

„Eine Wunsch-Haltung ist immer gekennzeichnet durch den Mangel an eigener Tätigkeit sowie durch die angefragte/erbetene/geforderte Aktivität von anderen (z. B. ‚wir wollen mehr Bänke im Stadtgarten'; G. T.). Der Wille ist eine Haltung, aus der heraus ich selbst nachdrücklich Aktivitäten an den Tag lege, die mich dem Erreichen eines von mir erstrebten Zustandes näher bringen" (z. B. durch einen schriftlichen Antrag für mehr Bänke an den Gemeinderat, eine Medienkampagne und Durchführung einer öffentlichen Werbe- und Spendenaktion, G. T.).

(2) Unterstützung von Eigeninitiative und Selbsthilfe

Hier geht es, ähnlich wie zuvor beschrieben (vgl. Abschnitt Lebenswelt und Lebensbedingungen), um die Aktivierung der Adressaten, die eine herkömmliche Betreuung verbietet und stattdessen eine facilitatorische und konsultative Assistenz erfordert.

(3) Konzentration auf individuelle und sozialraumbezogene Ressourcen

Wie die lebensweltbezogene Arbeit richtet die Sozialraumorientierung ihr Augenmerk auf individuelle Stärken und Ressourcen. Ferner sucht sie Nachbarschaften, kulturelle Orte und Veranstaltungen, öffentliche Plätze und Treffpunkte, Grünbereiche, Unternehmen, Dienstleistungssysteme, Volkshochschulen, Jugendhäuser, Kirchengemeinden, Vereine u. a. m. als soziale Unterstützungsressourcen auf (dazu auch Hoch 2010).

„Eine Schlüsselfunktion kommt Nachbarschaftshäusern und Stadtteilzentren zu. Zu ihren Kernaufgaben gehören die Vernetzung und Integration im Stadtteil, Bürgerbeteiligung, Quartiersentwicklung und Verbesserung der Lebensqualität, Unterstützung von Nachbarschaftsbeziehungen und Aktivitäten, Stärkung des bürgerschaftlichen und ehrenamtlichen Engagements, Selbsthilfeförderung und -unterstützung sowie generationsübergreifende und interkulturelle Arbeit (vgl. Bezirksamt Mitte von Berlin 2004)" (Seifert 2011b, 219).

(4) Zielgruppen- und bereichsübergreifende Sichtweise

Sozialraumorientierung setzt auf Inklusion, indem sie nicht auf bestimmte Personengruppen oder Themen festgelegt ist, sondern alle Gruppierungen in einem Stadtteil in den Blick nimmt bzw. an eine gesamte Wohnbevölkerung eines sozialen Raums adressiert ist. Wird z. B. die gesellschaftliche Teilhabe behinderter Menschen in einem Sozialraum unterstützt, so erfordert dies zugleich Formen einer Zusammenarbeit mit der dort lebenden nichtbehinderten Bevölkerung, mit Ämtern, Einrichtungen, Geschäften, Unternehmen, Vereinen, Kirchengemeinden u. a. m. (dazu Tattermusch 2010; Hoch 2010).

(5) Kooperation, Koordination und Vernetzung

Eine Sozialraumorientierung kann ebenso wie die Gemeinwesenarbeit oder lebensweltbezogene Arbeit nur dann erfolgreich sein, wenn die professionellen und informellen Akteure untereinander Absprachen treffen, miteinander kooperieren und ihre Formen der Zusammenarbeit untereinander abstimmen und auf lokaler Ebene vernetzen. An dieser Stelle haben u. a. auch Wohnverbünde in einem Sozialraum ihrem Platz. Sie legitimieren sich freilich nur dann, wenn die Wohnformen den Wünschen der Betroffenen (selbstbestimmtes Wohnen in einer selbstbestimmten Wohnform) entsprechen.

(6) Aneignung von Lebenswelten erkennen, fördern und ermöglichen

Die fünf von Hinte herausgestellten Prinzipien sind von Spatscheck (2011, 4 f.) mit Blick auf Deinet durch ein weiteres Prinzip ergänzt worden, welches sich explizit auf „das grundlegende Interesse von Individuen" bezieht, sich Lebenswelten anzueignen und diese zu kontrollieren. Durch diese Erweiterung gelingt es dem Autor, nicht nur wesentliche Aspekte aus dem Empowerment-Konzept und der Gemeinwesenarbeit zu beachten, sondern ebenso anschlussfähig für zentrale Überlegungen aus der lebensweltorientierten Arbeit zu sein.

Interessant ist nunmehr die Frage, wie diese Prinzipien mit Blick auf Menschen mit Lernschwierigkeiten und komplexer Behinderung auf handlungspraktischer Ebene umgesetzt werden können.

Beginnen wir mit dem konsequenten Bezug auf den Willen der Person. Für diese Orientierung, die auch im Empowerment-Konzept eine prominente Rolle spielt, „gibt es keine einfache Lösung: Weder können wir den Willen unserer KlientInnen ignorieren, noch kommen wir aus der Verantwortung raus, Entscheidungen zu treffen, die dem geäußerten Willen entgegenstehen, z. B. im Zusammenhang mit Selbst- und Fremdgefährdung" (Franz 2007, 7). Darüber sollte sich jeder, der in der Arbeit mit schwer kognitiv beeinträchtigten Personen tätig ist, bewusst sein. Entscheidend ist die Anerkennung dieser Widersprüchlichkeit, die eine beständige Achtsamkeit und Reflexion der eigenen Arbeit und gegebenen Situation verlangt, um nicht in die Fallstricke professioneller Macht und Überlegenheit zu geraten.

Gleichfalls muss die postulierte „Aktivierung von Selbsthilfekräften" relativiert werden. Menschen mit Institutions- und/oder Demoralisierungserfahrungen benötigen wie Personen mit einer schweren komplexen Behinderung mehr Unterstützung (advokatorische Assistenz) als andere, die sich als *„empowered persons"* in selbstorganisierten Gruppen zusammenschließen können.

Des Weiteren drängt sich mit der Idee und den Prinzipien der Sozialraumorientierung der Eindruck auf, dass es bereits ein räumliches Zentrum bzw. einen Kernbereich gebe, den es „inklusiv" zu gestalten gelte. Tatsächlich aber kann eines solches Zentrum (wie das z. B. in Hamburg oder Berlin mit der ‚Kiezkultur' der Fall ist) nicht vorausgesetzt werden. So gibt es beispielsweise Kommunen, die einerseits über Stadtteile mit einem nicht selten traditionell verankerten Kern verfügen, der eine sozialräumliche Identitätsstiftung zulässt, andererseits aber auch Wohngebiete ausweisen, in denen es den Menschen schwer fällt, sich einem Sozialraum zuzuordnen oder in denen aufgrund geographischer Gegebenheiten eine Zuordnung mit Kernbildung kaum möglich erscheint. Nun könnten solche Situationen gerade anstiftend für eine bürgerschaftliche Aktivierung und aktive Nachbarschaft sowie Gestaltung und Pflege sozialer (nachbarschaftlicher) Beziehungen sein. Es gilt jedoch grundsätzlich zu bedenken, dass räumliche Nähe nicht selbstläufig dazu führen muss. Nachbarschaftliches Engagement oder Care beruhen nämlich auf „Freiwilligkeit und Qualität" der sozialen Beziehungen und Netzwerke (Häußermann & Siebel 2004, 115), die sich der ethisch begründbaren Verpflichtung für inklusive Unterstützungsformen in einem Sozialraum entziehen können.

Auf einen vierten Aspekt, den es bei der Umsetzung der Prinzipien zu beachten gilt, verweist Fehren (2011), wenn er ähnlich wie Hinte (2008, 9) vor einer idealistisch-erhöhten, unreflektierten Betonung der Ressourcenaktivierung warnt: „Ressourcenorientierung heißt nicht, ohnehin ressourcenarme Menschen oder gar ganze Stadtteile zynisch auszuquetschen mit dem Hinweis auf ihre Eigenkräfte, die von höherem Wert seien, als professionell erbrachte Fremdleistungen. Gerade benachteiligte Milieus benötigen zusätzliche, also externe Ressourcenzufuhr und dürfen nicht ausschließlich auf ihre ohnehin schmalen Ressourcen zurückgeworfen werden" (Fehren 2011, 452). Die Schaffung einer lokalen Begegnungsstätte (*meeting points*), wie sie uns z. B. Hoch (2010, 6 ff.) mit einer Zusammenschau unterschiedlicher Sozialraum-Projekte[29] vor Augen führt, wäre eine Ressourcenzufuhr. Von einem solchen Ort aus könnten zugleich Prozesse einer gezielten Öffentlichkeitsarbeit (Bewusstseinsbildung) befördert werden, um in der allgemeinen Bevölkerung eine größere Akzeptanz und Wertschätzung behinderter Menschen zu erreichen. Ferner könnten von hier aus „Win-win-Aktivitäten" ins Leben gerufen werden, indem sich nicht nur nichtbehinderte Menschen, sondern ebenso behinderte Personen freiwillig gesellschaftlich engagieren.

„Viele Menschen mit Lernschwierigkeiten sind bereit, sich für andere zu engagieren, z. B. bei der Pflege von Grünanlagen oder bei der Entsorgung von Altpapier" (Seifert 2011b, 221). Erwähnen möchte ich zudem die Initiative „Ehrenamt Rückwärts" von der Lebenshilfe Viersen e. V. (2010), bei der es um „Freiwilligendienste" behinderter Bürger geht (Mand 2011). Derlei Ideen und Angebote sind allesamt für ein „inklusives Gemeinwesen" und eine ziel- und bereichsübergreifende Sozialraumorientierung befördernd.

Was die Aneignung von Lebenswelten betrifft, so stoßen wir hier auf ein der lebensweltbezogenen Behindertenarbeit implizites Prinzip, welches in zweifacher Hinsicht bedeutsam ist: Zum einen lenkt es den Blick auf die primäre

---

29 Das betrifft vor allem Projekte, bei denen beispielsweise eine Tagesstätte, ein „Bürgerladen" oder ein Cafe tagsüber als Begegnungsstätten mit Arbeitsplätzen für behinderte Menschen betrieben werden und abends als Orte für kulturelle Veranstaltungen, Kurse, Lesungen, Gesprächskreise, Runde Tische, Info- oder Tauschbörsen sowie zur Organisation für bürgerschaftliches Engagement oder Unterstützungsnetzwerke fungieren.

Lebenswelt (unmittelbarer Nahraum, „ökologisches Zentrum"), die für einen Menschen erschließbar, autonom gestaltbar, verfügbar und kontrollierbar sein muss, sodass er sich in seinem Zuhause wohlfühlen, seinen Lebensstil entfalten und sich verwirklichen kann. Diese subjektbezogene Perspektive von Lebenswelt droht mitunter im Konzept der Sozialraumorientierung zu kurz zu kommen. Zum anderen geht es um die Aneignung von Lebensbereichen bzw. Alltagswelten außerhalb des zentralen Mikrosystems, z. B. um die Aneignung der Arbeitsstätte, eines Freizeitparks, Einkaufzentrums, Urlaubsortes oder kulturellen Angebots bis hin zur aktiven und partizipativen Gestaltung des Wohnumfeldes oder der Auseinandersetzung mit makrosystemischen Vorgaben und Einflüssen. Die Organisation in Selbstvertretungsgruppen kann hier für die Aneignungsprozesse besonders bedeutsam sein.

Insgesamt ist den bisherigen Überlegungen unschwer zu entnehmen, dass ich einen Ansatz favorisiere, der die lebensweltliche Subjektperspektive und Sozialraumorientierung zu verschränken verspricht. Anders gesagt: Sozialraumorientierung soll die Lebensweltorientierung erweitern, aber nicht ersetzen. In ähnlichen Bahnen bewegt sich die Expertise von Franz und Beck (2007), in der es gleichfalls darum geht, die persönliche Perspektive nicht auszublenden, sondern durch die sozialraumorientierte zu ergänzen. Sozialraumorientierung in der Behindertenhilfe wäre eine Sackgasse, würde sie die Subjektseite und Interessen des Einzelnen in seiner Lebenswelt (v. a. in seinem „ökologischen Zentrum") vernachlässigen. Im Konzept der Sozialraumorientierung dominieren nämlich bei aller Beteuerung des Personbezugs (Wille) infrastrukturelle und räumliche Aspekte, die den persönlichen Lebensstil und die Bedeutung, Gestaltbarkeit und Pflege der primären Lebenswelt in den Hintergrund treten lassen. Dieser Gefahr begegnen wir bei einer einseitigen Auslegung des SGB IX, wenn das Recht auf Teilhabe am gesellschaftlichen Leben vom Leitziel der Lebensqualität aus der Subjektperspektive und von der „objektiven" Lebenslage abgekoppelt wird. Was stets im Blick gehalten werden muss, ist das Zusammenwirken von Selbstbestimmung, Partizipation, Inklusion und Lebensqualität. Das zu leisten verspricht die lebensweltbezogene Behindertenarbeit, die mit ihren vier Zugängen und Leitprinzipien breiter angelegt ist als die Sozialraumorientierung oder auch Gemeinwesenarbeit.

Folglich tut die Behindertenhilfe gut daran, wenn sie mit dem Ansatz der Sozialraumorientierung Menschen mit und ohne Behinderungen in ihrem sozialen Nahraum aufsucht, Lebenswelten als subjektive Wirklichkeitskonstruktionen betrachtet und den konkreten sozio-kulturellen Lebensraum und Alltag in seiner Dialektik von gegebenen und veränderbaren Strukturen versteht, um ein subjektiv bedeutsames, selbstbestimmtes Leben behinderter Menschen in Inklusion professionell unterstützen zu können (dazu auch

Grunwald & Thiersch 2004, 18 ff.). Dadurch lässt sich die mit der Sozialraumorientierung einhergehende Gefahr bannen, dass das „ökologische Zentrum" (Baake) als Stätte der Geborgenheit, des Wohlbefindens und des Selbstsein-Dürfens sowie die „Sicht und Stimme der Betroffenen" vernachlässigt werden und dass in erster Linie nur Träger der Behindertenhilfe, Wohlfahrtsverbände oder andere professionelle Instanzen über Maßnahmen zur Teilhabe und einen Hilfebedarf in einem sozialen Raum entscheiden. Dies schimmert in manchen „gut gemeinten" Projekten zum Aus- und Aufbau eines „inklusiven Sozialraums" (vgl. Deutscher Verein 2010; Welke 2010) durch. Nach Kronenberger (2007, 7 f., 11) besteht dieses Problem v. a. bei Sozialraumbudgets, die den Leistungserbringern (Trägern der Behindertenhilfe) „größere Flexibilität" verschaffen, jedoch die Stellung der Leistungsberechtigten (z. B. der behinderten Menschen) schwächen und ihre Abhängigkeit vom Anbieter erhöhen.

Das wird leider in der Sozialraumdebatte im Bereich der Heilpädagogik und Behindertenhilfe weithin übergangen – ein Zeichen dafür, dass manche sich immer noch nicht vom profi(t)zentrierten bzw. trägerorientierten Denken, Planen und Handeln lösen und mit dem Empowerment behinderter Menschen anfreunden können. Um zu einer tragfähigen sozialraumorientierten Arbeit mit behinderten Menschen zu gelangen, ist es unabdingbar, dass sich die beruflichen Helfer (Pädagoginnen, Sozialarbeiterinnen, Psychologinnen) mit dem Problem der Macht bzw. des Erhalts von Macht, Besitzstand und (fach-)politischem Einfluss sowie den stillen Verführungen zum Mächtigsein oder Paternalismus selbstkritisch auseinandersetzen.

Des Weiteren gelingt es durch die explizite Berücksichtigung des Lebensweltbezugs, das bereits angedeutete Spannungsverhältnis von Persönlichem Budget und Sozialraumorientierung besser in den Griff zu bekommen. Auf den ersten Blick scheint nämlich der seit dem 1. Januar 2008 bestehende Rechtsanspruch behinderter Menschen auf ein Persönliches Budget mit dem Ansatz der Sozialraumorientierung kaum zu harmonisieren. „Vorstellungen, etwa von pauschalen Budgets, die sich auf ein bestimmtes regionales Territorium beziehen, sind mit den Prinzipien der Sozialhilfe nicht vereinbar" (Rohrmann 2011, 31). Geht es beim Persönlichen Budget um eine personenzentrierte Finanzierung, so rückt die Sozialraumorientierung gerade davon bzw. von der Arbeit mit dem Einzelnen ab, indem sie Träger aufsucht und unterstützt, die interessiert und bereit sind, sozialräumliche Aufgaben zur gesellschaftlichen Teilhabe und Inklusion behinderter Menschen zu übernehmen. Das Persönliche Budget stärkt hingegen die Rolle der behinderten Menschen und nicht etwa die Träger der Behindertenhilfe.

Zwei Handlungsebenen

Ein Weg aus diesem scheinbaren Widerspruch besteht darin, zwei Handlungsebenen zu unterscheiden, die mit der Behindertenrechtskonvention kompatibel sind:

1. Die subjektzentrierte Ebene

Diese bezieht sich auf personenspezifische Interessen, Wünsche, Bedürfnisse, Stärken, Lernprogramme, Unterstützungsangebote und assistierende Hilfen für ein Arbeiten, Wohnen und Leben in der Gemeinde (*community-based supports*). Die Finanzierung kann über das Persönliche Budget oder die Eingliederungshilfe erfolgen und nimmt die Kommune (bei einer Kommunalisierung der Behindertenhilfe) oder auch den Sozialhilfeträger in die Pflicht, in eine (präventive) sozialraumorientierte (personenübergreifende) Arbeit mit der nichtbehinderten Bevölkerung (z. B. Aufsuchen informeller sozialer Ressourcen wie Angehörige, Nachbarinnen, Geschäftsleute, Vereine und Netzwerkförderung; Sensibilisierung nichtbehinderter Personen, Menschen mit Behinderungen als Nachbarn zu akzeptieren und zu unterstützen) zu investieren (vgl. dazu Tattermusch 2010). Folglich handelt es sich um eine Ebene, die zur Ermöglichung von Teilhabe „eine an den individuellen Ressourcen ansetzende Gemeinwesen- bzw. Sozialraumorientierung", (Knust-Potter & Windisch 2011, 130) fokussiert, „in der sich professionelle Dienstleistungen und bürgerschaftliches Engagement verbinden und ergänzen" (ebd.). Eine entsprechende Finanzierung lässt sich durch die Bestimmung von Fachleistungsstunden und einem Teilhabebudget (z. B. für informelle Unterstützungsleistungen und Teilhabe-Aktivitäten) oder von Zeitwerten realisieren (Breme, Kronenberger & Näder 2007).

Interessant ist an dieser Stelle ein Beispiel aus den USA, bei dem eine Anschubfinanzierung von 5.000 Dollar für eine personenzentrierte Netzwerkförderung in der Gemeinde *(community bridge-building)* zur Verfügung gestellt wurde (Holburn et al. 2004, 67). Auf diese Weise gelingt es in einem ersten Schritt der rechtlich kodifizierten Teilhabe (SGB IX) zu entsprechen und Aufgaben zu realisieren, wie sie in der Kinder- und Jugendhilfe unter „fallspezifischer Hilfe" und „fallübergreifender Hilfe" bzw. „fallbezogener Ressourcenmobilisierung" (Fahren 2011, 447; Hinte 2008, 17 f.) beschrieben werden. Das betrifft insbesondere die Vernetzung und Kooperation sowohl mit verschiedenen professionellen Diensten als auch mit freiwilligen, ehrenamtlichen Helfern oder „Schlüsselpersonen" aus dem unmittelbaren Lebens- und Sozialraum des betroffenen Menschen. Letztlich geht es hierbei um eine *individuelle Teilhabeorientierung*, von der zugleich eine Brücke zur zweiten sogenannten lebensraumbezogenen Handlungsebene im Rahmen der „Kontextualisierung der Eingliederungshilfe" geschlagen werden kann. Für die entsprechende sozialraumorientierte Arbeit bzw. Unterstützung behinderter Menschen zur Teilhabe im Gemeinwesen können spezielle soziale Dienstleister, private Anbieter, (kleine) Vereine oder Organisationen der Behindertenhilfe oder freien Wohlfahrt, Selbsthilfe- oder Selbstvertretungsgruppen, studentische Projektgruppen unter wissenschaftlicher Anleitung, Freiwilligenagenturen wie auch Bürgervereine beauftragt werden. Neben einer neuen Generation an sozialen Leistungserbringern werden mehr informelle Netzwerker (*volunteers*) und soziale Netzwerke (Nachbarschaften, Bekanntenkreis, Angehörige, pastorale Gemeindehelferinnen ...) gefragt sein. Bereits an dieser Stelle wird deutlich, dass sich die hier anskizzierte „Weiterentwicklung des Unterstützungssystems nicht auf isolierte Hilfebereiche und auch nicht allein auf professionelle Hilfeleistungen beziehen" kann (Rohrmann & Schädler 2011, 437).

Die wichtigsten methodischen Instrumente für die Arbeit auf subjektzentrierter Ebene, in der die lebensweltbezogene Sicht Eingang findet, sind die *Personenzentrierte Planung (person-centered planning)* in Verbindung mit einer *Netzwerkanalyse* (dazu Kap. 4; auch Kopyczinski 2017) oder einem *Ressourcenassessment* (Herriger 2014, 96 ff.), die dem behinderten Menschen Regiekompetenz zuschreiben und ihm als Experten in eigener Sache die entscheidende Stimme geben.[30] Ein entsprechendes Planungsgespräch *(meeting)* findet üblicherweise im Rahmen eines Unterstützungskreises *(circle of support)*[31] mit vertrauten, von der Person selbst ausgewählten Bezugspersonen statt, der von einerm Unterstützungsmanager *(community living manager)*[32] koordiniert und moderiert wird. Die Ergebnisse solcher Meetings münden in die Implementierung eines Aktionsplans *(action plan)* oder Unterstützungsprogramms, welches einen Mix an professioneller und informeller Unterstützung mit sogenannten Erhaltungszielen (z. B. Pflege eines subjektiv bedeutsamen Lebensstils in der primären Lebenswelt), Veränderungszielen (z. B. Verbesserung der Angebote zur Teilhabe), Aneignungszielen (z. B. Erschließung einer

---

30 Die Durchführung einer Personenzentrierten Planung, Netzwerkanalyse, Teilhabeplanung oder eines Ressourcenassessments sollte in „Leichter Sprache" erfolgen. Bei Menschen mit komplexer Behinderung, die nicht für sich selber sprechen können, haben Bezugspersonen als Stellvertreter eine dialogisch-einfühlsame, verstehende und advokatorische Funktion zu übernehmen (dazu Kap. 5 in vorliegenden Band).

31 Solche Unterstützungskreise, auch als „circle of friends" bezeichnet, bestehen aus wichtigen Bezugspersonen; sie sollten nicht nur die Planungsprozesse unterstützen, sondern generell als Unterstützungsressource oder „Netzwerk" (vgl. Kap. 4) zur sozialen und gesellschaftlichen Teilhabe von Menschen mit Behinderung am Gemeinwesen beitragen (Knust-Potter & Windisch 2011).

32 Die Bedeutung eines Unterstützungsmanagements kann für die Behindertenarbeit nicht hoch genug eingeschätzt werden. Darauf bin ich an anderer Stelle ausführlich eingegangen (vgl. Theunissen & Schirbort 2010; Theunissen 2013, 345 ff.).

neuen Lebens- oder Alltagswelt) oder auch Lernzielen (z. B. Umgang mit Geld zur Erhöhung der selbstständigen Lebensführung) beinhaltet.[33]

Das sogenannte *Bamberger Modell* (Eichner 2007) der Bamberger Lebenshilfewerkstätten gGmbH führt uns plastisch vor Augen, wie eine subjektzentrierte Sozialraumorientierung unter Berücksichtigung von Empowerment-Aspekten, der Stärken-Perspektive, der persönlichen Zukunftsplanung, Ressourcenerschließung, Netzwerkanalyse und -förderung realisiert werden kann.

Des Weiteren lassen sich sogenannte *Regional Centers* (dazu Kap. 3) an dieser Stelle verorten. Regional Centers sind Non-Profit-Systeme in Form von Anlauf-, Beratungs-, Begegnungs- und Koordinationsstellen, die mit behinderten Personen *(persons with developmental disabilities)* eine persönliche Planung durchführen und auf dieser Grundlage entsprechende Dienstleister oder andere Unterstützungsangebote (z. B. informeller Art) vermitteln.

In ähnlichen Bahnen bewegen sich die von Rohrmann und Wissel (2011, 180) sowie Schädler (2011b, 194 f.) favorisierten und postulierten *Zentren für Unterstützungsangebote* oder *Teilhabezentren*, welche mit einem breiten Aufgabenfeld (von unterschiedlichsten Beratungsangeboten bis hin zu koordinierenden Aktivitäten) v. a. (auch) für den ländlichen Raum eine Option darstellen.

Ferner möchte ich die vom Landschaftsverband Rheinland (Köln) geschaffenen und geförderten *Kontakt-, Koordinations- und Beratungsstellen* (KoKoBe) nicht unerwähnt lassen, die ebenfalls eine persönliche Planung ermöglichen und den Weg für eine darauf abgestimmte Umsetzung ebnen (Bradl & Küppers-Stumpe 2018, 72; Knöß & Weber 2017). Der Landschaftsverband Rheinland (LVR) als Deutschlands größter (überörtlicher) Sozialhilfeträger geht hierbei im Sinne des BTHG (Peer Counseling; Bedarsferhebung für Gesamt- oder Teilhabeplanungen) in die richtige Richtung. Dieser Ansatz ist im Hinblick auf Empowerment (Contag 2009) untersucht worden. Die Ergebnisse waren weithin positiv, allerdings wurden in Bezug auf Inklusion (bereits erwähnte) Schwierigkeiten in der Kooperation mit allgemeinen

---

33 Die skizzierte Vorgehensweise kann im Sinne des BTHG (nach § 117 & 118 SGB IX [neu]) als Bedarfserhebung betrachtet werden, um zu einer Gesamt- oder Teilhabeplanung zu gelangen. Wenngleich es hierzu unterschiedliche Instrumente in den einzelnen Bundesländern gibt, werden über alle Differenzierungen hinweg neun Teilhabe-Kriterien fokussiert, die aus dem ICF-Konzept stammen: (1) Lernen und Wissensaneignung, (2) Allgemeine Aufgaben und Anforderungen, (3) Kommunikation, (4) Mobilität, (5) Selbstversorgung, (6) Häusliches Leben, (7) Interpersonelle Interaktionen und Beziehungen, (8) Bedeutende Lebensbereiche und (9) Gemeinschafts-, soziales und staatsbürgerliches Leben. Entscheidend ist, dass im Rahmen der kriterienbezogenen Planungsgespräche die Chancen der Sozialraumorientierung (z. B. Netzwerkbetrachtungen) genutzt werden (dazu auch Kap. 4).

Diensten (Ämtern) und Institutionen jenseits der Behindertenhilfe beschrieben (ebd., 152) sowie das Fehlen von geeigneten Angeboten in der Gemeinde und „ein mangelndes Interesse gegenüber Menschen mit Behinderung und deren Belange" (153) in der Öffentlichkeit konstatiert. Demnach scheint vielerorts ein „inklusives Denken, Planen und Handeln" längst noch nicht den Sozialraum (die nichtbehinderte Bevölkerung) und die allgemeine Praxis (Gemeinwesenarbeit) erreicht zu haben.

Gleichfalls wie die Regional Centers oder KoKoBe (Koordinierungs-, Kontakt- und Beratungsangebote) operieren die sogenannten Stützpunkte, jetzt als *Treffpunkte* bezeichnet, die in Hamburg (Stiftung Alsterdorf; Leben mit Behinderung) ins Leben gerufen wurden, auf der subjektzentrierten Ebene sozialraumorientierter Arbeit (Hauser 2008; 2011). Die Angebotspalette der Treffpunkte ist breit:

- Einsatzzentrale für ambulante Dienstleistung in Bezug auf Wohnen, Kooperationen mit allgemeinen Angeboten wie VHS, Freiwilligenbüros, Künstlern im Stadtviertel,
- aktive Beteiligung an Straßenfesten,
- Freiwilligenarbeit, die behinderte Menschen im Stadtteil, in benachbarten Pflegeheimen leisten,
- Beschäftigungs-, Bildungs- und Freizeitangebote,
- Mittagstisch,
- Fahrdienst,
- Beschwerdestelle.

Finanziert werden die Treffpunkte über erhöhte Maßnahmepauschalen im Rahmen von individuellen Leistungsverträgen, sodass neben der personenbezogenen Arbeit eine sozialraumorientierte (mit-)finanziert werden kann. Die betroffenen behinderten Menschen erhalten damit direkt Leistungen über den Treffpunkt.

Alle zuvor genannten Beispiele sind wegweisend und ermöglichen eine sinnvolle Einbettung der persönlichen Anliegen (erschlossen durch die Bedarfserhebung für Gesamt- oder Teilhabeplanungen nach BTHG) im Rahmen einer Sozialraumorientierung. Wichtig ist zu betonen, dass die genannten Unterstützungssysteme „von der Person aus (subjektzentriert), mit der Person (kooperativ ‚auf Augenhöhe') und für die Person (antizipatorisch und präventiv)" Dienstleistungen oder Unterstützungsangebote aufsuchen und damit mit der bisher liebgewonnen Gewohnheit brechen, Menschen mit Lernschwierigkeiten oder komplexer Behinderung in von Trägern der Behindertenhilfe entwickelten, favorisierten, angebotenen oder geplanten

Dienstleistungssystemen einzugliedern. Anders gesagt: Regional- oder Teilhabezentren, KoKoBe, Stützpunkte oder ähnliche Systeme signalisieren einen Umbruch, indem nicht mehr von Interessen oder Vorstellungen der Behindertenhilfe aus gedacht, geplant und gehandelt wird, sondern die Rechte und Wünsche behinderter Personen für Unterstützungsmaßnahmen zugrunde gelegt werden. Erfreulich ist, dass sich immer mehr Träger der Behindertenhilfe auf die Logik der Sozialraumorientierung (Teilhabe) einlassen, die sich von der bisherigen, an der Eingliederungshilfe orientierten Logik eines institutions- bzw. trägerorientierten Denkens, Planens und Handelns deutlich unterscheidet. Zu hoffen bleibt, dass ebenso auf der Grundlage des Bundesteilhabegesetzes die zuvor skizzierten Anregungen als Wegweiser einer zeitgemäßen Behindertenarbeit im Rahmen der Gesamt-/Teilhabeplanung zum Tragen kommen. Denn mehrere Paragraphen des Bundesteilhabegesetzes ermöglichen eine sozialraumorientierte Behindertenarbeit, indem leistungsberechtigte behinderte Menschen zu einer möglichst selbstbestimmten und eigenverantwortlichen Lebensführung im eigenen Zuhause (Wohnung) sowie in ihrem Sozialraum (Quartier) befähigt und in der Verwirklichung ihrer Lebensgestaltung unterstützt werden sollen (vgl. SGB IX § 76 ([neu]). Hierzu sollen die Bundesländer auf am Sozialraum orientierte, inklusive und bedarfsdeckende Angebote von Leistungsanbietern hinwirken und die Träger der Eingliederungshilfe bei entsprechenden Vorhaben unterstützen (ebd., § 94). Um dies bewerkstelligen zu können, sind insbesondere (auch) für Fachkräfte spezifische Kenntnisse über den konkreten Sozialraum (bzw. ein Wohnquartier, Stadtteil o. Ä.) und einer am Grundsatz der Inklusion und Teilhabe orientierten Praxis unabdingbar (ebd. § 97). Grundsätzlich gilt für das Bundesteilhabegesetz das Prinzip der Personenzentrierung, weshalb im Rahmen eines Gesamtplans an der Perspektive, den Interessen und Wohnwünschen des Einzelnen angeknüpft werden soll (ebd. § 104) und von hier aus sozialraumorientierte Teilhabemöglichkeiten erschlossen und in den Blick genommen werden sollen. Diese Ausrichtung führt uns zur zweiten Ebene der Sozialraumorientierung.

2. Die lebensraumbezogene Ebene

ist nicht direkt dem Einzelnen (im Sinne einer personenzentrierten Unterstützung) zugeordnet, sondern sie nimmt Kontexte, d.h. öffentliche Plätze und Einrichtungen, Wohnviertel, Stadtteile sowie Menschengruppen, Nachbarschaften, Kommunikationen oder Interaktionen im sozio-kulturellen Feld in den Blick, um kollektive Empowermentprozesse, gesellschaftliche Partizipation und Inklusion zu fördern und zu unterstützen. Der soziale Raum (z. B. Stadtteil) tritt hierbei als ein Aktions-, Ermöglichungs-, Lern- und Entwicklungsraum in Erscheinung (Berlin 2008; 2009), der unter präventiven Aspekten z. B. dem Risiko der sozialen Benachteiligung, Vereinzelung und Vereinsamung, Diskriminierung oder Segregation älterer oder behinderter Bürger vorbeugen sowie den Menschen eines Stadtteils mehr Sicherheit und Lebensqualität bieten soll. Damit folgt die lebensraumbezogene Ebene letztlich der Logik der „fallunspezifischen Arbeit" im Konzept der Sozialraumorientierung der Jugendhilfe.

Die lebensraumbezogene Ebene geht mit Blick auf die Behindertenarbeit (1) von v.a. von behinderten Menschen artikulierten Interessen (Subjektperspektive) und Lebenslagen, (2) von (kommunal-)politischen Anliegen und Zukunftsentwürfen (z.B. in Bezug auf infrastrukturelle Stadtteilentwicklung, Bebauungspläne), (3) von Konzeptionen oder Vorhaben von Trägern der Behindertenhilfe oder anderen sozialen Organisationen sowie (4) von Beobachtungen von professioneller Seite aus. Sie bezieht sich auf riskante Erscheinungen oder Entwicklungen in einem Sozialraum, z.B. auf kritische Lebensbedingungen, soziale Barrieren oder Verstöße gegen rechtlich kodifizierte Normen menschlichen Zusammenlebens (z.B. im Widerspruch zu Leitprinzipien der UN-Behindertenrechtskonvention) und signalisiert notwendige Veränderungen (Schaffung und Sicherung eines barrierefreien Sozialraums [Welke 2010]).

Damit stehen auf dieser Ebene Überlegungen und Maßnahmen im Hinblick auf Sicherung von gesellschaftlicher Teilhabe im Mittelpunkt. Zugleich verändern sich dadurch

> „die Aufgabenstellung der Sozialhilfeträger, die Anforderungen an die Anbieter von Leistungen, und die Herausforderungen für alle öffentliche Institutionen und Einrichtungen grundlegend. Sie müssen die Zugänglichkeit für Menschen mit Behinderungen sicherstellen. Ein individueller Hilfebedarf darf insofern nicht isoliert betrachtet werden, er muss vielmehr im Kontext ausgrenzender Bedingungen in anderen gesellschaftlichen Systemen verstanden und bearbeitet werden" (Rohrmann & Schädler 2011, 437f.).

Von dieser Fokussierung aus hat die sozialraumorientierte Arbeit eine Aktivierungs- und Unterstützungsfunktion von Partizipation in zweifacher Form wahrzunehmen (Berlin 2009):

(1) für eine gleichberechtigte Partizipation (Teilhabe) aller Bürger und Bürgerinnen am soziokulturellen und politischen Leben (z.B. Ermöglichung und Sicherstellung des mit der UN-Behindertenrechtskonvention rechtlich kodifizierten Zugangs zu allgemeinen Erziehungs-, Bildungs- und anderen öffentlichen Einrichtungen, zum ersten Arbeitsmarkt, zum häuslichen Wohnen im Stadtteil für Menschen mit Behinderungen) und

(2) für Mitwirkungs-, Mitgestaltungs- und Mitbestimmungsmöglichkeiten möglichst vieler Menschen auf lokaler Ebene (z. B. in Bezug auf zukünftige Stadtteilentwicklung, Verbesserung eines Wohngebiets zur Gewinnung von mehr Lebensqualität für die Bewohnerinnen und Bewohner; in Bezug auf Konzepte einer kommunalen Behindertenpolitik durch Betroffenen-Beiräte).

Ein methodisches Instrument, das am Anfang der Unterstützung von Partizipation (*citizen participation*) auf der lebensraumbezogenen Ebene einen zentralen Stellenwert hat, ist das *community assessment* (RCEIDKN 2002), welches (z. B. organisiert und koordiniert durch einen kommunalen Inklusions-, Teilhabe- oder Sozialraumbeauftragten) von einem *„facilitation team"* oder sogenannten Sozialraum-Team[34] (z. B. zusammengesetzt durch einen Unterstützungsmanager, Menschen mit Lernschwierigkeiten und anderen Behinderungen, Sprecherinnen einer Selbstvertretungsgruppe, Stadtteilvertreter oder Bürgerinnen aus dem lokalen Bürgerverein)[35] zur Erfassung und Analyse (infrastrukturell, baulich, sozial, ökologisch, geographisch, ökonomisch, sozialstatistisch . . .) eines sozialen Lebensraumes (Stadtteil, Wohnviertel, Gemeinde) durchgeführt werden sollte (dazu MSJG 2018, 83, 103 ff.). Die Auswertung eines solchen Assessments (RCEIDKN 2002, 7 ff.) führt:

(1) zum Verständnis des lokalen Lebensraumes und seiner Potenziale (z. B. kleine Betriebe, die behinderte Menschen beschäftigen könnten; Altentagesstätte, die alte Menschen mit Behinderung aufnehmen könnte),
(2) zu spezifischen lebensraumbezogenen Problemen und ihren Ursachen (z. B. Ausschluss behinderter Menschen von allgemeinen Dienstleistungssystemen aufgrund von Vorurteilen und einer Defizitorientierung; Fehlen öffentlicher Bänke und Toiletten; Fehlen eines Orts im Sozialraum, an dem sich Menschen mit Lernschwierigkeiten „mit anderen treffen, sich unterhalten oder etwas gemeinsam unternehmen könnten" [Seifert 2011b, 218]),
(3) zu spezifischen Auswirkungen (z. B. Diskriminierungserfahrungen; soziale Isolation und Vermeidung von Kontakten behinderter Menschen, die im Wohnviertel leben; Leben in „Parallelgesellschaften"; Einsamkeitsgefühle angesichts unzureichender sozialer Einbindung [ebd., 218]) und
(4) zu zukünftigen Aktionen, die eine nachhaltige Verbesserung von Lebensräumen und Lebensqualität bewirken sollen (z. B. Öffnung

---

34 In der Jugendhilfe stoßen wir zur Umsetzung der „fallunspezifischen Arbeit" gleichfalls auf Sozialraum- oder sogenannte Stadtteilteams, die allerdings in der Regel von professionellen Fachleuten bzw. Anbietern oder Trägern der Jugendhilfe repräsentiert werden. Uns geht es in der Behindertenarbeit hingegen um ‚heterogen' besetzte Arbeitsgruppen.

35 Alternativ dazu können auch sog. Zukunftswerkstätten oder ein Runder Tisch gebildet werden.

allgemeiner Dienstleistungssysteme und Schaffung lokaler Netzwerke für behinderte Menschen).

Ähnlich gelagert bzw. vergleichbar wie das skizzierte Modell sind Ansätze einer *„inklusiven Sozialraumplanung“* (Diekmann 2017; Schäper, Diekmann & Rohleder 2018) oder *„Sozialraumerkundung“*[36], wie sie Gaida und Konieczny (2011, 250ff.) sowie Rohrmann und Wissel (2011) am Modellprojekt der örtlichen Angebots- und Teilhabeplanung im Landkreis Weilheim-Schongau beschreiben; ferner berichtet Seifert (2011b, 218f.) über *„Sozialraumanalysen“* im Rahmen der Berliner „Kundenstudie“ (Seifert 2010a), die an dieser Stelle verortet werden können. Nicht unerwähnt lassen möchte ich zudem die von nicht-behinderten und behinderten Menschen 2002 gegründete Kölner Initiative *IncluCity* (dazu später) und das im Jahr 2007 von der Caritas Behindertenhilfe und Psychiatrie e.V. (CBP) ins Leben gerufene Projekt „Am Leben in der Gemeinde teilhaben“, aus dem bundesweit 40 sogenannte *Lokale Teilhabekreise* bei 21 beteiligten Trägern (Einrichtungsbetreibern) hervorgegangen sind.[37] Bei den Teilhabekreisen handelt es sich um lokale Zusammenschlüsse von Menschen mit Lernschwierigkeiten, persönlichen Assistenten, nichtbehinderten Bürgern sowie Fachkräften der beteiligten Träger (insgesamt etwa 8–16 Personen), die sich ehrenamtlich (freiwillig) in der Regel ein Mal im Monat treffen, um die Einbindung („Einbürgerung“) behinderter Menschen in einem Sozialraum zu unterstützen, ihre gesellschaftliche Akzeptanz zu fördern sowie praktische Wege zur Teilhabe zu erkunden und zu realisieren. Das betrifft z.B. die Bekanntmachung der Initiative, Interessen und Wünsche beim Bürgermeister, Gemeinderat und Pfarrdechant, bei Vereinen, Geschäftsleuten oder anderen „Schlüsselpersonen“ im gesellschaftlichen Leben, öffentliche Veranstaltungen wie einen „Waffelstand“ auf dem Marktplatz, Zusammenarbeitsformen mit lokalen Vereinen, Beteiligung an Stadtteilfesten und vieles mehr. Entscheidend für derlei Aktivitäten sind die persönlichen „Teilhabe-Wünsche“ der behinderten Menschen. Diese lokalen Teilhabekreise bewegen sich zum Teil in ähnlichen Bahnen wie ein Sozialraum-Team.

---

36 Der Begriff der Sozialraumerkundung bezieht sich nach Gaida und Konieczny (2011, „nur auf den subjektiv gestalteten Sozialraum“, wird aber auch als Oberbegriff für eine Sozialraumanalyse oder Stadtteilbegehung verwendet, bei der Menschen mit Behinderungen „als kompetente Sachverständige ihrer Lebenswelt“ (ebd. 248) auftreten. Um Menschen mit Lernschwierigkeiten oder komplexer Behinderung die Partizipation an einer Sozialraumerkundung zu erleichtern, sollte neben der „Leichten Sprache“ auf eine Visualisierung der Ergebnisse (Plakatierung, Erstellung von Fotos etc.) geachtet werden. Ferner kann der Rückgriff auf die sogenannte Nadelmethode hilfreich sein, bei der „auf einem Stadtplan/einer Landkarte mit Nadeln oder geklebten Punkten wesentliche Orte eines Einzelnen visualisiert“ (249) werden. Dadurch lassen sich Wohnort, alltägliche Wege, Einkaufsmöglichkeiten, Freizeitorte u.a.m. veranschaulichen. Ebenso denkbar ist die Erstellung subjektiver Landkarten, in denen individuell bedeutsame Orte und Räume markiert und zugleich subjektive Wahrnehmungen des sozialen Nahraumes erfasst“ (250) werden.

37 Dazu Informationen über www.cbp.caritas.de oder www.lokale-teilhabekreise.de

Es versteht sich von selbst, dass all diese Initiativen und Vorgehensweisen nur dann Sinn machen, wenn ihre Ergebnisse auf kommunaler Ebene (z. B. im Rahmen von Regional- oder Stadtteilkonferenzen) Gehör finden und als Grundlage für regionale Planungen oder örtliche Teilhabeplanungen dienen (Rüter 2011, 204f.; Seifert 2011b, 216f.). Grundsätzlich hat sich im Rahmen dieser sozialraumorientierten Ansätze die Unterstützung von „Partizipation als ein Medium von Empowerment" (Nikkhah & Redzuan 2009) zu bewähren, indem sie nicht in die Falle eines „Top-down-Teilhabe-Modells" (ebd., 172) tappen darf, welches Partizipation nur im Rahmen von gesetzten Vorgaben bzw. vorgegebenen (politischen) Beschlüssen ermöglicht (z. B. nach einem Baubeschluss für ein Wohnheim wird behinderten Menschen Mitsprache bei der Wohnhaus- und Umfeldgestaltung eingeräumt), sondern sich dem Bottom-up-Modell einer Partizipation verschreiben muss, das als ergebnisoffen betrachtet werden kann (z. B. werden behinderte Menschen zunächst befragt, ob sie überhaupt in einem Wohnheim leben möchten, bevor Bauentscheidungen getroffen werden). „Es ist ein qualitativer Unterschied, ob man sich vom Blickwinkel der vorhandenen Institutionen aus zum Gemeinwesen hin orientiert und öffnet, oder ob die Ausgangsbasis die Familien und lokalen Gemeinden sind, bei denen die Verantwortung liegt und bleibt und die von Diensten und Einrichtungen in ihrer eigenen Verantwortung unterstützt werden" (Wegner-Schneider 2011, 48; siehe zu dieser Thematik auch Fink 2011, 24ff.).

Je nach individuellem und kollektivem Unterstützungsbedarf (z. B. bei kognitiven Beeinträchtigungen) sieht dieses Modell neben einer advokatorischen Assistenz oder Unterstützung behinderter Menschen „auf Augenhöhe" auch Lernangebote (z. B. Training von *self-advocacy skills*, Empowerment- oder Teilhabe-Fähigkeiten) vor, um ein größtmögliches Maß an Selbstvertretung zu erreichen (Frawley& Bigby 2010, 61; Kothe & Spang 2006; Theunissen 2013, 99ff.). Richtungsweisende Schwerpunkte einer entsprechenden „Kursreihe zur sozialraumbezogenen Partizipation" und „Befähigung zur Selbstvertretung", die ein Angebot der Erwachsenenbildung sein sollte, skizziert Seifert (2011b, 215) mit folgenden Fragestellungen:

- „Welche Bedeutung hat die Behindertenrechtskonvention für die Weiterentwicklung der Gemeinde oder des Stadtbezirks?
- Was heißt ‚Inklusion' für die Lebenssituation von Menschen mit Lernschwierigkeiten?
- Was heißt ‚Partizipation' für Menschen mit Lernschwierigkeiten?
- Welche Möglichkeiten bietet unsere Gemeinde bzw. der Stadtteil, in dem ich wohne, zur Teilhabe von Menschen mit Behinderung?
- Was sollte geändert werden?

- An wen können wir uns wenden, um Veränderungen in Gang zu setzen?
- Wo finden wir Bündnispartner?
- Wie können wir unsere Vorschläge gut darstellen und erklären?
- Welche Unterstützung brauchen wir, um bei Planungen im Stadtteil mitreden zu können?

u. a. m."

Wir können den Arbeitsansatz auf der lebensraumbezogenen Handlungsebene (Sozialraumerkundung etc.) auch direkt als Instrument einer *örtlichen Teilhabeplanung* betrachten, wie sie von Rohrmann (2010) vorgeschlagen wird.
„Örtliche Teilhabeplanung steht dabei für einen lernorientierten und partizipativen Prozess, in dem sich unter politischer Federführung der Kommunen die örtlich relevanten Akteure auf den Weg machen, die Zielsetzungen eines ‚inklusiven Gemeinwesens' unter den Bedingungen der spezifischen Örtlichkeit zu verwirklichen" (Schädler 2011a, 28).[38]

Damit die Sozialraumorientierung auf der lebensraumbezogenen Handlungsebene gedeihen kann, werden vonseiten der Montag Stiftung Jugend & Gesellschaft (2018, 89f.) verschiedene Finanzierungsmöglichkeiten genannt (z. B. über Spenden, Stiftungen, Akquirierung von Fördermitteln). Ferner wird ein „Quartiersbudget" (Otto) vorgeschlagen, welches nicht nur für Projekte oder Maßnahmen im Bereich der Behindertenarbeit bestimmt sein darf, sondern die Gesamtheit sozialraumrelevanter Aufgaben in einem Stadtteil, Wohnviertel oder einer eng umschriebenen Region im Blick haben muss („soziale Dienste ‚für Alle'" [Hoch 2010, 14]). Die Bereitstellung eines solchen Budgets, welches z. B. von Bürgervereinen verwaltet und genutzt werden könnte, ist – wie schon eingangs gesagt – eine kommunalpolitische Entscheidung. Bürgervereine haben z. B. in Baden-Württemberg (v. a. Freiburg) Tradition und repräsentieren in Form eines bürgerschaftlichen Engagements bereits bestehende Sozialräume, indem sie sich für Lebensqualität und ein generationenübergreifendes, lebendiges Miteinander in einem Stadtteil oder abgesteckten Wohngebiet einsetzen. Das ist für die kommunale Politik und Verwaltung ein Vorteil, weil es einfacher ist, an vorhandenen Strukturen anzusetzen und Ansprechpartner zu haben, als zunächst einmal einen Raum

---

38 Es entspricht der Idee der Inklusion oder eines „inklusiven Sozialraums" (Hoch 2011), wenn ein örtlicher Teilhabeplan, der einer Kommune für den Aufbau, die Finanzierung und Sicherung einer bedarfsbezogenen sozialen Infrastruktur mit differenzierten Angebots- und Dienstleitungssystemen dienlich sein soll, zielgruppen- und/oder bereichsübergreifend angelegt ist. Denkbar ist allerdings auch ein örtlicher Teilhabeplan als Gegenstand einer zielgruppenbezogenen Regional- oder Sozialraumkonferenz, z.B. in Bezug auf alle Altersgruppen von Menschen mit Lernschwierigkeiten oder in Bezug auf alte Menschen mit oder ohne Behinderungen. Die Präferenz für die eine oder andere Form ist nicht selten der Größe, Bevölkerungsstruktur und Einwohnerzahl eines Sozialraums (Stadtteil, Wohnquartier) sowie pragmatischer Entscheidungen geschuldet.

abzustecken und entsprechende Bedingungen zu schaffen, die für eine sozialraumorientierte Arbeit notwendig sind. Probleme ergeben sich allerdings an der Stelle, wo sich in Bürgervereinen ein Funktionärswesen entwickelt hat, das überaltert, verkrustet und „weltfremd" erscheint, eigene oder partikuläre Interessen sowie eine konservierende, konservative Politik verfolgt und das damit für Quer- oder Andersdenkende kaum zugänglich ist und bei jungen Menschen auf geringes Interesse stößt. In dem Falle können spontane Bürgerinitiativen oder -zusammenschlüsse in Form eines Protests zu einer fruchtbaren Unruhe in einem Sozialraum und Neujustierung bürgerschaftlichen Engagements durch Bürgervereine führen.

Schlussbemerkung

Der skizzierte Ansatz einer Sozialraumorientierung kann freilich nur dann zum Erfolg führen, wenn sich Politik und (kommunale) Verwaltungen „vom herkömmlichen Verwaltungshandeln" (Berlin 2009, 6) verabschieden und bereit sind, Macht abzugeben und sich statt dem Prinzip des „aktivierenden Staates"[39] dem des „ermöglichenden Staates" (Röbke 2005, 4) verschreiben (z. B. durch Schaffung fördernder Rahmenbedingungen für bürgerschaftliches Engagement, Bezuschussung von Freiwilligeninitiativen, Einrichtung eines Bürgerhaushalts, Sicherung dauerhafter Beteiligungsformen wie Behindertenbeiräte durch Betroffene, Unterstützung von Bürgervereinen etc.). Gerade „Behindertenbeiräte oder -beauftragte entwickeln sich zunehmend als ‚neue' politische Akteure, die sich primär Nichtdiskriminierungsprinzipien und weniger den Interessen des etablierten Einrichtungssystems verpflichtet sehen" (Schädler 2011a, 19). Dies signalisiert ein bemerkenswerter Beitrag von Rüter (2011), der sich auf die örtliche Teilhabeplanung am Beispiel der Stadt Münster bezieht und uns vor Augen führt, welche Chancen eine vom Gemeinderat eingerichtete „Kommission zur Förderung der Inklusion von Menschen mit Behinderungen" mit sich bringt, in der Bürger mit unterschiedlichen Behinderungen (einschließlich mit Lernschwierigkeiten) eine gewichtige Stimme haben. Zudem führt uns die Autorin vor Augen, wie eine Interessenvertretung von Menschen mit Lernschwierigkeiten in einem

---

39 Dem Prinzip des „aktivierenden Staates" können zwar emanzipatorische Aspekte nachgesagt werden (Spörke 2011), allerdings trägt es ein Janusgesicht, insofern materielle, finanzielle und soziale Ressourcen als Voraussetzung für eine Aktivierung bzw. Selbsthilfe zu wenig beachtet werden. Anders gesagt: Sind nicht das Anstoßen von Menschen mit Lernschwierigkeiten oder komplexer Behinderung zur Selbsthilfe sowie die „Ermöglichung der Teilhabe und Selbstbestimmung auf allen gesellschaftlichen Ebenen" (ebd., 50) ohne Zugänglichkeit zu sowie Verfügbarkeit und Sicherung von Ressourcen „ein grausamer Scherz?" (Rappaport 1985, 268).

Sozialraum gebildet werden kann[40] und wie Betroffene auf die städtische Behindertenpolitik Einfluss nehmen und mit der kommunalen Behindertenbeauftragten kooperieren können. Vom „Beispiel Münster" können unzweifelhaft viele Städte oder Gemeinden lernen – steckt doch die politische Partizipation von Menschen mit Lernschwierigkeiten auf kommunaler Ebene derzeit noch in blassen Anfängen. „Es fehlt (noch) an adäquaten Beteiligungsformen/-, Möglichkeiten, Materialien und Informationen für die Partizipation der Betroffenen, z. B. Materialien in ‚leichter Sprache'" (Gaida & Konieczny 2011, 246). Wie wichtig es ist, darauf zu achten, dass Betroffene in kommunalen Behindertenbeiräten eine Stimme bekommen und wie Beiräte für Menschen mit Behinderungen über ein demokratisches Wahlverfahren besetzt werden können, zeigt Windisch (2011) im Rahmen seiner Diskussion einer partizipativen, gerechten, transparenten und effizienten Steuerungsform (*Good Governance*) auf. Hierbei handelt es sich um „eine Art ‚Wahlverfahrenmix'", bei dem „sowohl organisierte als auch nicht-organisierte Menschen mit Behinderung eine gerechte Möglichkeit zu Wahl und Kandidatur (erhalten, G. T.). Die Mitwirkung der Vertreter aus Politik und Verwaltung wird ebenfalls garantiert, wobei auf ein Entscheidungs- und Machtgefälle zugunsten der Betroffenen geachtet wird" (ebd., 238).

Diesem und dem zuvor genannten Beitrag ist unschwer zu entnehmen, dass eine Sozialraumorientierung und damit auch Integration und Inklusion nur bei einer aktiven Aufgeschlossenheit der Träger oder Organisationen der Behindertenhilfe und anderer Instanzen der sozialen Wohlfahrt sowie der breiten Bürgerschaft aus dem Stadtteil oder der Gemeinde gelingen können (dazu auch Fietkau, Kurzenberger & Sack 2018; Tattermusch 2010). Außerdem müssen „sowohl politische Repräsentanten als auch Verwaltungsangestellte ... dazu bereit sein, ihre Entscheidungsmacht mit den Bürgern zu teilen" (Windisch 2011, 230).

Wenngleich diesbezüglich noch vieles auf den Weg gebracht werden muss, gibt es auf dem „breiten Feld" der Sozialraumorientierung schon ein buntes Bild an Beispielen, die ermutigen und von hohem Erfahrungswert sind. Das betrifft nicht nur bemerkenswerte Initiativen aus dem internationalen Raum (z. B. USA), sondern ebenso hiesige Projekte und Vorschläge für ein

---

40 Diesbezüglich gibt es verschiedene Möglichkeiten, zum Beispiel über eine Einberufung aller Heimbeiräte zu einer Vertreterkonferenz in dem entsprechenden Sozialraum, auf der Personen für eine Aktionsgruppe (Sozialraumteam) gewählt werden. Eine andere Möglichkeit besteht darin, nach einer öffentlichen Einladung aller Menschen mit Lernschwierigkeiten und komplexer Behinderung aus einem definierten Sozialraum eine Versammlung für eine Delegiertenwahl vorzunehmen. Dieses Modell hat gegenüber dem ersten den Vorteil, dass nicht in einem Heimbeirat organisierte Personen (z.B. Menschen, die noch im elterlichen Zuhause leben; Personen aus einer Selbstvertretungsgruppe jenseits eines Heimbeirats) direkt mitstimmen und gewählt werden können. Es muss allerdings gut vorbereitet werden (i. R. durch den Behindertenbeauftragen der Stadt) und bedarf womöglich mehrerer Versammlungen, um zu einer Auswahl und Wahl geeigneter Kandidaten zu gelangen.

inklusives Leben von Personen mit Lernschwierigkeiten in einem Sozialraum. Im Folgenden habe ich mehrere Beispiele zusammengestellt, die sich auf Inklusion und Partizipation (Teilhabe) von Menschen mit Lernschwierigkeiten in einem Sozialraum beziehen. Eine Fundgrube an darüber hinausgehenden Beispielen aus der kommunalen Praxis jenseits der fokussierten Behindertenarbeit bietet das soeben von der Montag Stiftung Jugend & Gesellschaft herausgegebene Erfahrungshandbuch „Inklusion ist machbar!" (MSJG 2018).

Beispiele und Anregungen für die Praxis

(1) *Sozialraumorientierte Kinder- und Jugendarbeit auf der subjektzentrierten Ebene*

Peter, ein Schüler mit Lernschwierigkeiten, möchte gerne nachmittags nach seinem Unterricht in einer überregionalen Förderschule an lokalen Freizeitangeboten für Jugendliche im Gemeindehaus einer Pfarrei partizipieren. Über seine Schule ist ihm und seinen Eltern bekannt, dass ein örtlicher Träger der Behindertenhilfe Freizeitangebote für behinderte Kinder und Jugendliche organisiert. Daher wenden sich Peter und seine Eltern an den Behindertenhilfeträger, der in eigenen, an einer (eher abseits gelegenen) Wohneinrichtung angesiedelten Räumlichkeiten einen Freizeit- und Bildungsclub mit unterschiedlichen Aktivitätsmöglichkeiten für behinderte Personen anbietet. Im Rahmen der Debatte um Integration und Inklusion war dem Träger alsbald der separierende Charakter dieses Konzepts klar geworden, weshalb er zunächst dazu überging, sein Freizeitprogramm auch für nichtbehinderte Jugendliche zu öffnen. Diese Öffnung durch Reduktion der Ausgrenzungsformen führte jedoch nicht zu dem erhofften Erfolg einer „inklusiven Freizeitgestaltung", da nur vereinzelt nichtbehinderte Jugendliche aus dem unmittelbaren Wohnumfeld den Freizeitclub aufsuchen. Zudem kommen die teilnehmenden behinderten Kinder und Jugendlichen größtenteils aus anderen Stadtteilen, was der Vorstellung einer wohnumfeldbezogenen Kinder- und Jugendarbeit bekanntlich widerspricht. Diskussionen über das Leitprinzip der Teilhabe sowie über den Ansatz der Sozialraumorientierung veranlassten daraufhin den Träger, sein Freizeitkonzept durch mobile Unterstützungsleistungen zur Teilhabe behinderter Kinder und Jugendlicher an Freizeitangeboten in ihrem Sozialraum weiterzuentwickeln. Davon profitiert heute Peter. Was wurde gemacht? Ausgangspunkt des Programms war zunächst die Erstellung einer *Personenzentrierten Planung* in Verbindung mit einer *Netzwerkanalyse* (dazu Kap. 4), die dem behinderten Kind oder Jugendlichen als Experten in eigener Sache die entscheidende Stimme gibt. Ein entsprechendes Planungsgespräch findet üblicherweise im Beisein mit Eltern und/oder anderen vertrauten Personen statt, das von einer sogenannten Unterstützungsmanagerin im Auftrag des Behindertenhilfeträgers moderiert wird.

Wichtig ist, dass im Rahmen des Planungsgesprächs (1) wichtige Informationen aus der Lebensgeschichte, (2) Freizeitinteressen, Wünsche und Vorlieben, (3) persönliche Stärken und Ressourcen, (4) subjektiv bedeutsame Umgangsformen, (5) bedeutsame Bezugspersonen (Eltern, Freunde, Bekannte), (6) der Gesundheitszustand, (7) die gegenwärtige Situation (was klappt gut, was nicht?), (8) der Unterstützungsbedarf, (9) potenzielle informelle Netzwerke, (10) Informationen über wohnumfeldnahe Angebote bzw. Anbieter im Bereich der Kinder- und Jugendarbeit und (11) die ideale Situation (wie es sein soll, z. B. Integration in einen Verein im Wohnumfeld) beachtet und erfasst werden. Die Ergebnisse münden in die Implementierung eines Aktionsplans, welcher darauf zielt, den Heranwachsenden seinen Freizeitinteressen zufolge in ein reguläres Angebot der offenen Kinder- und Jugendarbeit oder in einen Freizeit- oder Sportverein so zu integrieren, dass er nicht nur geduldet, sondern wirklich angenommen und geschätzt wird. Hierzu hat die Unterstützungsmanagerin eine Vorarbeit zu leisten, indem sie die präferierten lokalen, wohnumfeldnahen Anbieter für offene Kinder- und Jugendarbeit, Jugendverbände oder Vereine, die sich im Bereich der Freizeitgestaltung für Kinder und Jugendliche engagieren, aufsuchen und mit ihnen Möglichkeiten der Integration, Inklusion und Teilhabe entwickeln muss. Ist – wie im Falle von Peter – ein Jugendverband bereit, einen behinderten Schüler aufzunehmen, bedarf es der Vereinbarung einer genauen (planmäßigen) Vorgehensweise, was eine gute Zusammenarbeit vor Ort und Abstimmung zwischen den Akteuren der Behindertenhilfe und der lokalen Jugendarbeit erfordert. Je nach individuellem Unterstützungsbedarf kann es notwendig oder hilfreich sein, einen nichtbehinderten Freund oder Gleichaltrigen, der bereits an den Angeboten der Jugendarbeit partizipiert, als „Peer Buddy“ oder über Freiwilligenagenturen einen informellen Helfer (z. B. Freizeitassistentin) als Begleitperson zur Unterstützung des Integrations- und Inklusionsprozesses einzubeziehen. Auch das sind Entscheidungen, die sich aus der Personenzentrierten Planung ergeben.

In dieser soeben skizzierten Bahn bewegt sich z. B. das saarländische Projekt „Freizeit Inklusive“ (vgl. Fertig 2018). In der Regel handelt es sich hierbei wie im Falle von Peter um Bemühungen einer Einzelintegration, welche in eine inklusive Kinder- und Jugendarbeit überführt wird, die über verschiedene Instanzen (Eingliederungshilfe, Pflegeleistungsergänzungsgesetz, Verhinderungspflege, Stiftungen, Toto-Gesellschaft o. Ä.) finanziert werden kann. So erstrebenswert der beschriebene Weg der Integration und Inklusion ist, so schwierig erweist sich allerdings seine Umsetzung. Erfahrungen aus der Praxis zeigen nämlich auf, dass die Integration und Inklusion „nur schleppend“ (ebd.) vorankommt und bisher nur für wenige Kinder oder Jugendliche mit Behinderung erreicht werden konnte. Unzweifelhaft handelt es sich um eine

„sehr schwierige Aufgabe,... was überhaupt nichts daran ändert, dass sie richtig und notwendig und mit aller Anstrengung anzustreben ist" (ebd., 193). Besondere Schwierigkeiten und pädagogische Herausforderungen ergeben sich dann, wenn behinderte Kinder und Jugendliche an Freizeitangeboten durch strukturelle (räumliche) Barrieren oder mangelnde Zugänglichkeit öffentlicher Freizeitstätten sowie aufgrund von Vorurteilen, Berührungsängsten und Desinteresse von nichtbehinderten Peers ausgeschlossen werden oder von einigen selbstorganisierten Gruppen nichtbehinderter Jugendlicher, die auf das Freizeitleben und die Jugendarbeit in einem Sozialraum Einfluss nehmen, gemobbt, denunziert und diskriminiert werden.

Natürlich besteht neben dem skizzierten Schritt, auf die allgemeine Kinder- und Jugendarbeit zuzugehen, ebenso für einen Verein bzw. Träger der Behindertenhilfe die Möglichkeit, selbst das Heft in die Hand zunehmen, indem z. B. nicht mehr Freizeitangebote für behinderte Menschen an einem einzigen (womöglich randständigen) Ort zentriert werden, sondern dezentral in Sozialräumen offene Kinder- und Jugendtreffs für alle aufgebaut werden (vgl. Fietkau, Kurzenberger & Sack 2018, 108). Dieser Weg macht freilich nur dann Sinn, wenn allgemeine wohnumfeldnahe Angebote für Kinder oder Jugendliche unzureichend sind und kein (konkurrierendes) Nebeneinander an offener oder verbandlicher Kinder- und Jugendarbeit in einem Sozialraum erzeugt wird. Das kann z. B. durch eine Vernetzung von Anbietern im Bereich der Kinder- und Jugendarbeit (Schmidt 2010, 19) sowie durch eine gegenseitig befruchtende Zusammenarbeit zwischen einem Verein (Freizeitanbieter) aus der Behindertenhilfe und der Jugendarbeit vermieden werden. Darüber berichten z. B. die Vereine „Aubinger Tenne" und „Spielratz" (vgl. KJR 2010).

(2) *„Inklusive" Kinder- und Jugendarbeit durch „Sozialraumbegehung"*
Um sicherzugehen, dass Freizeitangebote und Orte wie Jugendhäuser für alle Kinder und Jugendlichen zugänglich sein können, ist, wie schon oben skizziert, eine Sozialraumanalyse geboten, die beispielsweise in München über das Stadtjugendamt gemeinsam mit jungen Menschen und in Zusammenarbeit mit Vertretenden der Bezirksausschüsse als *Stadtteilcheck* unter dem Motto „Auf Herz und Rampen prüfen" seit nunmehr über 10 Jahren Tradition hat und seit 2009 mit einem eigenen Budget finanziert wird (vgl. Hess 2010, 26). Interessant ist, dass dieser Weg Schulgebäude mit einbezieht und für nichtbehinderte Schüler von hohem Erfahrungswert ist – „zum Beispiel, wenn sie mit dem Rollstuhl vor steilen Treppen stehen oder mit Hilfe des Blindenstocks den Bordstein ertasten" (KJR 2010, 27) und darüber hinaus erleben können, „dass eine Behinderung keine Einschränkung sein muss, wenn das bauliche und gesellschaftliche Umfeld stimmt" (Hess 2010, 26). Bemerkenswert ist das Engagement für Inklusion des Stadtjugendamts

München auch an der Stelle, wo das „*Netzwerk Inklusion Praktisch*" ins Leben gerufen wurde, welches ein Forum zum Erfahrungsaustausch sowie zur Kooperation und Organisation von inklusiv gestalteten Ferienangeboten, Festen und Aktionen darstellt, die jungen Menschen, „unabhängig von Geschlecht, Behinderung, Religion, Migration und sexueller Orientierung" eine Teilnahme ermöglichen sollen (Schmidt 2010, 19).

Einigkeit besteht im Lager der Kinder- und Jugendarbeit darin, dass in den kommenden Jahren gezielte Maßnahmen verstärkt werden müssen, um die Kinder- und Jugendarbeit inklusiv auszurichten. „Hierzu gehören grundlegende Jugendhilfeplanungsprozesse aber auch kommunale Leitbildentwicklungen" (BAGLJ 2012, 7). Diesbezüglich zeigen zwei Inklusionsprojekte, ein Sommerferienprogramm und eine inklusive offene Jugendarbeit im Landkreis Breisgau-Hochschwarzwald auf (vgl. LBH 2012; Schwalb 2012), dass (1) das Thema der Inklusion ins Gemeinwesen getragen und positiv besetzt werden kann, (2) „Barrieren im Kopf" beseitigt werden können, (3) eine Akzeptanz für inklusive Angebote bei Jugendlichen mit und ohne Behinderung in Betracht gezogen, weiterentwickelt und unterstützt werden kann, (4) ein besonders guter Zugang über gemeinsame Interessen gefunden werden kann, (5) Berührungsängste abgebaut werden können, (6) Inklusion in der Kinder- und Jugendarbeit kein Selbstläufer ist, sondern der Motivierung, Koordination, Beratung und Unterstützung bedarf, (7) bei zivilgesellschaftlichen Organisationen (Vereinen, Jugendverbänden o. Ä.) ein hohes Interesse an inklusiven Angeboten besteht und (8) bei Organisationen der Behindertenhilfe sowie mitunter bei Eltern noch ein gewisses Maß an Zurückhaltung überwunden werden muss.

(3) *Familien-Selbsthilfe-Initiative "Parents night out"*
In den USA gibt es ein politisches (durchaus umstrittenes) Interesse, dass Familien so lange wie möglich ihren behinderten Angehörigen zuhause betreuen und pflegen sollen. Dadurch sollen v. a. Sozialausgaben eingespart oder Schwierigkeiten, bezahlbaren Wohnraum für ein autonomes (unabhängiges) oder unterstütztes Wohnen zu finden, abgefedert werden. Für betroffene Familien (Eltern) ergeben sich nicht nur Risiken der Überbeanspruchung und Erschöpfung, sondern ebenso der sozialen Isolation, des Rückzugs aus dem gesellschaftlichen Leben und der mangelnden Partizipationsmöglichkeiten am sozio-kulturellen Leben. Vor diesem Hintergrund entstand vor Jahren die Idee der Familien-Selbsthilfe durch selbstorganisierte Zusammenschlüsse oder Nachbarschaftsnetzwerke, um durch freiwillige Dienstleistungen (z. B. Betreuung eines Erwachsenen mit hohem Unterstützungsbedarf am späten Abend, damit seine Eltern eine kulturelle Abendveranstaltung wahrnehmen

können) sich gegenseitig zu helfen oder nachbarschaftliche Unterstützung zu erfahren (vgl. Agosta, Bohling & Wagle 2010).

(4) *Einbindung aller Nachbarn in Seattle (Involving All Neighbors)*
Ziel dieses Programms (dazu Stafford 2010, 6 f.) ist die Inklusion von älteren Menschen mit Behinderungen (*developmental disabilities*) ins Gemeinwesen (Sozialraum). Entwickelt wurde es 1995 vom Department of Neighborhoods Seattle im Rahmen eines gemeindefinanzierten Nachbarschaftstreffens. Auf diesem Treffen wurde mit einer einfachen Frage begonnen, die an alle Teilnehmenden gestellt wurde: „Was macht das Department of Neighborhoods, um Personen mit ‚developmental disabilities' [Lernschwierigkeiten oder Autismus] zu ermutigen, am nachbarschaftlichen Leben im Gemeinwesen zu partizipieren und sich aktiv einzubringen?"
An diesem Treffen hatte auch ein interessierter Selbstvertreter und Sprecher der lokalen People First-Gruppe teilgenommen. Ein befreundeter Nachbar hatte ihn zuvor dem Präsidenten des Bürgervereins, der für das Nachbarschaftstreffen zuständig war, vorgestellt. Daraufhin bekam der People First-Vertreter die Gelegenheit, auf dem Nachbarschaftstreffen öffentlich aufzutreten und zu sprechen. Ein Mitarbeiter des Departments half ihm bei der Vorbereitung seiner Präsentation; und es dauerte nicht lange, bis der People First-Sprecher offiziell zum Vizepräsidenten des Bürgervereins gewählt wurde.

In der Folgezeit (Berichtszeitraum bis 2008) kam es dann zu ganz unterschiedlichen Prozessen der Inklusion: So war z. B. der Präsident einer anderen People First-Gruppe ein eifriger Gärtner, der oft einigen Nachbarn bei der Gartenpflege half. Mit Unterstützung des Assistenten der People First-Gruppe wurde daher eine Anfrage zur Verbesserung des nachbarschaftlichen Parks an den zuständigen lokalen Bürgerverein gestellt; daraufhin erhielt die People First-Gruppe nicht zuletzt aufgrund des Engagements ihres Präsidenten einen kleinen Geldbetrag zum Entwurf einer verbesserten Gestaltung des Parks und zur Umsetzung des Plans.
Zumeist genügte es, ältere behinderte und nicht-behinderte Personen auf Nachbarschaftstreffen unverkrampft zusammenzubringen und Ideen auszutauschen, die dann zu entsprechenden Aktivitäten führten. Ein vom Bürgerverein initiierter Workshop nannte sich z. B. „*Get Involved in Your Neighborhood*". Dort fanden zwei Frauen (davon eine mit Lernschwierigkeiten) zusammen, die sich aus ihrer Kindheit kannten, aber jahrelang keinen Kontakt mehr miteinander hatten. Beide Frauen fanden Interesse an einer Freiwilligentätigkeit, indem sie jeweils im Tandem samstags jungen Patientinnen und Patienten im lokalen Krankenhaus kleine Dienste anboten.

Derlei Aktivitäten zählen heute zu einem sozialen Programm im Gemeinwesen, welches das Leitprinzip der Inklusion mit Leben füllt und hohe Wertschätzung erfährt. Hierfür hatte das Department of Neighborhoods durch seine Öffentlichkeitsarbeit wesentlich beigetragen, die auch andere Gemeinden erreichte und dazu animierte, ältere Menschen mit Lernschwierigkeiten in soziale Freiwilligenprogramme einzubinden.

(5) *Das FRIENDS Program – St. Louis Regional OASIS Center*
OASIS war zunächst ein staatliches Bildungsprogramm mit Freiwilligendiensten für Personen über 50, v. a. für Senioren; seit wenigen Jahren ist es ein Angebot für *alle* älteren Menschen eines Sozialraumes (vgl. ebd., 6). Angeboten werden künstlerische und kreative Programme, Gesundheitsprogramme, Hilfsmittel/Technologie und Freiwilligenservice. Das Inklusionsprojekt begann vor etwa 25 Jahren mit 12 behinderten Menschen (*developmental disabilities*), deren Interessen/Wünsche ermittelt und den nichtbehinderten Teilnehmenden des OASIS Seniorenprogramms vorgestellt wurden. Aus diesem Teilnehmerkreis gelang es einige Personen als freiwillige Unterstützende für alte Menschen mit Behinderungen zu gewinnen (*peer volunteering*). Die Aufgabe bestand in der Integration der behinderten Personen in das reguläre Seniorenprogramm. Die freiwilligen Helfenden fungierten auf Dauer als „Rollenmodelle" für andere Personen, sodass das System des *peer volunteering* immer mehr ausgebaut werden konnte – z. B. als *Buddy-System* im Rahmen unterschiedlicher Angebote jenseits der Behindertenhilfe (z. B. Tanzen und Musik, bildnerisches Gestalten, bei kulturellen Veranstaltungen in der Gemeinde, Ausflüge). Einige Zeit später nahmen über 50 Personen mit Lernschwierigkeiten am OASIS Programm teil; und es wurden mehrere OASIS Seniorenzentren in verschiedenen Stadtteilen von St. Louis aufgebaut. Zudem entwickelte sich ein stabiler Kreis von 25 bis 30 freiwilligen Unterstützenden bzw. Buddies. Allerdings benötigen heute einige der älteren behinderten Menschen, die seit Beginn des Programms dabei sind, aufgrund physischer bzw. altersbedingter Beeinträchtigungen (einschließlich Demenz) neben der informellen Assistenz durch Buddies auch ein gewisses Maß an professioneller Unterstützung in den Seniorenzentren.

(6) *Seniorenzentrum für Personen über 60*
Nach Schu, Kirvel und Oliva (2014, 52, 57, 65 f.) scheint es ausgesprochen schwierig zu sein, im Sinne der Sozialraumorientierung und Inklusion Seniorenzentren für ältere Menschen mit und ohne Behinderungen (Lernschwierigkeiten) als eine „offene Tagesstätte" für gemeinsame Aktivitäten, Bildungs-, Kultur- und Freizeitangebote, Kommunikation, Austausch, Kontakte und Wohlbefinden dauerhaft zu etablieren. So werden häufig behinderte Personen von nichtbehinderten Senioren „schlichtweg abgelehnt" (ebd., 57),

ferner bestehen Berührungsängste und nicht wenige ältere Menschen mit Lernschwierigkeiten scheinen oft speziellen sowie vertrauten Angeboten und Systemen der Behindertenhilfe den Vorzug zu geben. Darüber hinaus neigen Mitarbeitende aus der Alten- und Behindertenhilfe nicht selten zu einem Desinteresse und zu Vorbehalten gegenüber der Idee einer Seniorenstätte für Alle. Vor diesem Hintergrund ist es wichtig, den Aufbau eines inklusiven Seniorenzentrums sorgfältig zu planen und behutsam in den Blick zu nehmen, sodass Schwellenängste beseitigt, alle betroffenen Personen mit oder ohne Behinderungen mit auf den Weg genommen werden können und „das Miteinander für beide Seiten gewinnbringend erlebt" (ebd., 66) werden kann. Hierzu soll die nachfolgende Auflistung zentraler Aspekte und Fragen für ein Programm zur Förderung der Inklusion behinderter Senioren in eine allgemeine Altentagesstätte beitragen:

- Mehrere Vorbereitungstreffen mit Mitarbeitenden der Behindertenhilfe(organisation) und des Seniorenzentrums (Träger Altenhilfe)
- Diskussion der verschiedenen Ideen und Überlegungen im Lichte von Inklusion und Partizipation
- Informationsaustausch über die besonderen Bedürfnisse behinderter Menschen (was sollte jeder wissen?)
- Informationsaustausch über die besonderen Bedürfnisse von Senioren ohne Lernschwierigkeiten (was sollte jeder wissen?)
- Entwicklung eines Programms, das die Belange (auch pflegerische Unterstützungsleistungen) und Interessen aller Senioren, mit und ohne Behinderung, berücksichtigt
- Frage der Akzeptanz behinderter Menschen im Seniorenzentrum
- Frage des Einstiegs
- Schriftliche Vereinbarung zwischen der Behindertenhilfe- und Altenhilfeorganisation zur Zusammenarbeit und Abklärung der Kooperationsformen, Zuständigkeiten und Regiekompetenz
- Vereinbarung eines gemeinsamen Fahrplans und zukünftiger Treffen zur Evaluation/ Reflexion und Fortführung des Programms
- Treffen mit Organisationen/Netzwerkern jenseits der Behinderten- und Altenhilfe (Transportunternehmen, Geschäftsleute o. ä.)
- Durchführung von Schulungen der Mitarbeitenden in Bezug auf gemeinsame Aktivitäten und Programme, kooperative Arbeitsmethoden, Gruppenarbeiten etc. mit behinderten und nicht-behinderten Personen im Alter
- Spezielle Fortbildungen – z. B. über demenzielle Prozesse bei Menschen mit Lernschwierigkeiten

- Aktivitäten arrangieren, die die behinderten Menschen mit Teilnehmenden des Seniorenzentrums bekanntmachen (gemeinsames Kennenlernen)
- Diese Aktivitäten sollten zugleich mit einem Mentorenprogramm verknüpft werden, bei dem Mitglieder des Seniorenzentrums zunächst gemeinsam mit einem/einer professionellen Unterstützenden einen behinderten Menschen begleiten und bei verschiedenen Aktivitäten (innerhalb des Zentrums oder außerhalb im Stadtteil oder in der Gemeinde) assistieren.
- Diese gemeinsamen Aktivitäten sollten interessenbezogen sein und individuelle Talente oder Stärken beachten und wertschätzen.
- Einen Zeitpunkt in Augenschein nehmen, bei dem einzelne nicht-behinderte Mitglieder eigenständig als sogenannte Buddies, Mentoren oder „Sozialpaten" (ebd., 67) fungieren.
- Ziel sollte die Förderung unverkrampfter Beziehungen und "natürlicher" Unterstützungsformen sein.

(7) *Mehrgenerationenwohnanlage*
Lebenswelt- sowie sozialraumorientierte Alternativen zum Leben im Heim oder zum „betreuten Einzelwohnen" bilden Projekte von sogenannten *Hausgemeinschaften* (z. B. des Caritasverbandes für die Erzdiözese Bamberg) oder eines „*Wohnens in einem Mehrgenerationenhaus*" (vgl. Bürkle, Elsäßer & Santos 2016; Fietkau, Kurzenberger & Sack 2018, 105 f). Vor allem Mehrgenerationenwohnanlagen bieten einen quartiersbezogenen, barrierefreien und niedrigschwelligen Lebensraum für ein generationsübergreifendes, nachbarschaftliches Zusammenleben von jungen Familien, Alleinerziehenden mit Kindern, Senioren und Bürgerinnen mit Behinderungen. Das Wohnen in einer Mehrgenerationenwohnanlage offeriert ein breites Spektrum an Möglichkeiten und integrierten Serviceangeboten, von der informellen Unterstützung in der eigenen Wohnung über mobile (ambulante) Pflegeassistenz bis hin zu einer regelmäßigen oder gar 24-Stunden-Hilfe. Ferner zählen oftmals Kindereinrichtungen, Hausaufgabenhilfe, Mütterzentrum, Altentagesstätte, Kontakt- und Clubräume, Mittagstisch, Seniorenbetreuung, Hospiz sowie kulturelle Veranstaltungen zur Angebotspalette. Spielende Kinder gelten in Mehrgenerationshausanlangen als Bereicherung des alltäglichen Lebens. Das gilt gleichfalls für ältere oder behinderte Mitmenschen. Ziel ist es, möglichst jede Eigentümerin oder jeden Mieter einer Wohnung in einer Mehrgenerationenhausanlage in das alltägliche Leben einzubinden (z. B. im Rahmen von Hauskommissionen und selbstorganisierten Dienstleistungen). Dadurch kann v. a. bei behinderten oder auch älteren Menschen das Gefühl, gebraucht und gefordert zu werden, vitalisiert werden. An dieser Stelle schimmert ein modernes Verständnis von Behinderung und Alter durch. Insofern sollte die

Behindertenhilfe den Dialog mit der Altenhilfe suchen, um die Entwicklung eines gemeinsamen Konzepts eines Wohnens und Lebens in Inklusion zu befördern.

(8) *„IncluCity Cologne"*
Hinter „IncluCity Cologne" verbirgt sich ein im Jahre 2002 von der Heilpädagogischen Fakultät der Universität zu Köln initiiertes Projekt, bei dem sich Aktivisten aus der Selbstvertretungsbewegung von Menschen mit Lernschwierigkeiten mit nichtbehinderten Personen, Studierenden und Dozentinnen an der Uni Köln sowie Persönlichkeiten aus der Kommunalpolitik und dem öffentlichen Leben zusammengeschlossen haben, um gemeinsam Wege zu erschließen, wie sich die Stadt Köln zu einer „inklusiven Stadt" entwickeln kann (vgl. Dreher 2011). Dabei wurde von folgender Zielsetzung ausgegangen: „In Köln sollen Lebensbedingungen (Wohnen, Arbeiten, Freizeit, Verkehr und Lernen) so gestaltet werden, dass alle Bürgerinnen und Bürger viele verschiedene Unterstützungsmöglichkeiten vorfinden. Daraus sollen sie auswählen können, was für sie sinnvoll ist" (zit. n. ebd., 183). Die verschiedenen Unterstützungsmöglichkeiten sollen im Rahmen von Stadtteilerkundungen und Gesprächen zwischen den teilnehmenden Menschen mit Behinderungen und Verantwortlichen aus Politik und Verwaltung sowie Trägern der Behindertenhilfe gemeinsam entwickelt werden. Auf diese Weise sollen „passgenaue und personenbezogene Unterstützungen entstehen" (ebd.). Dementsprechend sind in den vergangenen Jahren auf der Grundlage sogenannter Zukunftswerkstätten unterschiedliche Themen aufgegriffen und bearbeitet worden. Das gilt z. B. für die Frage der Rollstuhlzugänglichkeit öffentlicher Gebäude, indem Stadtteilbegehungen durchgeführt und per Videoaufzeichnungen Barrieren festgehalten wurden. Dieses Thema war mehrere Jahre bedeutsam und führte u. a. zu einer Karte von der Kölner Südstadt, aus der barrierefreie Orte und fehlende Zugänglichkeiten hervorgingen. Neben dem Projekt „Barrierefreiheit in Köln" gab es Veranstaltungen zum Europäischen Jahr der Menschen mit Behinderungen, Wochenendseminare mit der VHS Köln zum Thema „In Köln leben – dazugehören wollen – mitbestimmen dürfen" sowie eine Initiative zur Erstellung einer Wahlbroschüre in verständlicher Sprache für die Kölner Kommunalwahlen. Außerdem fand mit Vertretenden aus der Stadtverwaltung und Kommunalpolitik eine Wochenendwerkstatt zum Thema „Wohnen in Köln" statt, wobei auch über die Funktion der schon erwähnten KoKoBe des Landschaftsverbandes Rheinland (NRW) berichtet wurde. Ein weiterer Schwerpunkt waren Fortbildungen auf dem Gebiet der Selbstvertretung von Menschen mit Lernschwierigkeiten oder Behinderungen, Veranstaltungen zu Themen wie Inklusion, Mitbestimmung und Mitwirkung, die Erstellung eines Stadtführers für Köln in „Leichter Sprache", ein Workshop mit dem Titel „Unsere

Selbstvertretung in Köln. IncluCity Cologne“ im Rahmen einer internationalen Fachtagung über „Erwachsenenbildung und Empowerment“ behinderter Menschen sowie ein internationaler Austausch mit Expertinnen der Behindertenarbeit in Polen (vgl. ebd.). Bot zunächst die Heilpädagogische Fakultät der Universität zu Köln der Initiativgruppe „IncluCity“ Räume für ihre Treffen an, so finden mittlerweile seit einigen Jahren die Begegnungen und Gespräche in Räumlichkeiten der KoKoBe Köln Mühlheim und Köln Süd statt. Dadurch soll u.a. eine Sozialraumorientierung befördert werden (vgl. Kölner Stadt-Anzeiger 2015).

(9) *Sprachliche Barrieren überwinden*

Hierzu macht die Montag Stiftung Jugend & Gesellschaft (2018, 197 ff.) bemerkenswerte Vorschläge. Ausgangspunkt ist die Beobachtung, dass es nicht nur viele Menschen mit Lernschwierigkeiten gibt, die kaum lesen können oder erhebliche Schwierigkeiten haben, Texte in üblicher Sprache zu verstehen, sondern ebenso eine wachsende Zahl an Mitbürgern aus Flüchtlingsgebieten oder mit Migrationshintergrund und geringen Kenntnissen der deutschen Sprache. Vor diesem Hintergrund sollten auf jeden Fall behördliche Schreiben und Informationen in „Einfacher Sprache“ oder je nach Zielgruppe mehrsprachig oder in „Leichter Sprache“ verfasst werden. Wünschenswert wäre es, wenn sich darüber hinaus auch private Organisationen, Betriebe oder Geschäfte einer zugänglichen Sprache bedienen würden. Hierzu ein bemerkenswertes Beispiel einer sogenannten Apothekentafel:

„Die Apothekentafel ‚UKAPO‘ (Unterstützte Kommunikation in der Apotheke) hilft beim Abbau von Sprachbarrieren im Gesundheitswesen: In einem Ringbuch sind umfassende Bildkärtchen zusammengestellt, die Menschen helfen, ihre Beschwerden zu beschreiben. Entwickelt wurde die Apothekentafel in einem vierjährigen Forschungsprojekt der Carl von Ossietzky Universität Oldenburg“ (199).

(10) *„Schritte aufeinander zu“*

Unter dieser Überschrift werden Maßnahmen gefasst, die „unverkrampfte“ Begegnungen in einem Sozialraum und sozio-kulturelle Teilhabeprozesse behinderter Menschen ermöglichen. Das betrifft Angebote (Freitagstreffs) mancher KoKoBe aus dem Rheinland ebenso wie die Nutzung von Räumen in Bürgerzentren für durch freiwillig Tätige (*volunteers*) organisierte „offene“ Begegnungen (z.B. Cafénachmittag, Seniorentreff, Musik- oder Kunstgruppe, Kegeln …) von älteren Menschen mit oder ohne Behinderungen. Erstrebenswert ist es, nicht nur nichtbehinderte Personen, sondern ebenso ältere Menschen mit Behinderungen für freiwillige Tätigkeiten zu motivieren (vgl. Schu, Kirvel & Oliva 2014, 26, 86). Allerdings ist die Gewinnung von

Freiwilligen kein Selbstläufer – erfordert sie doch stetige Öffentlichkeitsarbeit sowie persönliche Ansprache und gute Kontakte zu „Schlüsselpersonen“ (z. B. Ortschaftsvorsteher, Geschäftsleute, Pfarrer) und sozialen Dienstleistern (Behindertenhilfe) in einem Sozialraum.

Bemerkenswert sind auch gezielte Initiativen wie z. B. des *Martinsclubs Bremen*, um Volkshochschulen, Vereine, Verbände sowie andere Anbieter im öffentlichen Raum (z. B. Atelierwerkstatt) für inklusive Kurse, gesellige Aktivitäten oder Seniorennachmittage zu gewinnen. Neben Freizeitangeboten finden sogenannte Bingo-Veranstaltungen, die sogar in Einkaufszentren durchgeführt werden, unter Senioren mit oder ohne Behinderungen wachsenden Zuspruch (vgl. ebd., 58).

Eine weitere Chance für Inklusion bieten Projekte, die durch *Freizeitassistenz* oder sogenannte *Sozialpartnerschaften* (ebd. 40) älteren Menschen mit Behinderungen die Teilnahme an kulturellen Veranstaltungen sowie am öffentlichen Leben ermöglichen. Neben dem Hallenser Verein *IDEAL* (vgl. Arbeitsgruppe IDEAL e. V. 2010) und anderen ähnlich gelagerten Initiativen wie z. B. die Essener *„Aktion Menschenstadt“* (vgl. Herrmann 2018) oder das Projekt *BRIDGE* in Baden-Württemberg (vgl. Fietkau, Kurzenberger & Sack 2018) sei der Hamburger *Kulturschlüssel* vom Verein Leben mit Behinderung genannt, der nicht nur nach freiwilligen Helfern Ausschau hält, sondern sogar Freikarten zu kulturellen Veranstaltungen organisiert (vgl. Schu, Kirvel & Oliva 2014, 58).

Nicht selten stoßen wir bei Mitarbeitenden aus der Behindertenhilfe auf die Befürchtung, dass durch den Einsatz von Freiwilligen Arbeitsplätze vernichtet würden und die professionelle Arbeit entwertet würde (vgl. ebd. 68). Tatsächlich handelt es sich jedoch um eine für eine „inklusive“ Bürgergesellschaft notwendige Erweiterung der sozialen Unterstützungsleistungen für Menschen mit Behinderungen, unbehindert am sozio-kulturellen Leben partizipieren zu können.

Darüber hinaus möchte ich unspektakuläre, einfach organisierbare Möglichkeiten nicht unerwähnt lassen, so beispielsweise Kirchengemeinden oder Kindertagesstätten, die „offene Treffs“, Mütterkreise, Tauschbörsen oder Flohmärkte anbieten; die Öffnung von Sportvereinen für Integration und Freizeitgestaltung, lokale Begegnungsstätten, „offene Cafés“ oder „offene Kultur-Treffs“, inklusive Kunstprojekte oder Kulturtage und vieles mehr (dazu Fietkau, Kurzenberger & Sack 2018, 103 f.). Als besonders erfolgreich gelten kleine Projekte. So ergreifen z. B. auf der Grundlage bürgerschaftlichen

Engagements immer mehr Schulen und Vereine selbst Initiativen, um Freizeitangebote für Menschen mit und ohne Behinderungen zu organisieren. Häufig haben engagierte Personen gute Beziehungen vor Ort zu Wirtschaft und Politik. Über solche persönlichen Kontakte lassen sich soziale Angebote häufig einfach und recht unbürokratisch regeln. Solche Prozesse gilt es zu unterstützen und wert zu schätzen. Ein Beispiel aus Villingen zeigt, dass nach dreijähriger systematischer Gemeinwesen- bzw. Öffentlichkeitsarbeit (durch Begegnungstage, Nutzung pastoraler Räume, Kontakt zu Vereinen, Schulen, runder Tisch) etwa 200 Bürger, Erzieherinnen aus Kindertagesstätten, Schulleiterinnen, Journalistinnen, Polizisten oder Gemeindehelferinnen, die als Multiplikatoren fungieren, als freiwillige Helfer gewonnen werden konnten und nunmehr selbst im Sinne der Behindertenrechtskonvention öffentliche Bewusstseinsbildung betreiben (Hoch 2010, 10; 2011, 226). Denn Inklusion kann nur dann fruchtbar werden, wenn auch „Barrieren in den Köpfen" beseitigt sind. Solidarität, Gemeinsinn, die Bereitschaft für ein freiwilliges soziales Engagement sowie zivile Verantwortlichkeit sind nämlich in unserer Gesellschaft gegenüber behinderten Menschen noch keineswegs selbstverständlich (Seifert 2001, 211; Clement & Bigby 2009, 270; auch MSJG 2018, 78 ff.).

„Barrieren in den Köpfen" scheint es allerdings nicht nur in der nichtbehinderten Bevölkerung, sondern ebenso (noch) bei Mitarbeitenden in der Behindertenhilfe zu geben, v. a. bei jenen, die Menschen mit einer (schweren) komplexen Behinderung assistieren. So ist einer veröffentlichten Studie von McConkey und Collins (2010b) zu entnehmen, dass für Mitarbeitende, die in der Arbeit mit sogenannten (geistig) schwer(st) behinderten Personen tätig sind, alltägliche Versorgungsaufgaben (*care tasks*) eine höhere Priorität haben als die Unterstützung einer aktiven gesellschaftlichen Teilhabe der betroffenen Menschen. Im Unterschied zu Kolleginnen, die Menschen mit (leichten) Lernschwierigkeiten im Rahmen eines unterstützten Wohnens (*supported living*) assistieren, betrachten Mitarbeitende in der Arbeit mit sogenannten (geistig) schwer(st) behinderten Personen die Teilhabeorientierung häufig nicht als ihre Aufgabe, ferner fehlt es an Zeit, Initiative, aber auch Phantasie, mit Menschen mit komplexer Behinderung sozio-kulturelle Bezugsfelder zur aktiven Teilhabe aufzusuchen (dazu auch Clement & Bigby 2009). Des Weiteren wird Menschen mit (schwerer) komplexer Behinderung ein mangelndes Interesse an gesellschaftlicher Teilhabe unterstellt, oder es wird davon ausgegangen, dass für diesen Personenkreis eine Teilhabeorientierung, z. B. durch Aufbau und Förderung sozialer Netze, nicht bedeutsam sei. Anstelle einer *community participation* (Teilhabe) wird allenfalls eine *community presence* (Anwesenheit) in den Blick genommen, die jedoch nur der einen Seite der Medaille entspricht, was unter gesellschaftlicher Inklusion im Sinne der UN-Behindertenrechtskonvention verstanden wird. So ist beispielsweise die aktive Teilnahme von Menschen mit komplexer Behinderung an einem von Künstlerinnen angebotenen Malkurs in einer Volkshochschule etwas anderes als der wöchentliche Ausflug ins Grüne mit einer abschließenden Einkehr in ein Fast-Food-Restaurant. Diesbezüglich wird von Clement und Bigby (2009, 272) kritisch vermerkt:

„A key factor appears to be how willing and capable are support staff in identifying potential activities that support community participation. (…) Attending a coffee morning at the same church each week has greater possibilities for community participation than driving 35 km to eat at McDonald's, which was a trip recorded in an Activity Log. Once in these settings (gemeint sind Wohngruppen mit geistig schwer[st] behinderten Menschen, G.T.), serviceworkers must have the willingness, knowledge and skills to exploit available opportunities and strengthen any relationships when they see them happen, especially for more severely intellectually disabled people."

Daher empfehlen McConkey und Collins (2010b, 698) eine gezielte Mitarbeiterschulung im Hinblick auf Partizipation (Teilhabe) und Inklusion für Menschen mit (schwerer) komplexer Behinderung.

Für die hiesige Behindertenhilfe ergibt sich zudem die Notwendigkeit der Neujustierung ihrer Arbeit, indem sie sich von ihrem bisherigen institutionsbezogenen Denken, Planen und Handeln verabschieden und die Zusammenarbeit mit allgemeinen Dienstleistungssystemen sowie Kooperationen mit freiwilligen Helfern und nichtbehinderten Bürgerinnen als Partner und Unterstützende aufsuchen muss. Diese Umorientierung, Hoch (2010, 6) spricht hier mit Blick auf die „klassischen Wohlfahrtsträger" von einer „Rückbesinnung auf gemeinwohlorientierte Aufgaben", ist angesichts der Selbstverzweckung des Systems der Behindertenhilfe nicht einfach, aber zur Förderung einer inklusiven Gesellschaft und inklusiven Kultur unabdingbar. Wir können hier einiges am Beispiel USA, wo das freiwillige bürgerschaftliche Engagement Tradition hat, lernen (dazu Kap. 3). Bemerkenswert ist, dass durch die Einbeziehung freiwilliger Helfenden in ein Unterstützungssystem (z. B. über *circle of supports* oder *circle of friends*) ein hohes Maß an Lebensqualität und Kundenzufriedenheit erreicht werden kann. Freilich darf die Subjektseite (Stimme des behinderten Menschen) im Rahmen der sozialraumorientierten Arbeit nicht übergangen werden. Dazu bietet sich wohl bemerkt die Personenzentrierte Planung in Verbindung mit einer Netzwerkanalyse an (Kap. 4), die darauf ausgerichtet ist, nicht nur einen individuellen Unterstützungsbedarf zu eruieren, sondern die eingebundenen Bezugspersonen und Lebenswelten der Personen als wertvolle sozialraumbezogene Ressourcen mit in den Blick zu nehmen (vgl. Kopyczinski 2017).

Tatsache ist, dass unsere Gesellschaft (insbesondere auch durch das BTHG) vor einer Reihe bedeutsamer sozialer Herausforderungen steht, die nicht allein vom Staat, von Fachverbänden oder von Fachkräften gelöst werden können, sondern Partnerschaften und Kooperationsformen mit möglichst vielen und engagierten Menschen einer Gemeinde benötigen. Dafür steht letztlich der Begriff der Bürgergesellschaft. Sie kann freilich nur dann funktionieren, wenn sich Politik, Kommunen, Wirtschaft, Dienstleistungserbringer sowie der dritte Sektor (selbstorganisierte Bürgerinitiativen, Selbsthilfegruppen etc.) auf Leitprinzipien und Grundsätze einer demokratischen und humanen Gsellschaft für Menschen mit und ohne Behinderungen einlassen. Die Behindertenrechtskonvention als Vehikel für Inklusion hat hier ihren Platz.

Kapitel 3

Behindertenarbeit vom Menschen aus – dargestellt am Beispiel von Kalifornien (USA)

Die Vereinigten Staaten von Amerika (USA) gelten mit Kanada und den skandinavischen Ländern weltweit führend auf dem Gebiet der Behindertenarbeit. Empowerment[41] und Inklusion, die beiden bedeutsamsten Wegweiser moderner Behindertenarbeit, aber auch fortschrittliche Konzepte wie Deinstitutionalisierung und *Community Living* (Leben in der Gemeinde), *Supported Living* (Unterstütztes Wohnen) oder *Supported Employment* (Unterstützte Beschäftigung), stammen aus Nordamerika und spielen in der Behindertenhilfe in den USA schon seit geraumer Zeit eine prominente Rolle. Das hatte mich vor einigen Jahren dazu veranlasst, das System der Behindertenarbeit in den USA einmal genauer zu untersuchen. Dabei galt mein besonderes Interesse dem Staat Kalifornien, v. a. dem Großraum Los Angeles mit etwa 14 Mio. Einwohner, wo ich seit über zehn Jahren die Gelegenheit nutze, die Situation von Menschen mit Lernschwierigkeiten, komplexer Behinderung

---

41 Welchen herausragenden Stellenwert dem Empowerment-Gedanken zukommt, wird daran sichtbar, dass von mehreren Gemeinden mit insgesamt etwa 2,5 Mio. Einwohnern in der Los Angeles Area das Jahr 2012 als „The Year of Empowerment" ausgerufen wurde. Durch zahlreiche Veranstaltungen zu Themen wie Umwelt, wirtschaftliche Entwicklung, soziale Unruhen, Kunst und Kultur, Entwicklung des Gemeinwesens, öffentliche Sicherheit und Gerechtigkeit, Gesundheit, humane Dienste, Dienste für Senioren, Erziehung und Behinderung sollen Bürgerinnen dazu angestiftet werden, sich als „collective voice" in ihren Gemeinden gesellschaftspolitisch zu engagieren und für mehr Lebensqualität einzusetzen (vgl. Empowerment Congress 2012). Anfänge dieser kommunalen Empowerment-Initiative reichen zurück ins Jahr 1992, als der Aufbau einer „dynamischen Partnerschaft" im Gemeinwesen zwischen nachbarschaftlichen Gruppen, Bewohnern eines Stadtteils, freiwillig engagierten Bürgern, Non-Profit-Organisationen, Geschäftsleuten, religiösen Einrichtungen und der kommunalen Politik und Verwaltung auf den Weg gebracht wurde.

und Autismus genauer zu studieren (dazu ausführlich Theunissen 2014; Theunissen u.a. 2018).

Bis heute verfügt Kalifornien über ein durchorganisiertes System der Behindertenhilfe, in dem sogenannten Regional Centers eine Schlüsselfunktion zukommt. Daher werde ich zunächst das System der Regional Centers vorstellen, bevor ich auf andere Dienstleister und Angebote eingehe, die sich auf eine lebensweltbezogene Behindertenarbeit und Sozialraumorientierung beziehen. An dieser Stelle möchte ich zugleich anmerken, dass im Unterschied zu Deutschland der in Kapitel 2 beschriebene Ansatz der Sozialraumorientierung in Verbindung mit dem Aspekt der Teilhabe, einer systematischen Sozialraumerschließung und -analyse sowie einer entsprechenden Teilhabeplanung für die kommunale Behindertenarbeit dem Leitgedanken der Lebensweltorientierung aus der Subjektperspektive untergeordnet wird. Eine Erklärung bietet die Tatsache, dass die soziale Inklusion behinderter Menschen in den meisten Gemeinden im Großraum von Los Angeles bereits einen Grad der Selbstverständlichkeit erreicht hat, von dem wir hierzulande noch weit entfernt sind. So macht sich z.B. seit den letzten Jahrzehnten in der US-amerikanischen Bevölkerung – wenngleich gepaart mit einer Wohltätigkeitsmentalität (*„charity“* – so Strully 2012) – eine wachsende Aufgeschlossenheit und positive Haltung gegenüber behinderten Menschen bemerkbar, wozu zweifellos die Bürgerrechts- und Empowermentbewegungen behinderter Personen und ihrer Eltern, die gesellschaftliche Einstellung gegenüber Kriegsveteranen, die Schulgesetzgebung seit 1975, die „Section 504 of the Rehabilitation Act“ von 1973 sowie der „American Disability Act“ (ADA) von 1990 entscheidend beigetragen haben (Theunissen 2013). Die beiden zuletzt genannten Bundesgesetze verbieten jegliche Ausgrenzung oder Diskriminierung aufgrund von Behinderung (vgl. LAUSD 2007, 98ff.). Während v.a. Section 504 den freien Zugang behinderter Personen zu allen Erziehungs- und Bildungsprogrammen sowie Dienstleistungen in einem Schuldistrikt regelt, untersagt der ADA jede Form von Diskriminierung behinderter Menschen sowohl in öffentlichen Einrichtungen als auch im privaten Arbeits- und Dienstleistungsbereich. Freilich gilt es trotz dieser Errungenschaften und Entwicklung an dem Projekt Inklusion in einer multikulturellen Gesellschaft weiterzuarbeiten: „While we have made enormous strides to integrate children and adults with developmental disabilities into the community life, social acceptance and full inclusion continue to elude us. We must continue to work diligently to bring down barriers“ – so die Stimme der kalifornischen Regional Centers (FDLRC o.J.b, 6; auch ASLS 2017; GGRC 2017).

Regional Centers (RC)

Im Unterschied zu anderen US-Staaten gibt es in Kalifornien RC, deren prominente Aufgabe darin besteht, alle Dienstleistungen und Unterstützungsformen für Menschen mit *developmental disabilities* (DD)[42] zu koordinieren. Dieses System der RC wird von nicht wenigen Fachleuten als vorbildlich und nachahmenswert für die gesamten USA eingeschätzt.

Bis vor wenigen Jahrzehnten war es – wie in Kap. 1 beschrieben – auch in den USA üblich, Menschen mit Lernschwierigkeiten und einer komplexen Behinderung (ID/DD) in großen Institutionen zu hospitalisieren. So gab es z. B. in Kalifornien 1966 sieben staatliche Institutionen, in denen 13.200 Personen mit ID/DD unter menschenunwürdigen Bedingungen ein tristes Leben fristen mussten (FDLRC 2006). Diese Situation stand bereits seit den späten 1950er-Jahren im Kreuzfeuer der Kritik, welche v. a. von Eltern behinderter Kinder artikuliert wurde (FDLRC o. J. b). Der elterliche Protest, der zu selbstorganisierten Empowerment-Gruppen und Vereinigungen führte (z. B. The Arc), fand in Kalifornien politisches Gehör, was dazu führte, dass unter der Regie von Frank D. Lanterman, einem einflussreichen Landespolitiker, mit der Gründung von zwei RC in San Francisco und Los Angeles ein Pilotprojekt zur Verbesserung der Lage behinderter Menschen auf den Weg gebracht wurde. Zentrale Aufgaben der RC bestanden darin, Bedürfnisse von Menschen mit DD zu erschließen und entsprechende Dienstleistungssysteme zu entwickeln, ihren Aufbau zu fördern und zu unterstützen sowie die Maßnahmen zu koordinieren und zu evaluieren. Dabei ergab sich die Präferenz für ein gemeindebezogenes *(community-based)* Unterstützungssystem, die mit dem *Normalisierungsprinzip* Hand in Hand ging, welches in der zweiten Hälfte der 1960er-Jahre durch seine Repräsentanten N. Bank-Mikkelson und B. Nirje in Kalifornien bekannt gemacht wurde. Angesichts der positiven Entwicklung und Ergebnisse wurde daraufhin von F. D. Lanterman ein Gesetzentwurf in die kalifornische Landesversammlung eingebracht, der vorsah, flächendeckend 21 RC (jeweils für eine Region mit ca. 1 Mio. Einwohner)[43] zu implementieren.

1969 wurde der entsprechende politische Beschluss gefasst, dem bis heute in seiner aktuellen Formulierung als *„Lanterman Developmental Disabilities*

---

42 Gemeint sind unter „people with developmental disabilities" (DD) Personen mit organisch bedingten Lernschwierigkeiten (geistiger Behinderung), komplexer Behinderung (organisch bedingten kognitiven und physischen Beeinträchtigungen) sowie Menschen aus dem Autismus-Spektrum (siehe dazu auch mein Vorwort). Unter „people with intellectual disabilities" (ID) werden Personen mit organisch bedingten und darüber hinaus auch mit sozial erworbenen (milieubedingten) Lernschwierigkeiten gefasst.

43 Im Großraum Los Angeles gibt es sieben Regional Centers, die inzwischen etwa 50 % aller Personen mit DD, welche in Kalifornien leben, erfasst haben und unterstützen.

Services Act" eine prominente Bedeutung zukommt. Mit den RC wurde zugleich der Weg für eine Deinstitutionalisierung, langfristige Verkleinerung und Schließung der staatlichen Großeinrichtungen geebnet[44], die seit 1978 als *state developmental centers* bezeichnet werden.

Beflügelt durch die US-amerikanische Bürgerrechtsbewegung in den 1960er-Jahren gründete dann eine von Ed Roberts angeführte Gruppe körper- und sinnesbehinderter Menschen ein erstes *Center for Independent Living* in Berkeley (CA). Heute gibt es in den USA etwa 500 solcher Zentren (FDLRC 2006, 9 f.). 1973 kam es zur Gründung erster People First-Gruppen in Kalifornien, die Menschen mit ID/DD repräsentieren und sich zum Teil gemeinsam mit dem *Independent Living Movement* für ein *„model for empowerment and supported living"* (ebd., 10) engagieren (dazu auch Theunissen 2013, 88 ff.).

Vor diesem Hintergrund sowie auf der Grundlage weiterer Gesetze (z. B. im Hinblick auf frühe Erziehung und schulische Bildung behinderter Kinder; Beschäftigung behinderter Menschen auf dem ersten Arbeitsmarkt) waren die RC bestrebt, möglichst rasch in ihren Regionen ein wunsch- und zeitgemäßes

---

44 Wie sich dieser Prozess in den USA quantitativ und qualitativ vollzogen hat, ist den Beiträgen von Prouty, Lakin & Coucuvanis (2007), Scott, Lakin & Larson (2008), Felce & Perry (2007) und Stancliffe & Lakin (2007) zu entnehmen. Demnach leben heute in den USA über 70 % aller Menschen mit ID/DD, die nicht in ihrem Herkunftsmilieu wohnen, im supported living, independent living, in smaller group homes (1–3 Plätze) oder in larger group homes (4–6 Plätze).
In Kalifornien lebten 2003 „more than 87 % percent of residents with ID/ DD receiving residential services (. . .) in locations with fewer than 16 individuals" (Waldman & Perlman 2006, 237) und 2006 etwa 87 % in Wohnformen bis zu sechs Plätzen und 10 % in Einrichtungen über 16 Plätzen (Prouty et al. 2007). Im Hinblick auf Lebensqualität (quality of life) lassen sich auf der Grundlage zahlreicher Forschungen und Meta-Analysen folgende Ergebnisse und Erkenntnisse festhalten: (1) Die Zufriedenheit behinderter Menschen mit häuslichen Wohnformen bis zu sechs Plätzen ist am größten; (2) häusliche Wohnformen mit bis zu sechs Plätzen sind größeren Wohngruppen oder dem Leben in einem Heim deutlich überlegen. „Community-based services are superior to institutions" (Mansell & Beagle-Brown 2010, 106 f.). (3) Einsamkeit oder Vereinzelung stellt eher ein Problem größerer Gruppen dar (Stancliffe & Lakin 2007, 439); (4) je kleiner und häuslicher die Wohnform, desto größer der Grad an Selbstbestimmung und Wahlmöglichkeiten (choices), Aktivitäten im Gemeinwesen, community presence und community participation. (5) Ferner haben kleine Wohnformen günstige Auswirkungen auf stabile, informelle soziale Netzwerke (Kozma, Mansell & Beadle-Brown 2009, 195, 197). Die Beobachtungen müssen allerdings relativiert werden: Entscheidend für diese positiven outcomes sind Einstellungen und Unterstützungsleistungen von Mitarbeiter (staff), so zum Beispiel: „staff practices and empowerment were found to be crucial in promoting choice" (Kozma et al. 2009, 199); ferner stellen „facilitative assistance" und „active support" (dazu Kap. 4) handlungspraktische Schlüsseldeterminanten (key determinants) dar (Mansell & Beagle-Brown 2010, 107), die vor allem bei Menschen mit schweren DD zum Tragen kommen müssen; denn ein unterstützes Wohnen (supported living), das informelle Unterstützung fokussiert, reicht bei diesem Personenkreis nicht aus (Stancliffe & Lakin 2007, 432, 435, 440 f.; Kozma et al. 2009, 213); hinzu kommt, dass das Leben in häuslichen Wohnformen bis zu sechs Plätzen noch kein Garant für einen Abbau von Verhaltensauffälligkeiten oder Hospitalisierungsschäden ist (Kozma et al. 2009, 204, 213); soll es im Hinblick auf Verhaltensauffälligkeiten oder psychische Krisen präventiv und therapeutisch bedeutsam sein, bedarf es einer Positiven Verhaltensunterstützung durch professionelle und informelle Interventionen (dazu Theunissen 2019; 2021). Gleichwohl wird bis heute das supported living sehr positiv bewertet (vgl. ASLS 2017; JNCS 2017; FDLRC 2016; Shepard 2017). Das gilt ebenso für Menschen mit hohem Unterstützungsbedarf und herausforderndem Verhalten, wenn das Wohnen im Gemeinwesen eine personenzentrierte und ggf. 24-stündige oder intensive pädagogisch-therapeutische Unterstützung vorsieht (vgl. Martin, Ashworth & Montague 2012).

Dienstleistungssystem aufzubauen und Prozesse der Deinstitutionalisierung zu unterstützen. Wurden sie hierzu vonseiten des zuständigen Department of Developmental Services der Regierung Kaliforniens, das seit 1978 als selbstständige Abteilung (unabhängig vom Department of Public Health) geführt wird, zunächst in ausreichendem Maße finanziell unterstützt, kam es später angesichts des staatlichen Haushaltsdefizits häufig zu Finanzierungsproblemen, durch die einige Vorhaben auf dem Gebiet der Deinstitutionalisierung und des Community Livings ausgesetzt bzw. zeitlich verschoben werden mussten. So wohnten 1985 noch etwa 7.000 Menschen mit DD in acht staatlichen Großeinrichtungen. Zeitgleich wurden von den RC nahezu 80.000 Personen mit DD bedient. Derzeit leben noch etwa 900 Menschen mit DD in staatlichen Institutionen und die Anzahl an behinderten Personen, für die die RC Unterstützungsleistungen anbieten, liegt bei etwa 280.000.

Immer wiederkehrende finanzielle Engpässe der RC stellen bis heute ein großes Problem dar (FDLRC 2016b; 2017; Theunissen u.a. 2018, 713f.). Sie haben dazu geführt, dass der Staat Kalifornien vor wenigen Jahren die Aufnahme *(Statement of Eligibility)* in das System der RC leicht erschwert und die Kostenübernahme einiger Angebote (freiwillige Leistungen für Familien im Früh- und im Freizeitbereich; Freizeitaktivitäten und -veranstaltungen; musik-, kunst-, beschäftigungs- und physiotherapeutische Maßnahmen; sogenannte Außenseitermethoden) gestrichen oder gekürzt hat, um „Kernaufgaben" *(community living* u.Ä.) sicherstellen zu können. Ferner ist ein Unterstützungsmanager *(service coordinator)* der RC nicht mehr wie einige Jahre zuvor für maximal 66 Klienten, sondern für etwa (z.T. über) 100 Personen mit DD zuständig (Howle 2010, 3; FDLRC mündliche Mitteilung 2012; 2016). Das birgt die Gefahr, dass für Personenzentrierte Planungen (*person-centered planning*) nicht mehr ein notwendiges Maß an Zeit, Geduld und (kreativer) Investition aufgebracht werden kann, was ein „zielstrebiges Vorgehen" *(straight procedure)* und eine „bürokratische Vereinnahmung" *(„bureaucratically simplification and handling")* zur Folge hat (so O'Brien 2011). Dies kann ich nach meinen Beobachtungen bestätigen.[45] Zudem werden in zunehmendem Maße im Rahmen der Programmplanungen vonseiten der RC (Unterstützungsmanager) Kosten mit ins Spiel gebracht. Viele Unterstützungsmanagerinnen fühlen sich zudem überlastet, weshalb nicht wenige schon nach zwei Jahren ihren Job wechseln. Ferner ist es in Anbetracht vieler arbeitssuchender Personen im Niedriglohnbereich schwierig, Menschen mit DD auf dem ersten Arbeitsmarkt zu vermitteln, sodass (zusätzliche) tagesstrukturierende Aktivitäten offeriert werden müssen, die

45 Andererseits halten einige Dienstleistungsorganisationen wie TdSF, ASLS und JNCS (dazu später) gemeinsam mit zuständigen Unterstützungsmanagern der RC an einer wertschätzenden, subjektzentrierten Haltung und Planungspraxis uneingeschränkt fest.

sich einerseits auf Einrichtungen wie z. B. *activity day centers* beziehen, in denen zum Teil Ehrenamtliche (nichtbehinderte High School Absolventen) mitwirken. Andererseits wird verstärkt das bürgerschaftliche Engagement *(volunteering)* behinderter Menschen (dazu später) unterstützt.

Gleichwohl wurde vor wenigen Jahren in Kalifornien beschlossen (SCCCA 2009), dass in absehbarer Zeit alle privaten und staatlichen Wohneinrichtungen *(developmental centers)* mit einer Gesamtgröße von über 16 Plätzen verkleinert werden sollen bzw. institutionalisierten behinderten Menschen ein selbstbestimmtes Leben in der Gemeinde ermöglicht werden soll. Vor diesem Hintergrund wurden z. B. durch das North Los Angeles County RC vor etwa sechs Jahren drei Projekte gefördert, die bislang institutionalisierten Menschen mit schweren Behinderungen *(profound & severe DD, autism)* und Verhaltensauffälligkeiten *(severe behavioral challenges)* sowie (älteren) behinderten und pflegebedürftigen Personen mit gesundheitlichen Problemen ein gemeindeintegriertes Wohnen in *„residential facilities"* (Wohneinrichtungen mit vier oder maximal fünf Plätzen) ermöglichen (NLACRC 2010a; b; c). Bemerkenswert ist dabei die Orientierung an den Grundzügen zeitgemäßer Behindertenarbeit, die behinderten Menschen eine Stimme verleiht (Berücksichtigung von Wünschen) und keine Umhospitalisierung von Menschen mit einer (schweren) komplexen Behinderung in neue gemeindenahe Institutionen (z. B. gruppengegliederte Wohnheime; große Wohngruppen über 6 Plätze) akzeptiert.

Ferner sind seit Ende des Jahres 2016 sogenannte *Enhanced Behavioral Supports Homes* (EBSH) im Unterstützungssystem der RC verankert worden. Diese speziellen Gruppenwohnungen sind für maximal vier Personen mit schwerwiegenden Formen von herausfordernden Verhaltensweisen vorgesehen, die zur Zeit noch in Institutionen leben und wunschgemäß gemeindeintegriert leben möchten. In den neuen Wohnformen (EBSH) sollen sie nach den Grundsätzen der Positiven Verhaltensunterstützung (*positive behaviour support*) rund um die Uhr unterstützt werden (dazu auch Kap. 4).

Zusätzlich zu den herkömmlichen Gruppenwohnungen bieten EBSH

„additional staffing supervision, facility characteristics, or other services and supports to address a consumer's challenging behaviors, which are beyond what is typically available in other community facilities licensed as an adult residential facility or a group home to serve individuals in a community setting rather than an institution" (DDS 2017a, 179).

Herausfordernden Verhaltensweisen soll in den EBSH auf Grundlage eines *Behavior Supports Plan* und ggf. eines *Crisis Intervention oder Safety Net Plan* (DDS 2017b; auch Theunissen 2019) begegnet werden. Hierzu sollen die

Wohngruppenmitarbeitenden speziell im Sinne der Positiven Verhaltensunterstützung geschult werden.

Für Kalifornien lässt sich festhalten, dass in den nächsten Jahren sämtliche Komplexeinrichtungen (*developmental centers*) und lizensierte Gesundheitseinrichtungen (sogenannte *Intermediate Care Facilities* mit i. d. R. 5 bis 20 Betten), in denen v. a. Menschen mit hohem Unterstützungsbedarf und schweren Formen von Verhaltensauffälligkeiten leben, abgeschafft werden sollen (vgl. DDS 2016; FDLRC 2016, 37). Priorisiert werden Wohnformen wie das *Independent Living* und *Supported Living,* die dezentral oder als Wohnanlage organisiert (mit max. 20 Single-Appartments) angeboten werden, sich am Grundsatz der Inklusion orientieren und Unterstützung bieten, welche auf die Stärkung der gesellschaftlichen Position von behinderten Menschen unabhängig des Unterstützungsbedarfs oder zusätzlicher Verhaltensauffälligkeiten zielt. Die Personenzentrierte Planung soll dabei eine selbstbestimmte Lebensführung gewährleisten. Reicht dieses Programm nicht aus, v. a. bei Personen mit DD und schwerwiegenden Verhaltensauffälligkeiten, sollen EBSH geschaffen werden, um ein inklusives Wohnen und Leben in einem Gemeinwesen zu ermöglichen. Im Falle psychischer Störungen oder einer „Doppeldiagnose“ *(developmental disability and mental illness)*, akuten psychischen Krise oder bei schwerer physischer Gewalt (Zerstörung von Eigentum), Selbst- oder Fremdgefährdung kann natürlich auch eine (vorübergehende) stationäre Behandlung in einem psychiatrischen Krankenhaus *(psychiatric hospitalization)* erfolgen, wenn sich die bisherigen Formen einer Unterstützung durch EBSH, einen spezialisierten, interdisziplinären Krisendienst oder durch eine medizinische (psychiatrische) Begleitbehandlung als unzureichend herausstellen sollten (Mouton 2007).

Welche Programme und richtungsweisenden Schritte einer Behindertenarbeit vom Menschen aus in den letzten Jahren in Kalifornien auf den Weg gebracht wurden, wird zudem daran sichtbar, dass die gültigen Leitlinien der RC eine stärkere Gemeindeeinbindung, Bürgerzentrierung, *„social acceptance and full inclusion“* (FDLRC 2006, 32) herausstellen, für *„partnership, empowerment and mutual responsibility“* (FDLRC o. J. a, 3) stehen. Ferner gründete das DDS bereits 1992 ein Büro für Konsumentenangelegenheiten, dem eine Person mit DD vorsteht. Sie *„is the first person with a developmental disability appointed by any Governor in the nation to such a high level post“* (The ARCLB o. J.). Zudem sind die Beschwerdemöglichkeiten für Klienten noch weiter ausgebaut worden (vgl. FDLRC 2009/10, 18 ff.). Eine bedeutsame Errungenschaft stellt aus der Sicht der Selbstvertretungsbewegungen behinderter Menschen und ihrer Unterstützungsorganisationen (z. B. Disability Voices United, CA; Autism Society of Los Angeles) das kalifornische

Selbstbestimmungsprogramm dar (*Californian's Self-Determination Program*), was nach einer Pilotphase seit etwa drei Jahren nach und nach[46] auf den Weg gebracht wird (vgl. ASLA 2015; Mark et al. 2019). Dieses Programm sieht vor, dass unterstützungsberechtigte Erwachsene mit DD den Betrag an Unterstützungsleistungen, den die RC auf der Grundlage der Personenzentrierten Planungen (dazu Kap. 4) üblicherweise den Leistungserbringern erstatten, ungekürzt als persönliches Budget bekommen. Mit diesem Geld müssen die Betroffenen dann selbst ihr Unterstützungspaket (assistierende Hilfen) bezahlen. Für die persönliche Beratung, Unterstützung und Organisation des Ganzen gibt es kostenneutrale und „unabhängige" Instanzen (*independent facilitator; volunteer advisory committee*) durch die RC; und für die finanzielle Abwicklung sind von den RC eigens dafür eingerichtete Dienste (*financial management services*) zuständig. Durch diese beiden Angebote sollen ein niedrigschwelliger Zugang für das Programm ermöglicht und Überforderungsmomente vermieden werden. Das Finanzmanagement muss von der betreffenden Person in Anspruch genommen und bezahlt werden; die Kosten dafür sind aber längst nicht so hoch, so dass genügend Geld für die Finanzierung von Unterstützungsleistungen übrig bleibt. Im Gegenteil: Finanziell betrachtet und im Hinblick auf ihre Selbstbestimmungsmöglichkeiten steht eine Person mit ihrem persönlichen Budget für Unterstützungsleistungen besser da als unter dem „Dienstleistungsdach" eines Leistungserbringers (hierzu mehrere Beispiele in Mark et al. 2019), der von dem ihm zugewiesenen Betrag nicht nur die Unterstützungspersonen oder Fachkräfte, sondern zugleich auch seine Verwaltung (Overheadkosten) finanzieren muss.

Das Selbstbestimmungsprogramm ist wie das herkömmliche Angebot der RC mit Hilfe von Leistungserbringern freilich nicht nur zur Unterstützung Erwachsener mit DD oder zur Förderung der Deinstitutionalisierung und Inklusion durch ein Wohnen, Arbeiten und Leben in der Gemeinde geschaffen worden. Vielmehr definiert sich das gesamte System der RC als eine vom Staat Kalifornien finanzierte Einrichtung, die in seinem Auftrag in einer bestimmten Region (Sozialraum) Hilfen und Dienstleistungssysteme für Kinder, Jugendliche und Erwachsene mit DD sowie für Familien mit einem behinderten Angehörigen (DD) zugänglich machen und sicherstellen soll. Die Sicherstellung eines Unterstützungssystems ist so zu verstehen, dass ein Vertrag mit dem kalifornischen Staat den RC auferlegt, Dienstleistungen für Kleinkinder, Erwachsene und alte Menschen mit DD zu ermitteln und

46 Jede von den RC anerkannte Person mit DD ist berechtigt, das Selbstbestimmungsprogramm in Anspruch zu nehmen. Um die RC im Hinblick auf die Einführung und Bearbeitung dieses Programms personell und organisatorisch nicht zu überfordern, sind für die ersten fünf Jahre für jedes RC die Zahlen für die Inanspruchnahme begrenzt worden. Können zum Beispiel bei einem RC im Jahr 2020 nur 150 Personen den Antrag für das Selbstbestimmungsprogramm stellen, so werden diese 150 Antragsteller per Losverfahren ausgewählt, wenn es mehr (z. B. 280) Interessenten geben sollte.

passende Non-Profit-Serviceanbieter *(provider)* auszuwählen, den Klienten vorzuschlagen und bei Akzeptanz entsprechend finanziell zu unterstützen. RC werden als Non-Profit-Organisationen geführt, was gegenüber einer staatlichen Behörde den Vorteil hat, dass Spenden angenommen werden dürfen und dass eigene, paritätisch besetzte Vorstände mit behinderten Personen, Angehörigen, professionellen Fachleuten, sachkundigen oder interessierten Bürgern für einen bestimmten Zeitraum gewählt werden können. Dadurch soll v. a. eine Betroffenen- und Bürgernähe erreicht werden. RC sind in erster Linie Anlauf-, Konsultations- und Koordinationsstellen und keine Einrichtungen für Frühförderung, Therapie, Wohnen, Arbeit oder Freizeit. Die Palette direkter Angebote und Aufgaben der RC ist dennoch breit, wenngleich nicht alle der aufgelisteten Leistungen verpflichtend sind, weshalb es bis auf bestimmte Kernaufgaben (z. B. Unterstützungsleistungen für ein selbstbestimmtes Wohnen und Arbeiten in der Gemeinde) unterschiedliche Schwerpunktsetzungen bei einzelnen RC gibt (vgl. DDS 2010; ELARC o. J.; FDLRC 2009/10; 2010a; b; 2012 persönliche Mitteilung; NLACRC 2009):

- Information und Beratung *(information & counseling)*
- Humangenetische Beratung *(genetic counseling)*
- Koordination und Durchführung eines Assessments zur Bestimmung der Behinderung *(assessment and diagnosis)*
- Durchführung und Unterstützung einer Personenzentrierten Planung *(person-centered planning [PCP]; individualized program planning [IPP]; individualized service planning [ISP])*
- Festlegung und Koordination eines individualisierten Dienstleistungsangebots *(purchase of necessary services and service coordination)*
- Vertretung der Interessen behinderter Menschen und ihrer Angehörigen *(advocacy for the protection of legal, civil and service rights)*
- Orientierung an Grundsätzen zeitgemäßer Behindertenarbeit und Weiterentwicklung von Unterstützungsmöglichkeiten und Ressourcen *(resource development)*
- Koordination einer Frühförderung und frühe Hilfen für Risikokinder und ihre Familien *(early intervention coordination and intervention services for at risk infants and their families)*
- Unterstützungsangebote für Familien mit einem behinderten Kind *(family support)*
- Angebote einer Kurzzeitpflege, an deren Kosten Eltern einkommensabhängig beteiligt werden *(planning, placement and monitoring of 24-hour out-of-home care)*

- Spiel-, Lern-, Konsultations- und Bildungsangebote (einschl. eine Bücherei) für Eltern und behinderte Kleinkinder in einem Ressourcencenter als Lern- und Erfahrungsraum zur Förderung von Empowerment *(family resource center; education empowerment program)*
- Unterstützungsmanagement für ein Leben in der Gemeinde *(lifelong case management; community living management)*
- Angebote von Trainings- und Bildungsprogrammen für Menschen mit DD und Angehörigen *(training and educational opportunities for individuals and families)*
- Organisation von schulbegleitenden und nachschulischen Dienstleistungen im Hinblick auf unterstützte Kommunikationsformen *(empowerment through augmentative and alternative communication, electronic aids to daily living, assisted technology)*
- Koordination der Sozialzahlungen für die einzelnen Klienten *(consumer benefits coordination)*
- Unterstützung von Selbstvertretungs- und Peergruppen *(support selfadvocacy groups and peer supports; parents support groups; father support network)*
- Überprüfung der Dienstleistungsangebote im Hinblick auf ihre Qualität *(quality assurance & facility monitoring)*
- Öffentlichkeitsarbeit *(community education about DD and outreach)*

Beispiel: Arbeit eines RC

Kurz nach der Geburt (1985) ihres Sohnes Chris hat Familie F. den Eindruck, dass ihr Kind in seiner Entwicklung beeinträchtigt ist. Dies wird von einem Kinderarzt bestätigt. Von Bekannten, die ein behindertes Kind haben, erfahren Chris' Eltern, dass sie sich an ein RC wenden können, um Hilfe zu bekommen. Sie suchen das für ihr Wohngebiet zuständige RC auf, wo ein Beratungsgespräch stattfindet und mit Chris ein Assessment durchgeführt wird. Die Ergebnisse sind eindeutig: Es liegt eine DD vor. Daraufhin wird ein Unterstützungsplan *(early intervention and individualized family plan)* entwickelt, der eine Frühförderung und begleitende Familienhilfe vorsieht sowie den Eltern das Aufsuchen einer am Empowerment-Konzept orientierten Selbsthilfe- und Selbstvertretungsgruppe nahelegt, welche unmittelbar vom RC vermittelt wird *(peer support partner program)*. Des Weiteren nimmt ein für Familie F. bestellter Unterstützungsmanager des RC *(service coordinator; case manager)* zu einer nahegelegenen Frühförderstelle sowie zu einem familienunterstützenden Dienst Kontakt auf, um die anvisierten Hilfen für Familie F. und ihrem behinderten Kind sicherzustellen. Die beiden

Non-Profit-Serviceanbieter bekunden ihre Unterstützungsbereitschaft und Familie F. willigt ein. Damit kommt es zu den entsprechenden Hilfen, die allesamt vom RC finanziert werden. In der Folgezeit werden Verlaufsberichte erstellt und jährlich finden unter der Regie des Unterstützungsmanagers im Rahmen eines Unterstützerkreises (Eltern, Fachkräfte der Serviceanbieter) Evaluationsgespräche statt, bei denen die Fortführung, Modifikationen oder Erweiterungen des Programms (z. B. zusätzliche Physio- und Sprachtherapie) geprüft werden.

Kurz vor Chris' drittem Lebensjahr wird unter der Regie des Unterstützungsmanagers im Rahmen des Unterstützungskreises ein Plan entwickelt, um den Übergang von der Frühförderung zum Kindergarten zu erleichtern. Chris kommt in den Kindergarten, seine DD ist unstrittig, weshalb er weiterhin, nunmehr durch die zuständige Schulbehörde, spezielle Hilfen auf der Grundlage eines IEP *(individualized educational plan)* erfährt. Chris besucht allgemeine Schulen *(primary-, middle- & high school)* und wird sowohl inklusiv als auch (überwiegend) in einer speziellen Klasse unterrichtet. Während seiner *high school* Zeit wird ein Unterstützungskreis einberufen, an dem auch ein Vertreter *(counselor)* des zuständigen RC teilnimmt, um einen ITP *(individualized transition plan)* zu erstellen, der zukünftige Lebensvorstellungen, Entwicklungsaufgaben und entsprechende Lernziele (z. B. in Bezug auf Arbeit, Wohnen, eigentändig-verantwortliche Lebensführung, Sexualität und Partnerschaft, Freizeitinteressen) in den Blick nimmt. Dabei stellt sich heraus, dass es für Chris Sinn macht, seine Schulzeit um drei Jahre bis zu seinem 21. Lebensjahr zu verlängern.

Nach Beendigung seiner Schulzeit suchen Chris und seine Eltern wiederum das RC auf, um für die weitere Entwicklung Hilfen zu erfahren. Nach einem erneuten Assessment, das nach wie vor eine DD bestätigt, wird im RC zusammen mit Chris, seinen Eltern und einem guten Freund *(circle of support; meeting team)* ein Personenzentrierter Plan (dazu Kap. 4) entwickelt (ein solcher Plan [PCP] ist anstelle eines medizinisch-orientierten Berichts schon seit 1976 im Gebrauch [FDLRC 2006, 13]), der einen unterstützten Arbeitsplatz in einem Supermarkt und ein unterstütztes Wohnen in einer Kleingruppe, ein entsprechendes Trainingsprogramm und interessenbezogene Freizeitaktivitäten (Chris malt und angelt gerne) vorsieht. Wiederum wird ein Unterstützungsmanager bestellt, der auf der Grundlage des PCP Arbeitsstätten, private Non-Profit-Anbieter für Unterstützte Beschäftigung und Unterstütztes Wohnen sowie Freizeitclubs aufsucht, um eine potenzielle Aufnahme und Integration von Chris zu eruieren. Nachdem er geeignete Partner gefunden hat, mit denen Chris einverstanden ist, erfolgt die Umsetzung des PCP. Um eine Überforderung zu vermeiden (der Anbieter für Unterstützte Beschäftigung hatte ein arbeitsbezogenes Assessment mit einem persönlichen Fähigkeitsprofil durchgeführt und Belastungsgrenzen erkannt) und aus äußerlichen Gründen (fehlende freie Arbeitsplätze), erhält Chris zunächst eine Halbtagsbeschäftigung und einen Job Coach, der bei der auserwählten Organisation für Unterstützte Beschäftigung angestellt ist und ihn vor Ort anleitet *(learning on job)* und seine betriebliche Integration unterstützt (z. B. als Ansprechpartner für Arbeitskollegen, durch Krisenintervention). Die Einsatzstunden des Job Coachs, die vom RC bezahlt werden, richten sich ganz nach dem individuellen Unterstützungsbedarf. Bezüglich des Wohnens arrangiert der Wohnserviceanbieter ein Treffen mit anderen behinderten Menschen, die gleichfalls in einer kleinen Wohngruppe leben möchten oder bereits in einer bestehenden Gruppe wohnen. Ziel dieses Treffens sind gegenseitiges Kennenlernen, ein Erfahrungsaustausch und die Suche nach geeigneten Wohnkameraden *(roommates)*. Chris hat Glück und findet zwei junge Männer, die mit ihm gemeinsam wohnen möchten. Nach einigen Wochen bietet ihnen die Wohnservice-Agentur eine Dreizimmerwohnung in einer recht günstigen Wohnlage (Anbindung an öffentliche Verkehrsmittel) an, die den Zuspruch der Gruppe findet. Zugleich lernt die Gruppe ihre zukünftigen Wohnassistentinnen kennen, die eine tägliche bedarfsbezogene Unterstützung sicherstellen sollen. Ihre Dienstleistungen *(individualized service plan)* richten sich ganz nach den Erfordernissen, wie sie im PCP festgehalten wurden. Ferner werden Zeiten für Chris' Wohntrainingsprogramm *(living skills training)* vereinbart, das für sechs Wochen an drei Nachmittagen wöchentlich für 60 bis 90 Minuten angesetzt wird und nach Bedarf verlängert werden kann. Finanziert wird das Ganze durch den Wohnserviceanbieter, der seinerseits die entsprechenden Mittel vom RC erhält. Nachdem sich die Arbeit und das Wohnen eingespielt haben, erkundigt sich der Unterstützungsmanager nach Vereinen und Freizeitveranstaltern, die bildnerische Tätigkeiten und Angeln anbieten. Er findet ein Art Center einer Non-Profit-Organisation für Menschen mit DD, die Chris einen zweistündigen Besuch an drei Nachmittagen in der Woche ermöglichen kann. Außerdem erklärt sich ein Angelverein bereit, Chris aufzunehmen und zu integrieren, wenn er entsprechende Unterstützung erfährt. Diese wiederum wird von einem freiwilligen Helfer *(volunteer)* geleistet, zu dessen Agentur das RC enge Kontakte pflegt. Vierteljährlich finden unter der Regie des Unterstützungsmanagers Treffen mit Chris und Personen seiner Wahl statt, um den Entwicklungsprozess zu evaluieren und fortzuschreiben.

Drei Jahre später wird gemeinsam ein neuer persönlicher Plan erstellt. Im Rahmen dieses Meetings äußert Chris den Wunsch, auf Dauer alleine leben zu wollen. Daraufhin wird ihm von der Wohnservice-Agentur ein Unterstütztes Wohnen *(supported living)* in einem eigenen, von Chris' angemieteten Apartment ermöglicht, wobei auch freiwillige Helfer mitwirken. Ferner hat Chris Kontakt zu einer People First-Gruppe aufgenommen, die sich wöchentlich trifft und ihm in sozialer und psychischer Hinsicht viel bedeutet.

Dieses Beispiel ist real und zugleich idealtypisch. Es führt uns zum einen Grundzüge einer vom Menschen aus gedachten lebensweltbezogenen Behindertenarbeit vor Augen, die dort zutage treten, wo (1) von der Lebenslage, dem Alltag und der Stimme der betroffenen Familie ausgegangen wird, (2) „ganzheitliche" Hilfen durch regionale Dienstleister offeriert und organisiert werden, (3) die Interessen und selbstbestimmte Lebenszukunft von Chris zum Ausgangspunkt für Unterstützungsleistungen im Erwachsenenalter ernst genommen und zugrunde gelegt werden, (4) Umfeldressourcen genutzt und in einem umfassenden regionalen und dezentralen Unterstützungssystem implementiert werden, (5) professionelle und informelle Hilfen miteinander vernetzt werden und (6) durch das Anstiften zum Aufsuchen einer Selbstvertretungsgruppe einem präventiven und politischen Anliegen *(policy making)* Rechnung getragen wird.

Zum anderen macht es die Arbeit der RC als Instanzen für Unterstützungsmanagement, Netzwerkförderung und *„bridge building"* deutlich, die durchdacht, nachvollziehbar, transparent, kundenorientiert und bürgernah angelegt ist und den Weg für ein an der Lebenswelt der Adressaten orientiertes Unterstützungssystem ebnen soll. Dabei orientiert sich das gesamte System der Hilfen an Grundsätzen moderner Behindertenarbeit (v. a. Empowerment und Inklusion).

Wenngleich vor diesem Hintergrund das kalifornische System der Behindertenhilfe verheißungsvoll wirkt, gibt es jedoch auch Schattenseiten, die nicht unerwähnt bleiben dürfen.

Zunächst einmal ist es in den letzten Jahren immer schwieriger geworden, geeignete und bezahlbare Wohnungen in den Ballungsgebieten (v. a. San Francisco, Los Angeles) zu erschließen. Dieses Problem hat bis zu dreijährigen „Warteschleifen" für Erwachsene mit DD geführt, die aus ihrer Herkunftsfamilie ausziehen und in einem eigenen Zuhause leben möchten. Hinzu kommen in den letzten Jahren v. a. nach Renovierungs- und Modernisierungsarbeiten deutliche Mietsteigerungen, sodass die (staatlich unterstützte) Finanzierung der bestehenden Wohnungen nicht mehr gesichert ist. Um diese Problematik etwas abzufedern und Kündigungen zu vermeiden, wird in jüngster Zeit der Kauf von Apartments durch Erwachsene mit DD stärker in den Blick genommen (ASLS 2019).

Ein weiteres Problem besteht darin, dass manchen, v. a. sozial schwachen und benachteiligten Familien mit einem behinderten Kind, das System der RC weithin unbekannt ist. Hinzu kommt, dass viele Familien in Benachteiligung, Arbeitslosigkeit und Armut Schwierigkeiten haben, ein RC oder die Unterstützungssysteme (z. B. Frühförderung) aufzusuchen, die Dienstleister nicht als Kontrollinstanz, sondern als *„support partner"* zu betrachten, mit ihnen zu kooperieren und Angebote zuverlässig wahrzunehmen (FDLRC 2012; LRC 2012; Zarembo 2011, 4). Ein damit verknüpftes Problem besteht darin, dass die Unterstützungsleistungen und -angebote für Kinder mit DD je nach Hautfarbe bzw. ethnischer Herkunft und sozioökonomischem Status der Familien erheblich differieren. So sind in der Vergangenheit für „schwarze Kinder" mit DD (Autismus) jährlich nur halb so viel finanzielle Mittel für Hilfen aufgebracht worden als bei autistischen Kindern aus „weißen" oder „bürgerlichen" Familien (dazu kritisch Zarembo 2011, 2).

Ferner wurden bis vor kurzem von den RC Menschen mit dem sogenannten Asperger-Syndrom oder sogenannte hochfunktionale Autistinnen und Autisten *(high-functioning autistics)* unter dem Oberbegriff der DD kaum erfasst (vgl. Theunissen 2014). Dadurch erhielten etwa 25 % aller autistischen Personen keine Unterstützungsleistungen durch die RC. Seit Einführung des DSM-5, welches nicht mehr zwischen verschiedenen klinischen Bildern von Autismus unterscheidet (vgl. Theunissen 2020), scheint sich diese Situation etwas zu verbessern.

Des Weiteren ist kritisch zu sehen, dass sozial schwache und benachteiligte Menschen mit leichten Lernschwierigkeiten *(intellectual disabilities; specific learning disabilities)*, die selbstständig und unabhängig von Hilfe wohnen und auf dem ersten Arbeitsmarkt ihren Job verlieren und nicht über die RC unterstützt werden können, weil sie die Aufnahmekriterien *(eligibility)* nicht erfüllen, allzu leicht in Arbeitslosigkeit und Obdachlosigkeit geraten sowie psychisch und sozial entgleiten können (dazu Mercier & Picard 2011). Der Zusammenhang zwischen Armut, Behinderung, psychischen Beeinträchtigungen und Obdachlosigkeit ist hierbei evident und stellt ein zunehmendes soziales Problem dar (Stancliffe & Lakin 2007, 436 f.; Theunissen u. a. 2018, 714 f.). Kinder, Jugendliche und Erwachsene mit leichten Lernschwierigkeiten (ID), die aus einem sozial benachteiligten Sozialisationsmilieu stammen und sich unter riskanten Lebensbedingungen (häufig *broken-homes*, Armut und Arbeitslosigkeit) zurecht finden müssen, gelten im Unterschied zu Menschen mit schweren Formen einer Behinderung (DD) als „the forgotten generation" (Snell et al. 2009, 221, 229).

Abschließend möchte ich nicht unerwähnt lassen, dass vor etwa acht Jahren die Vergabepraxis von Serviceleistungen bzw. die Auswahl der Anbieter bei einigen RC in die Kritik geraten war. Unterstellt wurden „private" Beziehungen oder „Seilschaften", und nachgewiesen wurde eine unkontrollierte, nahezu beliebige Mittelausgabe (Hansen 2010; Howle 2010; Sacramento Bee 2010). Dies hat dazu geführt, dass heute die RC dazu angehalten werden, die eigenen Mittelausgaben sowie den Mitteleinsatz der Serviceanbieter genauer zu kontrollieren und zu überwachen.

Im Folgenden möchte ich nunmehr drei prominente Dienstleister *(provider)* aus dem Großraum Los Angeles vorstellen, denen es um eine Lebenswelt- und Sozialraumorientierung zu tun ist und die als federführend im Hinblick auf eine innovative, fortschrittliche Behindertenarbeit gelten. Einen umfassenden und repräsentativen Überblick über Dienstleister der Behindertenhilfe in Kalifornien bietet meine Schrift „Der Umgang mit Autismus in den USA" (Theunissen 2014), die bisher an Aktualität kaum etwas eingebüßt hat.

Tierra del Sol Foundation (TdSF)

Vor dem Hintergrund der in den 1960er-Jahren nachweislich menschenunwürdigen, ja skandalösen Bedingungen in den meisten Behinderteneinrichtungen in den USA sowie der Auffassung, dass eine Unterbringung in einer Institution nicht dem entspricht, was sich Menschen unter einem häuslichen Wohnen und Leben vorstellen und wünschen, wurde im Jahr 1971 von Eltern behinderter Kinder die Tierra del Sol Foundation in Sunland, CA gegründet. Erklärtes Ziel dieser Initiative war es, behinderten Menschen (DD) ein wertvolles Leben in der Gemeinde unter einem Höchstmaß an Lebensqualität zu ermöglichen. Schon damals ließ sich die TdSF von der Vorstellung leiten, dass alle Menschen – unabhängig der Art oder Schwere einer Behinderung – Fähigkeiten und Stärken besitzen und etwas beitragen können, was eine Gesellschaft wertvoll mache, weshalb sie diesen Beitrag würdigen solle (TdSF 2010; 2011). An diesem Leitprinzip wird bis heute uneingeschränkt festgehalten. Das zeigt die Palette der Angebote, die sich auf die Arbeit mit Erwachsenen erstreckt. Bevor ich darauf eingehe, möchte ich die Entwicklung der TdSF kurz skizzieren.

Historische Skizze

In den ersten 20 Jahren stand zunächst die individuelle Förderung behinderter Menschen durch spezielle Trainings-, Erziehungs- und Bildungsprogramme (u.a. *social skills training, fitness activities, art activities)* im Vordergrund, die auf einem von der TdSF erworbenen Gelände *(seven acre campus)* in Sunland, einer nördlich gelegenen Gemeinde im Großraum Los Angeles, unterrichtsmäßig angeboten wurden. Nachhaltig unterstützt wurden diese Angebote von den Eltern und Familienmitgliedern der TdSF, welche als freiwillige Unterstützende *(volunteers)* in den Klassen tätig waren. Außerdem hatten die Eltern die täglichen Transporte organisiert und sich formalen, behördlichen Angelegenheiten angenommen.

1989 wurde von der TdSF das First Street Gallery Art Center in Claremont, einer kleinen Randgemeinde östlich von Los Angeles County, eröffnet und damit zum ersten Mal gezielt das Gemeinwesen aufgesucht – ein Schritt, der dann in den folgenden Jahren zum Programm erklärt wurde. Damit wurden nunmehr *community integration programs* und *community based services* fokussiert und alsbald Erfahrungen gewonnen, dass eine gezielte Schulung von freiwilligen Helfenden sowie die Unterstützung eines bürgerschaftlichen Engagements behinderter Menschen zur Förderung und Vitalisierung eines „inklusiven Gemeinwesens" hilfreich, ja notwendig sei. Zudem wurde erkannt, dass freiwillige Tätigkeiten der behinderten Menschen auch für eine (spätere) berufliche Arbeit von hohem Erfahrungswert seien. Von hier aus war der Schritt nicht weit, arbeitsbezogene Bildungsprogramme sowie Maßnahmen einer Unterstützten Beschäftigung (z.B. Büro- oder Hausmeisterdienste, Helfertätigkeiten im Baugewerbe oder Handel) verstärkt auf den Weg zu bringen sowie vielfältige Formen der Zusammenarbeit mit lokalen Unternehmen aufzusuchen. Hinzu kam, dass vor etwa 19 Jahren mit PATH eine Form der Personenzentrierten Planung eingeführt wurde, um Einzelne in ihrer beruflichen Karriere und weiteren Entwicklung noch gezielter unterstützen zu können. Vor diesem Hintergrund wurden zunächst Angebote einer Erwachsenenbildung auf dem Sunland Campus noch stärker ausgebaut. Das betraf spezielle Bildungskurse für „zwischenmenschliche Kommunikation", einen „gesunden Lebensstil" oder die Erschließung von Interessen und Stärken, eine Einführung und Einübung in Freiwilligenarbeit sowie verschiedene Trainingsangebote für einfache Tätigkeiten (z.B. Gartenpflege, Essensverteilung, Autowäsche, Fenster- und Mobiliarreinigung, Bibliotheks- und Museumsdienste). Da die Angebote auf dem Sunland-Gelände jedoch nicht dem Inklusionsgedanken entsprachen, kam es in den letzten Jahren zu einem Konzeptwechsel mit einer Verlagerung der meisten Programme in kleine Gemeinden im nördlichen Großraum von Los Angeles. Insofern wird heute das Gemeinwesen als zentraler und unmittelbarer Ort der Bildung, der bezahlten Tätigkeiten und freiwilligen Aktivitäten, der Zusammenarbeitsformen mit Betrieben und Non-Profit-Organisationen sowie der Begegnungen mit der nichtbehinderten Bevölkerung aufgesucht (vgl. Lienhard 2015;

2019). Dazu gehören auch eine Kooperation mit drei *Community Colleges* sowie intensive Bemühungen, die in den Art Center von TdSF entstandenen Arbeiten öffentlich publik zu machen und zu vermarkten (vgl. Hamm & Pringle 2013).

Derzeit werden im San Fernando Valley und nördlichen Raum von Los Angeles über 800 Personen mit DD wie auch viele Eltern oder Familien behinderter Angehöriger durch die TdSF unterstützt, die sich zu einem der führenden Anbieter für Formen der Unterstützten Beschäftigung (*supported employment*), Erwachsenenbildung *(post secondary education)*, insbesondere einer Ausbildung für bürgerschaftliches Engagement *(volunteering)*, entwickelt hat. Außerdem leistet die TdSF eine bemerkenswerte Förderung künstlerischer Talente. Vor diesem Hintergrund hat sich heute die TdSF der folgenden Vision und Mission verschrieben: „*A strong and vibrant community is one in which all of its members contribute to the strengths and assets for the common good. Tierra's mission is to empower people with disabilities to fulfill their potential and desire to become productive citizens who are accepted, included and valued for the contributions they make to the economic, civic, and cultural vitality of the community. We are actively working towards the day when people with any type of disability are fully recognized as an integral part of our community – as neighbors, co-workers, and contributors*" (TdSF 2020).

Zu den Angeboten

Ausgehend von diesem sich selbst auferlegten Auftrag wird das gesamte Programm von TdSF hintergründig von vier Leitgedanken bestimmt: Jede Person soll (1) ihre Möglichkeiten nutzen, (2) ihre Begabungen entdecken, (3) sich auf eine selbstbestimmte Tätigkeit vorbereiten und (4) sich als Freiwilligenhelfer, Künstlerin und Bürgerin gesellschaftlich zugehörig und wertvoll fühlen (TdSF 2011; 2020). Hierzu gibt es im Rahmen der Angebote folgende Schwerpunktsetzung:

(1) Freiwilligentätigkeit (Volunteerism)

Bei diesem Schwerpunkt geht es zunächst um gezielte Vorbereitungen auf bürgerschaftliches Engagement, z. B. durch Vermittlung von Grundwissen (Bedeutung von Freiwilligenarbeit, Verhalten in der Öffentlichkeit) und praktische Übungen. Darüber hinaus wird ein breit angelegtes Programm an Freiwilligenarbeit bei etwa 150 Non-Profit-Organisationen oder gemeindefinanzierten Einrichtungen angeboten und unterstützt (z. B. öffentliche Gartenpflege, Essensverteilung beim Mittagstisch in einer Seniorentagesstätte oder in Primarschulen, Reinigung und Wäsche von Polizeiautos bei der örtlichen Polizeistation, Fenster- und Mobiliarreinigung, Bibliotheks- und Museumsdienste). Etwa 650 Personen mit DD engagieren sich derzeit freiwillig, wobei 10 % bis 20 % der Betroffenen auch einer ein- oder zweistündigen bezahlten Tätigkeit nachgehen.

(2) Bezahlte Tätigkeit (Employment Training & Services)

Dieser Schwerpunkt bezieht sich zunächst auf den Erwerb grundlegender (sozialer) Fähigkeiten, die im allgemeinen Arbeitsleben (bei bezahlten Tätigkeiten) abverlangt werden. Zudem wird ein *on-the-job training* in unterschiedlichen Arbeitsbereichen wie z. B. Essenszubereitung und -lieferung, landwirtschaftliche Tätigkeiten, Autopflege, Gartenarbeiten, Fensterputzen, Autowaschen angeboten. Ferner gibt es arbeitsplatzbegleitende Hilfen durch Assistierende oder Job Coaches, die das gesamte Programm einer Unterstützten Beschäftigung (dazu Theunissen 2013, 272 ff.) abdecken (v. a. Arbeitsplatzsuche, -erfindung, -vermittlung, Beratung, Krisenintervention). Derzeit erhalten weit über 100 Personen eine Unterstützte Beschäftigung.

(3) Supported NEXUS (an drei Community Colleges)

Dies ist neben dem *volunteering* das zweite „Aushängeschild" von TdSF.
„Partnering with NEXUS empowers individuals to develop his or her potential to become a contributing citizen of our community" (TdSF 2011). Community Colleges sind kommunal finanzierte Hochschulen, an denen Seminare besucht werden können, die zu einem Bachelorabschluss hinführen bzw. der Vorbereitung dienen. Bis auf wenige Ausnahmen bieten Community Colleges keinen Bachelorabschluss an, dieser kann dann auf der Grundlage der besuchten Seminare und entsprechenden Studienzeit an Universitäten erworben werden. Seit nunmehr fünf Jahren besteht für Menschen mit DD die Möglichkeit, zusammen mit nichtbehinderten Studierenden an drei Hochschulen im nördlichen Teil des Großraums von Los Angeles Seminare zu besuchen. Dieses Angebot, das der Vorbereitung auf eine Tätigkeit im allgemeinen Arbeitsleben, einem selbstbestimmten, möglichst unabhängigen Leben in der Gesellschaft sowie der persönlichen Weiterentwicklung im Erwachsenenalter dienen soll, wird von der TdSF wie folgt organisiert: Zunächst findet ein Bewerbungsgespräch unter Berücksichtigung der persönlichen Laufbahn und Unterlagen (PCP, Schulzeugnis) im TdSF Central Office Van Nuys statt. Nachfolgend wird von der zuständigen Programmmanagerin über die Aufnahme in das NEXUS-Programm entschieden. Wichtige Kriterien dafür sind die Ziele, Lern- und Anpassungsbereitschaft sowie die Motivation der Person und ihre Basiskenntnisse in Kulturtechniken. In der Regel partizipieren Studierende mit leichten kognitiven Beeinträchtigungen, mehrfachen Behinderungen und Lernschwierigkeiten sowie Studierende aus dem Autismus-Spektrum am NEXUS-Programm. Der

Aufnahme folgt ein PATH-Treffen, und in den ersten vier Wochen eines Studiensemesters findet ein sogenannter Erkundungsprozess statt, bei dem es darauf ankommt, geeignete Lernangebote und Seminare auszuwählen. Dieser Phase folgt eine ein- bis zweijährige Studienzeit mit üblichen Seminararbeiten und -prüfungen. Die Dauer dieser Studienzeit ist individuell unterschiedlich, täglich sind sechs Seminarstunden vorgesehen, die übrige Zeit kann für Selbststudium und bürgerschaftliches Engagement genutzt werden. Nach der Studienphase ist ein Jahrespraktikum zu absolvieren, das mit ein Mal wöchentlichen Zusammenkünften in einer von TdSF organisierten Praktikumsklasse im Central Office verknüpft ist. Danach findet eine feierliche Zertifikatsübergabe statt, bevor über die *employment & community integration services* von TdSF verstärkt Anstrengungen unternommen werden, dass jede am NEXUS-Programm beteiligte Person ein ihren Vorstellungen entsprechendes Leben in der Gemeinde führen kann (v. a. in Bezug auf Arbeit und Wohnen). Derzeit nehmen 170 Personen das NEXUS-Programm in Anspruch. Was die Finanzierung des Programms betrifft, so muss jede Person bis auf wenige Ausnahmen Gebühren für Studium und Unterlagen selbst tragen. Dabei geht es um eine Summe von durchschnittlich 130 Dollar pro Semester. Einschreibegebühren werden zum Teil staatlicherseits oder von Versicherungen übernommen. Zudem werden vonseiten der RC für den Zeitraum von maximal drei Studienjahren Fahrtkosten und für jeweils drei (bedarfsbezogen auch zwei) Personen ein Job Coach finanziert. Job Coaches haben im NEXUS-Programm eine Schlüsselfunktion, indem sie vielfältige, anspruchsvolle, assistierende Aufgaben und Hilfen zu übernehmen haben (bzgl. der Studienorganisation, Integration in eine Seminargruppe, *„bridge building"* zu den zuständigen Professoren und anderen Kommilitonen, Unterstützung beim Lernen, unmittelbare Assistenz der Person in einem Seminar, Vermittlungshilfe bei Prüfungen, Hilfe bei der Auswahl eines Praktikumsplatzes, Arbeitsassistenz, Beratung, Konfliktmanagement, Vermittler in Praktikumsbetrieben, Prozesscontrolling, Prozesssupervisor, Zusammenarbeit mit Familien u. a. m.). Daher wird auf eine sorgfältige Auswahl, Schulung und Vorbereitung der Job Coaches Wert gelegt, die nicht selten selbst schon einmal Seminare in Community Colleges für ihren eigenen BA-Abschluss in Psychologie oder Sozialer Arbeit durchlaufen haben und daher mit den Studienbedingungen sehr gut vertraut sind. Vonseiten der Politik erfährt das NEXUS-Programm hohe Wertschätzung.

(4) Personenzentrierte Dienste und Unterstützungsleistungen (Personalized Services and Supports)

Darunter werden Angebote gefasst, die größtenteils nicht von den RC finanziert werden und sich ganz nach den Wünschen und dem Bedarf der Person oder Familien richten (z. B. im Hinblick auf individuelle Zukunfts- und

Lebensplanung, Erwachsenensein und Gewinnung von mehr Autonomie und Unabhängigkeit von den Eltern, Unterstützung bei der Suche eines Apartments, ein Training zum Umgang mit Geld, Ernährungs- und Gesundheitsberatung, Mobilitätstraining, Training zur Haushaltsführung, Hilfe bei der Jobsuche, Erkundung der Gemeinde durch Kennenlernen wichtiger Geschäfte, öffentlicher Plätze oder Behörden, Unterstützung bei der Suche nach Freundschaften oder Bildung eines Freundeskreises, ein Verhaltenstraining für Notfallsituationen [bei Naturkatastrophen wie Erdbeben]). Da der Stundensatz bei etwa 60 Dollar liegt, können sich nur wohhabende Familien solche Angebote durch die TdSF leisten. Andererseits besteht die Möglichkeit, einige dieser Angebote im Rahmen einer durch die Schulbehörde und RC finanzierten „Übergangsschule" oder nachschulischen arbeitsbezogenen Bildung in Anspruch zu nehmen.

(5) Art Studios

Diesbezüglich gibt es zwei Angebote, zum einen ein Art Studio, das auf dem Sunland Campus aufrechterhalten wurde und der Förderung und Unterstützung künstlerischer Fähigkeiten und Interessen dient. Es umfasst Klassen für bildnerisches Arbeiten, Töpfern bzw. Tonarbeiten und Theaterspiel, -improvisation und -performance. Zum anderen gibt es das First Street Gallery Art Center in Upland, das an späterer Stelle im Abschnitt über Art Center aufgegriffen wird. Hier genügt nur der Hinweis, dass insgesamt etwa 70 Personen an den Kunstprogrammen teilnehmen und dass in beiden Einrichtungen in den vergangenen 28 Jahren einige Künstler mit außergewöhnlichen Talenten entdeckt wurden, deren Bilder in öffentlichen Einrichtungen gerne ausgestellt sowie zum Verkauf angeboten werden (dazu auch Hamm & Pringle 2013).

Resümee

Alles in allem ist unschwer zu erkennen, dass sich TdSF einer modernen Behindertenarbeit verschrieben hat, der es um eine lebensweltbezogene Behindertenarbeit in einem Sozialraum zu tun ist, ohne dabei die Ermöglichung und Sicherung von subjektiv bedeutsamer Lebensqualität aus dem Blick zu verlieren. In diesem Sinne sollen die Möglichkeiten für jeden Einzelnen, sich als „produktiver Bürger" am Leben in der Gemeinde einzubringen und am Gemeinwesen aktiv zu partizipieren, gefördert und unterstützt werden. Angesichts der finanziellen Engpässe der RC werden kulturelle und festliche Veranstaltungen (mit Tombula, „Schlüsselpersonen" aus dem Gemeinwesen) redlich gepflegt, um Spenden zu erhalten und die Arbeit der TdSF öffentlich bekannt zu machen. Zugleich soll durch solche

Veranstaltungen die nichtbehinderte Bevölkerung für ein bürgerschaftliches Engagement sensibilisiert werden, dem als Vehikel für den Zusammenhalt einer inklusiven Gemeinde eine Schlüsselrolle zukommt.

Avenues Supported Living Services (ASLS) Zwei Beispiele

David Spies (leichte DD), 56 Jahre alt, lebt in einem von ihm angemieteten Apartment in Studio City (mischfinanziert über Arbeitslohn und Social Security Disability Insurance), arbeitet für 25 Stunden wöchentlich als Helfer *(cart-job)* und Einpacker in einem Supermarkt. Supervidiert wird seine Tätigkeit von einem Job Coach von der TdSF, der ihn zwei Mal wöchentlich für etwa 20 Minuten an seinem Arbeitsplatz aufsucht. In seiner übrigen (Frei)Zeit fungiert er als freiwilliger *„neighbor watcher"* in dem angrenzenden Wohnviertel reicher Leute, berichtet stolz über diesen Job, hat sehr gute Kontakte zur zuständigen Bezirksfeuerwehr LA und zur Polizei, und ein Bezirkspolizist ist sein bester Freund. Für seine Volunteer-Tätigkeit hat David Spies schon mehrfach öffentliche Auszeichnungen bekommen. Unterstützt wird er durch ASLS, die ihm zwei Mal wöchentlich für ungefähr zwei Stunden bei der Haushaltsplanung, bei Einkäufen und Finanzangelegenheiten assistieren und jederzeit für alltägliche Lebensfragen telefonisch erreichbar sind. David Spies fühlt sich in seinem Zuhause sehr wohl und hat gute Kontakte zu seiner Nachbarschaft, die ihm *„natural supports"* anbietet. Neben seinem Freiwilligenengagement unternimmt er mit Freunden Ausflüge zu den Stränden in Venice oder Santa Monica, außerdem angelt er gerne und reist seit wenigen Jahren zu Konferenzen der TASH oder Association for Positive Behavior Support, wo er gerne und stolz als Experte in eigener Sache *(self-advocate)* auftritt.

Steve S. (schwere DD, Autismus mit Anfallsleiden und zusätzlichem Problemverhalten), 50 Jahre alt, kommuniziert über Gestik, Armschlagen und lang anhaltende Schreilaute, lebt seit 1995 in einem Apartment in Santa Clarita nördlich im Großraum von Los Angeles zusammen mit einem nichtbehinderten Mann *(roommate)*, sodass sich beide die Miete teilen. Zuvor musste er sich für viele Jahre mit zwei anderen behinderten Menschen ein Zimmer in einer Wohngruppe teilen, in der er massive Verhaltensauffälligkeiten durch Schlagen und Schreien an den Tag legte, die sich durch den Wechsel in das Apartment und durch die am Konzept der Positiven Verhaltensunterstützung ausgerichteten Arbeit von Mitarbeiterinnen *(staff)*, welche ihm täglich von morgens bis abends assistieren, nach etwa einem Jahr nahezu völlig gelegt haben. Steve S. geht keiner Erwerbsarbeit, wohl aber drei Mal wöchentlich einer unterstützten Freiwilligentätigkeit *(volunteering)* durch Überreichen von Blumensträußen in einem Altenheim und Vogelfutter an einem Park mit einem Weiher nach, zudem partizipiert er zusammen mit zwei anderen schwer behinderten Personen an einem Tages- und individualisierten Freizeitprogramm (Bewegung und Gymnastik bei YMCA, Angeln, Wandern, Schlittenfahren, Schwimmen). In den Augen der Mitarbeitenden wird er sehr geschätzt: „Steve helps us learning to listen" (Shepard et al. 2010).

Mit diesen beiden Beispielen soll ein vielseitiges *„supported and community living"* vor Augen geführt werden, dem sich die 1997 durch Scott und Lori Shepard gegründete Non-Profit-Organisation Avenues Supported Living Services (ASLS) verschrieben hat, die aus der privaten, Non-Profit-Corporation CHOICESS, eine der ersten größeren Anbieter für *supported living, supported employment* und *community living* in Kalifornien, hervorgegangen ist. Erklärtes Ziel von ASLS ist es, Empowermentprozesse von Menschen mit DD zu unterstützen und ihnen als aktive und sozial verantwortungsvolle Mitbürger einer Gemeinde ein selbstbestimmtes und sinnerfülltes Wohnen, Arbeiten und Leben zu ermöglichen (ASLS 2010a; 2017). Die Philosophie und Arbeit von ASLS orientiert sich dabei an fünf Leitfragen, die behinderten Menschen einen qualitativ hochwertigen Lebensstil ermöglichen sollen (ASLS 2010b, 6f.):

1. Wie lassen sich Wahl- und Entscheidungsmöglichkeiten unterstützen und absichern *(choices; decision making)*?
2. Wie lassen sich Möglichkeiten für persönliches Wachstum fördern *(growth)*?
3. Wie lassen sich Situationen fördern und herstellen, die gegenüber Menschen mit Behinderungen Respekt zum Ausdruck bringen *(respect)*?
4. Welche Gelegenheiten haben behinderte Menschen und wie lassen sich Möglichkeiten erschließen, um gemeinsam mit anderen Mitbürgerinnen aktiv am Leben in der Gemeinde teilhaben zu können *(community/ shared experiences)*?
5. Welche Gelegenheiten haben behinderte Menschen, um tragfähige soziale Beziehungen zu entwickeln und zu pflegen *(relationships)*?

Zudem spielen neben der Förderung und Unterstützung sozialer Netze (zu Angehörigen, Nachbarn, Arbeitskollegen, People First-Gruppen, Sportvereinen, Freizeitclubs oder Organisationen wie YMCA, die sportliche und Freizeitaktivitäten anbieten), die Orientierung an der Rechte-Perspektive (durch Personenzentrierte Planung und Selbstbestimmung) sowie an dem Verantwortungsprinzip als Bürger (z. B. durch die Wahrnehmung von Aufgaben, die eine Hausordnung abverlangen; durch die Aneignung sozialer Regeln und Kommunikationsformen des Zusammenlebens und Lebens in einer Gemeinde) eine bedeutsame Rolle (ebd.).

Die Arbeitsschwerpunkte von ASLS erstrecken sich auf Schulungen behinderter Menschen durch *„supported life"*-Konferenzen mit dem Ziel *„empowering all people with developmental disabilities to be fully included in the community"* (SLI 2010). Des Weiteren gibt es einen *„supported living service"* (Haushaltstätigkeiten, Einkäufe, Assistenz bei Restaurantbesuchen mit einem Freund oder sonstigen Aktivitäten in der Gemeinde), der nicht nur für leicht behinderte Menschen, sondern ebenso – wie mit dem zweiten Beispiel angedeutet – für Personen mit komplexer Behinderung und herausforderndem Verhalten gilt: „Supported Living is NOT ONLY for people who have already demonstrated ‚independent living skills'" (ASLS 2010b, 4, auch 10). Diesbezüglich wird im Sinne der Positiven Verhaltensunterstützung gearbeitet, wobei auf einen respektvollen Umgang und eine positive, freundliche Beziehungsgestaltung größten Wert gelegt wird (ASLS 2017; Shepard 2012). Außerdem werden individualisierte *„community supports"*, z. B. durch aufsuchende Beratung oder pädagogische Krisenintervention im Rahmen und zur Aufrechterhaltung eines bezahlten oder freiwilligen Jobs, durch Freizeitassistenz bei Vereinsaktivitäten wie YMCA oder durch tagesstrukturierende assistierende Hilfen offeriert. Insgesamt unterstützt ASLS sechs Personen in Tagesprogrammen und weitere 21 Personen[47] im Unterstützten Wohnen, von denen sieben alleine wohnen, einer mit seinem Freund, zwei zusammen mit einem anderen behinderten Menschen, neun zusammen mit einer nichtbehinderten Person *(roommate)* die anderen 12 der 21 Personen erhalten aufgrund der Schwere ihrer Behinderung und herausfordernden Verhaltensweisen einen 24-Stunden-Dienst (Shepard 2010). Alles in allem lässt sich festhalten, dass ASLS zu den (wenigen) Dienstleistern zählt, die es in beeindruckender Weise verstehen, eine lebensweltbezogene Behindertenarbeit vom Menschen aus nicht nur zum Programm zu erklären, sondern auch mit Leben, ja mit warmherziger und respektvoller Mitmenschlichkeit, zu füllen.

Jay Nolan Community Services

Als fortschrittlich ist gleichfalls das Konzept der Jay Nolan Community Services (JNCS) einzuschätzen (dazu JNCS 2011). Hierbei handelt es sich um eine Non-Profit-Organisation, die 1975 von Mitgliedern (Eltern) der Autism Society of Los Angeles gegründet wurde und seit Beginn der 1990er-Jahre eine an den Leitprinzipien des Empowerment und der Inklusion orientierte Arbeit mit Autisten und anderen Personen mit DD zu verwirklichen versucht.

47 Vom jungen Erwachsenenalter bis ins hohe Alter, die älteste Bewohnerin ist 74 Jahre alt und befindet sich im Frühstadium einer Demenz (Alzheimer-Typus).

Entscheidende Impulse für das heutige Programm der JNCS, die auf eine enge und gute Zusammenarbeit mit den RC verweisen (JNCS 2009; 2017), gingen von einer Evaluation der Organisation und ihrer Arbeit im Jahre 1992 aus (Brown et al. 1992). Unmissverständlich kritisiert wurden von dem Gutachterteam sechs zentrale Punkte: 1. Frühförder- und familienunterstützende Programme in segregativen, heilpädagogischen Settings, die behinderte Kinder davon abhalten, gemeinsam mit nichtbehinderten zu spielen und zu lernen (ebd., 11), 2. eine familienunterstützende Arbeit, die unter Missachtung von *„natural supports in their neighborhoods“* (12) keinen Beitrag zum Empowerment von Familien leistet, 3. unzureichende *community-based supports* (z. B. Förderung von sozialen Netzwerken, Freundschaften) im Kontext der Förderung von Unterstützter Beschäftigung auf dem ersten Arbeitsmarkt, wobei der von JNCS bereits Ende der 1980er-Jahre eingeleitete Prozess des Abbaus an Plätzen in *„segregated day activity/workshops“* ausdrücklich im Gutachten begrüßt wurde (8, 13 f.), 4. die Dominanz eines Gruppenwohnens autistischer und behinderter Personen anstelle eines *supported living* und einer Förderung sozialer Netzwerke für alle autistischen Personen oder anderen Menschen mit DD (ebd. 14 ff.), 5. eine mangelnde Vertrauensbasis zwischen der Leitung der Organisation und den Eltern (vgl. 17 ff.) und 6. eine unzureichende Zusammenarbeit zwischen allen Instanzen (Gesamtleitung, Bereichsleitungen, Gruppenpersonal, Eltern, Betroffene). Daraufhin wurden verstärkt Anstrengungen unternommen, im Sinne der gutachtlichen Empfehlungen die Mitarbeitenden durch Schulungen besser auf eine subjektzentrierte Arbeit mit autistischen Menschen oder anderen Personen mit DD (einschließlich der Wertschätzung ihrer Stärken sowie des Rechts auf Selbstbestimmung) vorzubereiten sowie Angebote und Zusammenarbeitsformen zu verbessern, was innerhalb weniger Jahre zur Auflösung der bisherigen 13 *group homes* führte. Heute leben bis auf vier Personen, die auf Wunsch der Eltern in einer Wohngruppe verblieben sind, 97 Personen im Sinne des *supported living* in ihrem eigenen Zuhause, häufig zusammen mit einem *roommate*, der zugleich als Angestellter von JNCS (alltägliche) Unterstützung anbietet. Bemerkenswert ist, dass diese systemische Transformation einen signifikanten Abbau von Gewalt (durch Mitarbeiter und autistische Bewohner) und speziellen Verhaltensauffälligkeiten (Zerstörung von Sachobjekten; selbstverletzendes Verhalten) der betroffenen Autisten nach sich zog (O'Brien et al. 1995, 2 f.). Konzeptionell dominiert bis heute beim *supported living* die Positive Verhaltensunterstützung mit der Fokussierung von Beziehungsgestaltung, Subjektzentrierung und Lebensstilorientierung (JNCS 2017). Darüber hinaus wurde das Programm der Unterstützten Beschäftigung *(supported employment)* ausgebaut und durch Angebote wie bürgerschaftliches Engagement *(volunteering)*, *„access-program“* (im Sinne einer Joberprobung), *„ticket to work“* (staatlich finanziertes Beschäftigungsprogramm) oder *„direct placement“* (Jobs mit geringer Unterstützung) ergänzt, durch die seit 2012 über 150 Personen profitierten. Drei autistische Personen wurden darin unterstützt, eine eigene Firma zu gründen (dazu auch später das Beispiel M. Medina). Eine wesentliche Funktion zur Ermöglichung und Sicherstellung von Lebensqualität *(quality of life)* kommt personenzentrierten *circle of supports* (Unterstützungskreisen) zu, die sich mehrfach im Jahr, häufig monatlich, treffen. Solche Unterstützungskreise wurden bereits Mitte der 1990er-Jahre auch für familienunterstützende Hilfen eingeführt und als Weg- bzw. Prozessbegleiter mit den Personenzentrierten Planungen verschaltet (dazu ausführlich O'Brien et al. 1995, 9ff.; auch O'Brien & Strully 2002). Ein Unterstützungskreis soll der betroffenen Person in Bezug auf Wahrnehmung von Rechten und Pflichten, Verwirklichung ihrer Träume und Ziele, Erleben von Wohlbefinden, Pflege ihres Lebensstils und persönliche Kontrolle und Verfügung über die eigenen Lebensumstände hilfreich beiseite stehen. Hierzu wird die Orientierung der Alltagsarbeit an der Personenzentrierten Planung evaluiert, und es werden ggf. unter Berücksichtigung neuer Wünsche, Bedürfnisse oder Ziele der Person die professionellen Mitarbeitenden *(staff)* im Hinblick auf entsprechende Realisierungsmöglichkeiten beraten, ermutigt und unterstützt (JNCS 2009; 2017; Strully & Burkhardt 2009; Strully 2012). Zu guter Letzt möchte ich neben einer herausragenden familienunterstützenden Arbeit *(family support)*, die sich auf etwa 100 überwiegend sozial benachteiligte Familien mit einem behinderten (autistischen) Kind erstreckt, die Vielfalt an individualisierten Unterstützungsprogrammen zur Verbesserung oder Ermöglichung eines Lebens in Inklusion[48] nicht unerwähnt lassen, die zumeist als mobile, aufsuchende Hilfe offeriert wird, inzwischen eine hohe Wertschätzung erfährt und JNCS eine *best-practice* attestiert (dazu auch Theunissen 2014).

Art Centers

Im Folgenden möchte ich nunmehr ein exklusives Angebot im Rahmen der Dienstleistungs- und Unterstützungssysteme für Erwachsene mit DD in Kalifornien vorstellen, das sich auf Art Centers bezieht und uns eine lebenswelt- und sozialraumbezogene Arbeit auf mesosystemischer Ebene (Bronfenbrenner) präsentiert. Art Centers haben in Kalifornien den gleichen Stellenwert wie andere tagesstrukturierende Einrichtungen *(adult day centers)* oder

---

48 Dazu zählen Angebote wie zum Beispiel Lebensberatung, Budgetberatung, social skills training, Unterstützte oder Gestützte Kommunikation, Selbsterfahrung, assistierende Hilfen bei Aktivitäten des alltäglichen Lebens, Förderung von Freundschaften, Netzwerkförderung, Positive Verhaltensunterstützung bei herausforderndem Verhalten. Keinen Platz haben im Angebotskoffer der JNCS Interventionsmethoden mit aversiven Charakter oder eng gestrickte Praktiken nach ABA (angewandte Verhaltensanalyse) bzw. nach einer naiven Verhaltensmodifikation (Strully 2012).

Beschäftigungssysteme wie Behindertenwerkstätten *(sheltered workshops)* und Unterstützte Beschäftigung *(supported employment)*.[49] Konkret bedeutet dies, dass sich z. B. eine Person im Rahmen ihrer Personenzentrierten Planung für eine Arbeit in einem Art Center aussprechen kann, wenn sie keine Chancen sieht, eine Unterstützte Beschäftigung bzw. Arbeitsstelle auf dem ersten Arbeitsmarkt zu finden oder kein Interesse an einer Tätigkeit in einer Behindertenwerkstatt hat. In dem Falle hat dann der Unterstützungsmanager oder die Dienstleistungskoordinatorin der RC die Aufgabe, mit einem Art Center, das sich möglichst im Wohnumfeld der Person befinden sollte, in Kontakt zu treten, um eine Aufnahme des behinderten Menschen, die über das zuständige RC finanziert wird, zu erreichen. Allerdings scheint sich seit Ende 2011 bei den RC die Tendenz abzuzeichnen, im Rahmen der Personenzentrierten Planung nicht mehr explizit auf das Angebot eines Art Centers aufmerksam zu machen, um die entsprechende Vermittlungsquote zu begrenzen. Diese Entwicklung ist ausschließlich Finanzierungsproblemen geschuldet, ist doch ein Platz in einem Art Center mit weitaus höheren Kosten verbunden als ein Arbeitsplatz auf dem ersten Arbeitsmarkt oder in Werk-Tagesstätten für behinderte Menschen (Terrell 2012). Im Folgenden werden drei Dienstleistungsanbieter vorgestellt, die mit Art Centers als Promoter für Inklusion imponieren.

Able ARTS Work

ist ein ursprünglich unter dem Organisationsnamen Arts & Services for Disabled Inc. (ASD) gegründeter Anbieter im Großraum Los Angeles (v. a. Long Beach, Gardena, Hawthorne), der sich seit 1982 dem breiten Feld ästhetischer Aktivitäten, insbesondere der Bildnerei und Musik und ihrer therapeutischen Bedeutung, als Vehikel für gesellschaftliche Integration und Inklusion von Erwachsenen und älteren Personen mit DD verschrieben hat (ASD 2011; Dolas 2010; Fernandez 2010;). Das aktuelle Leitprinzip lautet: „*Empowerment through creative Arts*“ (Able ARTS Work 2017). Angefangen mit einer Gruppe von fünf Personen mit DD und zwei Musiktherapeutinnen bietet Able ARTS Work heute etwa 150 behinderten Menschen durch 50 Mitarbeitende täglich Bildungs- und Arbeitsmöglichkeiten in unterschiedlichen Gruppen (6 bis 8 Personen), die als Schulklassen organisiert jeweils semesterweise

49 Dies trifft hierzulande nur auf sehr wenige kulturstiftende Einrichtungen zu, z.B. auf das Theater Klabauter in Hamburg (www.theater-klabauter.de), auf das Theater RambaZamba und die Kunstwerkstatt Sonnenuhr e.V. in Berlin (www.theater-rambazamba.org), das Kunstzentrum der „Schlumper“, Hamburg sowie auf die Berliner Theater-Werkstatt Thikwa als Zweigwerkstatt der Nordberliner Werkgemeinschaft gGmbH (www.thikwa.de/theater/index.html). Nicht selten stoßen wir in Deutschland auf Kunstwerkstätten oder Ateliers als Arbeitsbereiche innerhalb der Werkstätten für behinderte Menschen oder als ein (heilpädagogisch-therapeutisches) Angebot von Wohneinrichtungen für behinderte Menschen (dazu Theunissen 2013b).

themenbezogen (neu) zusammengestellt werden. „The center is created in a school format, with students enrolling in courses each semester" (Dempsey 2010, 1). Geleitet werden die einzelnen Klassen in der Regel von mindestens einer professionell ausgebildeten Fachkraft (v. a. in Musik-, Kunst- oder Beschäftigungstherapie, Musik, bildender Kunst, Theaterpädagogik, Sonderpädagogik [*special education*], allgemeiner Schulpädagogik), der zumeist zwei ungelernte oder freiwillige Unterstützende (z. B. Musik- oder Kunsttherapiestudierende) zur Seite stehen. Augenfällig ist, dass überwiegend Personen im Alter von 24 bis 80 Jahren mit schweren oder komplexen Formen einer DD die Art-Center Angebote von Able ARTS Work wahrnehmen. Etwa 50 % der Betroffenen leben zurzeit noch in ihrem Herkunftsmilieu.

Da Art Centers gegenüber Werkstätten für behinderte Menschen *(sheltered workshops; adult activity centers)* mehr Wert auf eine subjektiv bedeutsame Arbeit, eine Entdeckung und Entfaltung von Interessen, Fähigkeiten und Stärken sowie eine Persönlichkeitsbildung legen, werden sie als eine Stätte zur Förderung und Unterstützung von Lebensqualität sehr geschätzt. Im Unterschied zu Behindertenwerkstätten sind fließbandähnliche Tätigkeiten, Produktionszwänge, Druck, Stress und Monotonie, die auch Menschen mit DD „abstumpft", den Art Centers fremd. Stattdessen geht es um Aktivitäten, die ein selbstbestimmtes und sinnerfülltes Lernen (Bildung), Arbeiten und Leben ermöglichen.[50] Dafür steht bei Able ARTS Work ein *„full-time class curriculum"* mit spezifischen Therapie-, Bildungs- und Beschäftigungsprogrammen, die einerseits in einem *„creative and therapeutic milieu"* unter heilpädagogischen Bedingungen und andererseits unmittelbar in einer Gemeinde als integrationsförderndes und inklusives Angebot organisiert und implementiert werden. Seit einigen Jahren werden vier Programmschwerpunkte gesetzt:

1. Kreative Kunstprogramme (achieving results together) im Art Center Long Beach, CA (ART Center)

Das ART Center wurde 1986 in Long Beach gegründet und bietet an fünf Tagen wöchentlich von 9 bis 15:30 Uhr etwa 30 Erwachsenen und älteren Personen (> 55 Jahre) mit DD ein tagesstrukturierendes Programm, das musiktherapeutische Gruppen, ein kreatives ART Orchester, einen Kurs zur Komposition eigener Musik, eine Musikvideo-Produktion eigener

50 Diese Beobachtung, die ebenso für andere Art Center in den USA gilt, deckt sich mit dem Eindruck, den Braun und Witte (2001, 46) in Bezug auf einige europäische Länder beschreiben. So heißt es mit Blick auf England und Holland, „dass es in anderen Ländern offenere Strukturen der Betreuung als in Deutschland gibt, (…) dass mehr Flexibilität und Ideenreichtum bezüglich der Arbeit- und Beschäftigungsmöglichkeiten von Menschen mit Behinderung existieren. Dazu gehört insbesondere ein sehr direkter Zugang zu dem künstlerischen Potenzial von Menschen mit Behinderung, das andere Künstler und ein breites Publikum dazu bringt, sich damit auseinanderzusetzen."

Kompositionen, Theaterarbeit, einen Spanischkurs (in Anbetracht eines hohen Anteils behinderter Hispanoamerikaner), Unterstützte Kommunikation, Angebote zur Aneignung künstlerischer Techniken bis hin zu Kursen wie kreativ-künstlerisches Gestalten oder Arbeiten mit Ton umfasst. Darüber hinaus wird ein spezieller Kurs zur Förderung arbeitsbezogener und sozialer Fähigkeiten angeboten, der in regulären Betrieben in Long Beach durchgeführt wird, um die gesellschaftliche Integration Erwachsener mit DD zu unterstützen. Alle behinderten Personen, die das ART Center besuchen, sind über die RC vermittelt worden, die mit Unterstützung des Staates Kalifornien (Department of Development Services) die Art Centers neben diversen privaten Spenden zu 85 % finanzieren (Allen 2009, 2; Dempsey 2010, 2). Das Art Center ist wie auch andere Able ARTS Work Centers als eine Ganztagsschule organisiert. Die 30 Besucher sind in vier Klassen aufgeteilt, die angebots- bzw. themenbezogen nach einem Stundenplan arbeiten. Wie wir uns einen Tagesablauf vorstellen können, macht das folgende Beispiel sichtbar.

Herr P. ist rollstuhlgebunden, geistig schwer behindert und kann sich nicht verbal verständigen. Er benötigt bei allen alltäglichen Verrichtungen Unterstützung. Herr P., der zusammen mit fünf Personen in einer Wohngruppe lebt, wird morgens um 8:45 Uhr von einem Helfer zum ART Center gefahren. Dort nimmt ihn seine Gruppenhelferin *(class aide)* freundlich in Empfang und fährt ihn in seinen Klassenraum. Nachdem bis 9 Uhr alle anderen Gruppenmitglieder eingetroffen sind, findet ein gemeinsamer Morgenkreis statt, bei dem einfache Percussion- und Rhythmusinstrumente eingesetzt werden. Mit rhythmischen Bewegungen, Rasseln und Handschellen kann sich Herr P. am gemeinsamen Musizieren beteiligen. Dem Morgenkreis folgt eine gemeinsame Frühstückszeit. Die erste nachfolgende Unterrichtsstunde ist Musik, bei der durch das gemeinsame Experimentieren und Improvisieren mit einfach zugänglichen Instrumenten, vor allem durch „the beat of a drum, the rattle of a maraca and the thrum of a guitar“ (Allen 2009, 1), der „therapeutische Charakter“ von Musik zur Förderung psychischen Wohlbefindens sowie zum Aufbau eines Selbstwertgefühls und einer Selbstachtung zum Tragen kommen soll. Danach folgt Unterstützte Kommunikation *(augmentative & alternative communication)*, um die kommunikativen Ausdrucksmöglichkeiten der Einzelnen zu verbessern. Bei Herrn P. erfolgt die Hauptverständigung über körpereigene Sprache, darüber hinaus finden einfache Übungen mit einer elektronischen Kommunikationshilfe statt. Die dritte Stunde am Vormittag ist Kunst als Medium für ein „soziales Empowerment“, bei der es um die Herstellung von Gemeinschaftsbildern oder Produkten geht. Dabei steht die Gruppe unter keinem Produktionszwang oder Zeitdruck; im Gegenteil, es wird ihr ein „Ermöglichungsraum“ nach einem eigenen, selbstbestimmten Zeitrhythmus offeriert, der einen basalen und experimentellen Umgang mit Farbe, Kleister, Papier, Ton oder ähnlichen Dingen zulässt, was nicht selten dazu führt, dass auf der Grundlage basaler, sensomotorischer Materialerfahrungen, die ein „indirektes Lernen" (Verbesserung der Handmotorik, Auge-Hand-Koordination, Wahrnehmungsfähigkeiten ...) bewirken, innerhalb eines Semesters nur ein einzelnes Bild oder zwei Gemeinschaftswerke entstehen. Herr P. genießt es, mit Farbe, Kleister und Papier matschen zu dürfen, was er während dieser Zeit mehrfach mit freudigen Gesten (Arme schwingen) und Lautbegleitungen zum Ausdruck bringt. Gegen 12:30 Uhr findet das gemeinsame Mittagessen statt, dem zunächst eine Entspannungszeit *(relaxation)*, dann ein therapeutisch orientiertes Angebot mit Musik, Rhythmik und Bewegung sowie eine Stunde kreativ-künstlerischen Arbeitens folgen. Hier besteht die Möglichkeit für individuelles Arbeiten, wobei auf eine non-direktive Unterstützung authentischer Bildnereien Wert gelegt wird. Andererseits werden auch dialogische Prozesse und Arbeiten gefördert sowie Lernhilfen zur Erweiterung des bildnerischen Ausdrucksrepertoires durch ein systematisches Einüben künstlerischer Techniken bzw. Trainieren einfacher Fertigkeiten (z. B. Umgang mit Pinsel) angeboten, wenn dies, wie z. B. von Herrn P., persönlich gewünscht wird. Abgerundet wird der Tag im ART Center mit einem gemeinsamen, musikalisch-rhythmisch unterlegten „Ausklang".

2. Kunsttherapeutische Programme (therapeutic arts program) im Center Gardena, CA (TAP)

Das TAP wurde 1989 ins Leben gerufen. Es operiert mit einem weiten Therapiebegriff, der auf eine allgemeine Aktivierung und Persönlichkeitsverwirklichung des Individuums zielt und zugleich eine „inklusive Kulturbetätigung" in der Gemeinde befördern und das sozio-kulturelle Leben bereichern soll. Hierzu gibt es wiederum ein breites Angebot: Kunstgeschichte durch Kennenlernen unterschiedlicher Künste oder Stilarten sowie durch eigenes kreatives Gestalten; Entwicklung und öffentliche Aufführung eines kleinen Theaterstücks; Seniorentreff mit unterschiedlichen Aktivitäten aus dem ästhetischen Bereich (bildnerisches Gestalten, Musik und Bewegung, Entspannung, Meditation) sowie Außenaktivitäten wie Aufsuchen der Gemeindebibliothek, des lokalen Pflege- und Gesundheitsfürsorgestützpunktes oder des Gemeindeparks; Keramikkurs; *„Boutique Class"* – ein Kurs zur Herstellung von Dekorations- und Boutique-Artikeln wie Bedrucken von T-Shirts, Postkarten bemalen und drucken, Herstellung von Geschenkschachteln oder Postern; *„Music and Storytelling"* – ein Kurs, bei dem Musik zu Geschichten erfunden und komponiert werden soll; *„Color Field Art Painting"* – ein Kurs, bei dem das kreative Experimentieren mit Farbe und abstrakte Malerei im Vordergrund stehen. Ergänzt werden die Angebote durch spezielle Maßnahmen, die

Menschen mit DD eine eigenständige Orientierung in ihrem unmittelbaren Lebens- und Sozialraum erleichtern sollen.

3. Kreative Angebote zur Förderung und Unterstützung persönlicher Unabhängigkeit (encouraging personal independence) in Hawthorne, CA (EPI Center)

Das EPI Center existiert seit 1996 und zielt, ähnlich wie die beiden zuvor genannten Einrichtungen, auf eine Unterstützung gesellschaftlicher Integration sowie auf eine allgemeine Persönlichkeitsentwicklung zur Erhöhung von Lebensqualität von Erwachsenen und älteren Personen mit DD. Was das EPI Programm betrifft, so gibt es neben lebenspraktischen und arbeitsbezogenen Angeboten einen Musikkurs für ältere Personen mit DD, der Entspannungsmethoden beinhaltet; einen speziellen, basal angelegten sensorisch-musikalischen Stimulationskurs für Personen mit schweren Formen einer DD, eine *„Musical Theater Class"*, ein Angebot unter dem Titel *„Songwriting"* für interessierte Personen mit DD, einen basalpädagogischen Kurs „Atem, Bewegung und Musik" unter besonderer Berücksichtigung vibro-taktiler Instrumente; des Weiteren eine *„Musical Theatre Performance"*, Kunstausstellungen und Veranstaltungen zur Kunstproduktion und Vermarktung.

4. Künstlerisch-kulturelle Bildungsangebote (cultural education center for the arts) in Hawthorne, CA (CECA)

Das CECA besteht seit 2007 und hat sich explizit der gesellschaftlichen Inklusion *(community inclusion)* verschrieben: „CECA is designed to provide community inclusion for individuals leaving the state developmental centers and beginning anew as fully participating citizens as well as individuals with developmental disabilities" (ASD 2011). Dies soll über ein an Stärken orientiertes, lebensweltbezogenes, kunst- und kulturstiftendes Curriculum erreicht werden, das gemeindebezogene Workshops beinhaltet, an denen nicht nur Menschen mit DD, sondern auch nichtbehinderte Bürgerinnen partizipieren können. Vor diesem Hintergrund wird vom CECA ein vielseitiges Programm offeriert, das neben ästhetischen Angeboten wie „Musical-Theater", „Rhythmik und Körpersprache" Aktivitäten und Veranstaltungen, die eine Verbindung von Kunst, Natur und Gemeinde aufsuchen, z. B. *„Nature in Art: Garden Care"* oder *„Garden Art"*, spezielle Angebote wie *„Community Awareness"* (bewusstes Kennenlernen des Wohnumfeldes oder Stadtteils mit seiner Infrastruktur, seinen Einkaufsmöglichkeiten oder dem Straßenverkehr und seinem Regelwerk), „gesunde Lebensführung" oder „soziales Engagement" in der Gemeinde vorsieht.

Neben diesen vier Programmschwerpunkten gibt es einrichtungsübergreifende Maßnahmen und Projekte, die sowohl an Menschen mit DD als auch an andere Bürger adressiert sind. Einige bemerkenswerte Angebote seien genannt:

(A) ART Orchestra – ein Projekt, das Menschen mit DD Möglichkeiten bieten soll, die „innere Welt" *(inside)* klassischer Musik kennenzulernen und sich durch eigene Interpretationen einer „Orchestral Suite" auszudrücken. Höhepunkte dieses Projekts sind öffentliche Auftritte im ART Center sowie in lokalen Kulturhäusern oder Stätten der Kleinkunst.

(B) Professionelle Workshops und Konsultationen für Menschen mit DD, die künstlerische Techniken und Fertigkeiten erwerben sowie ihr Wissen über verschiedene Künste (Bildnerei, Musik, Theater) erweitern möchten, um sich auf (semi-)professionelles künstlerisches Arbeiten spezialisieren zu können.

(C) Wellness Programme (z. B. musikalische Entspannungsangebote; *group drumming)* für Mitarbeitende, die in sozialen Einrichtungen oder Organisationen tätig sind. Dabei geht es v. a. um eine präventive Gesundheitsförderung, um vorbeugende Hilfen gegen Burnout sowie um Abbau von Stress oder psychischen Belastungen im Rahmen des Arbeitsalltags. Wie effektiv ein solches Angebot sein kann, wurde durch eine Untersuchung des *„group drummings"* aufgezeigt:
„Group drumming has been shown to increase Natural Killer cell activity: ‚A landmark controlled scientific investigation demonstrated statistically significant positive cell-mediated immune system changes that correlated with one-hour group drumming sessions using HealthRHYTHMS group empowerment drumming protocol' (Bittman et al. 2001)" (ASD 2011; vgl. Bittman et al. 2004).

(D) Musiktherapeutische Programme in Krankenhäusern oder anderen sozialen Einrichtungen zur präventiven Gesundheitsförderung oder zur Intervention bei akuten Krisen, psychischen Störungen oder anderen schweren Erkrankungen (z. B. auch als Palliative Care).

(E) Sozialraumorientierte (gemeindebezogene) Programme einer integrations- und inklusionsfördernden Kulturarbeit, Zusammenarbeitsformen und Verträge mit anderen Non-Profit-Organisationen, Freiwilligenagenturen, Erziehungs- und Bildungseinrichtungen, Bücherei, Theater, YMCA, Universitäten oder Stiftungen. Fokussiert werden dabei schulbegleitende und nachschulische Freizeit- und kreative Angebote sowie soziale Clubs für Heranwachsende in riskanten Lebenslagen sowie für Kinder, Jugendliche und Erwachsene mit DD.

(F) ArtBeat Radio – ein von ART arrangiertes Projekt mit fünf Klienten vom ART und TAP Center und einem professionellen Musiker, das sowohl zu einer Musikgruppe *(garageband)* geführt hat, die eigene Musikstücke produziert und eigene Radioshows im Großraum Los Angeles arrangiert, als auch der Projektgruppe Gelegenheit bietet, den alltäglichen Betrieb eines Radiosenders kennen und durch eigene Programme und Interviews mit Hörern nutzen zu lernen. Dadurch soll zugleich Menschen mit DD eine Stimme und ein Forum für eigene Belange gegeben sowie ein Stück öffentliche Aufklärungsarbeit und Bewusstseinsbildung geleistet werden.

(G) ArtBeat for Humanity – ein Gemeinschaftsprojekt von Able ARTS Work und dem Remo Recreational Music Center in North Hollywood, das sich auf *„drum art"* als „a part of humanity for thousands of years in many diverse cultures around the globe" (ASD 2011) spezialisiert hat. In Zusammenarbeit mit Remo Belli of Remo Inc., einem führenden Hersteller von Schlagzeug- und Percussioninstrumenten, nutzt das Projekt die „heilende Kraft von Musik als Therapie" im Rahmen von Programmen wie *„HealthRHYTHMS"* zur Prävention oder als Intervention traumatisch geschädigter Familien mit behinderten Kindern oder Erwachsenen mit DD. Durch öffentliche Performance will das Projekt soziale Inklusion von Menschen mit DD befördern und unterstützen sowie als Beispiel eines sozialen Unternehmens anderen Mut machen, sich gleichfalls sozial zu engagieren. Seine Wertschätzung und Unterstützung erfährt es u. a. durch Institute für Musik und Therapie verschiedener Hochschulen sowie durch Persönlichkeiten im öffentlichen Leben, beispielsweise von Mickey Hart, dem Schlagzeuger der ehemaligen kalifornischen Kultband Greatful Dead.

(H) Soziale Unternehmensprogramme *(social enterprise programs)* zur Förderung und Unterstützung eines „inklusiven Lebens in der Gemeinde" *(inclusive community life)*. Hierunter werden verschiedene Projekte gefasst, z. B. die Pflege einer Webseite (Café Press) zum Verkauf von Designartikeln oder anderen Kunstprodukten (Bilder, Skulpturen), die in den Art Centers hergestellt werden; eine in Zusammenarbeit mit Remo Drums angebotene *„business class"*, in der die Teilnehmenden lernen, Designs für Verpackungen, Logos, Kataloge oder Event-Flyer zu entwerfen und herzustellen sowie Einblicke in die Vermarktung von Produkten oder Events von Able ARTS Work gewinnen können; die Führung eines kleinen Geschäfts (Go! Store), das sämtliche Able ARTS Work-Produkte zum Verkauf anbietet. Hierbei werden die betreffenden Personen ihren Voraussetzungen und Fähigkeiten entsprechend in sämtliche Aufgaben und Abläufe eines Verkaufsbetriebs eingeführt und für den Kundenservice geschult und qualifiziert. Eine zentrale Funktion im Hinblick auf *Community Inclusion* haben zwei Galerien, die George V.

Deneff Gallery in Long Beach und die Artifact Gallery in Hawthorne, die dem CECA angegliedert ist und mit der Fakultät für Künste der Universität von Kalifornien, Los Angeles (UCLArts) kooperiert. Ziel beider Galerien ist die Förderung von „community inclusion as well as embraces other artists, both disabled and non-disabled, creating new opportunities and possibilities within the local art community and the art world" (ASD 2011). Im Rahmen meiner Hospitation (2011) und Beobachtungen in den nachfolgenden Jahren konnte ich mich von der Reputation und inklusionsfördernden Wirkung der Galerien im Gemeinwesen überzeugen, die sich immer wieder durch neue Ausstellungen oder (Performance-)Veranstaltungen in Kooperation mit Able ARTS Work und anderen Organisationen (z. B. Paul Getty Foundation) oder Institutionen (z. B. Behörden; Universitäten) für die gesellschaftliche Zugehörigkeit von Künstlerinnen mit (schweren) Behinderungen engagieren.

First Street Gallery Art Center der Tierra del Sol Foundation (TdSF)

Einen einzigartigen Stellenwert im Dienstleistungssystem der TdSF hat das im Jahr 1989 gegründete First Street Gallery Art Center in Claremont, das seit etwa zwei Jahren seinen Standort mit verbesserten, großzügigen Räumlichkeiten im benachbarten Upland, Orange County, CA hat. Das First Street Gallery Art Center bietet mit seinem Atelier für freies bildnerisches Schaffen oder werkhaftes Gestalten nahezu 50 Erwachsenen mit DD ein tagesstrukturierendes Programm an. Die Altersspanne liegt zwischen 21 und 80 Jahren, und, wie bereits eingangs angedeutet, gelten die meisten von ihnen als schwer geistig behindert und/oder autistisch. Was die Aufnahme betrifft, so werden keine künstlerischen Fähigkeiten vorausgesetzt, wohl aber gibt es zwei Ausschlusskriterien: zum einen ein hoher pflegerisch-medizinischer Versorgungs- oder Überwachungsaufwand und zum anderen schwere Verhaltensprobleme oder psychische Störungen, die durch eine pädagogische Krisenintervention (dazu Theunissen 2019) vom assistierenden Personal (sechs professionelle Künstler) nicht aufgefangen werden können. Für diese Personen hat der Träger auf seinem Campus in Sunland spezielle Hilfen durch Positive Verhaltensunterstützung im Programm. Alle Besucher des First Street Gallery Art Centers durchlaufen (wie alle anderen Teilnehmenden an den Bildungsangeboten der TdSF in Sunland) nach ihrer Aufnahme zunächst ein 30-tägiges Assessment, das dem persönlichen Kennenlernen, der Erkundung von Interessen, Fähigkeiten, Stärken oder Begabungen sowie der Erschließung potenzieller Ziele dient. Anschließend wird auf der Grundlage dieser Erkundungsphase und des Personenzentrierten Plans (ISP) im Rahmen eines Unterstützungskreises (mit der Person, ihren Eltern [bzw. gesetzlichem

Betreuer], den Mitarbeitenden der 1Street und der zuständigen Fachkraft des RC [Servicekoordinator]) ein in Ich-Form angelegter *„Art Career Log Plan"* erstellt, der vier Ziele, Interessen und Projekte für künstlerische Tätigkeiten, Fähigkeiten/Fertigkeiten, Arbeitszeiten, assistierende Hilfen und Interessen für Aktivitäten im Gemeinwesen (z. B. Beteiligung an Kunstausstellungen, Freiwilligentätigkeit, Lehrkraft für Kunstunterricht in Schulen, öffentliche Touristenführungen, öffentliches Auftreten als Künstler) vorsieht. Damit wird ein „Fahrplan" im Sinne eines Arbeitsauftrags festgehalten, der zwei zentrale Schwerpunkte abdeckt: (1) *art work practices* (künstlerische Aktivitäten in den Räumlichkeiten des Art Centers) und (2) *community inclusion* (durch Tätigkeiten im Gemeinwesen) (Hamm 2019).

Die meisten der Betroffenen wohnen noch in ihren Herkunftsfamilien, alle anderen leben in unterstützten Wohnformen. Von den etwa 50 Besuchenden des Art Centers, deren Plätze größtenteils[51] von den zuständigen RC finanziert werden, kommen ungefähr 40 täglich zwischen 9 und 18 Uhr. Acht bis zehn Personen besuchen zwei oder drei Mal wöchentlich für durchschnittlich zwei Stunden die Einrichtung. Dabei handelt es sich weitgehend um Personen, die bei ihren Eltern wohnen und tagsüber in Behindertenwerkstätten *(sheltered workshops)* arbeiten oder für zwei bis vier Stunden einer bezahlten Tätigkeit auf dem ersten Arbeitsmarkt nachgehen.

Wie in Sunland wird auch im First Street Art Center der TdSF das bürgerschaftliche Engagement sehr geschätzt. Daher gibt es den Angebotsschwerpunkt *community inclusion,* der von jeder Person mit mindestens sechs Wochenstunden abgedeckt werden muss. Nahezu alle Personen sind in verschiedenen öffentlichen Einrichtungen in der Gemeinde oder bei Non-Profit-Organisationen (z. B. Altentagesstätte, Schulen, Bücherei) freiwillig tätig. Diese Freiwilligentätigkeit findet während der oben genannten Arbeitszeit statt. Einige talentierte Künstlerinnen des First Street Art Center unterstützen zudem als Helfende *(teacher aide)* Lehrkräfte im Kunstunterricht von Vorschul- und Grundschulkindern, was sehr geschätzt wird. Darauf sind die betroffenen Künstlerinnen sehr stolz. Diese Ermöglichung und Unterstützung ihres *„self-empowerment"* entspricht ganz der Philosophie der Tierra Del Sol Foundation:

„By empowering our clients to help the larger community we fulfill our true mission to make the world a better place for everyone. We coach, teach and challenge our clients to work hard and effectively in their volunteer service to more than 50 (inzwischen etwa 160, G. T.) community organizations. As they assist others to distribute food and clothing for impoverished seniors

51 Einige Personen, die außerhalb des Einzugsgebiets von Claremont kommen, sind Selbstzahler.

and children; to care for abandoned pets; to maintain community parks and to assist our understaffed hospitals, daycare centers, museums, libraries and so forth, they are building a better world while becoming stronger and more capable citizens“ (TdSF o.J.).

Grundsätzlich versteht sich das Art Center als eine Einrichtung, die zwar formal einer Behindertenwerkstatt entspricht, inhaltlich jedoch keinem Systemzwang unterliegt und sich daher ganz den Wünschen, Potenzialen, Stärken oder Begabungen von Personen mit DD verschreiben kann.

In diesem Sinne definiert sich die Einrichtung als ein „offenes Kunstatelier“, das „authentische Bildnereien“ unterstützt und versandete oder bislang verdeckte künstlerische Fähigkeiten zu (re-)vitalisieren versucht. Ein solches Programm, welches sich nicht mit kunsttherapeutischen, heil- oder kunstpädagogischen Beeinflussungen verträgt, hat in Kalifornien Tradition (vgl. MacGregor 1992). Hierzulande ist es u.a. von W. Pöschel (1991, 8) protegiert worden, der über einen längeren Zeitraum „authentische Werke“ behinderter Künstler aus der Großanstalt Bethel (Bielefeld) gesammelt hat. Einige dieser Arbeiten erfahren heute unter dem Label der Außenseiter-Kunst *(outsider art)* Anerkennung und Wertschätzung (Theunissen 2008). Das gilt gleichfalls für Bildwerke aus dem First Street Gallery Art Center (dazu Hamm & Pringle 2013), so z.B. der mittlerweile 80-jährigen Künstlerin Helen Rae, die seit Gründung des First Street Art Center dabei ist.

Helen Raes künstlerische Vorlieben gelten der Portraitmalerei und Charakterdarstellung, die eine lebendige, plastische, teilweise karrikaturhafte und zugleich expressionistische Ausdrucksweise erkennen lässt. Hierzu erschließt sich die Künstlerin gerne die ‚Welt der Mannequins‘ (ihre Kleidermode, Modenschau, den Laufsteg), ebenso imponiert sie mit bildnerischen Interpretationen unterschiedlicher Verhaltens- und Ausdrucksweisen von Personen aus dem Alltag sowie auf bereits vorhandenen Fotos. Besonders fasziniert scheint sie von Accessoires (z.B. Hüten, Gürteln, Handtaschen, Ohrringen, Halsketten, Tüchern, Schmuck, Schirmen) zu sein, die sie als exemplarische Details bestimmten Gesichtern, Wesenszügen oder Ausdrucksformen zuordnet. Im Laufe ihres etwa 30-jährigen Schaffens hat sich Helen Rae einen unverwechselbaren Stil angeeignet, indem z.B. unterschiedliche Charaktere ausdrucksstark und nahezu ‚überzeichnet‘ vor farblich abgesetzten, futuro-kubistisch-collagierten Hintergründen geschickt in Szene gesetzt werden. Ältere Bildwerke signalisieren hierbei mitunter eine Affektperspektive durch aggressiv anmutende übergroße Hände mit überdimensioniert langen Fingern und lackierten Fingernägeln. Mittlerweile sind ihre Arbeiten jedoch ‚feiner‘ geworden, und ihre Malerei hat an plastischer Differenziertheit gewonnen.

Helen Rae ist die wohl die bekannteste Persönlichkeit des First Street Gallery Art Centers, welches seit einigen Jahren nicht nur in den USA, vor allem im Großraum von Los Angeles (z. B. The Good Luck Gallery), New York City (z. B. Outsider Art Fair), Boston oder Washington D. C., sondern auch in mehreren Städten Japans, in Belgien und in Schottland (Verkaufs-) Ausstellungen in Galerien oder auf Kunstmessen mit Bildern der Künstlerin organisiert hat. Öffentliche Ausstellungen haben im Programm der Tierra del Sol Foundation im Hinblick auf *„community partnerships and inclusion"* eine zentrale Bedeutung, weshalb nunmehr seit über 10 Jahren alljährlich unter dem Titel CORE eine gemeinsame Veranstaltung mit Tierra's Sunland Artists, Able ARTS Work und dem National Arts and Disability Center der UCLA[52] organisiert wird. „Core is a space for artists, community members, and arts & disability advocates to build common bonds and promote visability through a diverse art forum" (TdSF 2010). Ferner hatten vor wenigen Jahren sechs Künstlerinnen des First Street Gallery Art Centers die Gelegenheit bekommen, anlässlich des 20-jährigen Bestehens des ADA von der zuständigen Instanz in Washington sowie im LAX (International Airport Los Angeles) und in der City Hall Gallery von Los Angeles mehrere ihrer außergewöhnlichen Bildwerke ausstellen zu dürfen. Auch diese Anerkennung beweist, dass eine „inklusive Kultur" in einem „inklusiven Gemeinwesen" heute keine Vision mehr zu sein braucht.

Art Centers der Exceptional Children's Foundation (ECF)

Die 1946 gegründete Exceptional Children's Foundation (ECF) mit dem Hauptsitz in Culver City, CA ist mit über 2.200 Klienten (v. a. Kinder und ihre Familien) einer der größten privaten Dienstleistungsanbieter im Großraum Los Angeles (ECF o. J. a; b; Martinez 2010), der sich explizit zu den Leitprinzipien „Empowerment" und „Community Building & Advocacy" bekennt (ECF 2010). Ihre Palette an Dienstleistungen reicht von frühen Hilfen für Kleinkinder mit DD *(early start programs; early intervention; home visit services)*, einem *„multi-service center"* mit diagnostischen, therapeutischen, heil-, sozial- und freizeitpädagogischen Angeboten für Kinder, Erwachsene und Familien mit einem behinderten Angehörigen, über ein Sonderschulzentrum, Unterstützte Beschäftigung *(supported employment)*, spezielle Werkstätten und tagesstrukturierende Programme für Erwachsene mit DD *(developmental activity center; work activity center)*, assistierende Hilfen für ein selbstbestimmtes Wohnen *(independent and supported living*

---

52 University of California Los Angeles

services), einem Freiwilligendienst (Recycling; Garten- und Parkpflege; Hilfstätigkeiten) durch behinderte Menschen in der Gemeinde bis hin zu vier Art Centers in Culver City, San Pedro, South und Downtown Los Angeles, denen als Angebot für Erwachsene und Senioren mit DD eine prominente Bedeutung zukommt.

Insgesamt partizipieren an diesem Angebot mit dem Grundsatz *„empowering artists with disabilities"* (ECF 2010) weit über 100 Personen, von denen etwa die Hälfte als geistig schwer und mehrfach behindert eingeschätzt werden kann. Mehrere sind Autisten und einige gelten zudem als emotional oder psychisch gestört. Personen mit massiven Verhaltensauffälligkeiten *(serious behavior problems)* werden allerdings nicht aufgenommen, da die Art Centers der ECF keine spezielle Verhaltensunterstützung oder Krisenintervention anbieten können. Dies hängt damit zusammen, dass die behinderten Menschen ausschließlich von professionellen Künstlerinnen (was gleichfalls für das First Street Gallery Art Center gilt) oder Kunststudierende assistiert werden. Allen vier Art Centers gemeinsam ist ihr funktionaler Stellenwert als alternatives oder flankierendes System für einen Arbeitsplatz in einer Behindertenwerkstatt sowie als ergänzendes (Freizeit-)Angebot für Personen, die nur halbtags oder stundenweise auf dem ersten Arbeitsmarkt *(supported employment)* tätig sind (Martinez 2010; Vella 2010; Terrell 2012; 2014). Die Vermittlung eines behinderten Menschen in ein Art Center erfolgt in erster Linie auf der Grundlage des Personenzentrierten Plans durch die RC, welche die Einrichtungen zu etwa 90 % finanzieren. Der übrige Teil der Finanzierung erfolgt über private Spenden, z. B. von Arbeitsmaterialien wie Farben, Stifte oder Bilderrahmen. Träger mit Komplexangeboten wie ECF können darüber hinaus auch eigene Entscheidungen über eine Aufnahme treffen, wenn z. B. eine behinderte Person Interesse für ein Art Center äußert. Aufnahmekriterien in Bezug auf künstlerische Fähigkeiten gibt es nicht.

Den Art Centers der ECF geht es ausschließlich um eine „offene" Atelierkunst, die sich der selbstbestimmten, freien künstlerischen Entfaltung verschrieben hat (Terrell 2012). Damit verbietet es sich für die assistierenden Personen, in die ästhetischen Aktivitäten oder Prozesse einzugreifen; dies schließt freilich nicht aus, im Einzelfall technische Hilfestellungen zu geben oder zu neuen oder alternativen künstlerischen Methoden anzuregen. Die meisten der behinderten Menschen arbeiten ganztägig von 8 oder 9 Uhr bis etwa 15:30 Uhr, diejenigen, die halbtags die Art Centers aufsuchen, nehmen noch an anderen Arbeitsangeboten *(sheltered workshops; adult activity center)* oder speziellen Programmen des Trägers (z. B. *independent living training)* teil. Von den Art Centers der ECF werden in unregelmäßigen Abständen publikumswirksame Ausstellungen in eigenen Galerien oder Ausstellungsräumen, in Galerien von Kunsthändlern, öffentlichen Gebäuden, Banken oder Restaurants organisiert, wobei Wert darauf gelegt wird, dass nicht eine bloße „Behindertenkunst" präsentiert wird, sondern eine Zusammenschau von Bildwerken behinderter und nichtbehinderter Personen. Hierzu werden professionelle Künstlerinnen engagiert; und ebenso beteiligen sich die angestellten Künstler und Unterstützende mit eigenen Werken an den Ausstellungen. Dabei wird darauf geachtet, dass die präsentierten Bildwerke und ihre Herkunft „namenlos" bleiben, sodass sich die Betrachter oder potenziellen Käufer unbefangen auf die bildnerischen Arbeiten einlassen können. Zudem werden Kunstmakler *(art representors)* mit der öffentlichen Werbung und Vermarktung von Bildwerken aus den vier „Brutstätten" der ECF beauftragt, um einen breiten und stärkeren Verkauf sowie höhere Gewinne zu erzielen. Durch diese Maßnahmen werden v.a. Schauspieler, Designer, Künstler, Banker und Geschäftsleute als Käufer erreicht (Terrell 2012; 2014). Was den Erlös der Arbeiten betrifft, so erhält der Makler 20% des Verkaufspreises und die übrigen 80% teilen sich der jeweilige Künstler oder die Künstlerin und das Art Center. All die zuletzt genannten Initiativen stehen für einen „inklusiven Kunst- und Kulturbetrieb" und finden zusehends Wertschätzung in der Bevölkerung und im gesellschaftlichen Leben.

Resümee in Bezug auf Lebensweltbezug und Sozialraumorientierung

Die vorausgegangenen Ausführungen lassen unschwer erkennen, dass in Kalifornien am Beispiel der Los Angeles Area eine moderne Behindertenarbeit Fuß gefasst hat, bei der Art Centers eine bedeutsame Rolle im Hinblick auf Leitprinzipien wie Empowerment, gesellschaftliche Teilhabe und Inklusion zukommt. Im Unterschied zu Deutschland handelt es sich bei den beschriebenen Art Centers weder um „Unter- oder Nebenabteilungen" von Werkstätten für behinderte Menschen, noch um soziale Prestigesysteme innerhalb gettoisierter Komplexeinrichtungen für Menschen mit Behinderungen, sondern um eigenständige, politisch wertgeschätzte und anerkannte Institutionen „freier Kunst", die als zugehörig zu einer Gemeinde das sozio-kulturelle Leben in einer multikulturellen Gesellschaft bereichern sollen. Nun gilt der Großraum Los Angeles als die vielleicht weltweit bedeutsamste Metropole der Kunst (art 2011; Mejias 2011), und in der Tat haben in dieser Region die Welten der (populären) Künste und Architektur, Outsider-Kulturen, Kunst- und Kulturbetriebe, Kunst-, Musik- und Filmindustrien und unüberschaubar viele ästhetische Aktivitäten im öffentlichen Raum einen exklusiven Stellenwert als Beweis für ein gesellschaftliches Leben, das die individuelle Freiheit und Selbstverwirklichung als „höchstes Gut" zu schätzen weiß. Vielleicht kann es unter solchen Bedingungen für Organisationen der Behindertenhilfe einfacher sein, sich mit entsprechenden Projekten einzubringen und dadurch die Chancen zu erhöhen, dass Menschen mit Behinderungen als *„part of the community"* (Bogdan & Taylor 2001) anerkannt werden und mehr Autonomie verwirklichen und Lebensqualität erfahren können. Nichtsdestotrotz können wir vieles anhand der aufgezeigten Konzepte und Beispiele aus der Arbeit der Art Centers lernen: (1) wie sich Institutionen der Behindertenhilfe als niederschwellige soziale Systeme „inklusiv" im öffentlichen Raum einbringen und vernetzen können, (2) dass Kunst ein herausragendes Medium für *„self-empowerment"* und Inklusion sein kann, (3) dass „offene Angebote" und subjektzentrierte Arbeitsformen ein Vehikel für Persönlichkeitsentwicklung, psychische Gesundheit und mehr Lebensqualität sind, (4) dass durch eine systematische und offensive Werbung und Öffentlichkeitsarbeit „inklusive Strukturen" geschaffen und „inklusive Partnerschaften" aufgebaut und stabilisiert werden können, (5) dass ein Mix aus professioneller und informeller Unterstützung für inklusive Prozesse besonders tragfähig zu schein scheint, (6) dass Inklusion nicht allein Sache der Behindertenhilfe sein kann, sondern der Unterstützung von Politik, Wirtschaft und anderen Leistungsträgern im öffentlichen und privaten Leben sowie der breiten Bevölkerung bedarf, (7) dass Menschen mit Behinderungen im öffentlichen Raum willkommen sind, (8) dass es eine Bereitschaft in der Bevölkerung gibt, Menschen mit Behinderungen als *„part of the community"* anzuerkennen und zu unterstützen und (9) dass ein Leben behinderter Menschen in Inklusion keiner eng gestrickten Heilpädagogik *(self-contained systems of special education)*, sondern einer lebensweltbezogenen und sozialraumorientierten Behindertenarbeit bedarf. Die gesellschaftliche Zugehörigkeit und Wertschätzung behinderter Menschen als Bürger war mir jenseits der Initiativen durch Anbieter der Behindertenhilfe deutlich geworden, als im September 2011 an der Ocean Avenue in Santa Monica ein alljährliches Senior Arts Festival unter dem Motto *„Celebration of Life– A Day of Music, Dance & Art"* veranstaltet wurde (dazu CoSM 2011). Mehrere Freiwilligen-Organisationen *(volunteers)* und Dienstleister aus oder im Umfeld der Altenhilfe hatten ein breites, kulturelles Programm *(cooking, assemblage/collage activities, arts exhibits, musical performances, drum circle, singing group, marching band, laughing workshop, mental health informations for older people, informations about home health services* u.v.m.) aufgestellt, welches an alle, v.a. ältere Bürger adressiert war. Dass die Angebote von Menschen unterschiedlicher kultureller Herkunft, von nichtbehinderten und behinderten Personen genutzt wurden und dass die Akteure ungezwungen miteinander interagierten und kommunizierten, war für alle völlig selbstverständlich. Ebenso selbstverständlich scheint es zu sein, wenn sich (mittellose) behinderte Menschen gleichermaßen wie nichtbehinderte Außenseiter am Touristenmagnet Venice Boardwalk in Los Angeles als

Graffiti- oder Straßenkünstler outen. In dem Falle bewegen sich die Betreffenden jedoch am (äußersten) Rande der Gesellschaft, ist doch ihre Outsider Art unmittelbar mit einem existenziellen „Überlebenskampf" verknüpft.

Bleibt zu guter Letzt die Hoffnung, dass der eingangs aufgezeigte Weg einer integrations- und inklusionsfördernden Arbeit trotz der staatlichen Finanzierungsprobleme Kaliforniens und der durch die Trump-Regierung veranlassten Kürzung von Geldern für die staatlichen Krankenversicherungs- und Unterstützungsleistungen sowie für Kunst- und Kulturprojekte, weiter aufrechterhalten werden kann. Dieses Problem zu meistern ist eine Kunst, an der sich die Tragfähigkeit der Inklusion behinderter Menschen beweisen kann.

Self-Empowerment – ein Beispiel aus der Praxis

Neben der Unterstützung behinderter Menschen durch eine breite Palette an Dienstleistungsanbietern besteht die Möglichkeit, auch unmittelbar Service und finanzielle Mittel *(individualized budget; direct payment)* durch ein RC in Anspruch zu nehmen. Davon machen in erster Linie Erwachsene Gebrauch, die sich einerseits befähigt fühlen, ein relativ eigenständig-verantwortliches, selbstbestimmtes Leben führen zu können und andererseits informeller Unterstützung durch soziale Netzwerke sicher sein können. Das betrifft Familien- bzw. Angehörigennetzwerke gleichermaßen wie freiwillige Nachbarschafts- oder soziale Bürgerhilfen, universitär organisiertes Freiwilligenengagement, Freundeskreise oder Selbstvertretungsgruppen *(self advocacy groups)*, die sowohl ein Forum für eine Halt gebende psychosoziale Unterstützung als auch für ein nicht-formales Lernen in Form einer selbstorganisierten Bildung bieten (Caldwell 2010, 1008, 1009 f.; PFC 2010; Theunissen 2013, 99 ff.; Theunissen & Paetz 2011, 75). Dadurch können z. B. Fähigkeiten erworben werden, die zur Selbstdarstellung, zur Partizipation am soziokulturellen Leben, zur politischen Durchsetzung eigener Interessen *(policy making)* und zur selbstbestimmten Gestaltung und Bewältigung des eigenen Lebens von zentraler Bedeutung sind. An dieser Stelle wird gerne vom behinderten Menschen als *„empowered person"* gesprochen, von einer Person, die als „Experte in eigener Sache" mit einem *„self-empowerment"* (Goodley 2005; YACNCD 2006) imponiert.

Nehmen wir z. B. Matthew Medina, einen 33-jährigen Mann mit Down-Syndrom aus Santa Barbara, dessen Empowerment-Geschichte fasziniert (Medina & Medina 2010; 2019). Nach seiner Geburt suchten seine Eltern das zuständige RC auf und bemühten sich um eine angemessene

Frühförderung. Zugleich holten sie sich psychosoziale Unterstützung durch eine *„parent supporting group"*. Matthew Medina, der bis zum Jahre 2003 bei seinen Eltern lebte, hat allgemeine Erziehungs- und Bildungseinrichtungen besucht, in denen er die meiste Zeit gemeinsam mit nichtbehinderten Peers *(fully included)* und nur sehr selten in *„resource rooms"* unterrichtet wurde. Zu einem ehemaligen Mitschüler und Freund aus seiner Grundschule *(primary school)*, der inzwischen in Sacramento wohnt, besteht bis heute ein „sehr guter Kontakt".

Im Jahre 1994 wurde im Rahmen eines *„circle of friends"* (Lehrer, drei Mitschüler, Eltern, Bruder, Schwester, Onkel, Tante) ein *Personzentrierter Plan (person-centered plan)* zum Übergang *(transition)* von der *high school* ins Erwachsenen- und Arbeitsleben erstellt, der zwei Bereiche fokussierte: *live/play (my own house, roommates, lots of choice, close to family, grow mustache, go to Las Vegas, shoot pool, bowling league, membership at gym, meet new people, have a girlfriend) work (something with computers, office work, be around a lot of people, dress up/look good, job with a variety of tasks, outside/physically active, something that has ongoing skills to learn, combination of time alone and with people).*

Auf der Grundlage dieses Plans nahm Matthew Medina nach Beendigung seiner Schulzeit 1997 zunächst für zwei Jahre eine Arbeitsstelle als Tellerwäscher und Kellner im Restaurantbetrieb des City Colleges an, die durch seine *high school* im Rahmen eines Freiwilligenprogramms unterstützt *(training, jobcoach)* wurde, bevor er fünf Jahre lang in einer anderen Ausbildungsstätte gleichfalls einen Restaurant-Job wahrnahm, der mit 10 Dollar pro Stunde bezahlt wurde. Mit 26 Jahren verließ er das elterliche Zuhause als bisherige Unterstützungsressource, indem er zusammen mit einem nichtbehinderten Kameraden *(roommate)* in eine eigene Zwei-Zimmer Wohnung zog, die über eine Mischfinanzierung (durch RC, Eigenanteil, elterliche Unterstützung) von ihm gekauft wurde. Bei seinen Verrichtungen des alltäglichen Lebens wird er seitdem durch seinen *roommate*, der dafür eigens bezahlt wird, sowie stundenweise durch zwei freiwillige Helfende unterstützt. Da er als „sehr organisiert" galt und gilt, wurde ein spezielles, auf seine Stärke hin angelegtes Planungsprogramm *(schedule)* entwickelt und implementiert, das ihm zu einem hohen Maß an selbstständiger Lebensführung verhilft. So ermöglicht ihm z. B. ein genauer Reise-Ablauf- und Verhaltensplan als eine Art Reisepass mit wichtigen Informationen und Anleitungen in einfacher Sprache sowie Kontaktadressen und Telefonnummern, längere Bahnfahrten oder Reisen zu Verwandten oder Freunden eigenständig-verantwortlich zu unternehmen. An einem solchen Pass und Unterstützungsplan (in Bezug auf: *social security, business, submitting budget, save your money)* wird bis heute festgehalten, zudem verfügt seine Familie über sehr viele private Verbindungen, sodass sich Matthew Medina bei Problemen oder unvorhergesehenen Ereignissen eines tragfähigen sozialen Netzwerkes durch Freunde, Bekannte oder andere freiwillige Helfende *(volunteers)* sicher sein kann.

Im Jahre 2004 kam es dann zu einem weiteren wichtigen Umbruch in seinem Leben, indem er seine Angestelltentätigkeit aufgab und stattdessen eine eigene Firma gründete: *Matthew Medina's Taking Care of Buisness Personal Assistant Services.* Diese Firma existiert bis heute und bietet mit der Person Matthew Medina einfache Dienstleistungen an, z. B. Computer-Recycling, Stapelarbeiten, Hof kehren, Reinigen von Büroräumen oder Ordnen von Büromaterialien. Im Dezember 2010 gab es fünf Kunden (kleine Unternehmen), die seine Eltern über Beziehungen angeworben hatten und die die Dienstleistungen der Firma „Matthew Medina" von einer Stunde bis sechs Stunden wöchentlich für einen Stundenlohn von 11,50 Dollar in Anspruch nehmen. Hinzu kommt neuerdings eine Mithilfe beim Verkauf von Reiseanhängern *(jewelry)* für seinen Onkel.

In seiner Freizeit sucht Matthew Medina gerne das YMCA Sportcenter auf, seine Lieblingsaktivitäten beziehen sich auf Bowling, Tanzen, Glücksspiele und in O'Malleys (einer Irish Bar) Essen gehen. Ferner besucht er gerne seine Verwandten, wo er öfters auf seine kleinen Nichten und Neffen aufpassen darf. Nach Aussagen seiner Mutter sei neben seinem Humor, seiner Freundlichkeit und Ehrlichkeit seine Zuverlässigkeit beim Beaufsichtigen der Kinder eine seiner besonderen Stärken. So könnte jeder sicher sein, dass unter seiner Aufsicht nichts passieren würde. Seit einigen Jahren engagiert sich Matthew Medina auch als *„self-advocate"*, indem er als „Experte in eigener Sache" auf Konferenzen (z. B. der TASH) auftritt; da er zumeist wenig spricht, übergibt er im Rahmen seiner öffentlichen Auftritte das Wort in der Regel seinem Assistenten oder seiner Mutter, die dann stellvertretend für ihn über seine Geschichte berichten.

Zum Schluss sei angemerkt, dass er sich vor wenigen Jahren von seinem Verdienst einen Traum erfüllt hatte, nämlich den Kauf eines eigenen Autos. Zwar besitzt er keinen Führerschein, doch genießt er es bis heute, von anderen, z. B. Freunden oder guten Bekannten, gefahren zu werden. Hierzu wurde sein Auto genutzt. Um den Unterhalt etwas kompensieren zu können, bot er es Nachbarn zum Verleih an. Inzwischen hat er es aber wieder verkauft und lässt sich von seiner Mutter oder Schwester zu den derzeit sechs Auftraggebern chauffieren, wo er insgesamt für 24 Wochenstunden Säuberungs- und Recyclingtätigkeiten verrichtet.

Das Beispiel führt uns vor Augen, dass es für ein persönliches Empowerment und für eine erfolgreiche Selbstvertretung von fundamentaler Bedeutung ist, wenn frühzeitig eine auf empathische Wertschätzung, verlässliche Beziehung und Empowerment hin ausgerichtete elterliche Unterstützung stattfindet, durch die die Person Fähigkeiten zur Bewältigung von behinderungsbedingten Problemen *(coping)* und Widerstandskraft *(resilience)* entwickeln kann (dazu auch Caldwell 2010, 1008 f.; Kennedy 2010). Bestehen darüber hinaus noch verlässliche soziale Netzwerke (Familienkreis, Nachbarschaften, Selbstvertretungsgruppen, Freiwilligenagentur) als informelle Unterstützungssysteme, ist eine Situation gegeben, die weitgehend den Verzicht auf Inanspruchnahme professioneller Dienstleister ermöglichen kann. Allerdings können sich dies am ehesten nur Personen mit DD leisten, die aus einem familialen Milieu stammen, das über ein gewisses Maß an materiellen (finanziellen) Ressourcen verfügt, in der Gemeinde gut eingebunden und vernetzt sowie jederzeit bereit ist, ihrem behinderten Angehörigen selbst im Erwachsenenalter ein notwendiges Maß an Unterstützung zu bieten (dazu auch Kap. 4 Beispiel JT und Kap. 5 Frau Rose). Um nicht den Eindruck einer Romantisierung informeller Hilfen durch Familien mit einem behinderten Angehörigen zu hinterlassen, sei bemerkt, dass viele Familien (auch in den USA) bei ihren Unterstützungsbemühungen und -leistungen rasch auf Grenzen ihres Kapitals stoßen, sich überfordert und erschöpft fühlen (vgl. LRC 2012; FDLRC 2012). Zudem halten nicht wenige den von außen herangetragenen sozialen Druck sowie offene oder subtile Formen einer Diskriminierung, Benachteiligung oder Ausgrenzung nicht aus, weshalb Angebote wie familienunterstützende Dienste *(family supports)*, Selbsthilfegruppen *(parent support groups)* oder (psycho-)therapeutische Beratung *(therapeutical support; counseling)*, die in Kalifornien über die RC vermittelt werden, unabdingbar sind.

Das zweite Standbein, welches neben einer „starken Familie" (Dunst et al. zit. n. Theunissen 2013, 181) als informelle Unterstützungsressource für ein Leben in Eigenregie (weithin unabhängig von professionellen Dienstleistern) *„toward self-empowerment and inclusion"* (Schaffner et al. 2010) eine prominente Rolle spielt, ist das Netzwerk der Selbstvertretung, repräsentiert durch Gruppen *(self advocacy groups)* aus dem People First oder Autism Rights Movement (dazu Theunissen 2013, 107 ff.; Theunissen & Paetz 2011).

Self-Advocacy und Empowerment

Eine moderne Behindertenpolitik und Behindertarbeit würde zu kurz greifen, würde sie die Stimme behinderter Menschen übergehen. Insofern ist es für die vorliegende Schrift wichtig, Vertretende der Selbstvertretungsbewegung von Menschen mit Lernschwierigkeiten, repräsentiert durch People First Gruppen, aufzusuchen und zu Wort kommen zu lassen. In Kalifornien gibt es derzeit etwa 90 Selbstvertretungsgruppen, die entweder autonom sowie durch die RC unterstützt (People First California) oder unter dem Dach eines Serviceanbieters operieren. Es besteht eine landesweite und überregionale Vernetzung aller Gruppen, die im September 2010 das 20-jährige Bestehen von *„Self-Advocates Becoming Empowered"* (SABE) gefeiert hatten. Empowerment gilt als der wichtigste Wegweiser ihrer Arbeit, die sich unter drei Schwerpunkten bündeln lässt:

1. Durch eine selbstorganisierte Bildung, Schulung und -Befähigung (self-advocates training self-advocates; PFC 2010; auch Theunissen 2013, 100 ff.)

We learn (so lautet das PFC-Programm)
To find our voices
To stand up for ourselves and our peers
Leadership skills
To run our own meetings
Our identity and history
To make system wide changes
To be involved in our local neighborhoods
How to make friends
To organize chapter functions and conventions
How the political system works
Respect and kindness for each other.

2. Durch Selbstvertretung, politische Arbeit und Einflussnahme (self-advocacy and policy making)

Hier geht es insbesondere um die Kontrolle bestehender Rechte (z. B. Antidiskriminierungsrecht), um Beschwerden gegen Rechtsverletzungen, um Schließung der Institutionen *(developmental centers)*, um mehr Jobs auf dem ersten Arbeitsmarkt und um die politische Durchsetzung einiger Interessen (PFC 2011). So verweist z. B. das Self-Advocacy Leadership Network (SALN 2010) auf Errungenschaften, dass sich unter der Regierung Obamas staatliche Dienstleister dazu bekannt haben, zukünftig Bezeichnungen mit „R" (gemeint ist *„retarded"*) nicht mehr zu benutzen, dass der Prozess, alle staatlichen Institutionen zu schließen und Menschen mit DD ein selbstbestimmtes Wohnen und Leben in der Gemeinde zu ermöglichen, weiterverfolgt wird, und dass die Kontrolle von Dienstleistungen, die Zuständigkeit in Bezug auf finanzielle Angelegenheiten und das Mitspracherecht von People First weiter gestärkt werden. Des Weiteren fand am 10. Februar 2011 eine von People First angeregte öffentliche und medienwirksame Kundgebung mit ca.

1.000 Personen (Self-Advocates, Eltern, Dienstleister) vor dem Staatsgebäude in Van Nuys, Los Angeles, statt, die sich gegen die drastische Kürzung der finanziellen Mittel für Dienstleistungen im Behindertenbereich (z. B. Regional Center) richtete. Zeitgleich wurde im Landesparlament in Sacramento über die Kürzungen beraten. Eine bemerkenswerte Kampagne hatte im März 2012 das Autistic Self Advocacy Network (eine USA-weit operierende Selbstvertretungsbewegung von Autisten) gestartet, nachdem bekannt wurde, dass das California Department of Managed Healthcare ihr 18-köpfiges Gremium „Autism Task Force", welches für die zentralen Entscheidungen im Hinblick auf die gesundheitliche Versorgung *(healthcare)* von autistischen Menschen im Staat Kalifornien zuständig ist, mit keiner Person aus dem Autismus-Spektrum besetzt war, wohl aber mit einem Aktivisten, der sich mehrfach menschenverachtend *(dehumanizing)* über Autisten geäußert hatte und mit zwei Vertretern von einer Organisation, die bislang „die Stimme der Betroffenen" durch kollaborative Partizipation ignoriert hatten.

3. Durch Selbsthilfe, Selbstberatung und gegenseitige Unterstützung (peer counseling and peer support)

Der dritte Schwerpunkt erstreckt sich auf gegenseitige Unterstützungsformen, die pragmatische Aspekte (z. B. nutzerfreundliche Website für *„self-advocacy"* Informationen) wie auch psychosoziale Lebenshilfen beinhalten können, sodass die Zugehörigkeit zu einer People First Gruppe psychischen Halt bieten, d. h. als ventilatorisch (psychisch entlastend) und valide (echt und damit psychosozial tragfähig) erlebt werden kann.

Grundsätzlich scheinen viele Personen mit DD, die das System der kalifornischen Behindertenhilfe nutzen, mit ihrer derzeitigen Lebenssituation und der Unterstützung durch die RC und Serviceanbieter weithin zufrieden zu sein, wohl wissend, dass es Finanzierungsprobleme und Schwierigkeiten auf dem ersten Arbeitsmarkt gibt; und daher sei es wichtig, sich politisch zu engagieren und rechtzeitig die eigene Stimme zu erheben.

Abschließende Bemerkungen

Ziel war es, Grundzüge, Konzepte und Entwicklungen einer lebensweltbezogenen Behindertenarbeit in den USA am Beispiel von Kalifornien aufzuzeigen. Dabei kommt der Personenzentrierten Planung eine Schlüsselfunktion zu – geht es doch immer um die Stimme der Betroffenen, nach denen sich die Behindertenhilfe zu orientieren hat. Folgerichtig wird einerseits eine am Empowerment-Konzept orientierte Unterstützung von Eltern und Familien mit einem behinderten Kind in den Blick genommen und andererseits das Anstiften, Fördern und Unterstützen von Empowermentprozessen von Menschen mit DD fokussiert (vgl. dazu auch Theunissen 2014).

Diese Orientierung am Willen des anderen (an seiner persönlichen Freiheit) ist mit der UN-Konvention über die Rechte behinderter Menschen kompatibel und besagt, dass Menschen selbst über die Inanspruchnahme ihres Rechts auf Inklusion entscheiden sollen. Daher stellen für manche Eltern oder behinderte Menschen private Sonderschulen oder beschützte Werkstätten eine Option dar (dazu Theunissen 2013, 285 ff.; 2014, 42, 145 ff.). Interessanterweise gilt dies nicht für Wohnheime, hier ist die Präferenz für ein unabhängiges bzw. unterstütztes Wohnen oder für Wohngruppen mit maximal sechs, neuerdings vier Plätzen eindeutig.

Um gesellschaftliche Inklusion mehr als nur rhetorisch zu verwirklichen, d.h. mit Leben zu füllen, ist es grundsätzlich wichtig – und das gilt für die USA genauso wie für Deutschland –, eine *Bürgerzentrierung* ins Visier zu nehmen, die die Förderung informeller Netzwerke durch nichtbehinderte Bürger (Nachbarschaftshilfe, Freiwilligenengagement, Angehörigengruppen) und sogenannter Win-win-Situationen (auch Freiwilligenarbeit durch Menschen mit Behinderungen) wertzuschätzen weiß.[53] Genau dieser Lebenswelt- und Sozialraumbezug ist in Kalifornien zum Programm erklärt und mit Nachdruck fokussiert worden, als Unzulänglichkeiten im Rahmen einiger Deinstitutionalisierungsmaßnahmen (dazu Dalferth 1999; FDLDRC 2006, 23 f.; Theunissen 2013, 328 f.) öffentlich bekannt wurden, z. B. die fehlende soziale (nachbarschaftliche) Einbindung neuer Wohnformen in den Gemeinden bei einer unzureichenden alltäglichen Unterstützung der behinderten Menschen, sodass Verwahrlosung und Todesfälle die Folge waren.

Dass auch in Kalifornien wie in den übrigen Staaten der USA oder in vielen anderen hochentwickelten Ländern (z. B. Skandinavien) bei der alltäglichen Unterstützung behinderter Menschen weithin auf Fachpersonal verzichtet wird, ist im Wesentlichen der Finanzierung eines hochdifferenzierten, dezentralen und deinstitutionalisierten Wohnangebots und spezieller (teurer) tagesstrukturierender Systeme (z. B. Art Centers) geschuldet. Bei meinen Hospitationen und Gesprächen konnte ich mich davon überzeugen, dass der Verzicht auf (pädagogische) Fachkräfte im Rahmen der Alltagsarbeit in Bezug auf Wohnformen, die sich behinderte Menschen wünschten und bei denen

53 Bemerkenswert ist, dass seit einiger Zeit sogenannte win-win-programs bundesweit in der US-amerikanischen Behindertenarbeit sowohl bei nichtbehinderten als auch behinderten Bürger wachsenden Zuspruch finden. So ist zum Beispiel für das renommierte Groden Center bei New York „volunteering in the community“ (z. B. Hilfe für alte Menschen: Essen auf Rädern) ein wichtiger Baustein im Rahmen der Angebote für Autisten (Groden et al. 2011, 69).

sie nicht selten ihre eigenen Unterstützenden „mitbrachten" oder auswählen konnten, in keiner Weise nachteilig oder problematisch war (auch Strully 2012). Zudem wurde nicht etwa auf Fachlichkeit und Qualität verzichtet. Fachkräfte werden nämlich an anderer Stelle eingesetzt, z. B. für Unterstützungsmanagement, Praxisberatung, Anleitungen, Schulungen und Fortbildungen des unausgebildeten Personals (häufig *high school*-Absolventen) sowie der informellen Helfenden. Dabei wird eine „Bottom-up"-Philosophie und -Praxis gelehrt, die die Stimme der Klientel zu beachten weiß; und das ist letztlich das Erfolgskonzept, welches sich einer starken Zufriedenheit und eines hohen Zuspruchs behinderter Menschen erfreut.

Dennoch bleibt ein Unbehagen. Lässt sich das, was im Hinblick auf eine am Inklusions- und Empowermentgedanken orientierte Behindertenarbeit am Beispiel einiger der fortschrittlichsten Dienstleister im Großraum Los Angeles skizziert wurde, auf Dauer, insbesondere mit Blick auf Kosteneinsparungen, Verzicht auf Fachkräfte in der Alltagsarbeit halten? Oder gerinnt das System angesichts eklatanter Finanzierungsprobleme zu einem deutlichen Qualitätsverlust und *„rollback"*? Dies befürchten z. B. Howard McBroom (2012; 2017), „Experte in eigener Sache" *(self-advocate, „motivational speaker")* und ehemaliges Vorstandsmitglied *(board member)* des Lanterman Regional Centers Los Angeles sowie Melinda Sullivan (2016), Geschäftsführerin (*execute director*) des Lanterman Regional Centers Los Angeles, stellvertretend für andere Fachleute der Behindertenpolitik und Behindertenhilfe in Kalifornien, weshalb es wichtig sei, sich politisch zu engagieren. Hinzu kommt die Befürchtung, dass eine unzureichende Finanzierung des Dienstleistungssystems zu einer verstärkten Einsparung von Fachkräften und anderen Bediensteten führt, sodass die Behindertenarbeit in zunehmendem Maße nur noch von einem Freiwilligenengagement geschultert wird.

„Akute Finanzknappheit durch Freiwilligeneinsätze auffangen zu wollen ist zum Scheitern verurteilt und entspricht überdies in der Regel nicht den in den Einsatzbereichen jeweils gängigen Qualitätssicherungsvorstellungen berufsständischer und versorgungsrechtlicher Art" (Klie & Hils 2009, 34).

Der Einsatz Freiwilliger zur Kostenersparnis kann tatsächlich zu einem Verlust an professionellen Kenntnissen und Qualitätsstandards führen, die heute die Behindertenarbeit maßgeblich bestimmen. Insofern muss auf ein ausgewogenes Verhältnis von beruflichen und freiwilligen Kräften geachtet werden. Es greifen aber ebenso Vorstellungen zu kurz, die auf Fachkräfte setzen und bürgerschaftliches Engagement als eine Bedrohung insbesondere im Hinblick auf Vernichtung von Arbeitsplätzen betrachten. Diese nicht selten von Fachorganisationen sowie Berufsverbänden vorgetragene Position verkennt die andere Seite der Medaille, nämlich Chancen, die das Freiwilligenengagement in der Behindertenhilfe impliziert. So können durch bürgerschaftliches Engagement Leistungsgrenzen eines professionellen Dienstes oder Systems erweitert und „zusätzliche Qualitätsmerkmale entwickelt werden, die durch Fachkräfte allein nicht zu verwirklichen sind“ (ebd., 35; dazu auch Klie 2011, 402 f.). Genau an dieser Stelle hat die von einigen US-amerikanischen Organisationen der Behindertenhilfe ausgehende systematische Werbung für ein *volunteering* ihren Platz, welches zum Teil vertraglich geregelt ist (z. B. mit *high schools* oder Universitäten), sodass immer wieder neue freiwillige Helfende rekrutiert werden können. Davon scheinen wir hierzulande noch weit entfernt zu sein[54] – wohl wissend, dass es jenseits dieser institutionellen Bindungen auch in Los Angeles oder an anderen Orten in den USA schwierig ist, *volunteers* zu gewinnen. Ein Blick auf die Statistik zeigt, dass in Deutschland vor etwa zehn Jahren der Anteil freiwilliger Helfender in der konkreten Arbeit mit behinderten Menschen sehr gering war (BMFSFJ 2009, 141). Bis heute scheint sich diese Situation nicht wesentich verbessert zu haben. Die Gründe dafür sind vielschichtig, angefangen von Vorurteilen, fehlendem Interesse und Berührungsängsten nichtbehinderter Menschen bis hin zu Vorbehalten, einer mangelnden Offenheit und unzureichender Kooperationsbereitschaft in manchen Behinderteneinrichtungen. Solche Barrieren signalisieren einen Bedarf an Bewusstseinsbildung sowohl bei der nichtbehinderten Bevölkerung als auch bei Fachkräften in der Behindertenhilfe. Die Chancen zu einer mittel- und langfristigen Verbesserung der Situation sind dabei günstig, gibt es doch ein deutliches Interesse für Freiwilligenarbeit bei Verbänden der Behindertenhilfe (Wagner-Stolp 2017), und scheint doch das Engagementpotenzial bei nichtbehinderten Bürgern längst noch nicht ausgeschöpft zu sein (vgl. Reinert & Kanther 2002; Olk & Hartnuß 2011).

54 Umso bemerkenswerter ist ein vor etwa acht Jahren von der Westfalenfleiß GmbH (Münster) ins Leben gerufene Projekt, welches Schüler aus der 9. und 10. Klasse im Zeitraum von vier Wochen zwei einstündige Theorieveranstaltungen anbietet und an vier Nachmittagen jeweils für etwa zwei bis vier Stunden ein „Schnupperpraktikum“ in einer nahe gelegenen Einrichtung (z. B. Wohnhaus) der Behindertenhilfe ermöglicht, um Menschen mit Lernschwierigkeiten oder komplexer Behinderung und ihren Alltag kennenzulernen, um mit ihnen ins Gespräch zu kommen, Kontakte zu knüpfen und Aktivitäten durchzuführen. Zugleich sollen die Jugendlichen auch für die pädagogische Arbeit mit behinderten Menschen sensibilisiert werden. Honoriert wird dieses Praktikum mit einem „Sozialführerschein“. Insgesamt hatten in den ersten zwei Jahren 204 Schülerinnen und Schüler an diesem Projekt teilgenommen, von denen anschließend 30 freiwillig als Unterstützende oder Begleitende behinderter Menschen tätig waren (Olbrich 2012).

Kapitel 4

Unterstützungssysteme und personenzentriertes Arbeiten in Bezug auf Erwachsene mit Lernschwierigkeiten und schwerwiegendem herausforderndem Verhalten

Der folgende Beitrag knüpft an den vorausgegangenen Ausführungen an, indem er der Frage nachgeht, welche Unterstützungssysteme und assistierenden Hilfen geeignet erscheinen, um Menschen mit Lernschwierigkeiten und besonders schwerwiegenden Verhaltensauffälligkeiten ein Höchstmaß an Lebensqualität (zum Begriff siehe Kap. 5) zu ermöglichen. Dass behinderte Menschen mit massivem Problemverhalten fokussiert werden, hat seinen besonderen Grund – ist es doch für eine personenzentrierte und sozialraumorientierte Reform, wie sie hierzulande durch das BTHG auf den Weg gebracht werden soll, ethisch geboten (Antidiskriminierungs- und Gleichstellungsgrundsatz), keine Benachteiligung und Ausgrenzung bestimmter Personen mit Behinderungen zu erzeugen. Diese Gefahr besteht jedoch für den betroffenen Personenkreis, wenn wir uns die aus der Geschichte der Versorgung behinderter Menschen resultierende „Erblast" des institutionsbezogenen Denkens, Planens und Handelns vor Augen halten, die bis heute bei vielen Leistungsträgern und Leistungserbringern in der Behindertenhilfe nachwirkt.

So werden bundesweit betroffene Personen oftmals nicht in regulären Wohnformen, sondern in Sondergruppen großer Behinderteneinrichtungen, z. B.

in therapeutischen Wohngruppen (TWG) oder in langzeit intensiv betreuten Wohngruppen (LIBW) „untergebracht". Die steigende Nachfrage für Plätze in diesen speziellen Settings sowie das Interesse einiger Leistungserbringer, die Zahl solcher Sondergruppen zu erhöhen, veranlassten im Jahr 2016 den Kommunalverband für Jugend und Soziales Baden-Württemberg (KVJS) ein Forschungsprojekt in Auftrag zu geben, um die Hintergründe für diesen Trend sowie die Lebenssituation, Unterstützungsleistungen und gesellschaftlichen Teilhabemöglichkeiten der betroffenen Personen zu untersuchen.

Dieses Projekt (dazu Theunissen u.a. 2018; Theunissen & Kulig 2019) erstreckte sich auf vier zentrale Schwerpunkte:
(1) auf eine landesweite, quantitative Erhebung (durch eine anonymisierte Einrichtungs- und Mitarbeitendenbefragung per Fragebogen) zur aktuellen Wohn-, Lebens- und Unterstützungssituation der genannten Personengruppe;
(2) auf eine Auswertung, komparative Analyse und Aufbereitung von Entwicklungsverläufen, Lebenssituationen, Unterstützungsmaßnahmen und Normanwendungsprozessen anhand von Dokumenten (Akten) von insgesamt 60 Personen aus fünf ausgewählten Regionen und unter Einbeziehung von Gesprächen und Hospitationen aller Einrichtungen mit TWG oder LIBW;
(3) auf eine tiefgreifende qualitative Untersuchung (Dokumentenanalyse und v.a. biographische Einzelfallanalyse) zur Entstehung herausfordernder Verhaltensweisen, zu deren Verlauf sowie zur „Karriere" betreffender Erwachsenen durch acht „narrative" Interviews von Eltern oder Betroffenen;
(4) auf eine Recherche und Auswertung von Erkenntnissen in anderen Bundesländern und v.a. im internationalen Raum zur Lebenssituation und zum Umgang mit herausforderndem Verhalten bei der genannten Personengruppe.

Im Folgenden werden nunmehr einige wichtige Ergebnisse dieses Forschungsprojekts aufgegriffen, die sowohl signifikante Probleme als auch Lösungswege deutlich werden lassen.

Ausgangspunkt: Kritische Sozialisationserfahrungen und unzureichende Unterstützungsleistungen im Kindes- und Jugendalter

Der Forschungsstudie (vgl. Theunissen u.a. 2018, Kap. C3) ist zu entnehmen, dass behinderte Menschen, die aufgrund schwerwiegender Verhaltensauffälligkeiten spätestens im Erwachsenenalter in Sonderguppen (TWG, LIBW) untergebracht werden, nicht selten ähnliche Sozialisationserfahrungen gemacht haben, deren typische Muster sich bis zur frühen Kindheit zurückverfolgen lassen. So sind es zumeist Mütter, die sich aufgrund iritierender oder atypischer Verhaltensweisen ihres behinderten Kindes in der alltäglichen Erziehung unsicher fühlen und daher kinderärztlichen Rat aufsuchen. In den meisten Fällen werden ihre Sorgen abgeschwächt, und es wird eine abwartende Haltung empfohlen.

Auch spezielle Instanzen (z. B. Sozialpädiatrische Zentren) scheinen im Hinblick auf Fragen zur alltäglichen Erziehung oder zu auftretenden Interaktions- und Verhaltensproblemen viele der betroffenen Eltern nicht zufriedenzustellen. Zwar werden Frühfördermaßnahmen (z. B. Logopädie, basale Aktivierung, Ergotherapie, Krankengymnastik) eingeleitet, gleichwohl fühlen sich aber Eltern mit spezifischen Erziehungsfragen und konkreten Schwierigkeiten im Umgang mit psychosozialen Auffälligkeiten ihres behinderten Kindes allein gelassen. Dem Anschein nach werden im Lager der Fachwelt hohe Erwartungen an eine Frühförderung geknüpft, indem sie zugleich zu einem Abbau an Verhaltensauffälligkeiten führen soll. Dass Mitarbeitende in Frühfördereinrichtungen ebenso wie Eltern im Umgang mit herausforderndem Verhalten irritiert oder gar überfordert sein können (dies insbesondere bei autistischen Kindern), wird dabei kaum in Betracht gezogen.

Dieses Problem, dass pädagogische Kräfte selbst ihre Schwierigkeiten im Umgang mit herausforderndem Verhalten behinderter Kinder haben, zeigt sich gleichfalls in den allgemeinen und heilpädagogischen Kindergärten oder Kindertagesstätten. Fehlt eine adäquate Praxisberatung und kommt es zu einer Zunahme an Verhaltensauffälligkeiten bei einem betroffenen Kind, wird der Besuch einer vorschulischen Institution gar infrage gestellt. Spätestens zu dieser Zeit kann ein Sichtwechsel ausgemacht werden, indem das beklagte Verhalten nicht mehr im Zeichen eines gestörten Verhältnisses zwischen Kind und seinen Bezugspersonen (also als Interaktionsstörung), sondern nur noch als Ausdruck eines „gestörten Individuums", quasi als wesensbedingt, betrachtet wird. Somit haben wir es nicht mehr mit Interaktionsproblemen, sondern mit Fehlverhalten, schweren Verhaltensstörungen oder Verhaltensproblemen des Kindes zu tun. Wir können hier auch von einer „täterorientierten" Sicht sprechen.

Zumeist erfolgen weitere medizinische und auch psychologische Untersuchungen, vereinzelt durch kurze Klinikaufenthalte, um zu genaueren diagnostischen Erkenntnissen zu gelangen. Konkrete Unterstützungsleistungen (Praxisberatung) in Bezug auf den Umgang mit Verhaltensauffälligkeiten werden hingegen eher selten angeboten, stattdessen kommt es spätestens zum Beginn des Schulalters zu Empfehlungen einer Medikalisierung auffälligen

Verhaltens. Diese bringt jedoch oft nicht den erhofften Erfolg (vgl. Liberman 2015; Tyler et al. 2008).

Insofern wird die Frage des Umgangs mit Verhaltensauffälligkeiten „verschleppt", was die schulische Inklusion erschwert und nicht selten den Weg in eine Förderschule zementiert. Aber auch dort mangelt es an Praxisberatung, sodass sich die sonderpädagogischen Lehrkräfte und pädagogischen Mitarbeitenden mit den Verhaltensproblemen allein gelassen und überfordert fühlen. Das betrifft insbesondere betroffene Schüler im Pubertäts- und Jugendalter, in dem es häufig zur Zunahme und erhöhter Intensität an Verhaltensauffälligkeiten kommt.

Daran können kurzfristige Aufenthalte der betreffenden Schülerinnen in einer Kinder- und Jugendpsychiatrie kaum etwas ändern. Deren Bemühungen zielen zumeist darauf ab, das von der Schule beklagte Problemverhalten mit Psychopharmaka zu beeinflussen sowie die bisherigen diagnostischen Annahmen zu bestätigen, zu verfeinern oder zu erweitern. In dem Zusammenhang kommt es bei vermehrten Aufenthalten in einer Psychiatrie, was auch das spätere Erwachsenenalter betrifft, zu einer Zunahme an klinischen Diagnosen, die sich zum Teil widersprechen und nicht selten für ein pädagogisches Unterstützungskonzept wenig aussagekräftig sind. Eher verstärken sie die Etikettierung einer betroffenen Person als „wesenbedingt schwer gestört" oder gar als ein „therapieresistenter", nahezu „hoffnungsloser Fall".

Des Weiteren erschweren mit Beginn der Schulzeit wachsende Meinungsverschiedenheiten zwischen Eltern, Förderschule, Kinder- und Jugendpschiatrie sowie zuständigen Behörden Formen der Zusammenarbeit, was sich nachteilig auf tragfähige Hilfen oder Unterstützungsleistungen auswirkt.

Als besonders kritisch sind darüber hinaus Internatssonderschulen einzuschätzen, die in Anspruch genommen werden müssen, wenn wohnortnahe, „geeignete" Förderschulen fehlen. Damit verknüpfte Verlusterfahrungen, Brüche zum vertrauten Lebensmilieu und vermehrte psychosoziale Auffälligkeiten befördern nicht selten eine „institutionelle Karriere" betroffener Kinder, indem nach Beendigung der Schulpflicht unmittelbar eine Unterbringung in (angegliederte) Behinderteneinrichtungen (z. B. mit TWG/LIBW) erfolgt.

Ansonsten laufen gegen Ende der Schulzeit Planungen und vorbereitende Maßnahmen, die zunächst auf den Besuch einer Werkstatt für behinderte Menschen (WfbM) zielen. Werden die Betroffenen in den WfbM als zu schwierig und „nicht lenkbar" wahrgenommen, bieten angegliederte

Tagesförderstätten (bzw. Fördergruppen für schwerstbehinderte Erwachsene) eine letzte „Chance“. Scheitert auch dieses Angebot, z. B. angesichts fehlender (nicht finanzierter) Mitarbeitenden oder eines unzureichenden Unterstützungskonzepts, setzt bei den zuständigen Leistungsträgern ein Normanwendungsprozess ein, der sich durch zwei zentrale Unzulänglichkeiten auszeichnet:

Erstens werden die bisherigen Sozialisationserfahrungen, Unterstützungssysteme und Unterstützungsleistungen unzureichend untersucht und hinterfragt. Vielmehr wird das bisher dokumentierte „täterorientierte“ Bild über die betroffene Person unreflektiert übernommen und für zukünftige Entscheidungen zugrunde gelegt. Etwaige Fähigkeiten, Interessen, Bedürfnisse oder Stärken der Person verschwinden dabei hinter der Dominanz der Verhaltensauffälligkeiten und besonderer Vorkommnisse, die das weitere „routinierte Handeln“ (Schädler & Rohrmann 2016, 25) maßgeblich bestimmen.

Zweitens tritt eine Zuweisungsroutine in Kraft, bei der auf standardisierte, pauschale Versorgungs- und Unterstützungsangebote zurückgegriffen wird, die mit der Frage einhergehen, in welchen Leistungstyp die betroffene Person am besten „passt“ (z. B. TWG oder LIBW).

Angesichts der sich in den letzten Jahren zugespitzten Schwierigkeiten, eine „passende“ (spezialisierte) Wohnform in der vertrauen Lebenswelt zu finden, wird den betroffenen Personen oftmals ein TWG- oder LIBW-Platz fernab von ihrer Heimatgemeinde in einer sich anbietenden Großeinrichtung innerhalb oder gar außerhalb Baden-Württembergs zugewiesen. Betroffene oder Eltern, die sich dagegen wehren, können als Alternative eine mobile familienentlastende Unterstützung beantragen. Diese Möglichkeit wird in jüngster Zeit von einigen Leistungsträgern unterstützt, die selbstkritisch die Problematik ihres bisherigen Routinehandelns sowie die Folgeschäden einer Institutionalisierung für die betreffenden Personen erkannt haben. Das unterstützte Wohnen behinderter Erwachsener im Herkunftsmilieu ist auch in anderen Ländern (z. B. Nordamerika, Skandinavien) nicht unüblich, erschwert aber möglicherweise das Erleben und die Realisierung von Autonomie sowie die Ablösung von den Eltern. Ferner stellt für die meisten Eltern die familiäre Betreuung ihres behinderten und stark auffälligen Kindes im Erwachsenenalter keine Option dar.

Insofern versuchen viele Eltern nach anfänglichem Widerstand oder nach Vorbehalten gegenüber der behördlichen Entscheidungspraxis das Bestmögliche aus der Situation zu machen. Umso schwerer wiegt es, wenn dann in der Folgezeit die Erfahrung gemacht wird, dass sich ihr Sohn oder ihre Tochter unter Lebensbedingungen einer „totalen Institution" (Gofman 1972) zurechtfinden muss.

Leben in einer „totalen Institution"

In den Jahren 2017 und 2018, auf die sich die folgenden Daten und Befunde stützen (entnommen aus Theunissen u. a. 2018), befanden sich in Baden-Württemberg ungefähr 120 Erwachsene im Therapeutischen Wohnen (TWG) und rund 500 im längerfristig intensiv betreuten Wohnen (LIBW). Die Stichprobe der quantitativen Erhebung umfasste 648 Personen, davon 433 aus den beiden Sondergruppen und 215 aus sogenannten Regelgruppen, die gleichfalls im Hinblick auf herausforderndes Verhalten untersucht wurden. Angesichts der schwachen Beteiligung der Regelgruppen sind die Ergebnisse aus diesem Bereich weniger aussagekräftig als die Befunde und Erkenntnisse aus den Sondergruppen. Hier handelt es sich um repräsentative Ergebnisse für das untersuchte Bundesland.

Festgestellt wurde, dass sich die meisten der betroffenen Personen in den TWG und LIBW in großen Wohngruppen zurechtfinden müssen. Nur wenige Sondergruppen haben vier bis sechs Plätze, die meisten bewegen sich zwischen acht und 12 Wohnplätzen. Quantitativ betrachtet ist die Personalbesetzung in den Sondergruppen besser als in den Regelgruppen: bei Gruppengröße bis 6 Personen in der Regel 2 Mitarbeitende pro Tagesschicht; bei Gruppengröße 6 bis 10 Personen 2 oder 3, bei Gruppengröße 10 bis 15 Personen 3 oder 4 Mitarbeitende pro Tagesschicht. Hierbei handelt es sich überwiegend um Fachpersonal (v. a. Heilerziehungspfleger, Pflegepersonal, sozial- oder heilpädagogische Kräfte). Zudem verfügen die Sondergruppen über eine Nachtwache, was für Regelgruppen üblicherweise nicht vorgesehen ist. Generell werden die Sondergruppen durch begleitende Dienste (psychologisch, psychiatrisch, pädagogisch-therapeutisch) wesentlich stärker als die Regelgruppen unterstützt.

Im Unterschied zu den Regelgruppen sind die meisten Sondergruppen ausgesprochen kahl, reizarm und wenig wohnlich gestaltet; stattdessen fallen Sicherheitsvorkehrungen ins Auge (verdübelte Bilder, schweres Mobiliar, abgesicherter Fernseher hinter Plexiglas, strapazierfähige Polstergarnituren, dicke Matratzen o. Ä.). Begründet wird dies mit dem Problemverhalten der betroffenen Personen. Teilweise gibt es ein großes Know-how, wie bauliche Installationen (Leitungen, Schalter usw.) gegen Zerstörungen und technische Manipulation gesichert werden können.

Es entspricht dem Charakter der „totalen Institution“, dass für die behinderten Menschen in den Sondergruppen zumeist unzureichende Möglichkeiten der Selbstbestimmung und Teilhabe am alltäglichen Leben bestehen (verschlossene Küche, Zentralversorgung, verschlossene Zimmer, Schlüssel hat nur das Personal). Je größer eine Sondergruppe, desto geringer erscheint der Grad der Selbstbestimmung der Bewohner. Zuden hat für nicht wenige Personen, v. a. für Erwachsene aus dem Autismus-Spektrum, das Leben in einer Sondergruppe ‚gefängnisartigen‘ Charakter, indem sie sich tagsüber immer wieder, zum Teil über längere Zeit eingesperrt in ihren Zimmern, zurechtfinden müssen. Diese freiheitsentziehende Maßnahme ist gerichtlich genehmigt, nach Beobachtungen aber weniger einem schwerwiegendem Problemverhalten als vielmehr Aufsichtsproblemen (durch Personalmangel) oder Verhaltensauffälligkeiten geschuldet, die als ‚unruhestifend‘ betrachtet werden (z. B. Stühle rücken, schreien, spucken).

Des Weiteren muss kritisch gesehen werden, dass längst nicht allen betroffenen Personen ein mehrstündiges tagesstrukturierendes Angebot außerhalb ihrer Wohngruppe ermöglicht wird. Begründet wird dies in erster Linie mit der Schwere des herausfordernden Verhaltens sowie mit unzureichenden Rahmenbedingungen und „Betreuungsmöglichkeiten“ in Tagesförder- oder Arbeitsstätten. Bisweilen wird in dem Zusammenhang von den „Austherapierten“ im LIBW gesprochen.

Dem Forschungsbericht ist zu entnehmen, dass bis auf wenige Sondergruppen, die sich durch ein erfolgversprechendes, personenzentriertes und konzeptionsbezogenes Arbeiten auszeichnen (vgl. Theunissen u. a. 2018, Anhang C2, Nr. 3; C 4, Nr. 14), die meisten TWG und LIBW keinen wirksamen Abbau an Verhaltensauffälligkeiten leisten (vgl. ebd., 194 f.). Wie der folgenden Abbildung zu entnehmen ist, geht nämlich der durchschnittliche Grad des auffälligen Verhaltens mit steigender Verweildauer nicht zurück.

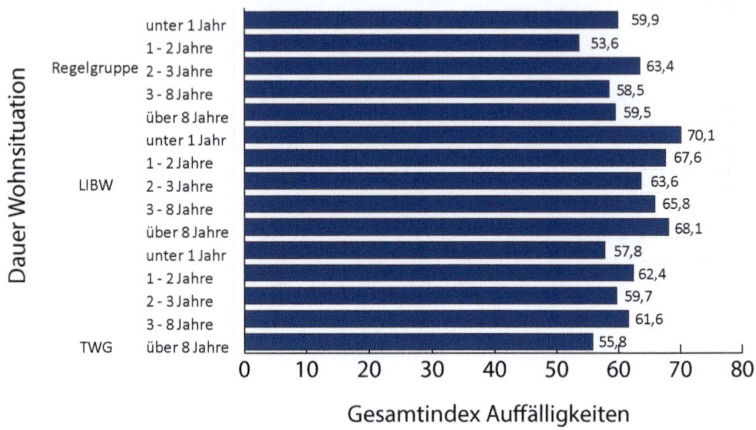

Abbildung: Verweildauer in Regel- und Sondergruppen

Da es zum Zeitpunkt der Erhebung in Baden-Württemberg nur etwa 120 TWG-Plätze gab, kann dieser Befund auf der Grundlage der 87 erfassten Personen in dieser Wohnform als gültig angesehen werden. Um ihn auch für die LIBW zu deuten, lassen sich mit Blick auf den qualitativen Forschungsteil negative Synergieeffekte durch die Zusammenführung stark verhaltensauffälliger Personen auf zu großen Sondergruppen nennen, die als ‚Zwangsgemeinschaften' einen Nährboden für zusätzliche (schwere) Verhaltensprobleme bilden. Dadurch werden zuständige Mitarbeitende noch stärker belastet, mitunter gar zu ‚Opfern von Gewalt', häufig selbst krisenanfälliger, allzu leicht überfordert und schließlich zu Akteuren reaktiver, aversiver und unreflektierter Interventionen. Diese Problematik scheint sich durch Supervisionsangebote für die Mitarbeitenden nicht auflösen zu lassen.

Ein weiterer Aspekt, der für den fehlenden Rückgang an Verhaltensauffälligkeiten von zentraler Bedeutung ist, betrifft die handlungspraktische Ebene. Festgestellt wurde die deutliche Dominanz reaktiver Interventionen, die sich auf Kriseninterventionsansätze und v. a. auf das Professionelle Deeskalationsmanagement (ProDeMa) beziehen (vgl. Theunissen & Kulig 2019, 23 ff.; Theunissen u. a. 2018, 207 ff.). Dieses kommt nicht unter präventiven Gesichtspunkten, sondern nur als reaktive Strategie bei auftretenden Krisen und aggressivem oder gewaltträchtigem Verhalten zum Tragen.

Darüber hinaus nehmen restriktive und aversive Interventionen (Verbote, Bestrafungen) im Rahmen der reaktiven Praxis breiten Raum ein. Das gilt v. a. für das Timeout. Grundsätzlich sollen alle Sondergruppen in

Baden-Württemberg mit Timeout-Räumen ausgestattet sein, deren Nutzung in Form einer freiheitsentziehenden Maßnahme gerichtlich genehmigt sein muss. Die Praxis des Timeout besteht einerseits darin, eine Person, die sich stark erregt, schreit oder schlägt, in den eigens dafür vorgesehenen Raum zu führen und ihr eine Entspannungszeit zu ermöglichen. In dem Fall wird zumeist die Tür offen gehalten, sodass die betroffene Person jederzeit die Möglichkeit hat, den Raum zu verlassen. Andererseits wird Timeout als eine aversive (bestrafende) Maßnahme angewandt, die nach Erkenntnissen der Forschung im Umgang mit autistischen Personen dominiert. Dabei werden Bewohner in einem Timeoutraum oder auch im eigenen Zimmer für eine von Mitarbeitenden nicht selten willkürlich festgelegte Zeit (von 20 Minuten bis mehrere Stunden, vereinzelt auch ganztägig) eingesperrt. Dass solche Maßnahmen (und dazu trägt auch das nahezu dauerhafte Tragen von Schutzanzügen, Schutzhandschuhen und Eishokeyhelm) „jenseits der Grenze des ethisch Vertretbaren liegen“ (Grawe, Donati & Bernauer 2001, 394) und nicht zu adäquaten Problemlösungen beitragen, liegt auf der Hand. Schon seit geraumer Zeit wird vonseiten der Psychotherapieforschung empfohlen, auf ihre Anwendung zu verzichten (ebd.), was dem Anschein nach im Umgang mit Menschen, denen Lernschwierigkeiten, komplexe Behinderungen und schwere Verhaltensauffälligkeiten nachgesagt werden, kaum zur Kenntnis genommen wird (dazu auch Lingg & Theunissen 2017, 129 ff.). Die Kritik gilt hier einerseits Leistungsträgern, die für eine Finanzierung der notwendigen Veränderungen von Rahmenbedingungen im Hinblick auf Wohnen, Unterstützungssysteme und -leistungen verantwortlich sind, andererseits Leistungserbringern, die von ihren restriktiven Maßnahmen überzeugt sind oder es nicht für nötig erachten, tiefgreifende Reformen zur Überwindung „totaler“ Institutionsbedingungen zu vollziehen.

Das betrifft u. a. auch die Bereitschaft, mit Eltern oder Angehörigen der betroffenen Personen zusammenzuarbeiten. Vielmehr sind Elternbesuche in den Sondergruppen oft unerwünscht. 41 % aller Sondergruppen haben (stark) eingeschränkte Besuchszeiten (z. B. alle 2 oder 3 Wochen), was einer zeitgemäßen Behindertenarbeit wenig zuträglich ist und Fragen der Rechtmäßigkeit aufwirft (vgl. Theunissen u. a. 2018, 229).

Alles in allem wird somit die große Mehrheit der Sondergruppen ihren konzeptionellen Zielsetzungen nicht gerecht (vgl. Theunissen & Kulig 2019, 65). So bieten z. B. die meisten LIBW den betroffenen behinderten Menschen neben geringen Erfolgen in Bezug auf einen Abbau an auffälligem Verhalten wenig Lebensqualität. Die TWG verfehlen größtenteils ihr zentrales Ziel der Reintegration betroffener Personen in reguläre Wohnformen. Das war übrigens schon in einer früheren Forschungsstudie kritisch vermerkt worden (vgl. Dieckmann & Giovis 2007, 103). Dieses Scheitern ist allerdings nicht nur den „totalen“ Institutionsbedingungen, sondern ebenso äußeren Umständen geschuldet, wenn im Gemeinwesen keine geeigneten Wohnplätze oder Unterstützungssysteme verfügbar sind, wenn Leistungsträger keine Finanzierung von begleitenden „Übergangsmaßnahmen“ und einer „Nachbegleitung“ ermöglichen oder wenn sich Leistungserbringer mit Regelgruppen, ambulanten Wohnformen, Werkstätten für behinderte Menschen oder Unterstützter Beschäftigung weigern, als reintegrierbar eingeschätzte Personen aus einer TWG aufzunehmen. In dem Fall beeinflusst der „negative Ruf“, der einer Person aus einer Sondergruppe vorauseilt, oftmals die Vorbehalte und Ablehnung einer Aufnahme.

Insofern gibt es zahlreiche Gründe, die gegen die Unterbringung von behinderten Menschen mit schwerwiegendem herausforderndem Verhalten in Sondergruppen sprechen, weshalb Leistungsträger gut daran tun, diesen Weg möglichst zu vermeiden. Dass dies möglich sein kann, wurde bereits im dritten Buchkapitel am Beispiel von Los Angeles (Kalifornien) angedeutet. Darauf möchte ich im folgenden Abschnitt erneut eingehen, der sich mit Erkenntnissen und Ergebnissen der internationalen Fachdiskussion befasst, die aus der Forschungsstudie aus Baden-Württemberg stammen (vgl. Theunissen u. a. 2018, Kap.C4; Theunissen & Kulig 2019). Berücksichtigt wurden dabei in erster Linie die Niederlande, Großbritannien, Schweden, Kanada (British Columbia) und USA (Kalifornien).

Alternativen zum Leben in einer „totalen Institution“

Den Forschungsbefunden ist – wie unsere vorausgegangenen Ausführungen signalisieren – unschwer zu entnehmen, dass Unterstützungsmaßnahmen für Menschen, deren Karriere später angesichts schwerer Verhaltensauffälligkeiten in „totalen Institutionen“ endet, bereits in der frühen Kindheit erfolgen sollten, und zwar dann, wenn im familialen Milieu Erziehungsprobleme auftreten und Eltern sich Hilfe in Bezug auf den pädagogischen Umgang mit ihrem behinderten Kind wünschen. Solche speziellen Erziehungshilfen scheint es selten zu geben, was zur Folge hat, dass sich Eltern mit ihren Erziehungsfragen allein gelassen fühlen, dass die Probleme ungelöst bleiben und dass sich Verhaltensauffälligkeiten beim betroffenen Kind ausbilden, die dann in den nachfolgenden Jahren gleichfalls vorschulische und schulische Einrichtungen vor pädagogische Herausforderungen stellen, denen sich die Erziehungs- und Bildungsstätten angesichts fehlender Unterstützung nicht gewachsen fühlen. Psychiatrische Systeme bieten in dem Fall bis auf eine

Medikalisierung auffälligen Verhaltens wenig Hilfe und sind ebenso einfallslos wie Leistungsträger der Sozialhilfe, für die letztlich nur die Institutionalisierung Betroffener in Sondergruppen der Behindertenhilfe eine Option darstellt.

Konsulentendienste

Um diesen Entwicklungsverlauf frühzeitig zu verhindern oder zu stoppen, bietet es sich an, in abgestecken Sozialräumen jeweils einen niedrigschwelligen Konsulentendienst zu etablieren, der als Baustein eines regionalen (gemeindebezogenen) mobilen Dienstleistungsangebots (Beratung, Psychoedukation) und sozialen Netzwerkes für ratsuchende Eltern behinderter Kinder mit herausforderndem Verhalten, für vorschulische Einrichtungen und Schulen sowie für Wohnsysteme, Werkstätten für behinderte Menschen oder andere Arbeitsstätten betrachtet werden kann.

Aus der Sicht der Forschung sollte angesichts positiver Befunde und Erkenntnisse die Eltern- oder Familienberatung des Konsulentendienstes mit konkreten Erziehungshilfen im Sinne der Positiven Verhaltensunterstützung (dazu Theunissen 2019) oder anderen Konzepten (z. B. Triple-P[55]) verknüpft werden. Unter präventiven Gesichtspunkten gilt dies v. a. für den Bereich der frühen Hilfen. Was die Implementierung eines auf Erziehungsfragen und Verhaltensauffälligkeiten spezialisierten Konsulentendienstes betrifft, wären die Nutzung und Ausbau vorhandener (lokaler) Ressourcen (z. B. Erziehungsberatungsstellen der Kinder- und Jugendhilfe) für ein behindertenspezifisches Angebot oder anderer Instanzen (z. B. Autismus-Ambulanzen, Regionalzentren vonseiten der Leistungsträger) zu prüfen.

Das Angebot eines Konsulentendienstes stammt aus den Niederlanden, wo es bereits seit über 30 Jahren von (Wohn-)Einrichtungen der Behindertenhilfe in Anspruch genommen wird (vgl. dazu Theunissen u. a. 2018, 686 ff.). Ausgangspunkt war die empirische Beobachtung, dass „etwa 11 % der Bewohner*innen (Menschen mit Lernschwierigkeiten; G. T.) ein so schwerwiegendes Problemverhalten aufwiesen, dass freiheitseinschränkende Maßnahmen angewandt wurden" (Eekelaar 2017, 442). Diese Situation wurde kritisch gesehen, und da sie nicht selten mit pädagogischer Handlungsunsicherheit,

55 Triple P ist ein im Bereich der Kinder- und Jugendhilfe bekanntes, empirisch gestütztes Erziehungsprogramm, das in den 1980er-Jahren entwickelt wurde und sich an alle Eltern von Kindern im Alter von 0 bis 16 Jahren richtet. Der Name Triple P oder auch Positive Parenting Program bedeutet auf Deutsch so viel wie „Programm zur Positiven Erziehung" (aktuelle Informationen und Kritik über Triple P siehe online: https://de.wikipedia.org/w/index.php?title=Triple_P&oldid=203500070).

Unwissenheit, Überforderung und Hilflosigkeit des zuständigen Personals verknüpft war, kam die Idee der Etablierung einer mobilen Praxisberatung durch qualifizierte Pädagoginnen oder Psychologen als Konsulentinnen auf. Dieser Ansatz wurde vor einigen Jahren vom Landschaftsverband Rheinland (Köln) für Wohnangebote im Rahmen der „heilpädagogischen Netzwerke“ übernommen (vgl. Braun & Ströbele 2003).

Über alle Differenzierungen hinweg ist dieses Angebot so angelegt, dass ratsuchende Instanzen (z. B. Wohngruppen) sich an den zuständigen Konsulentendienst wenden, dieser zunächst per Fragebögen genauere Informationen über den beklagten Sachverhalt abverlangt und diese Angaben gegebenfalls mit vorhandenen Aufzeichnungen oder relevanten Dokumenten auswertet, dann auf dieser Grundlage die ratsuchende Instanz aufsucht, sich vor Ort ein Bild macht, ggf. Videoaufzeichnungen vornimmt und gemeinsam mit den Ratsuchenden eine (videogestützte) Problemanalyse und lösungsorientierte, konsultative Gespräche führt, konkrete Handlungsempfehlungen ausspricht, gemeinsame, verbindliche Vereinbarungen im Hinblick auf Maßnahmen und Dokumentation trifft sowie mit einer prozessbegleitenden Praxisberatung und Evaluation den erarbeiteten Lösungsweg (Hilfeplan) unterstützt und ggf. auch eine Schulung zur Verbesserung der Handlungskompetenz den ratsuchenden Personen anbietet.

Untersuchungen im Hinblick auf die Wirksamkeit der Konsulentendienste im Rheinland haben ergeben, dass „im Verlauf der Konsulentenarbeit … bei den meisten Bewohner*innen Häufigkeit und Intensität der Verhaltensauffälligkeiten abgenommen (haben). Besonders hervorzuheben sind die positiven Veränderungen bei seit Jahren festgefahrenen und als extrem problematisch eingeschätzten Verhaltensweisen wie Fremdgefährdung und Selbstverletzung” (Seifert 2007, 57, 58 f.).

Von ähnlichen Erfahrungen berichten Jochheim und Martin (2014), die als Konsulentinnen in Hessen tätig sind und eine Beratung von Mitarbeiterinnen und Leitungskräften in Behinderteneinrichtungen sowie von Eltern anbieten. Ebenso gibt es vergleichbare Angebote in Kalifornien oder British Columbia, die als sehr hilfreich eingeschätzt werden (vgl. Theunissen u. a. 2018, Kap. C4).

Alles in allem lässt sich festhalten, dass es sich bei dem skizzierten Ansatz des Konsulentendienstes um eine Unterstützungsressource handelt, die zur Prävention und Intervention von herausforderndem Verhalten beitragen kann. Dabei versteht sich der Konsulentendienst als ein pädagogisches und psychosoziales Unterstützungssystem. Diesem Angebot liegt die Erkenntnis zugrunde, dass Problemverhalten oder Verhaltensauffälligkeiten, denen kein schwerer Leidensdruck zugrunde liegt, in erster Linie durch spezifische pädagogisch dimensionierte Maßnahmen mit kontextbezogenen, psychosozialen und behavioralen Interventionen bewältigt werden sollten (vgl. Kap. 3; Magito-McLauglin et al. 2011; McClean, Grey & McCracken 2007; McClean et al. 2005; Shepard 2018; Theunissen 1997; 2000). Psychiatrisch-medizinische Interventionen sind hingegen bei herausfordernden Verhaltensweisen in ihrer Reichweite begrenzt (vgl. Liberman & LaVigna 2015; Lingg & Theunissen 2017; Tyler et al. 2008).

Gleichwohl sollte sich der Konsulentendienst „offen" zeigen und die Zusammenarbeit mit anderen Diensten, z. B. psychiatrischen Ambulanzen, sozialpsychiatrischen Zentren und insbesondere Krisendiensten nicht scheuen, die womöglich durch angeschlossene „Krisenwohnungen" eine Unterbringung in einer Psychiatrie verhindern können (dazu Theunissen u. a. 2018, 722).

Bei schweren Formen an herausforderndem Verhalten mit Leidensdruck und zusätzlichen Persönlichkeits- oder psychischen Störungen ist auf jeden Fall eine interdisziplinäre Kooperation geboten (vgl. Liberman & LaVigna 2015; Lingg & Theunissen 2017). Immerhin gelten weit über 50 % aller Personen aus den untersuchten Sondergrupen auch als „psychisch gestört" (vgl. Theunissen & Kulig 2019, 15).

Abschließend sei noch eine besondere Stärke des Konsulentendienstes hervorgehoben, die v. a. darin besteht, dass er als Baustein eines gemeindebezogenen, sozialen Netzwerkes einen wichtigen Beitrag für ein „inklusives Wohnen und Leben" behinderter Menschen mit herausforderndem Verhalten leisten kann. Dieser Beitrag kann mit Blick auf die UN-Behindertenrechtskonvention nicht hoch genug eingeschätzt werden, kommt es doch darauf an, keine „Restgruppen" an behinderten Menschen zu erzeugen, die nicht von den rechtlich kodifizierten Prinzipien der Inklusion und Selbstbestimmung sowie dem BTHG profitieren können.

Prävention durch geeignete Wohnformen

Die bundesweite Einführung von Konsulentendiensten mit dem oben genannten Auftrag ist ein erster wichtiger Schritt, um institutionelle Karrieren von behinderten Menschen mit herausforderndem Verhalten, wie sie eingangs skizziert wurden, zu vermeiden.

Ein zweiter Schritt besteht darin, gegeignete Wohnformen anzubieten, denen gleichfalls eine präventive Funktion zukommen kann. Dies ist eine Erkenntnis, die sich aus der internationalen Recherche im Rahmen der Forschungsstudie aus Baden-Württemberg ergibt (vgl. Theunissen u.a. 2018, Kap. C4) und bereits aus dem dritten Kapitel der vorliegenden Schrift hervorgeht. Dort wird darauf hingewiesen, dass ein Wohnen und Leben in Institutionen (großen Wohngruppen, Heimen, Komplexeinrichtungen) keinen wirksamen Beitrag zur Prävention sowie zur Auflösung von herausforderndem Verhalten leistet. Stattdessen bedarf es häuslicher Wohnformen, die einen höchsten Grad an Selbstbestimmung und Verfügung über die eigenen Lebensumstände bieten können (vgl. Tøssebro 1996). Solche Wohnformen sollten natürlich an die individuellen Bedürfnisse der einzelnen Personen angepasst werden, und ebenso sind Sicherheitsvorkehrungen zu beachten, um das Leben Einzelner nicht zu gefährden. Da die individuellen Bedürfnisse und Erfordernisse zum Teil sehr unterschiedlich sein können, dies insbesondere bei autistischen Personen mit spezifischen Wahrnehmungsbesonderheiten, Vorlieben für bestimmte Regeln, Rituale, Tagesabläufe, Speisen sowie Routinehandlungen, ist die Erkenntnis, dass kleinste Wohnformen den höhsten Grad an Lebensqualität und die beste Entwicklung ermöglichen können, nachvollziehbar. Daher werden anstelle von Instituitionen kleine Wohnformen wie unterstütztes Einzelwohnen oder Wohnen zu zweit, kleine Wohngruppen (3 Plätze) oder größere Wohngruppen (4 bis 6 Plätze) in einem Gemeinwesen favorisiert (dazu auch Theunissen & Kulig 2016). Dabei handelt es sich zumeist um dezentrale Wohnangebote, die in einem Sozialraum vernetzt sind. Ebenso denkbar sind gemeindenahe, umgebungsangepasste, baulich unauffällige Wohnanlagen für 16 bis 20 Personen. Solche Wohnanlagen ermöglichen ein selbstbestimmtes Wohnen in der eigenen Wohnung (Apartment) und beinhalten eine Assistenzzentrale, von der aus die erforderlichen (aus den persönlichen Gesamt- oder Teilhabeplänen hervorgehenden) Unterstützungsleistungen für die einzelnen Bewohner der Wohnanlage organisiert und angeboten werden. Für Leistungserbringer erleichtern Wohnanlagen gegenüber dezentralen Wohnformen die Organisation und Koordination der Hilfen, für Leistungsträger sind sie kostengünstiger. Große Wohnanlagen bergen allerdings die Gefahr, zu einer „heimlichen" Institution zu gerinnen (vgl. Tøssebro 2016; Tøssebro et al. 2012). Diese Gefahr besteht gleichfalls bei sogenannten Hofprojekten, bei Wohn- und Lebensgemeinschaften auf dem Land, die eine Alternative zum urbanen Wohnen sein können (vgl. Theunissen 2016).

Als problematisch wird die Unterbringung außerhalb der Herkunftsgemeinde eingeschätzt, was häufig zu einem Verlust von familiären bzw. freundschaftlichen Bindungen führt. Daher wird diese Form so weit wie möglich vermieden. Allerdings stehen die meisten westlichen Industrienationen vor dem Problem, geeignete urbane und zugleich kostengünstige Wohnangebote in vertrauten Lebenswelten zu erschließen, was zur Folge hat, dass immer mehr Erwachsene mit Lernschwierigkeiten oder komplexer Behinderung viele Jahre lang ungewollt in ihren Herkunftsfamilien verweilen (müssen). Vor allem die hohen Wohn- und Lebenskosten in den Ballungsgebieten der untersuchten Regionen führen zu einem Mangel an günstigem Wohnraum. In mehreren Ländern leben 60 bis 80 % aller Erwachsenen mit Lernschwierigkeiten noch in ihrem Herkunftsmilieu. Diese Entwicklung ist kritisch zu betrachten, da eine familiäre Unterstützung Loslösungs- und Selbstbestimmungsprozesse erschweren oder mit anderen negativen Effekten (Überforderung, Spannungen in der Familie) verbunden sein kann. Umso wichtiger sind Unterstützungssysteme wie Konsulentendienste einzuschätzen, um pädagogische Schwierigkeiten im Zusammenhang mit dem Wohnen eines behinderten Sohnes oder einer Tochter in der Herkunftsfamilie abzufedern.

Ebenso sollte ein Konsulentendienst oder eine vom zuständigen Leistungserbringer organisierte Praxisberatung für die verschiedenen Wohnangebote verfügbar sein. Denn kleinste Wohnformen, wie sie international favorisiert werden, leisten zwar einen wichtigten Beitrag zur Prävention, zum Abbau und zur Auflösung von herausforderndem Verhalten, können aber das Auftreten von herausforderndem Verhalten nicht gänzlich verhindern.

Insofern kann festgehalten werden, dass das reguläre Wohnen komplementäre Dienste wie Praxisberatung benötigt, um Menschen mit schwerwiegendem herausforderndem Verhalten unterstützen können. Zugleich bedarf es aber auch eines geeigneten Unterstützungskonzepts (dazu später). Unter diesen Voraussetzungen kann eine Zentrierung behinderter Menschen mit schweren herausfordernden Verhaltensweisen in Sondergruppen weithin vermieden werden. Das zeigt sich z. B. in Kalifornien, wo das Regelwohnen für alle Betroffenen dominiert und wo nur etwa 200 behinderte Menschen, die als besonders schwierig gelten, in speziellen, intensiv unterstützten Wohngruppen leben (dazu auch Kap. 3). Diese Wohngruppen (*Enhanced Behavioral Supports Homes)* weisen die größte Nähe zu den Sondergruppen (TWG/LIBW) in Baden-Württemberg auf (vgl. Theunissen u. a. 2018, 710). Im Unterschied zu Baden-Württemberg sind sie jedoch kleiner konzipiert (maximal vier Plätze). Die inhaltliche Arbeit orientiert sich an den personenzentrierten Plänen, am Konzept der Positiven Verhaltensunterstützung sowie an sogenannten Sicherheitsplänen (mit freiheitsentziehenden Maßnahmen).

In dieser Bahn bewegen sich letztlich aber auch die Konzepte in den regulären Wohnformen, wenn es dort um die Unterstützung von Menschen mit schwerwiegenden Verhaltensauffälligkeiten geht.

Ein dreistufiges Unterstützungskonzept für die Handlungsebene

Als richtungsweisend für die konkrete Handlungsebene kann ein dreistufiges Unterstützungskonzept betrachtet werden, wie es in British Columbia (Kanada) entwickelt wurde und auf ähnliche Weise oder leicht modifiziert in anderen Ländern (z. B. Kalifornien) verfolgt wird.

(I) *Arbeit mit Menschen mit leichten Formen herausfordernder Verhaltensweisen*
Bei leichten Formen an herausforderndem Verhalten (z. B. Verstoß gegen Konventionen, Absprachen, Hänseleien, verbale Provokationen oder Streitigkeiten, emotionale Verstimmungen, Konflikte mit Mitbewohnern, irritierendes oder ungehaltenes Auftreten in der Öffentlichkeit sowie sich selbst oder fremdgefährdendes Verhalten im öffentlichen Verkehr, das die Teilhabe erschwert) soll eine *Personenzentrierte Planung* gewährleisten, dass die Bedürfnisse der betroffenen Person erfüllt werden, um die Lebensqualität zu erhöhen und dadurch die Auffälligkeiten zu verringern. Um die Person in ihrer Teilhabe am gesellschaftlichen Leben zu unterstützen, soll die Personenzentrierte Planung mit einer gezielten Netzwerkförderung einhergehen, indem Angehörigen- und Nachbarschaftsnetzwerke sowie andere freiwillige soziale Netze aufgebaut und fachlich begleitet werden sollen. Die Erarbeitung dieses Programms erfolgt im Rahmen eines Unterstützungskreises gemeinsam mit einer vom Leistungsträger beauftragten Fachkraft für das individuelle Unterstützungsmanagement (z. B. Servicekoordinatorin der Regional Center in Kalifornien). Hierzulande könnte dies auf der Grundlage des BTHG eine Fachkraft für das personenbezogene „Fallmanagement" der zuständigen Leistungsträger sein (z. B. im Rheinland Mitarbeitende der Koordinations-, Kontakt- und Beratungsstellen [KoKoBe], die eigens für individuelle Hilfeplanungen geschaffen wurden [dazu Bradl & Küppers-Stumpe 2018, 72]).

(II) *Arbeit mit Menschen mit schwereren Formen herausfordernder Verhaltensweisen*
Bei schwereren Formen herausfordernder Verhaltensweisen (z. B. selbstverletzendes oder fremdaggressives Verhalten, Sachbeschädigungen) soll *zusätzlich zur Personenzentrierten Planung ein individueller Unterstützungsplan* erarbeitet werden, der sich an den Grundzügen der *Positiven Verhaltensunterstützung* orientieren soll. Für die Entwicklung dieses Plans bekommen die

Dienstleister Unterstützung durch externe Beratungsinstitute (z. B. einen Konsulentendienst), die zugleich auch das Personal im Hinblick auf die Positive Verhaltensunterstützung schulen sollen.

(III) *Arbeit mit Menschen mit besonders kritischen Formen herausfordernder Verhaltensweisen*
Bei besonders kritischen Formen herausfordernder Verhaltensweisen (z. B. schweres selbstverletzendes oder fremdaggresives Verhalten von hoher Intensität, Häufigkeit und Dauer) soll *zusätzlich zum Personenzentrierten Plan und Progamm der Positiven Verhaltensunterstützung ein Sicherheitsplan* erstellt werden. Die Umsetzung eines Sicherheitsplans erfordert die Zustimmung der betroffenen Person bzw. des gesetzlichen Betreuers. Die Ausarbeitung dieser Pläne erfolgt durch eine qualifizierte Fachkraft für Praxisberatung (Konsulentin), eine medizinische Fachkraft (Psychiater), die zuständige Fachkraft für Unterstützungsmanagement sowie das zuständige Personal des Leistungserbringers. Durch die Bündelung interdisziplinärer Fachkompetenzen soll das System und die Struktur scheinbar festgefahrener Situationen zwischen der betroffenen Person und ihrem Umfeld (inkl. Bezugspersonen) beleuchtet werden, um strukturelle und personelle Veränderungspotenziale zu ermitteln. Ein Sicherheitsplan, der im Unterschied zum Programm der Positiven Verhaltensunterstützung die Anwendung restriktiver Interventionen (freiheitseinschränkende Maßnahmen, Timeout, Fixierungen) gestattet, ist lediglich als letztes Mittel zu verstehen, sofern sich mit dem Personenzentrierten Plan und der Positiven Verhaltensunterstützung keine Reduzierung des auffälligen Verhaltens einstellt und ein hohes Risiko für eine Eigen- oder Fremdgefährdung vorliegt. Grundsätzlich darf der Sicherheitsplan weder die Personenzentrierte Planung, noch die Positive Verhaltensunterstützung ersetzen, vielmehr ist er nur in Verbindung dieser beiden Arbeitsformen zulässig. Ferner muss er alle sechs Monate überprüft werden und unterliegt gleichfalls wie die beiden anderen Leistungsangebote einer stetigen Dokumentationspflicht.

Dieses dreischrittige Konzept (Personenzentrierte Planung, Positive Verhaltensunterstützung und Sicherheitsplan) zielt letztlich darauf ab, eine Einweisung von Erwachsenen mit Lernschwierigkeiten und einem schwerwiegenden herausfordernden Verhalten in psychiatrische (Spezial-)Kliniken zu vermeiden und ein Wohnen und Leben im Gemeinwesen sicherzustellen. Dabei gilt die Positive Verhaltensunterstützung als ein langfristig angelegter Prozess, auf den sich die zuständigen Mitarbeitenden einstellen sollen.

In den folgenden Abschnitten sollen nunmehr einige Komponenten aus diesem Ansatz näher betrachtet werden, um alternative Wege und

Handlungsmöglichkeiten gegenüber dem reaktiven, nachweislich wenig erfolgreichen Umgang mit herausforderndem Verhalten aufzuzeigen.

Zur Personenzentrierten Planung

Das BTHG sieht eine Bedarfserhebung für eine personenzentrierte Gesamt- oder Teilhabeplanung vor, nach der sich Unterstützungssysteme und Unterstützungsleistungen ausrichten sollen. Dieser Ausgangspunkt spielt in Ländern, deren Behindertenarbeit als zeitgemäß gilt, schon seit geraumer Zeit eine zentrale Rolle (vgl. Kap. 3). Wurde viele Jahrzehnte die Behindertenarbeit als eine Top-down-Praxis realisiert, bei der Professionelle, Dienstleister oder Leistungsträger das Leben von Menschen mit einer Behinderung maßgeblich bestimmten, geht es heute im Sinne von Empowerment um die „Stimme der Betroffenen". Dieser Konzeptwechsel, der behinderte Menschen als „Experten in eigener Angelegenheit" betrachtet und respektiert, ist mit der UN-Behindertenrechtskonvention rechtlich kodifiziert worden, indem Planungen und Entscheidungen über die eigene Lebenszukunft an die persönliche (Wahl-)Freiheit bzw. an das Recht auf Selbstbestimmung und Partizipation (Mitbestimmung) gebunden werden.

Vor diesem Hintergrund bedarf es methodischer Instrumente, die der persönlichen Stimme Rechnung tragen können. Dies zu leisten versprechen Verfahrensweisen und Instrumente, die seit etwa 40 Jahren in führenden Industrienationen (USA, Kanada, Australien u. a.) unter dem Oberbegriff der Personenzentrierten Planung (*person-centered planning*) subsumiert werden: z. B. *„24-Hour Planning", „Personal Futures Planning", „Getting to Know You", „Individual Design Sessions", „Individualized Program Planning", „Individualized Service Plan", „Families First", „Group Action Planning", „Family-centered Planning", „Lifestyle Planning", „Essential Lifestyle Planning", „Later-Life Planning", „Personal Histories", „Whole Life Planning", „MAPS", „PATH" oder "My Plan"* (vgl. ASLA 2015; DDS 2007; Holburn et al. 2004, 64; Holburn, Gordon & Vietze 2007, 5; Holburn & Vietze 2002; O'Brien & O'Brien 2002, 18 ff.; 2004; Ratti et al. 2016, 65; Theunissen 2014). Im deutschsprachigen Raum wurden mit Blick auf die Bedeutsamkeit solcher Verfahren zur Stärkung der Rolle und Selbstbestimmung behinderter Menschen Methoden der „persönlichen Zukunftsplanung" aufgegriffen und publik gemacht (vgl. NPFD 2003; Kann & Doose 2004; Doose 2018). Diese werden bis heute von der Selbstvertretungsbewegung People First und Fachleuten, die sich für Inklusion engagieren, als Alternative zu herkömmlichen, bürokratisch angelegten Bedarfserhebungen (Hilfeplänen) der Sozialbehörden oder traditionellen Förderplänen empfohlen.

Bemerkenswert ist die mit den Instrumenten der Personenzentrierten Planung verknüpfte Philosophie:
„Person-centered planning involves collaboration with people who know the individual with disability well and who are willing to support the individual in achieving his or her vision. The process is focussed on the strengths and capacities, rather than deficits, of both the individuals with disabilities and their support network“ (Heller et al. 2000, 397).

An dieser Stelle sei erwähnt, dass die Personenzentrierte Planung nicht nur an behinderte Menschen im Erwachsenenalter adressiert ist, sondern bereits bei Kindern mit Entwicklungsbeeinträchtigungen oder Behinderungen zum Tragen kommen soll. In dem Fall tritt sie als *kind- und familienzentrierte Planung* in Erscheinung, indem sie eine gesamte Familie mit einschließt. Ein solcher kind- und familienorientierter Ansatz erkennt die Bedeutung der Familie für das Leben von behinderten Kindern und die Auswirkungen auf die ganze Familie an. „Bei minderjährigen Kindern stehen das Kind und die Familie im Mittelpunkt der Planung, und die Familienmitglieder sind für den Erfolg des Planungsprozesses von wesentlicher Bedeutung" (State of Michigan 2016, 3).

Eine Personenzentrierte Planung sollte neben individuellen Ressourcen, Stärken, Fähigkeiten, Interessen, Bedürfnissen, Träumen und Zielen der Person wichtige Themen wie Gesundheit und Gesundheitsversorgung, Ernährung, Wohnen, Verrichtungen des alltäglichen Lebens und Lebensgestaltung, Bildungs-, Arbeits- oder Beschäftigungsmöglichkeiten, aktive Teilhabemöglichkeiten am gesellschaftlichen Leben sowie Möglichkeiten der Freizeitgestaltung abdecken und Fragen nach den notwendigen Unterstützungsformen (Transport, professionelle Leistungen, informelle Unterstützungsmöglichkeiten) beachten.

Diesbezüglich unterscheiden sich die verschiedenen methodischen Instrumente nur marginal, wobei sich gezeigt hat, dass mit Blick auf herausforderndes Verhalten einige Verfahren unter dem Stichwort der „Persönlichen Zukunftsplanung“ (z. B. PATH oder MAPS) in der Gefahr stehen, zu kurz zu greifen. Daher wird von der American Association on Intellectual and Developmental Disabilities (AAIDD) empfohlen, die Personenzentrierte Planung durch eine „intensive Unterstützungsskala“ (Supports Intensity Scale [SIS]) anzureichern. Damit soll eine eventuelle Entgleitung einer Zukunftsplanung ins Visionäre vermieden und der Weg zu einem realistischen und finanzierbaren Personenzentrierten Plan geebnet werden. Die SIS gilt als ein v. a. auf die Zukunftsplanung abgestimmtes Instrument zur Einschätzung individueller Unterstützungsbedürfnisse von Personen mit

Lernschwierigkeiten, schweren mehrfachen Behinderungen oder aus dem Autismus-Spektrum. Untersuchungen zufolge (Wehmeyer et al. 2009) kann das Instrument für den genannten Personenkreis als valide, zuverlässig und nützlich betrachtet werden. Grundsätzlich werden auch mit der SIS keine Defizite, sondern individuelle Unterstützungsbedürfnisse in verschiedenen Bereichen erfasst, die im Hinblick auf ein selbstbestimmtes Leben und Erhöhung von Lebensqualiät als besonders wichtig erachtet werden: (1) häusliche Aktivitäten, (2) Aktivitäten im Gemeinwesen, (2) lebenslange Bildung, (3) soziale Aktivitäten, (4) Arbeit, (5) Gesundheit und Sicherheit, (6) individuelle und kollektive Selbstvertretung, (7) medizinische Hilfen und (8) herausforderndes oder problematisches Verhalten.

Eltern, Familienangehörige oder Dienstleistungserbringer sowie betroffene Personen können die Ergebnisse der SIS nutzen, um Entscheidungen über die Art und Intensität der benötigten Unterstützungen zu treffen. Ferner können die Informationen in Verbindung mit der Zukunftsplanung dazu verwendet werden, einen individuellen Plan zu entwickeln, um die gewünschten Ziele der Person zu erreichen. Wie wir uns dies vorstellen können, geht aus dem folgenden Beispiel hervor (zit. n. AAMR 2004, 84 f.):

Name: Melvin Thurber
Alter: 30 Jahre
Termin: 2.12.03
Aktuelle tägliche Aktivitäten und Lebenswelten:
Herr Thurber lebt allein in einer Einzimmerwohnung in einer Wohnanlage mit ca. 50 Wohneinheiten. Zur Zeit ist er arbeitslos und verbringt den größten Teil seines Tages in seiner Wohnung und schaut gerne fern. Gelegentlich macht er, begleitet von seinem persönlichen Unterstützer, Besorgungen in der Gemeinde. Hierzu wird das Dienstauto benutzt, da Herr Thurber keinen Führerschein hat. Ferner mäht er ab und zu Rasen, und mitunter kümmert er sich um die Gartenarbeit für drei Häuser. Für diese Arbeit benötigt er einen halben Tag pro Woche. Außerdem ist er jeden Freitagnachmittag im örtlichen Krankenhaus ehrenamtlich tätig. Abgesehen von diesen Aktivitäten ist er ziemlich sesshaft und entscheidet sich häufig dafür, tagsüber und abends zu Hause zu bleiben, wenn er keine Garten- oder Freiwilligentätigkeiten oder anderen Termine (z. B. Therapie) hat.

Interessen, Präferenzen und gewünschte Ergebnisse:
Mr. Thurber lebt gerne allein und möchte keine Mitbewohner. Seine allgemeinen sozialen Interessen sind eher begrenzt; z. B. hat er kaum Freunde und er äußert aber auch wenig Lust, neue Leute kennenzulernen oder neue Freunde zu finden. Gelegentlich geht er ins Kino (einmal im Monat), und

er liebt es, Restaurants zu besuchen und mexikanisch zu essen. Ebenso liebt er es, das Büro seiner Dienstleistungsagentur aufzusuchen, um dort soziale Kontakte zum Personal zu knüpfen und gelegentlich durch Kopier- und Schreddertätigkeiten behilflich zu sein.

Mr. Thurber möchte gerne einen Job im örtlichen Lebensmittelgeschäft oder im Kino finden, sucht aber derzeit nicht aktiv nach Arbeit. Auf jeden Fall möchte er weiterhin Rasen mähen und seine Freiwilligenarbeit in einem weiteren örtlichen Krankenhaus ausdehnen.
Zudem nimmt er weiterhin wöchentlich an einer individuellen Psychotherapie teil und verpasst selten seine Termine.

Das therapeutische Ziel ist es, die Neigung zur Selbstverstümmelung von Herrn Thurber zu reduzieren, die Benutzung der Notaufnahme des Krankenhauses zu verringern und seine Kommunikation von Wut- und Frustrationsgefühlen zu verbessern.

Herr Thurber äußert keinen Wunsch, seine persönliche Supervision (Eins-zu-Eins-Verhältnis) zu reduzieren. Vielmehr äußert er gewisse Besorgnis, wenn die Möglichkeit einer geringeren personellen Unterstützung (Supervison) angesprochen wird.

In Bezug auf Wertschätzung seiner Familie möchte er seine Schwester gerne öfter besuchen, die aber häufig die geplanten Treffen absagt. Gesundheitlich gesehen ist Herr Thurber mit seiner derzeitigen Situation zufrieden und hat diesbezüglich keine unmittelbaren Veränderungswünsche oder Bedenken.

Benötigte Unterstützungen:

Im Rahmen von Herrn Thurbers Planungskonferenz für Unterstützungsleistungen wurden seine persönlichen Ziele und Wünsche und die SIS Ergebnisse besprochen: Sein Unterstützungskreis einigte sich mit ihm auf folgende Punkte:

1. Insgesamt verfügt Herr Thurber über gute Anpassungsfähigkeiten; und in den meisten Bereichen des täglichen Lebens ist er relativ selbstständig und unabhängig von Hilfe. Jedoch wurde dem Unterstützungskreis in Anbetracht der Ergebnisse des SIS deutlich, dass die Notwendigkeit bestimmter Unterstützungsleistungen angesichts seines außergewöhnlichen Verhaltens und seiner Bedürfnisse doch wesentlich höher waren.
2. Herr Thurber benötigt nur sehr wenig Unterstützung bei der Erledigung von Hausarbeiten, da er in der Lage ist, für sich selbst zu sorgen und zu kochen, seine eigene Wäsche zu waschen und Besorgungen zu erledigen. Jedoch ergibt sich aus dem SIS angesichts des Risikos der Selbstverletzung

eindeutig die Notwendigkeit einer ständigen Supervision (Überwachung) im Haus.
3. Herr Thurber wünscht sich beim Aufsuchen der Gemeinde Unterstützung, da er nur eingeschränkten Zugang zu öffentlichen Verkehrsmitteln hat und zu weit vom Einkaufszentrum entfernt wohnt, um zu Fuß zu gehen oder mit dem Fahrrad zu fahren. Ein Taxi zu nehmen wäre viel zu teuer und im Hinblick auf sein aktuelles Einkommen keine Option.
4. Herr Thurber benötigt eine ständige Supervision in der Gemeinde und zu Hause – dies angesichts seiner Geschichte des Feuerlegens (Zündeln) und seines selbstverletzenden Verhaltens.
5. Herr Thurber wird weiterhin von therapeutischer Unterstützung profitieren, wenn es darum geht, den Umgang mit Stressoren zu erlernen und besser über Ereignisse und Situationen kommunizieren zu können, die er als frustrierend erlebt und ihn allzu leicht wütend machen.
6. Dem SIS-Profil ist zu entnehmen, dass Herr Thurber im Hinblick auf erfolgreiche arbeitsbezogene Tätigkeiten weniger häufige und intensive Unterstützungen benötigt als in anderen Bereichen des alltäglichen Lebens. So benötigt er v. a. angesichts seines außergewöhnlichen Verhaltens umfänglichere Unterstützungsleistungen in Bezug auf gesundheitliche Belange und Aktivitäten, bei denen die Gefahr einer Selbstgefährdung besteht.
7. In Bezug auf medizinische Belange (Artzbesuche) beziehen sich seine einzigen Unterstützungsbedürfnisse auf Transporte, um Termine wahrnehmen zu können.

Evaluation:
Frau Driver (Servicekoordinatorin) und Herr Thurber werden regelmäßig die Fortschritte in Bezug auf seine persönliche Entwicklung und die Effektivität der vorhandenen oder benötigten Unterstützungen reflektieren. Da Herr Thurber nur begrenzten Kontakt zu seiner Familie hat, zieht er es vor, seine Unterstützungsleistungen nicht über ‚natürliche Netze', sondern über eine Dienstleistungsagentur zu beziehen. Darüber hinaus ist er damit einverstanden, dass sein Therapeut seinem Unterstützungsteam einen jährlichen Fortschrittsbericht über den therapeutischen Verlauf und dessen Auswirkung auf seine Unterstützungsbedürfnisse vorlegt. Dieser Plan soll in 180 Tagen überprüft werden.

Diese Ausführungen sollen genügen, um die Bedeutung einer Personenzentrierten Planung zu signalisieren. Zusammengefasst lassen sich nach Sanderson (2000; zit. n. Ratti et al. 2016, 64) fünf Hauptmerkmale nennen:
(1) die Person steht im Mittelpunkt;
(2) Familienmitglieder, Freunde oder Vertrauenspersonen sind Partner bei der Planung;

(3) der Plan spiegelt das wider, was für die Person wichtig ist, ihre Belange, Träume, Ressourcen und Fähigkeiten sowie die Unterstützung, die sie benötigt;
(4) der Plan beschränkt sich nicht nur auf professionelle Dienstleistungen, sondern führt zu komplexen (auch informellen) Unterstützungsmaßnahmen, die sich auf das Leben einer betroffenen Person beziehen und reflektiert dabei, was möglich ist und was nicht verfügbar ist;
(5) der Plan führt zu fortlaufendem Zuhören, zum Lernen aller Beteiligten und zu weiteren Aktionen, um Entwicklungen oder veränderten Situationen Rechnung tragen zu können.

Interessant ist nunmehr die Frage, ob diesen Merkmalen gleichfalls hierzulande im Rahmen der Bedarfserhebung für die Gesamt- und Teilhabeplanung Rechnung getragen wird. Hierzu gibt es noch keine aktuellen empirischen Erkenntnisse, die sich verallgemeinern lassen. Dies hängt damit zusammen, dass die Bedarfserhebung erst ab Januar 2020 verbindlich eingeführt wurde. Ihre Durchführung ist Aufgabe der 16 Bundesländer, die sich zum Teil auf unterschiedliche Instrumente und Vorgehensweisen festgelegt haben. Nur wenige Länder präferieren eigens für die Bedarserhebung und Planung geschaffene Instanzen (z. B. KoKoBe im NRW), die meisten betrachten ihre zuständigen Sozialbehörden als einen geeigneten Ort zur Erfassung der erforderlichen Informationen. Eine solche Anlaufstelle in einer Behörde hat gegenüber einer externen Beratungsstelle den Nachteil, dass sie weniger „neutral" erscheint und unnötige Angstblockaden oder Hemmungen erzeugen kann, indem sie das Gefühl von Klienten befördert, als „Bittsteller" denn als Leistungsberechtigter eine Behörde aufsuchen zu müssen. Hinzu kommt, dass alle Bedarfserhebungsinstrumente über ihre Unterschiede hinweg in Bezug auf Teilhabe zwei Kriterien erfüllen müssen: zum einen müssen sie ICF-orientiert und zum anderen sozialraumorientiert sein. Die Orientierung an der ICF (dazu DIMDI 2005) kann einerseits im Hinblick auf das Verständnis von Behinderung (Beachtung von Aktivitätsinteressen und Kontextfaktoren) begrüßt werden, andererseits geht mit dieser Vorgabe, der in allen Bedarfserhebungsinstrumenten durch neun ICF-Kritierien zur Teilhabe entsprochen wird, die Gefahr einher, die Stimme der Betroffenen, ihre Interessen, Wünsche, Bedürfnisse wie auch Träume zu sehr einzuengen. Ferner verleiten die hiesigen Bedarfserhebungsinstrumente zu einer bürokratischen Erfassung, die zur Ausblendung oder Verschleierung einer Interessenpräferenz der Betroffenen, zur Zerstückelung ihrer Lebensziele sowie zu einer Zielbestimmung führen kann, sodass letztlich die Selbstbestimmung der Person nicht mehr klar erkennbar erscheint. Somit ist ungewiss, ob die hiesigen Instrumente das Niveau der Personenzentrierten Planung erreichen, wie es von Betroffenen wertgeschätzt wird.

Werfen wir einen Blick auf Evaluationsstudien im angloamerikanischen Sprachraum (vgl. Holburn et al. 2004; Holburn, Gordon & Vietze 2007, 3; Mount 2002, 59 ff.; O'Brien 2002, 135 f.; Ratti et al. 2016; Robertson et al. 2005; State of Michigan 2016) fällt zunächst einmal auf, dass die Personenzentrierte Planung herkömmlichen „Servicepaketen" unter der Regie von Leitungserbringern in vielerlei Hinsicht überlegen sind, v. a. im Hinblick auf die Gewinnung von mehr Lebensqualität (vgl. Holburn et al. 2004, 71) und auf die Erschließung und Nutzung von neuen sozialen Netzwerken und Aktivitäten im Gemeinwesen (vgl. Robertson et al. 2005, 103, 43).

Ferner sind Personenzentrierte Planungen v. a. für behinderte Personen im Erwachsenenalter altersgemäß und angesichts der Ressourcenorientierung inhaltlich passend für die Unterstützung eines selbstbestimmten Lebens. Das wird von befragten betroffenen Personen weithin bestätigt, die zumeist eine hohe Zufriedenheit bekunden. Hierzu einige repräsentative Befunde aus aktuellen Studien (Ratti et al. 2016; State of Michigan 2016) in Verbindung mit Beobachtungen und Erfahrungen aus dem Lager der Selbstvertretungsbewegungen (ASAN; SABE; Ward & Tamor 2010):

- Die große Mehrheit (ca. 90 %) der Betroffene und vertrauten Bezugspersonen (Familienmitglieder) fühlt sich von den zuständigen Dienstleistungskoordinierenden (z. B. der Regional Center) respektiert.
- Dem Anschein nach besteht eine sehr hohe Beteiligung von vertrauten Bezugspersonen an der Erstellung eines Personenzentrierten Plans.
- Gleichwohl gelingt es etwa 75 % aller betroffenen Personen, trotz Unterstützung einen eigenen Plan zu entwickeln.
- Allerdings wird aus der Sicht betroffener Personen ihre Stimme im Rahmen von Unterstützungskonferenzen nicht immer ausreichend gewürdigt.
- Außerdem gelten die Instrumente und Durchführungspraxis (z. B. die der Persönlichen Zukunftsplanung) für einige behinderte Personen als zu komplex und aufwendig, was für die aktive Teilhabe und Selbstbestimmung kontraproduktiv ist.
- Mittlerweile sehen sich etwa 75 % aller betroffenen Personen sowie auch der vertrauten Bezugspersonen ausreichend (in einfacher Sprache) über die Personenzentrierte Planung informiert.
- Nahezu 80 % aller Betroffenen und der vertrauten Bezugspersonen sind der Ansicht, dass mit der Personenzentrierten Planung alle notwendigen Bereiche für Unterstützungsmaßnahmen abgedeckt werden.
- Jedoch gibt es nicht selten Situationen, in denen Wünsche und Ziele betroffener Personen in einem Personenzentrierten Plan nicht festgehal-

ten wurden, die im Nachhinein realisiert wurden. Das betrifft z. B. Tätigkeiten auf dem ersten Arbeitsmarkt.

- Konstatiert werden ein signifikant positiver Einfluss der Personenzentrierten Planung auf gesellschaftliche Teilhabeprozesse und moderate positive Auswirkungen auf Selbstbestimmungsmöglichkeiten, die Lebensqualität sowie die Kontrolle über die eigenen Lebensumstände und Gestaltung des Lebens.
- In dem Zusammenhang scheinen sich einige Betroffene im Rahmen und auf der Grundlage der Personenzentrierten Planung nicht nur ihrer eigenen Wünsche und Interessen, sondern ebenso spezifischer Hemmnisse gegebener Lebensbedingungen oder Grenzen ihrer Lebensumstände bewusst zu werden. Dem Anschein nach lassen sich durch die Personenzentrierte Planung (strukturelle) Defizite im Leben des Einzelnen sowie Einschränkungen durch Unterstützungssysteme oder Behörden und Unstimmigkeiten zwischen Dienstleistern aufzeigen.
- Ein vermutlich auch damit verknüpftes Problem besteht darin, dass bei nicht wenigen betroffenen Personen nach zwei Jahren der Erstellung eines Personenzentrierten Plans noch viele Ziele nicht erreicht wurden.
- Hinzu kommt ein wohl häufig beobachtbares Versäumnis, den Personenzentrierten Plan fortzuschreiben. Dadurch werden eine mangelnde Nachhaltigkeit und die Gefahr befördert, dass Vorhaben und Ziele verblassen, indem sie nicht kontinuierlich reflektiert und erneuert werden.
- Ferner ist festgestellt worden, dass Dienstleistungsanbieter mit ihrem Personal auf den Erfolg der Arbeit im Sinne eines Personenzentrierten Plans starken Einfluss nehmen. So müssen sich die zuständigen Mitarbeitenden voll und ganz zur Umsetzung eines Personenzentrierten Plans bekennen und ihn als zentralen Bestandteil der Leistungserbringung verstehen, wenn positive Ergebnisse im Interesse der Person erzielt werden sollen.
- Das erfordert nicht selten eine Änderung der Einstellungen und Werte sowie eine Erweiterung der Kenntnisse, Methoden und Umgangsformen. Dienstleistungsanbieter, die sich traditionellen Helfer-Modellen verpflichtet fühlen, tun sich oftmals schwer gegenüber Veränderungen. Besteht gar Widerstand, kann es für eine erfolgreiche Umsetzung eines Personenzentrierten Plans einfacher sein, wenn neue Dienste in Anspruch genommen werden, anstatt bestehende zu transformieren.
- Abschließend sei erwähnt, dass eine Personenzentrierte Planung nicht genügt, um schwerwiegendes herausforderndes Verhalten oder psychische Störungen wirksam und nachhaltig positiv zu beeinflussen (Ratti et al. 2016, 78; Reiss 2010, 9 f.). In dem Fall sind weiterführende Planungen notwendig, z. B. im Sinne der Positiven Verhaltensunterstützung

(Theunissen 2019), eines Recovery-Konzepts (Knuf 2016; Konrad & Rosemann 2016) oder eines multimodalen Behandlungskonzepts bei psychischen Störungen (Lingg & Theunissen 2017).

Soziale Netzwerk- und Sozialraumerschließung

Um Menschen mit Lernschwierigkeiten, komplexer Behinderung und herausforderndem Verhalten genauso wie allen anderen behinderten Personen die Teihabe am gesellschaftlichen Leben zu ermöglichen, sieht das dreistufige Unterstützungskonzept in Verbindung mit der Persönlichen Planung die Erstellung eines individuellen sozialen Netwerkplans vor. Diese Aufgabe hat zudem in Anbetracht schwacher sozialer Netze und gesellschaftlicher Einbindung, die Menschen mit Lernschwierigkeiten und einer komplexen Behinderung nachgesagt werden (vgl. Forrester-Jones et al. 2006, 289 f.; Robertson et al. 2001; Theunissen 2013, 349 f.), eine wichtige Bedeutung zur Erhöhung von Lebensqualität. Eine soziale Netzwerk- und Sozialraumerschließung soll insbesondere verschiedene Formen informeller Unterstützung evaluieren: „(1) existing informal resources, (2) potentional informal resources not currently utilized by the client, (3) barriers to involving social network resources, and (4) factors to be considered and weighed in the decision to incorporate informal resources in the formal service plan“ (Tracy& Whittaker 1990, 462). Ein solches Programm, das als eine *„empowering activity“* (ebd., 467) betrachtet wird, die personenzentrierte Planung mit einer *Bürgerzentrierung* eng verschaltet (dazu Boban & Hinz 2017) und sich hierzulande aus dem rechtlich kodifizierten Anspruch auf Teilhabe am gesellschaftlichen Leben ergibt (SGB IX; BTHG), kann freilich nur dann greifen, wenn es von der Person erwünscht ist, d.h. ihren Willen und ihre Sicht respektiert.

Unter einem sozialen Netz(werk) versteht Keupp (1988, 696) ein „Muster sozialer Beziehungen, in das ein Individuum eingebunden ist“. Diesbezüglich können (1) primäre Netzwerke (Systeme aus Familienmitgliedern, Freunden, Bekannten oder Nachbarn), (2) sekundäre ([Bildungs-] Institutionen, Arbeitsstätten, Dienstleistungssysteme, Geschäfte, Freizeiteinrichtungen u. ä.) und (3) tertiäre (Dienstleister wie Seelsorger, verlässliche Ansprechpartner in Behörden; Bürgerinitiativen, Selbsthilfe- oder Selbstvertretungsgruppen, Freiwilligenagenturen, Menschenrechtsorganisationen o. ä.; informelle Unterstützende [z. B. Friseur, Wirt etc.], die als Zuhörer, ‚Trostspender‘ oder Ratgeber fungieren) Netzwreke unterschieden werden (Bullinger & Nowak 1998). Mit Blick auf gesellschaftliche Inklusion kommt ihnen v. a. eine unterstützende, emotional haltgebende, sozial kommunikative, entwicklungsfördernde und identitätsstiftende Funktion zu (Borland & Ramcharan

2002). Allerdings sind soziale Netzwerke nicht per se unterstützend (Tracy& Whittaker 1990, 462), sie sind es nur dann, wenn sie als valide, ventilatorisch und psychisch haltgebend vom Adressaten wahrgenommen werden.

Zur Erfassung sozialer Netzwerke gibt es verschiedene Methoden, z. B. können im Rahmen von Interviews Unterstützungspersonen mit ihren Funktionen sowie belastende oder konfliktträchtige soziale Beziehungssysteme erfasst, mittels *Netzwerkkarten* visualisiert und anschließend biografisch und perspektivisch thematisiert werden (Diewald 1991; Nestmann u. a. 2008; Röhrle, Sommer & Nestmann 1998; Ross u. a. 1995; v. Spiegel 2006; Straus 2002; Tracy & Whittaker 1990). Die Arbeit mit Netzwerkkarten vermittelt ein plastisches Bild über Stärken und Schwächen eines Beziehungsgefüges (Netzwerkes) sowie über soziale Ressourcen einer Person. Auf einer solchen Grundlage lassen sich dann gemeinsam mit der Person Perspektiven (Veränderungen) für die Zukunft planen (z. B. Netzwerkförderung durch Aufbau neuer informeller Unterstützungsformen; Abbau negativer Momente eines vorhandenen Netzes).

Mittels einer Netzwerkkarte können soziale Beziehungsgefüge strukturell durch Größe (Anzahl an Personen), Erreichbarkeit oder Dichte (wie viel Kontakt Personen untereinander haben; Reichweite), qualitativ durch Funktionen, Inhalte, Dauer, emotionale Nähe, Intensität oder Häufigkeit professioneller oder informeller Unterstützung sowie durch Merkmale der Zusammensetzung wie Alter, Geschlecht oder Homogenität der Mitglieder eines Netzwerks abgebildet werden. Eine Netzwerkkarte besteht üblicherweise aus mehreren konzentrischen Kreisen, deren Linien möglichst gleich weit voneinander entfernt sein sollten. Die konzentrischen Kreise können für verschiedene Bereiche oder Funktionen genutzt werden. Geht es z. B. um lebensweltliche Beziehungen bzw. Netze in einem Sozialraum, so kann der erste (kleinste) Kreis für die Person und ihre primäre Lebenswelt (Wohnung, Wohngruppe) stehen, der zweite (nachfolgende) für das Wohnhaus mit mehreren Wohnungen der direkten Nachbarn bzw. Hausbewohner, der dritte für die erweiterte Nachbarschaft, der vierte für den Stadtteil, der fünfte für die gesamte Gemeinde, der sechste für das Bundesland und der siebte für Deutschland. Ausgehend von der Frage nach wichtigen Personen und Beziehungen könnten dann von dem Betroffenen (ggf. mit Unterstützung) in den entsprechenden Kreisen Personeneintragungen unter Berücksichtigung ihrer Funktion (unterstützend [mit grün], belastend [mit rot]) vorgenommen werden; darüber hinausgehende Informationen, beispielsweise in Bezug auf Dauer, Häufigkeit, Erreichbarkeit oder Inhalte der Beziehungen, könnten separat festgehalten werden. Durch eine Anordnung von Personen auf einem sozialraumorientierten Beziehungskreis lassen sich sowohl konkrete

Beziehungen zu einzelnen Personen (Wohngruppenmitglieder, Nachbarn, Angehörige ...) in positiver und negativer Hinsicht (emotionale Nähe, Distanz, soziale Kontrolle, belastende oder konfliktreiche Beziehungen) als auch die Bedeutung, Stärke oder Schwäche (Leere) bestimmter Lebensräume (z. B. kaum verlässliche nachbarschaftliche Beziehungen; keine tragfähigen Beziehungen im Stadtteil, positive Beziehungen zu weit entfernt lebenden Angehörigen oder Freunden) erfassen. So kann beispielsweise die Erkenntnis, dass bedeutsame Beziehungen der Person weniger in der unmittelbaren Lebenswelt als vielmehr in entfernten sozialen Räumen verortet sind, zu dem Wunsch und der Planung führen, die aktuellen Nachbarschaftsbeziehungen durch gezielte Maßnahmen (private Einladung, Hausfest, freiwillige Hilfsangebote mit dem Ziel der Anbahnung gegenseitiger informeller Unterstützung) auf Dauer zu verbessern.

Eine andere Möglichkeit, soziale Beziehungen in Lebensräumen zu erschließen, besteht darin, zunächst gemeinsam zu überlegen, welche Lebenswelten, Personen und Netze für den Einzelnen bedeutsam sind und abgebildet werden sollen (z. B. den Bereich Familie mit Angehörigen, den Bereich Wohngruppe mit ihren Mitgliedern, den Bereich Arbeit mit Arbeitskollegen, den Bereich Nachbarschaft mit Nachbarn, den Bereich Unterstützung mit professionellen und informellen Helfenden; den Bereich Gesellschaft mit Personen des öffentlichen Lebens). Im zweiten Schritt kann sodann die Netzwerkkarte mit drei konzentrischen Kreisen in die entsprechenden Bereiche durch das Einzeichnen von Sektoren (wie bei einem Kuchen) unterteilt werden. Ein Sektor steht jeweils für einen relevanten Lebensbereich. Anschließend sollte die Art der Darstellung festgelegt werden (z. B. grüner ausschraffierter kleiner Kreis = häufiger und positiver Kontakt; roter Punkt = negative Beziehung; kleiner leerer Kreis = neutrale Beziehung). Danach werden in jedem Sektor alle relevanten Bezugspersonen je nach positiver oder negativer Beziehung zur betreffenden Person, die sich im kleinsten Kreis befindet, platziert. Zum Beispiel: Besteht ein gutes Verhältnis zur Mutter, die die Person in der Wohngruppe häufig besucht, wird die Mutter im Sektor Familie dicht an die Person, die sich in der Mitte des Kreises befindet, mit einem kleinen, grün ausschraffierten Kreis platziert. Wird die Person von ihrem Bruder selten besucht, wird dieser eher am Außenrand bzw. im äußersten Kreis des Sektors Familie mit einem kleinen leeren Kreis platziert. Weitere Informationen lassen sich wiederum separat vermerken. Letztlich entsteht eine Struktur, der nicht nur positive und negative Beziehungen zu entnehmen sind, sondern gleichfalls die Dichte eines Beziehungsgefüges, so z. B. auch leere Flecken, die über eine fehlende Verfügbarkeit von Bezugspersonen oder Netzwerken informieren. Die Nähe zum Mittelpunkt repräsentiert grundsätzlich die Intensität der Beziehung, d. h., Personen, die einem nahestehen, werden dicht platziert,

Personen, zu denen nur ein flüchtiger Kontakt besteht, am äußeren Rand. Wichtig ist es, die Häufigkeit der Kontakte und Sympathie der Beziehungen nicht gleichzusetzen.

Eine dritte Möglichkeit fokussiert das Zusammenwirken von sozialen Räumen und Beziehungen, indem in sozialräumlich angelegten konzentrischen Kreisen Sektoren mit subjektiv relevanten Lebenswelten oder Orten (z. B. im ersten Kreis Wohngruppe: Wohnzimmer, Küche, Toilette, Privatzimmer; im zweiten Kreis Wohnhaus: Gemeinschaftsräume, Flure, Garten; im dritten Kreis engeres Wohnviertel: privater Grünbereich, Kiosk, Bushaltestelle; im vierten Kreis Stadtteil: Supermarkt, Altentagesstätte, Bürgerhaus, Freizeiteinrichtungen, Wald, Radweg, Dönerbude, Friseur, Arzt, Wochenmarkt; im fünften Kreis Gemeinde: Schwimmbad, WfbM, Sportplatz, befreundete WG, Elternhaus, Post, Einkaufszentrum, Schnellimbiss, Bahnhof, Polizei) eingezeichnet werden. Gegebenenfalls sollten die Sektoren mit Karten oder Fotos über bestimmte Territorien, Gebäude, Treffpunkte oder Ähnliches separat angereichert werden, um die Nutzung und Verteilung von Räumen sowie alltägliche (räumliche) Begegnungen in positiver (nette Nachbarn und Bürger) und negativer Hinsicht (Konflikte mit bestimmten Personen) zu erfassen. Zugleich können durch ein solches Vorgehen auch strukturelle und soziale Zugänge und Barrieren sichtbar gemacht sowie potenzielle Aneignungsräume und Begegnungsorte erschlossen werden.

Eine Alternative zu den bisherigen Vorschlägen wird darin gesehen, nur von einer Netzwerkkarte mit relevanten Bereichen (z. B. Familie, Wohngruppe, Freundeskreis, Arbeit, Nachbarschaft, soziale Dienste, Öffentlichkeit) auszugehen, in denen Personen eingetragen werden, deren Funktionen und Einschätzung dann auf einem gesonderten Blatt mit oben genannten Netzwerkkriterien festgehalten werden (dazu Tracy & Whittaker 1990,465 f.). Diese Arbeitsform kann womöglich für einige Menschen mit Lernschwierigkeiten zugänglicher sein, wenn einzelne Kriterien (z. B. Haushalt, einzelne Personen, verschiedene Unterstützungsformen) zusätzlich visualisiert werden (vgl. auch Dworschak 2004, 192).

Die Auswertung einer aktuellen Netzwerkkarte (einschließlich eines Netzwerkgitters) mündet zumeist in Überlegungen, inwieweit soziale Netzwerke, nachbarschaftliche und gemeindebezogene Beziehungen sowie soziale Räume und ihre Nutzung weiterhin gepflegt und unterstützt oder verändert, weiterentwickelt oder neu erschlossen werden sollen. Solche wünschenswerten Netzwerke können gleichfalls grafisch dargestellt werden. Daran anknüpfend lassen sich Ziele und Aufgaben formulieren, die in die Personenzentrierte Planung eingehen, z. B. nichtbehinderte Nachbarn oder andere Bürger im öffentlichen Leben anzusprechen und zu sensibilisieren, als informelle Unterstützende der Person zu fungieren. Wenngleich damit unter der Voraussetzung, dass ein Unterstützungskreis und Unterstützungsmanager der Person auf der Grundlage ihrer Wünsche und Ziele assistieren (Robertson et al. 2007, 240 f.), die Netzwerk- und Sozialraumerschließung eine verheißungsvolle Angelegenheit zu sein scheint, sollte ein Problem nicht unerwähnt bleiben, auf das Bullinger und Nowak (1998, 132) hinweisen: „Mit Hilfe der Netzwerkkenntnisse und -arbeitsformen kann die soziale Kontrolle auf Bereiche ausgedehnt werden, die bisher zur unangetasteten Privatsphäre von Klientinnen zählten.“ Die Gefahr der Kontrolle und Kolonialisierung der Lebenswelt einer Person (Habermas 1981, 522) sowie die des Missbrauchs von Informationen über ihr Privatleben ist in der Tat nicht von der Hand zu weisen, weshalb Vertraulichkeit im Rahmen der Unterstützungskonferenz gewährleistet sein muss und das Unterstützungsmanagement sich von Zeit zu Zeit selbst kontrollieren und reflektieren sollte.

Netzwerkfokussierte Unterstützungsplanung bei schwerem herausforderndem Verhalten

Reichen Unterstützungsleistungen auf der Stufe der Personenzentrierten Planung zur Prävention oder zum Abbau von Verhaltensauffälligkeiten nicht aus, wird zusätzlich ein Unterstützungsplan auf der Basis der Positiven Verhaltensunterstützung empfohlen. Wie wir uns dies vorstellen können, soll am Beispiel der *Group Action Planning (GAP)* aufgezeigt werden, die als eine netzwerkfokussierte Unterstützungsplanung bei schwerem herausforderndem Verhalten betrachtet werden kann.

Die *Group Action Planning* (GAP), die seit den 1990er-Jahren von A. und R. Turnbull vertreten wird (Turnbull & Turnbull 1995; 2001; 2011), ist aus der Auseinandersetzung mit dem konventionellen Interventionsmodell bei Menschen mit einer (schweren) komplexen Behinderung und zusätzlichen Verhaltensauffälligkeiten hervorgegangen. Vier Aspekte standen dabei im Kreuzfeuer der Kritik:

(1) Die Besonderung und gesellschaftliche Isolation behinderter Menschen durch Maßnahmen innerhalb von Sondereinrichtungen,
(2) der Rückgriff auf aversive Methoden im Umgang mit herausfordernden Verhaltensweisen,
(3) die Ignoranz der Erkenntnis, dass Häufigkeit, Intensität und Dauer von Verhaltensauffälligkeiten in direktem Zusammenhang mit den gegebenen Umfeldbedingungen eines Menschen stehen,

(4) die mangelnde Koordination von Maßnahmen und unzureichende Würdigung informeller (familialer) Unterstützungsressourcen.

Vor diesem Hintergrund und bestärkt durch eigene negative Erfahrungen (dazu später das Beispiel JT) wurde von A. und R. Turnbull mit der GAP ein alternativer Ansatz entwickelt, der auf den Leitgedanken des Empowerment und der Inklusion fußt und neben professionellen Unterstützungsleistungen (z. B. Unterstützungsmanagement, Praxisberatung im Sinne Positiver Verhaltensunterstützung bei herausfordernden Verhaltensweisen) primär auf intra- und extrafamiliäre informelle Unterstützungsnetzwerke setzt, um v. a. Menschen mit komplexer Behinderung eine Verwirklichung ihres Lebensstils unter menschenwürdigen, inklusiven Lebensbedingungen zu ermöglichen. Ähnlich wie bei den zuvor beschriebenen Modellen der Personenzentrierten Planung geht auch die GAP von einem Unterstützungsteam aus: „GAP occurs when a group of family, friends, community citizens, and professionals form a ‚reliable alliance' for the purpose of dynamically, energetically, and joyfully creating inclusion within families, neighborhoods, educational programs, and communities" (Turnbull & Turnbull 1995, 1). Der Arbeitsansatz der GAP fokussiert fünf Aspekte:

(1) Inviting Support

Hier geht es zunächst um die Frage nach der Bildung eines verlässlichen, tragfähigen Unterstützungsnetzwerkes *(action groups)*. Welche Personen spielen im Leben des behinderten Menschen eine wichtige Rolle und könnten im Hinblick auf seine Bedürfnisse, Interessen und Stärken (z. B. mit der Tram fahren, Ausflüge, Musik hören, musizieren, malen, angeln) potenzielle Unterstützende sein? Wer könnte darüber hinaus angesprochen werden? Wen möchte die Person unbedingt dabei haben?

(2) Creating Connections

Um zu tragfähigen sozialen Netzwerken *(action groups)* zu gelangen, ist es wichtig, freundschaftlich-partnerschaftliche Beziehungen unter den Netzwerkmitgliedern zu fördern und zu pflegen. „Formale" Planungskonferenzen, wie sie im Rahmen professioneller Systeme üblich sind, sollten vermieden werden. Stattdessen geben Turnbull und Turnbull (1995; 2001) „privaten Treffen" – etwa bei den Mitgliedern zu Hause – den Vorzug. Eine „ungezwungene", freundliche Atmosphäre befördere *„a sense of connectedness"* (ebd., 1995, 2), soziales und emotionales Wohlbefinden, ein gegenseitiges, wertschätzendes Kennenlernen und Verständnis sowie Vertrauen zwischen allen Netzwerkmitgliedern und insbesondere zwischen den Unterstützenden und der betroffenen Person.

(3) Sharing Great Expectations

Im Unterschied zu der in der Arbeit mit sogenannten geistig behinderten Menschen noch weit verbreiteten Tendenz, Ziele und Erwartungen eher niedrig anzusetzen und Risiken des Scheiterns bzw. der Normalität möglichst aus dem Weg zu gehen, gelten in der GAP nach dem Motto *„what if"* oder *„why not"* große, vermeintlich überzogene und scheinbar unerfüllbare Erwartungen als eine Quelle für Motivation und Ansporn sowie als eine Herausforderung für die Unterstützungsnetzwerke und nicht etwa als ein Problem. Wir haben es hier mit einer optimistischen Grundhaltung, einem Vertrauen in Ressourcen und einem positiven Denken in Bezug auf die Lebenszukunft der Person zu tun.

(4) Solving Problems

Der GAP ist die Überzeugung einverleibt, dass sowohl große Erwartungen in konkrete, realisierbare Ziele überführt werden können als auch Probleme letztlich lösbar sind bzw. eine Herausforderung darstellen, ernsthaft, intensiv und systematisch nach Auflösungen oder Lösungswegen zu suchen. Ein solcher Prozess erfordert Kreativität und am besten ist es, wenn Betroffene z. B. über ein Brainstorming selbst zu Lösungen gelangen und dabei auf Ressourcen oder Stärken zurückgreifen. Für die konkrete Problemlösung sollten Aspekte wie die Orientierung an den Bedürfnissen und Stärken des behinderten Menschen, ein differenziertes Beurteilen verschiedener Lösungsansätze, aber auch die kritische Beurteilung des mit dem gewählten Lösungsansatz erzielten Ergebnisses beachtet werden. Je nach Problem und Lösung gilt es darauf zu achten, klare Ziele und Aufgaben zu formulieren, die Unterstützungsmaßnahmen auf mehrere Schultern zu verteilen und gut miteinander abzustimmen bzw. zu koordinieren, um ein Nebeneinander der assistierenden Hilfen sowie eine Überforderung von einzelnen Unterstützenden zu vermeiden.

(5) Celebrating Success

Nur dadurch ist es möglich, dass erzeugte Synergieeffekte auch tatsächlich zum Tragen kommen und somit der Grundgedanke einer umfassenden positiven Unterstützung Bestätigung findet. Dementsprechend sollten Erfolge (ähnlich wie bei der Zukunftsplanung) auch gemeinsam gefeiert und gewürdigt werden: „Celebrate success. Every meeting needs to have opportunities to celebrate progress ... Develop the ‚joy quotient.' Set aside time to ‚party' rather than to ‚problem solve'" (Turnbull & Turnbull 1995, 3).

Die GAP ist bei Menschen mit (schwerer) komplexer Behinderung nicht als kurzfristige Maßnahme, sondern vielmehr als ein lebenslanges Programm zu verstehen, in dessen Zentrum die Förderung von Empowerment-Erfahrungen

(*„empowerment is a renewing experience“)* durch eine kontinuierliche Unterstützung der betroffenen Person mit ihrem Lebensstil in ihrer Lebenswelt steht (Turnbull & Turnbull 2001, 112 ff.). Dadurch ergibt sich zugleich die Möglichkeit, nachhaltig positive Veränderungen der gegebenen Umfeldbedingungen zu schaffen, zu gewährleisten und zu manifestieren.

Im Falle von Verhaltensauffälligkeiten sollten Grundzüge der *Positiven Verhaltensunterstützung* (*positive behavioral support* [PBS]) im Rahmen der GAP zum Tragen kommen, weil dieses Interventionskonzept darauf angelegt sei, umfassende Unterstützungsleistungen *(comprehensive supports)* für einen für die Person wert- und würdevollen Lebensstil *(dignified lifestyle)* unter inklusiven Bedingungen zu offerieren (Turnbull & Turnbull 2011). Solche umfassenden Unterstützungsleistungen sind innerhalb eines Unterstützernetzwerkes zu koordinieren, und sie bedürfen einer guten Zusammenarbeit, sodass sowohl der Person Rechnung getragen werden kann als auch die einzelnen Unterstützenden in ihrem Handeln und in ihrer von Empowerment und Inklusion geprägten Haltung bestärkt werden sowie die Erfahrung machen können, dass ein „inklusiver Lebensstil“ *(inclusive lifstyle)* für Menschen mit komplexer Behinderung keine Illusion bleiben muss.

Wie wir uns den GAP in der Praxis vorstellen können, soll am Beispiel von JT skizziert werden (dazu Turnbull 2010; Turnbull & Turnbull 2001; 2011).

Beispiel JT

JT, der im Januar 2009 im Alter von 41 Jahren plötzlich und unerwartet an einem Herzversagen verstorben ist, wurden ein Autismus, eine intellektuelle Behinderung *(intellectual disability; IQ in the „severe“ range, no academic skills)* und eine bipolare Störung nachgesagt. Es wird berichtet, dass es ihm stets schwer gefallen sei, soziale Kontakte zu knüpfen und aufrecht zu erhalten.

Nach Beendigung seiner Schulzeit *(high school)* wurde JT zunächst in das Betreuungsprogramm der damals in seiner Heimatgemeinde einzig verfügbaren Dienstleistungsagentur für Menschen mit Lernschwierigkeiten oder komplexen Behinderungen aufgenommen. Das Programm, das von einer wenig einfühlsamen, auf Anweisungen und Anpassung hin ausrichteten pädagogischen Praxis durchdrungen war, bezog sich auf eine Arbeit in einer Behindertenwerkstätte *(segregated employment)*, auf ein Leben in einem Wohnheim *(segregated housings)* mit einem exklusiven Behindertenfahrdienst *(segregated transportation)* sowie auf eigens nur für behinderte Menschen organisierte Freizeitaktivitäten *(segregated recreation)*. Innerhalb weniger Wochen nach seiner Aufnahme kam es bei JT zu massiver Frustration und zu erheblicher Unzufriedenheit, die sich in Verhaltensauffälligkeiten äußerten. JT begann zu schlagen, andere zu würgen, an den Haaren zu ziehen – insbesondere Frauen mit langen schwarzen Pferdeschwänzen – und verweigerte schlussendlich sogar das morgendliche Aufstehen.

Als sich nach fünf Monaten keine Besserung dieser Entwicklung abzeichnete und sich die zuständigen Mitarbeiter nur mit aversiven Interventionen zu helfen wussten, entschieden sich JTs Eltern, den Vertrag mit dem Dienstleister zu kündigen und eine selbstorganisierte Unterstützung aufzubauen. Letztlich sei es – so die Eltern – JT selbst gewesen, der ihnen mit seinem Verhalten signalisiert hatte, dass er das gefängnisartige Betreuungssystem unbedingt verlassen wollte. Mit diesem Wunsch und seiner Entlassung schlug die Stunde der GAP, die seit 1989 mit der Positiven Verhaltensunterstützung eng verschaltet wurde.

Innerhalb von sechs Jahren gelang es seinen Eltern und ihrem Unterstützerteam, JTs Lebensbereiche so zu gestalten, dass nachhaltig positive Verhaltensänderungen herbeigeführt und dauerhaft etabliert werden konnten.

Zum Wohnen: Kurz nachdem JT das Dienstleistungssystem verlassen hatte, heuerten seine Eltern einen Unterstützer an, der JT wöchentlich zu einem Gesundheits- und Fitnesszentrum begleiten sollte. Der Unterstützer war pädagogischer Berater einer Studentenverbindung an der Kansas Universität, zu deren Treffen er oftmals JT nach dem Sport mitgenommen hatte. Im Rahmen dieser Treffen entwickelten sich alsbald gute Bekanntschaften und Freundschaften, was dazu führte, dass nach etwa einem Jahr zwei Studierende den Vorschlag machten, zusammen mit JT eine Wohngemeinschaft zu bilden. JT war von dieser Idee sehr angetan, sodass es zum Auszug aus dem elterlichen Zuhause kam. Seitdem lebte er bis zu seinem Tod in einer eigenen Wohnung, zunächst unterstützt durch die beiden Studierenden, die dafür mietkostenfrei wohnen konnten. Nach ihrem Ausscheiden wurden zwei neue Assistenten organisiert, und in der Folgezeit war es noch öfters zu einem Unterstützerwechsel gekommen. Dafür gab es stets private Gründe, und es sollte nicht unerwähnt bleiben, dass in der Regel auch nach dem Ausscheiden der einzelnen Personen die Kontakte zu JT nicht völlig abgebrochen wurden. Zumeist hatte JT wöchentlich ca. 12 bis 15 Stunden Unterstützung durch seine Mitbewohner erhalten, etwa bei der Organisation und Planung wichtiger Termine oder beim Erlernen neuer Fertigkeiten. Dieses Wohnmodell ermöglichte es ihm, emotional positiv geprägte zwischenmenschliche Beziehungen zu erfahren und in einem eigenen „Zuhause" – *„in a ‚home' not a ‚house'"* (Turnbull & Turnbull 2011, 72) zu leben.

Zur Beschäftigungssituation: Die engen elterlichen Kontakte zur Kansas Universität brachten es mit sich, dass JT auf der Grundlage des *supported employments* (Unterstützten Beschäftigung) als Bürogehilfe an der Universität von Kansas angestellt wurde. Dort arbeitete er bis zu seinem Lebensende 30 Stunden in der Woche. Für seine Tätigkeit erhielt er einen monatlichen Lohn, der wesentlich höher war, als das Einkommen in der Behindertenwerkstatt. JT erfuhr durch seine Kollegen an der Universität eine unmittelbare, positive Bestätigung seiner Arbeitsleistung und war zudem in der Lage, mit ihrer Unterstützung seine Fertigkeiten *(skills)* kontinuierlich weiterzuentwickeln.

Zur Mobilität: Im Rahmen der Einführung in seinen Job wurde JT zugleich befähigt, öffentliche Verkehrsmittel eigenständig-verantwortlich zu benutzen. Hierzu wurden im Rahmen der GAP Absprachen mit dem Busunternehmen (Fahrerinnen) getroffen, das an der entsprechenden Personenzentrierten Planung teilgenommen hatte. Sein täglicher Arbeitsweg umfasste neben einer Busfahrt auch einen komplizierten Fußweg durch verschiedene Universitätsgebäude und über das Campusgelände. Vor dem Hintergrund der Tatsache, dass es für JT wegen häufig auftretender aggressiver Verhaltensweisen eine Zeitlang vollkommen unmöglich war, sich ohne Begleitung in der Öffentlichkeit zu bewegen, war diese Leistung umso höher zu bewerten.

Zu Freundschaften: JTs regelmäßige Besuche bei der Studentenverbindung waren der Einstieg in neue Freundschaften als Erwachsener. Nach wenigen Jahren hatte er eine Vielzahl an verlässlichen Freundschaften und ein breites Netzwerk an Kontakten aufbauen können. Für einen Mann, der bis zu seinem 21. Lebensjahr keine gleichaltrigen Freunde hatte, war dies besonders bedeutsam. Der Wert der Freundschaften ergab sich v. a. für gemeinsame Unternehmungen, die ihm dadurch ermöglich wurden.

Zur Teilhabe am gesellschaftlichen Leben: Auch diese wurde durch JTs Besuche bei der Studentenverbindung und spätere Mitgliedschaft in der Vereinigung befördert. Seither wurde er zu diversen Aktivitäten und Partys innerhalb und außerhalb des Universitätsbetriebs eingeladen. Des Weiteren pflegte JT den losen Kontakt zu einer Vielzahl von Bekannten aus seinem unmittelbaren Umfeld, etwa den Mitarbeiterinnen einer Bäckerei und eines Lebensmittelgeschäfts, von Restaurants und Pubs, der lokalen Jazzclubs, den Mitgliedern seiner Kirchengemeinde und des Fitnessstudios. Wenn JT tatsächlich einmal Unterstützung brauchte, waren stets mehrere Personen, und nicht etwa Fachkräfte, für ihn da.

„Waitpersons in restaurants provide additional support when he seems anxious, bus drivers know how to get him home safely if he gets on the wrong bus, and people in his neighborhood watch to make sure that he gets on the bus in the morning“ (Turnbull & Turnbull 2011, 114). Die freiwilligen Unterstützenden hatten somit einen wesentlichen Anteil daran, dass JT einen „inklusiven Lebensstil“ *(inclusive lifestyle)* in verschiedenen Lebenswelten führen konnte.

Fragen wir danach, was zu dem skizzierten Erfolg entscheidend beigetragen hat, so stoßen wir zunächst einmal auf die dem Empowerment-Konzept einverleibte *Philosophie der Stärken*, die sich auf eine unbedingte personale Wertschätzung, positives Denken und auf das Vertrauen in JTs Ressourcen bezog. Ein wesentlicher Aspekt, der die GAP und *action groups* fühlbar durchdrang, waren die Orientierung an seinen individuellen Wünschen, Bedürfnissen und seinem Lebensstil, die Revitalisierung seiner durch die vorausgegangene Anpassungskultur unter isolierenden Bedingungen versandeten Fähigkeiten und Potenziale sowie die allgemeine Aktivierung seiner Stärken und Ressourcen. Dafür wurde der Begriff des Empowerment in Anspruch genommen (ebd., 100 f.).

Ein weiteres wesentliches Kriterium war der Aufbau eines breiten Unterstützernetzwerkes. Nachdem anfänglich lediglich die engsten Familienmitglieder (Geschwister, Eltern, Großeltern, Tanten, Onkel) zum Unterstützungskreis zählten, breitete sich das Netzwerk rasch aus; es folgten Freunde der Familie, welche ihm zu einer Arbeitsstelle an der Universität von Kansas verhalfen oder ihn bei seinem Hobby, der Musik, unterstützten, und Mitglieder einer Studentenverbindung, welche den Auszug aus dem Elternhaus maßgeblich initiierten. Ein zentraler Aspekt im Rahmen der Netzwerkstruktur bestand darin, dass alle Unterstützenden die gleichen Ziele verfolgten und diese auf die gleiche Art und Weise zu vermitteln versuchten. Zum Beispiel stand die Förderung der Kommunikationsfähigkeit von JT im Fokus der Bemühungen. Durch die stete Unterstützung seiner kommunikativen Äußerungen durch alle Netzwerkmitglieder gelang es, JTs sprachliche Mitteilungen und Verständigung erheblich zu verbessern. So war er nach wenigen Jahren in der Lage, sich verbal nach den Interessen und Befindlichkeiten anderer Menschen zu erkundigen, aber ebenso seine eigenen Wünsche und Gefühle, wie Angst, Frustration oder Unsicherheit, zu verbalisieren.

Trotz all dieser Bemühen gab es immer wieder Situationen, in denen JT mit auffälligen Verhaltensweisen reagierte, so z. B. auf Veränderungen. Exemplarisch sei auf die Umstände des Umzuges aus dem Elternhaus oder auch auf die Herausforderungen verwiesen, die im Zusammenhang mit dem Erlernen neuer Fertigkeiten standen, wie etwa dem Benutzen der öffentlichen Verkehrsmittel oder der persönlichen Hygiene. Um auf die Verhaltensprobleme angemessen reagieren zu können, war die Implementierung einer umfassenden Positiven Verhaltensunterstützung notwendig, die zeitweise durch eine medikamentöse Behandlung der bipolaren Störung ergänzt werden musste.

Ein Kernstück der Positiven Verhaltensunterstützung bezog sich vor dem Hintergrund der Stärkenorientierung und -aktivierung auf die Erstellung und Einhaltung eines Wochenplans, der reguläre Aktivitäten und variable Angebote und Inhalte sowie personelle Zuordnungen aus dem Unterstützungsteam vorsah. Bis zu 25 Personen waren zum Teil wöchentlich an der Unterstützung von JT beteiligt. Ein solcher Wochenplan entsprach zugleich den Wünschen und Bedürfnissen von JT nach Sicherheit und Klarheit durch Struktur und Ordnung.

Was die regulären Aktivitäten betraf, so ging es hierbei v.a. um alltägliche Schlaf-, Arbeits- und Essenszeiten, persönliche Versorgungsprozesse, strukturierte Routine der Arbeitsaufgaben und Zeiten für Therapie, Freizeitgestaltung sowie gesellschaftliche Teilhabe. Die inhaltliche Gestaltung der Freizeit oder Aktivitäten zur Teilhabe am Leben in der Gesellschaft richtete sich ganz nach den jeweiligen Interessen oder Wünschen von JT. Wichtig war es, dass er sich stets auf seine Unterstützenden verlassen konnte, die ihm bei der Realisierung seiner Interessen oder Pflege seines „inklusiven Lebensstils“ assistierten. Auch im Falle von Verhaltensauffälligkeiten waren sie für ihn da: „Jay (JT, G. T.) knew that everyone with him would stay with him through his challenging times ... He knew he had people who deeply cared for him, and this knowledge, this ability to rely on those constantly in his life, was the ‚art‘ that we brought to Jay's life, the ‚art‘ of PBS“ (Turnbull & Turnbull 2011, 73).

Des Weiteren beinhaltete die Positive Verhaltensunterstützung passgenaue Unterstützungsformen in kritischen Situationen sowie einen Krisenplan. Konkrete Vorgehensweisen waren v.a. für den Arbeitsbereich notwendig, da JT für Arbeiten verantwortlich war, von denen andere Personen abhängig waren und die verlässlich ausgeführt werden mussten.

JTs affektive (bipolare) Störung war an dieser Stelle eine größere Herausforderung für das Unterstützungsteam als die kognitive Beeinträchtigung oder der Autismus. So gab es Zeiten, an denen JT für mehrere Tage im Bett verweilte, Essen und Trinken verweigerte sowie keine Arznei zu sich nehmen wollte. Durch ein funktionales Assessment konnten dafür hintergründige Ereignisse (z.B. zu hohe psychische Belastung bzw. Stress durch zeitgleiche Ereignisse wie Wechsel des Jobcoaches, bevorstehendes Ferienprogramm, Abwesenheit beider Eltern aufgrund mehrtägiger Dienstreisen) in Erfahrung gebracht werden, die dann in einem präventiven Unterstützungsprogramm (z. B. Vermeidung von überfordernden Situationen und behutsame Vorbereitung auf bevorstehende Ereignisse oder Veränderungen, Geld als materieller Verstärker bei Erledigung alltäglicher Arbeiten oder Anforderungen) und Krisenplan (z. B. rechtzeitige, vorübergehende Zurücknahme von Anforderungen, mehrere kleine Erholungspausen, Einflechten von Lieblingsaktivitäten an „schwierigen" Tagen, Entspannung mit Musik, personale Begleitung) berücksichtigt wurden. Um passgenau reagieren zu können, wurden zudem Daten (z. B. potenzielle Belastungszeit, Auftreten der Verhaltensauffälligkeiten, Phasenverlauf) registriert und Zeitpläne entwickelt, die für den Jobcoach hilfreich waren, um die Intensität und Art der Unterstützung während JTs Arbeit in Bezug auf seine Stimmungswechsel und Befindlichkeiten *(mood cycles)* ausloten zu können.

Grundsätzlich trugen vier Schlüsselelemente *(key elements)* zum Gelingen der Positiven Verhaltensunterstützung bei:

(1) *Reziproke Beziehungen* waren in zweifacher Hinsicht bedeutsam: Zum einen besaß JT eine bemerkenswerte Fähigkeit, auf andere Menschen freudig zuzugehen, mit anderen Kontakt aufzunehmen, sie in seine musikalischen Interessen einzuspannen, sie zu begeistern und ihnen Freude zu bereiten. Zum anderen war es für seine Unterstützer wichtig, ihn mit seinen Wünschen oder Bedürfnissen zu verstehen, um ihm Erfahrungen von Verlässlichkeit, Vertrauen, Respekt, personaler Annahme, emotionalem Halt und Freude offerieren zu können. Hierzu versuchten sie, sich in seine Situation zu versetzen, und seine Perspektive einzunehmen. „PBS is most effective when the supporters pass the ‚shoes' test – when they put themselves in the place of the person they support and try to see the world (and themselves) from that perspective" (ebd., 75).

(2) *Antizipation* spielte im Rahmen der Positiven Verhaltensunterstützung als „psychisch aufbauende" Strategie eine wesentliche Rolle. Dazu ein Beispiel: Als JT eines Tages depressiv und niedergeschlagen war, schlug ihm ein Unterstützer vor, am kommenden Wochenende im „Brown Hotel" zu übernachten. Dabei handelte es sich um ein von JT sehr geschätztes Hotel, zudem liebte er Hotelübernachtungen. JT war über den Vorschlag so sehr erfreut, dass er sein Bett verließ und sich bemühte, trotz depressiver Stimmung seinen Alltag so gut wie möglich zu bewältigen. Dieses Prinzip des Aufgreifens von persönlichen Vorlieben wurde nicht selten in ähnlich gelagerten Situationen erfolgreich angewandt.

(3) *Engagement* war ein wichtiger Faktor, der für JT eine verhaltensstabilisierende Wirkung hatte. Dabei spielten große Ereignisse (z. B. Ansparen von Geld für einen Hotelbesuch) eine ebenso bedeutsame Rolle wie

kleine Dinge (z. B. mit anderen gemeinsam singen, mit Arbeitskollegen mittags Essen gehen, mit Freunden TV schauen).

(4) *Musik* liebte JT „heiß und inniglich". Daher wurde Musik in vielerlei Hinsicht genutzt: in Form eines gemeinsamen Singens oder im Rahmen von Singrunden gemeinsam im Familienkreis; Musik hören zur Unterhaltung und Entspannung; als therapeutisches Angebot zur psychischen Kompensation oder Stimmungserhellung, zur allgemeinen Aktivierung oder zum Erwerb einfacher Techniken eines (begleitenden) Musizierens (z. B. mit Rhythmusinstrumenten); als präventive Strategie im Rahmen der Positiven Verhaltensunterstützung, beispielsweise eingesetzt, bevor Aggressionsausbrüche zu erwarten waren oder als Mittel der Deeskalation. So hatte z. B. ein Musiktherapeut einen „energiegeladenen" Song mit dem Titel „Turbo Turnbull" geschrieben, der in Situationen eingesetzt wurde, in denen JT besonders *„down"* war. Ferner hatte der Einsatz von Musik auch im Sinne einer *„social story"* (dazu Theunissen 2021, Kap. 5) eine verhaltenssteuernde Funktion: Das betraf z. B. den von JT geschätzten Beatles-Song *„Let it be"*, dessen Text für bestimmte Alltagssituationen umgeschrieben wurde. War beispielsweise JT missgelaunt, gereizt oder stark gestresst, sodass bei der Verrichtung von Alltagsaktivitäten mit Verhaltensauffälligkeiten gerechnet werden konnte, wurde ihm zeitgleich zu seinen Tätigkeiten mehrfach *„Let it be"* mit der situationsbezogenen Instruktion vorgespielt. Dieses Prinzip war erfolgreich, somit waren die Beatles mit diesem Song ein Element der Positiven Verhaltensunterstützung. *„Yet using music to replace problem behavior with appropriate behavior is essentially putting a social story into music"* (Turnbull & Turnbull 2011, 76).

Alles in allem kann das vorgestellte Beispiel in mehrfacher Hinsicht als sehr gelungen betrachtet werden. Zum einen ist auf der Grundlage der Stärken-Perspektive die herausragende Bedeutung eines umfassenden Unterstützungsnetzwerkes deutlich geworden, welches auf bürgerschaftliches Engagement und informelle Hilfen gesetzt hat. Zum anderen ist das Beispiel ein Beleg dafür, dass durch ein breit angelegtes Konzept der Positiven Verhaltensunterstützung (ergänzt durch eine prozessbegleitende Behandlung mit Psychopharmaka) als Element einer Personenzentrierten Planung, hier als *Group Action Planning* bezeichnet, Empowerment-Prozesse, ein Leben in Inklusion sowie eine subjektiv hochwerte Lebensqualität bei einer Person befördert und unterstützt werden können, der neben einer komplexen Behinderung und einem Autismus zusätzliche Verhaltensprobleme und eine affektive (bipolare) Störung nachgesagt werden. Bemerkenswert ist das Fazit der Eltern, Unterstützenden und befreundeten Fachwelt, dass die Person selbst der „beste Professor" gewesen sei, durch den alle anderen Experten sowie Bezugspersonen lernen konnten (Turnbull 2010; Turnbull & Turnbull 2011).

Allerdings sollte nicht verkannt werden, dass das ausgewählte Beispiel für die Theorie, Praxis und Lehre zwar von hohem Erfahrungswert ist, zugleich aber auch als einzigartig aus dem „üblichen“ Rahmen fällt, weil es von Eltern stammt, die zugleich ausgewiesene, ja renommierte Fachwissenschaftler und treibende Kräfte der US-amerikanischen Empowerment-Bewegung von Eltern behinderter Kinder sind. Unzweifelhaft haben wir es hier mit einer „starken Familie“ (dazu auch Kap. 5) und einem Freundeskreis zu tun, die bzw. der eine Bildungselite repräsentiert, deren gesellschaftliche Position, politische Einflussnahme und Stimme *(policy making)* nicht unterschätzt werden darf. Wenngleich in den Berichten über JT darauf hingewiesen wird, welche finanziellen Mittel in den USA (Medicaid, SSDI) in Anspruch genommen werden können und dass sich die staatlichen Gelder, die bisher für Unterstützungsleistungen an Anbieter aus der Behindertenhilfe gezahlt wurden, auch anders einsetzen lassen, wurde das Unterstützungssystem zusätzlich durch Eigenmittel der Eltern getragen. Dennoch ist es für die GAP von zentraler Bedeutung, dass von der behinderten Person bzw. ihrem gesetzlichen Vertreter ein persönliches Budget für alle rechtlich zustehenden Unterstützungsleistungen in Anspruch genommen werden kann. Entscheidend ist dabei die Auszahlung dieses Betrags, über dessen Verwendung dann die Person selbst bzw. gemeinsam mit ihren Unterstützungspersonen oder stellvertretend der Unterstützungskreis entscheiden kann (dazu auch Kap. 3). Zudem setzt die GAP weniger auf professionelle Dienste als vielmehr auf informelle Unterstützende, die ein Netzwerk bilden sollen, welches je nach Erfordernissen umfassende assistierende Hilfen der behinderten Person bieten soll. Damit werden hohe Erwartungen und Anforderungen (insbesondere Verlässlichkeit) an die Netzwerker geknüpft, die nicht selten Familienmitglieder sind und/oder aus einem Freundeskreis stammen.

Wie viele Familien sind jedoch so stark, dass sie sich politisch durchsetzen und/oder mit einem umfassenden Unterstützersystem organisieren können? Dies wäre allen Familien mit einem behinderten Angehörigen zu wünschen – tatsächlich aber müssen sich nicht wenige in ungünstigen sozialen Lebenslagen, sozialer Benachteiligung und Armut zurechtfinden. Und benötigen nicht viele Familien selbst Unterstützung oder Entlastung, die sie freilich nicht nur durch Professionelle, sondern ebenso (eher) durch Selbsthilfe- oder Selbstvertretungsgruppen erfahren können? Davon hatten gleichfalls die Turnbulls profitiert, die zugleich als Fachexperten Grundzüge einer lebensweltbezogenen Behindertenarbeit zu implementieren und zu evaluieren wussten – eine Kompetenz, die wiederum nicht als selbstverständlich vorausgesetzt werden kann. Insofern sollten wir uns vor einer Generalisierung und Idealisierung des Beispiels hüten, die Philosophie und den hohen Erfahrungswert für eine Behindertenarbeit vom Menschen aus jedoch uneingeschränkt wertschätzen und nutzen.

Aktive Unterstützung und konsultative Assistenz

Wichtig für eine erfolgreiche Arbeit ist die Frage, wie sich die Personenzentrierte Planung auf handlungspraktischer Ebene umsetzen lässt. Hierzu soll im Anschluss an das vorausgegangene Beispiel der Blick auf Unterstützungsleistungen für das Wohnen, insbesondere für gemeinschaftliche Wohnformen, geworfen werden. Nach Sanderson, Jones und Brown (2001, 2) ist diesbezüglich die Personenzentrierte Planung dann „am effektivsten, wenn die gleichen Prinzipien bei Mitarbeiterteams angewandt werden" und wenn sich Mitarbeitende an einem durchstrukturierten Arbeitsplan orientieren. Um dies zu erreichen, wird der Rückgriff auf das Modell der Aktiven Unterstützung (*Active Support Model*) empfohlen, dem folgende Aspekte zugrundeliegen (vgl. Felce, Jones & Lowe 2002, 252 ff.; Jones et al. 2011; Mansell et al. 2002, 2 f., Sanderson, Jones & Brown 2001, 3; Stancliffe et al. 2005, Xf.):

- Ein zeitlich durchstrukturierter Tagesablauf und Plan für alltägliche Tätigkeiten im Haushalt, die notwendig sind und für Aktivitäten, die betroffene Personen gerne täglich ausführen möchten; dabei geht es um die Erstellung eines täglichen allgemeinen und individualisierten Aktivitätsplans, der so flexibel sein soll, dass persönliche Wünsche berücksichtigt werden können (Jones et al. 2011, 23 ff.); zudem soll aus den Plänen hervorgehen, welche Mitarbeitende für den jeweiligen Tag die festgelegten Tätigkeiten mit den einzelnen Personen ausführen; dies erfordert Teamsitzungen und eine gut abgestimmte Teamarbeit (Jones et al. 2011, 29, 42).
- Eine fünftägige Mitarbeiterschulung (mit theoretischen Informationen und praktischen Übungen mit Rollenspiel und „realen Übungsstunden", die per Video aufgezeichnet, ausgewertet und reflektiert werden) zur Interaktion mit betroffenen Personen und zur Unterstützung ihrer Partizipation an Aktivitäten;
- Ein „Ermöglichungsplan", der zu einer verstärkten oder erweiterten Partizipation an Aktivitäten in der primären Lebenswelt und v. a. im gesellschaftlichen Lebensraum anstiften und die betreffende Person für solche Gelegenheiten entsprechend befähigen soll;
- Ein individualisiertes Unterstützungs- und Lehrprinzip, z. B. im Sinne des erfolgreichen Lernens oder der Methode der Hilfestellung mit

Momenten wie Fragen, Anleiten, Verstärken, Vormachen oder Führen, was zu mehr Autonomie und Handlungskompetenz in Bezug auf Partizipationsmöglichkeiten im Rahmen der primären Lebenswelt und im gesellschaftlichen Lebensraum befähigen soll; im Unterschied zu einem bloßen *„skill-training"* soll es dabei um eine an Bedürfnissen, Stärken und Wahlmöglichkeiten ausgerichtete, „praktische Unterstützung" gehen (Jones et al. 2011, 18; Stancliffe 2011, 74);

- Personenbezogene, zeitlich durchstrukturierte Tages-, Wochen- und Dokumentationspläne, auf denen die einzelnen Aktivitäten aufgelistet sind, die nach erfolgter Durchführung jeweils angekreuzt werden sollen; drei-monatliche Zusammenfassung der personenbezogenen Dokumentationspläne;
- Dokumentation der konkreten individualisierten Unterstützungshilfen nach dem ausgewählten Lehrprinzip;
- Evaluation, Auswertung und Reflexion der Dokumentationen unter besonderer Berücksichtigung des Grads der häuslichen und gesellschaftlichen Partizipation der einzelnen Personen.

Die Aktive Unterstützung gilt als ein vielversprechendes Modell, das insbesondere zur Verbesserung der Lebensqualität von Menschen mit komplexer Behinderung beitragen soll (vgl. Jones et al. 2011; Mansell et al. 2002; Stancliffe et al. 2005). Dabei steht die Partizipation an Aktivitäten des alltäglichen Lebens in der primären Lebenswelt sowie im gesellschaftlich-kulturellen Raum im Vordergrund (vgl. Stancliffe et al. 2005, 2).

Ausgangspunkt für den Ansatz der Aktiven Unterstützung war die Beobachtung, dass viele institutionalisierte Menschen mit komplexer Behinderung tagsüber wenig Anreize erfuhren, dass ihr Wohnalltag durch Langeweile gekennzeichnet war und dass sie selbst wenig Eigeninitiative zeigten und sich durch „erlernte Hilflosigkeit" (Seligman) und „erlernte Bedürfnislosigkeit" (Theunissen) der Alltagsroutine in einem Heim oder einer Heimgruppe angepasst hatten (Felce, Jones & Lowe 2002, 251 f.; Sanderson, Jones & Brown 2001, 2; Stancliffe et al. 2005, 1). Ähnliche Beobachtungen wurden auch in gemeindenahen, gemeinschaftlichen Wohnformen gemacht. Diese Situation war höchst unbefriedigend und sollte durch die Einführung der Aktiven Unterstützung als wohngruppenbezogenes Angebot überwunden werden. Untersuchungen aus Großbritannien und Australien erbrachten alsbald den Nachweis, dass die Aktive Unterstützung signifikant wirksamer als eine herkömmliche Betreuungsform war, um Menschen mit komplexer Behinderung mehr soziale und gesellschaftliche Partizipation zu ermöglichen (Felce, Jones & Lowe 2002, 261 f.; Mansell et al. 2002, 3; Stancliffe 2011, 78 f.; [et al.] 2007; dazu auch McGhee & Dorsett 2011, 67).

Allerdings steht auch die Aktive Unterstützung in der Gefahr, in Top-down-Manier mit unzureichenden Wahl- und Entscheidungsmöglichkeiten der betroffenen Personen umgesetzt zu werden (Mansell et al. 2002; Stancliffe et al. 2005; 2007); und bis heute leistet sie kaum einen wirksamen und nachhaltigen Beitrag zum Abbau von Verhaltensauffälligkeiten und psychischen Störungen (Bradshaw et al. 2004, 143 ff.; Stancliffe et al. 2005, 43; 2007, 223 f.; 2011).

Daher empfiehlt sich im Falle von Problemverhalten auf jeden Fall eine Verknüpfung der Personenzentrierten Planung mit der Aktiven Unterstützung und mit einem zusätzlichen individuellen Unterstützungsplan (z. B. nach der Positiven Verhaltensunterstützung), um betroffenen Personen Empowerment-Prozesse und mehr Lebensqualität zu ermöglichen (Jones et al. 2011, 5; Sanderson, Jones & Brown 2001; Felce, Jones & Lowe 2002, 250). Wie wir uns das Zusammenwirken eines personenzentrierten Plans und der Aktiven Unterstützung bei leichten Formen auffälligen Verhaltens vorstellen können, führt uns das folgende Beispiel vor Augen (zusammengefasst aus Sanderson, Jones & Brown 2001, 3 ff.):

John (> 30 Jahre alt) lebt zusammen mit drei anderen Männern in einem Wohnhaus. Allen vier Bewohnern werden Lernschwierigkeiten und Verhaltensauffälligkeiten nachgesagt. Keiner hatte die Möglichkeit, sich das Zusammenleben mit den drei anderen Männern auszusuchen. John ist manchmal darüber verärgert, dass Aktivitäten, die ihm gefallen, nicht durchgeführt werden und dass er nicht darüber informiert wird, was tagsüber geplant ist oder die Mitarbeitenden mit ihm unternehmen möchten. Zudem benötigt er aufgrund körperlicher Beeinträchtigungen spezielle Übungen, die nur unregelmäßig durchgeführt werden. Diese Probleme gelten als ein Boden für seine Verhaltensauffälligkeiten in Form von Erregungszuständen. Das Mitarbeiterinnenteam besteht aus zwölf Personen für den Tages- und Nachtdienst; tagsüber sind stets drei Personen und nachts eine Person im Dienst. Eine Mitarbeiterin ist Gruppenleiterin (*full time team leader*) und mit der personenzentrierten Planung und Aktiven Unterstützung vertraut.

Angesichts der unregelmäßigen, unklaren und unzureichenden Angebote und Unterstützung für John wurde von der Gruppenleiterin ein Unterstützungskreis mit dem gesamten Team einberufen, um eine Lebensstilplanung (*essential lifestyle planning* [ELP]) für jeden Bewohner durchzuführen (zur Bildung und Arbeit eines *Person-Centered Team*: Sanderson 2004). Mit Blick auf John ging es unter Berücksichtigung der Themen der ELP um die Frage, was aus seiner Perspektive bedeutsam ist und was seine Bezugspersonen im Hinblick auf seine Gesundheit und Sicherheit für wichtig erachten.

Im Anschluss an dieses Meeting wurden zwei Teamtage organisiert, um zunächst unter Berücksichtigung der persönlichen Stärken, Schwächen, Interessen und Vorlieben von Mitarbeitenden sowie spezieller Fragen im Umgang mit herausforderndem Verhalten oder Problemen einen Teamplan (*essential team plan* [ETP]) zu entwickeln. Dabei ging es v. a. um die Festlegung der Formen der Zusammenarbeit sowie um Aufgabenverteilung und Dienstplangestaltung. Wie bedeutsam ein ETP eingeschätzt werden kann, geht aus folgender Aussage hervor:
„The information about what staff members enjoy and were good at was used to match staff skills and interests with particular activities by putting staff member's initials by the activities to take place (e. g. one team member really did not enjoy swimming so other team members provided support for this activity)" (ebd., 5).
Am zweiten Teamtag wurde die Frage der Implementierung des Lebensstilplans von John aufgegriffen und durch einen Aktivitäts- und Unterstützungsplan (*activity and support plan*) aufbereitet. Entscheidend waren dabei die Festlegung eines zeitlich durchstrukturierten Tagesplans, die Vermeidung von langen „Leerlaufzeiten" im Lebensalltag von John sowie die Aufteilung des Personals für die Durchführung der jeweils geplanten Aktivitäten. Um John Antizipations- und Kontrollmöglichkeiten zu offerieren, wurden die einzelnen Aktivitäten im Rahmen eines täglichen Ablaufplans visualisiert. Ferner wurden den Aktivitäten Fotos mit den jeweiligen Mitarbeitenden zugeordnet, sodass sich John rechtzeitig auf die verschiedenen assistierenden Personen einstellen konnte. Wie im Modell der Aktiven Unterstützung vorgesehen, wurden Dokumentationsbögen entwickelt und Evaluationszeiten vereinbart.

Insgesamt war das skizzierte Konzept erfolgreich und von hohem Erfahrungswert:
1. wurden John's persönliche Interessen und Stärken bei der Angebotspalette an Aktivitäten beachtet;
2. entsprach der visualisierte Tagesplan seinem Bedürfnis nach Sicherheit, Orientierung und Kontrolle;
3. konnte das Repertoire an Aktivitäten sinnvoll erweitert werden;
4. konnten bei jedem Bewohner Psychopharmakagaben reduziert, Ängste und Verhaltensauffälligkeiten abgebaut werden;
5. bot die gesamte Planung den Mitarbeitenden eine klare, unmissverständliche Orientierungsgrundlage für das alltägliche Arbeiten;
6. lernten die Mitarbeitenden die Bedeutsamkeit einer Personenzentrierten Planung, aktiven Unterstützung und Zusammenarbeit kennen;
7. verbesserte sich das Klima der Zusammenarbeit;
8. wurde vonseiten der Mitarbeitenden berichtet, *„that all activities are more enjoyable for service users because the staff enjoyed them too"* (ebd., 6) und

9. fühlten sich die Mitarbeitende „*empowered as they have developed the system themselves and continue to adapt it overtime*“ (ebd., 6).

Vor diesem Hintergrund resümieren Sanderson, Jones und Brown: „ELPs and AS are both concerned with achieving real change and empowering people with severe disabilities, they share a similar value base and there is scope for greater integration of both approaches“ (7).

Dieses Beispiel kann als wegweisend betrachtet werden, wenn es um die Umsetzung einer Personenzentrierten Planung durch Aktive Unterstützung von Menschen mit komplexer Behinderung geht. Wie aber verhält es sich bei Personen mit leichten oder mäßigen Lernschwierigkeiten?

An dieser Stelle hat die lösungsorientierte Beratung in Form einer *konsultativen Assistenz* (Theunissen 2013, 68; Theunissen & Sagrauske 2019, 229 ff.) ihre Bedeutung (vgl. Jones et al. 2009, 121). Zielgruppenbezogen aufbereitet stellt sie ein methodisches Instrument dar, welches Menschen mit Lernschwierigkeiten, die über ein notwendiges Maß an sprachlichen Fähigkeiten, abstraktem Denken und Reflexionsvermögen verfügen, dazu verhelfen kann, ihre auf der Grundlage einer Personenzentrierten Planung erschlossenen Vorstellungen und Ziele umzusetzen, damit verknüpfte Probleme zu lösen oder Fragen zu beantworten (vgl. Bowen & Glenn 1998, 17; Jones et al. 2009, 112). Zudem ist die konsultative Assistenz ein (offenes) Hilfsangebot, wenn es um persönliche Lebensfragen oder psychosoziale Probleme geht. Aktive Unterstützung, konsultative Assistenz oder auch ein Programm nach der Positiven Verhaltensunterstützung schließen sich somit nicht aus, sondern können als Bausteine eines personenbezogenen Unterstützungskonzepts betrachtet werden.

Ein wichtiges Ziel der konsultativen Assistenz ist es, die betroffene Person zu einer eigenen Problemlösung hinführen. Dadurch unterscheidet sie sich von anderen Beratungsformen, die als *profizentriert* oder *paternalistisch* bezeichnet werden können (kritisch dazu Bowen & Glenn 1998, 18 f; Lingg & Theunissen 2017, 202 ff.). Die konsultative Assistenz orientiert sich an Prinzipien der klientenzentrierten Gesprächspsychotherapie (Rogers 1972), an Grundzügen und Methoden der systemischen und lösungsorientierten Beratung/Therapie (Bamberger 2001; v. Schlippe & Schweitzer 1996), an den Arbeitsschritten des Problemlösetrainings (Agran & Wehmeyer 1999) sowie an den Kriterien der direkten funktionalen Problembetrachtung im Sinne der Positiven Verhaltensunterstützung (Theunissen 2019) und lässt sich von der Stärken-Perspektive (Weick et al. 1989) leiten. Entscheidend für ein Beratungsgespräch ist die Entwicklung „neuer Wahrnehmungs- und

Handlungsmöglichkeiten für eine als unbefriedigend erlebte Situation" (Voß & Werning 1989, 139), die zugleich zur (Auf-)Lösung von Problemen beitragen können. Als erfolgversprechend gilt es in dem Zusammenhang, eigene und soziale Stärken zu erkennen und bei der Suche nach Antworten oder einer Problemlösung zu berücksichtigen. Ein solcher Prozess wird gemeinsam erarbeitet. Die Beratung wird so zur Konsultation, d.h. zu einem Gespräch und Prozess des *gemeinsamen* Beratens, indem die ratsuchende Person zur Entdeckung eigener Antworten oder Entwicklung eigener Problemlösungswege angestiftet wird. Folgerichtig soll die beratende Fachkraft (Konsulentin) nicht für die ratsuchende Person Lösungen erarbeiten, sondern ihr zu eigenen Entscheidungen verhelfen (dazu auch Jones et al. 2009).

Die Dauer einer konsultativen Assistenz lässt sich nicht vorab festlegen, je nach Anliegen (Problem) kann sie einmalig (punktuell) sein, sich über mehrere Wochen erstrecken (mit mehrfach vereinbarten Terminen) oder auch langfristig als (intensives) Unterstützungsangebot (v.a. bei Personen mit leichten kognitiven Beeinträchtigungen, seelischen Behinderungen oder Problemverhalten) erfolgen (als Prävention oder situationsbezogen als Feedback, mit spontan vereinbarten oder regelmäßigen Terminen je nach Sachlage). In dem Zusammenhang ist die konsultative Assistenz mit dem aus der sozialpsychiatrischen und gemeindepsychologischen Arbeit stammenden *Recovery-Ansatz* kompatibel (Knuf 2016; Konrad & Rosemann 2016): Diesem liegen sogenannte CHIME-Kritierien zugrunde, die die handlungspraktische Ebene fühlbar durchdringen sollen: *connectedness, hope (optimism), identity, meaning (purpose)* und *empowerment.* Hierbei geht es im Wesentlichen um den Leitgedanken, Menschen haltgebende Beziehungen zu ermöglichen, zur Hoffnung und Selbstermächtigung (Empowerment) zu ermutigen, sie zu unterstützen, die eigene Identität (wieder) positiv wahrzunehmen, einen Sinn im Leben zu finden und zu lernen, mit Beeinträchtigungen zu leben und diese ins eigene Leben zu integrieren. Der Recovery-Ansatz entspricht zugleich dem Verständnis von psychischer Gesundheit der Weltgesundheitsorganisation und benötigt ein zuträgliches Umfeld. Insofern sollte sichergestellt werden, dass die unmittelbaren Bezugspersonen die Form und Ergebnisse der gemeinsamen Beratungsarbeit mittragen können, was ggf. auch eine Beratung und Psychoedeukation von Eltern, Mitarbeitenden in Einrichtungen oder Lehrkräften erfordert (vgl. Bowen & Glenn 1998; Theunissen & Sagrauske 2019, 240ff.).

Bei Menschen mit Lernschwierigkeiten empfiehlt sich für die konsultative Assistenz folgender Ablauf, der sich straff gebündelt auf ein einmaliges Beratungsgespräch oder in ausgedehnter Form auf mehrere Sitzungen erstrecken

kann (ausführlich dazu Lingg & Theunissen 2017, 206 ff.; Theunissen & Sagrauske 2019, 236 ff.):
(1) Anlass und Ziel der Beratung sowie Beschreibung des Anliegens
(2) Perspektivenerweiterung und Fokussierung von Stärken
(3) Sammeln von Handlungsalternativen oder Lösungen
(4) Entscheidung für einen Lösungsweg
(5) Prozess- und Ergebnisevaluation

Mit Blick auf Effektivitätsstudien in Bezug auf die klientenzentrierte und systemische Beratung/Therapie (Grawe, Donati & Bernauer 2001, 134; Hurley 1989, 289 f.; Jones et al. 2009, 117 ff., Schlippe & Schweitzer 1996, 278 ff.) sowie das Problemlösungstraining bei Menschen mit Lernschwierigkeiten (Wehmeyer, Agran & Hughes 1999, 124) kann das anskizzierte Modell einer konsultativen Assistenz als empirisch gestützt und anderen (ungeprüften) Beratungsansätzen in der Behindertenhilfe oder Heilpädagogik als überlegen, nicht aber als eindeutig wirksam eingeschätzt werden. Nach Jones et al. (2009, 117) scheint es v. a. dann hilfreich zu sein, wenn „Klientenfaktoren" (z. B. persönliche Stärken oder Ressourcen) und „therapeutische Beziehungsfaktoren" (z. B. Empathie, Akzeptanz, Wärme) beachtet werden.

Einer qualitativen Forschungsstudie von Contag (2009) ist zu entnehmen, dass einige Grundzüge der konsultativen Assistenz im Sinne von Empowerment und Inklusion sowohl im Rahmen des *Peer Counseling* in Zentren für selbstbestimmtes Leben als auch im Rahmen der Individuellen Hilfeplanung (jetzt Bedarfserhebung nach BTHG) in den schon erwähnten KoKoBe (NRW) realisiert werden. Allerdings sollten in der Arbeit mit Menschen mit Lernschwierigkeiten spezifische Erschwernisse beachtet werden. So scheinen manchen Betroffenen die eigenen Stärken oder Ressourcen „selbst nicht gegenwärtig" zu sein (ebd., 82), was eine gemeinsame Erschließung notwendig macht. Des Weiteren wird als erschwerend erlebt, wenn ratsuchende Personen aufgrund „erlernter Bedürfnislosigkeit" (Theunissen) oder „erlernter Fügsamkeit" (Herriger) keine Antworten finden oder mit einer „Ja-Sage-Tendenz" reagieren (ebd. 70, 134, 164). In dem Falle gilt es umso mehr auf *„Leichte Sprache"* (109) und nonverbale Kommunikations- und Arbeitsformen zu achten, dem Zeitrhythmus der Person (v. a. bei redundanten Äußerungen) durch *erhöhte Geduld* Rechnung zu tragen, eine *„Übersetzungshilfe"* verbaler Informationen (v. a. bei bruchstückhaften Aussagen, Ein- oder Zwei-Wortsätzen) und nonverbaler Ausdrucksformen zu leisten sowie eine *stellvertretende Hilfe* bei der Suche nach Lösungen, dem Abwägen von alternativen Vorschlägen sowie bei der Entscheidung für einen Lösungsweg zu geben (dazu auch Badelt 1988, 27 f.).

Grundsätzlich lässt sich die konsultative Assistenz als ein offenes, individuum- und gruppenbezogenes Angebot betrachten, das für Psychoedukation genutzt werden kann und für spezielle Techniken wie beispielsweise Selbstsicherheitstraining, Soziales Lernen, Entspannungsübungen, Spieltherapie oder heilpädagogisch-therapeutisches Malen anschlussfähig ist (dazu Bowen & Glenn 1998, 23).

Insgesamt werden hohe Erwartungen an die Kunst des Beratens geknüpft, weshalb eine entsprechende Qualifizierung unabdingbar ist. Diese sollte auf jeden Fall zielgruppenbezogen sein, denn Berater stehen in der Arbeit mit kognitiv beeinträchtigten Menschen vielfach an „beiden Enden der gemeinsamen Situation" (Buber 1969, 167); und damit befinden sie sich in einem professionellen Dilemma, das sie zu einer beständigen Reflexion des Beziehungsverhältnisses verpflichtet, um nicht in Machtfallen oder einen Paternalismus zu geraten. Um solche Gefahren zu durchschauen und Antinomien auszuhalten, sollten Angebote einer Praxisberatung oder Supervision in Anspruch genommen werden (Contag 2009, 150).

Positive Verhaltensunterstützung

Zu guter Letzt soll das Konzept der Positiven Verhaltensunterstützung kurz aufgegriffen werden. Da es in anderen Schriften schon sehr ausführlich dargestellt wird (Theunissen 2019; 2021), genügen an dieser Stelle nur einige grundsätzliche Anmerkungen.

Zunächst einmal hat die Forschungsstudie aus Baden-Württemberg bisherige Beobachtungen bestätigt, dass hierzulande eine Fülle unterschiedlicher Ansätze in Bezug auf herausforderndes Verhalten existieren und zum Teil zur Anwendung kommen, denen jedoch ein wissenschaftlich tragfähiger Wirkungsnachweis weithin fehlt (vgl. dazu ausführlich Theunissen 2021). Nicht selten haben wir es mit Verfahren zu tun, die von einer einrichtungsinternen Fachkraft oder einer vom Leistungserbringer eingeladenen Dozentin bzw. einem Dozenten für Fortbildung entwickelt und angepriesen wird. Das kann zu deutlichen regionalen Unterschieden in der Verbreitung von Ansätzen führen, je nach Fortbildungsstätten, Einfluss- und Wirkungsbereich der Dozentinnen. Diesbezüglich scheint es durchaus ‚Wellen' oder ‚Moden' zu geben. Waren z. B. in den 1980er-Jahren körperorientierte Verfahren (z. B. nach Besens und Vugt) weit verbreitet, spielen diese heute nur noch eine marginale Rolle, während sich etwa das Schema der emotionalen Entwicklung (SEO) und v. a. das Professionelle Deeskalationsmanagement (ProDeMa) derzeit in Baden-Württemberg und der videogestützte Ansatz

MarteMeo in NRW und Niedersachen recht großer Beliebtheit erfreuen. Alle drei Ansätze greifen jedoch in der Praxis zu kurz (vgl. dazu Theunissen 2021). Zudem verleitet das ProDeMa zu einer reaktiven Praxis, die sich im Umgang mit herausforderndem Verhalten nicht bewährt hat. Demgegenüber werden im angloamerikanischen Sprachraum sowie in den skandinavischen Ländern (Schweden) nur Ansätze akzeptiert und finanziert, die als wirksam gelten (vgl. Theunissen u. a. 2018, Kap. C4). Ein solcher Wirksamkeitsnachweis muss durch mehrere Forschungsstudien wissenschaftlich belegt werden, die bestimmte Standards und Gütekriterien einhalten müssen. Hierzu gab es in den letzten Jahren zum Teil heftige Auseinandersetzungen, als erkannt wurde, dass die bisherige (im Bereich der Medizin oder Pharmaindustrie übliche) Wirksamkeitsforschung mit ihrem Evidenzverständnis und ihren Forschungsmethoden nach strengen empirischen Kritierien für Unterstützungsmaßnahmen, therapeutische oder pädagogische Interventionen bei behinderten oder psychisch gestörten Menschen zu kurz greifen. Die Kritik im Hinblick auf den Umgang mit herausforderndem Verhalten bei (schwer) behinderten Menschen bezog sich v. a. auf folgende Aspekte (ausführlich ebd., 675 ff.; Theunissen 2021, Kap. 5):

(1) Beziehungsverhältnisse und individuelle Besonderheiten werden häufig übergangen.
(2) Aussagen über den langfristigen Erfolg sind selten möglich.
(3) Entwicklungsprozesse werden in ihrer Komplexität oft ungenügend erfasst.
(4) Es lassen sich praktisch nie genügend große, sinnvoll vergleichbare Stichproben (Versuchs- und Kontrollgruppen) finden.

Die Diskussion um eine geeignete Wirksamkeitsforschung führte letztlich im Bereich der Sozialwissenschaften, Psychotherapie und speziellen Pädagogik (Heilpädagogik) zu einem „erweiterten Evidenzbegriff", der neben der bisherigen strengen Forschungsmethodik (z. B. mit Vegleichs- und Kontrollgruppen und quantitativen Messverfahren) auch kontrollierte Einzelfallforschung sowie qualitative Forschungsstudien zulässt. Wir können hier auch von einer empirisch gestützten Forschung sprechen.

Selbst vor diesem Hintergrund erfüllen jedoch die wenigsten Verfahren, die hierzulande im Umgang mit herausforderndem Verhalten in der Behindertenhilfe angewandt werden, die erforderlichen Kritierien, die für eine empirisch nachgewiesene Wirksamkeit sprechen können (vgl. Theunissen 2021, Kap. 5). Dies ist besonders im Hinblick auf das BTHG relevant, welches an mehreren Stellen betont, dass wirksame Verfahren eingesetzt werden sollen und die Wirksamkeit auch zu prüfen ist (z. B. §131/6 BTHG).

Werfen wir nunmehr einen Blick auf die Ergebnisse der internationalen Recherche im Rahmen der Forschungsstudie aus Baden-Württemberg (Theunissen u. a. 2018, Kap. C4), ist festzustellen, dass es mit der vor etwa 40 Jahren entworfenen und bis heute weiterentwickelten Positiven Verhaltensunterstützung (*positive behavioral support*) länderübergreifend ein Konzept gibt, welches im Umgang mit herausforderndem Verhalten favorisiert wird, wenn es darum geht, eine präventive Wirksamkeit zu erreichen, Verhaltensauffälligkeiten zu verringern, Problemverhalten aufzulösen, Selbstbestimmungs- und Teilhabemöglichkeiten, Lebenszufriedenheit sowie Lebensqualität zu erhöhen.

Nach zahlreichen Untersuchungen aus den 1990er-Jahren bis zur Gegenwart kann auf der Basis des erweiterten Evidenzbegriffs die Positive Verhaltensunterstützung als nachweislich wirksam eingeschätzt werden (vgl. ebd., 727 ff., 792 f.; Carr et al. 1999; IJPBS 2016; LaVigna et al. 2012). Allerdings ist die Aussagekraft im Hinblick auf Wirksamkeit in der Arbeit mit Erwachsenen bislang begrenzt, weil hier eher qualitative Forschungen dominieren und kontrollierte Einzelfallstudien gegenüber dem schulischen Praxisfeld seltener durchgeführt werden. Unstrittig ist somit eine „potenzielle Evidenz“, für den Nachweis einer „hohen Wirksamkeit“ bedarf es hingegen noch einer größeren Zahl an kontrollierten Einzelfallstudien durch verschiedene Forschergruppen an unterschiedlichen Orten.

Im Gegensatz zur hiesigen Behindertenhilfe, die bisher wenig Wert auf Wirksamkeitsnachweise legt und sich eher auf anekdotische Berichte oder Meinungen aus der Praxis oder von Fachleuten stützt, ist in anderen Ländern (z. B. Nordamerika, Australien, Schweden, Großbritannien, Irland) der Brückenschlag zwischen empirischer Forschung und pädagogischer Praxis mit der Positiven Verhaltensunterstützung längst erfolgt (vgl. dazu Lucysham et al. 2018).

Die Positive Verhaltensunterstützung repräsentiert ein Gesamtkonzept für das Wohnen von behinderten Menschen mit herausforderndem Verhalten, das auf der Grundlage eines Personenzentrierten Plans drei Präventions- und Interventionsstufen vorsieht (dazu ausführlich Theunissen 2021):

(1) die Stufe der alltäglichen Arbeit (hier kann die Aktive Unterstützung verortet werden)
(2) die Stufe der spezifischen Gruppenarbeit (hier geht es um Angebote, die in Kleingruppen organisiert werden, z. B. soziales Kompetenz-, Selbstsicherheits-, Problemlösungs-, Selbststeuerungstraining, Peer Mediation, sportliche Aktivitäten u. a.)

(3) die Stufe der Einzelhilfe (mit einem maßgeschneiderten personenzentrierten Unterstützungsplan).

Personen mit schwerwiegenden herausfordernden Verhaltensweisen benötigen in der Regel eine Einzelhilfe, die eine verstehende Diagnostik (funktionales Assessment) vorsieht, um die Funktion (subjektive Bedeutung) eines Problemverhaltens zu erfassen. Auf handlungspraktischer Ebene kommen kontextorientierte Maßnahmen, Strategien zur Erweiterung der Verhaltenskompetenz und Bewältigungsmuster (Coping), lebensstil- und persönlichkeitsunterstützende Angebote sowie nicht-bestrafende Strategien beim Auftreten von Verhaltensauffälligkeiten und Interventionen bei Krisen zum Tragen.

Insgesamt versteht sich die Positive Verhaltensunterstützung als ein „offenes" Konzept, das die Integration unterschiedlicher Ansätze oder Angebote, z. B. eine beziehungszentrierte Arbeit auf der Grundlage des Schemas der emotionalen Orientierung (SEO), Formen der Unterstützten Kommunikation, Strukturierungshilfen (z. B. in Anlehnung an das TEACCH-Konzept) oder im Falle von Krisen Deeskalationstechniken nach ProDeMa ermöglicht. Ein solches Gesamtkonzept ist jedoch nur dann erfolgversprechend, wenn alle zuständigen Mitarbeitende entsprechende Kenntnisse mitbringen, die alltägliche Arbeit nach der Positiven Verhaltensunterstützung durch eine enge Praxisberatung (Coaching) unterstützt wird, den Mitarbeitenden Schulungen, z. B. im Rahmen von „Fallbesprechungen", angeboten werden, die Personalbesetzung als angemessen betrachtet werden kann und eine gute Zusammenarbeit im Rahmen eines Unterstützungskreises (Team, Angehörige u. a.) sowie zwischen den relevanten Instanzen (z. B. Einrichtungsleitung, Wohngruppe, WfbM, Ämter) stattfindet.

Die Positive Verhaltensunterstützung ist darauf ausgerichtet, Problemverhalten gar nicht erst entstehen zu lassen. Gleichwohl haben wir es bei vielen Betroffenen mit chronifizierten Verhaltensauffälligkeiten zu tun, die sich nur durch ein langfristig angelegtes Unterstützungskonzept zum Positiven beeinflussen lassen. Ein solches Konzept sollte vor dem Hintergrund von Befunden und Erkenntnissen aus der Forschung folgende Aspekte berücksichtigen:

(1) Da herausfordernde Verhaltensweisen üblicherweise eine subjektive Bedeutung oder mehrere Funktionen haben, sollte grundsätzlich eine verstehende Diagnostik in Form einer funktionalen Problembetrachtung erfolgen. Für ein solches funktionales Assessment werden Informationen zusammengetragen, die mit den Verhaltensauffälligkeiten in Verbindung stehen. Neben den allgemeinen Informationen über die betroffene Person und ihre Lebensbedingungen steht die konkrete

Problemsituation im Fokus. Erfasst werden die einzelnen Verhaltensauffälligkeiten, hintergründige Aspekte, auslösende Bedingungen für das herausfordernde Verhalten und Konsequenzen. Dabei wird analysiert, welchen Einfluss eine Konsequenz bzw. Reaktion auf das Verhalten und welche Bedeutung es für die betreffende Person hat. Zusätzlich sollte möglichst die Dauer, Häufigkeit und die episodische Intensität der einzelnen Auffälligkeiten erfasst werden. Auf Basis des funktionalen Assessment werden Arbeitshypothesen und Ziele entworfen, welche die Grundlage für einen Plan nach Positiver Verhaltensunterstützung darstellt.

(2) Da sich positive Beziehungsgestaltungen auf Unterstützungsprozesse günstig auswirken, sollten die pädagogischen Verhältnisse und Interaktionen reflektiert werden; und es sollte auf ein vertrauensstiftendes und verlässliches Beziehungsverhältnis geachtet werden, wenn es um die Umsetzung des Unterstützungsplans geht. Für die Arbeit im Bereich des Wohnens bietet sich das Prinzip der Bezugsassistenz an, indem der erarbeitete Plan federführend von einer Bezugsperson durchgeführt wird und alle anderen Mitarbeitenden eine planmäßige Zuarbeit leisten.

(3) Da ebenso von einer Stärken-Perspektive und Ressourcenaktivierung positive Wirkungen für einen günstigen Entwicklungsprozess ausgehen, sollten die individuellen Stärken, Bedürfnisse, Interessen, Wünsche, Neigungen und Fähigkeiten eines betroffenen Menschen eruiert und für die konkrete Arbeit nutzbar gemacht werden.

(4) Da Lebensbedingungen Einfluss auf die Entwicklung eines Menschen nehmen, sind nicht nur Kontextfaktoren zu berücksichtigen, die zum Verständnis von herausforderndem Verhalten beitragen, sondern gleichfalls sogenannte Umfeldstärken, schützende, unterstützende und entwicklungsfördernde Faktoren (soziale Netzwerke, Grünbereiche, Wald, Sportanlagen, günstige Infrastruktur mit Einkaufsmöglichkeiten).

(5) Da eine reaktive Praxis zu kurz greift und nicht erfolgversprechend ist, bedarf es eines Konzepts, das neben den kontextbezogenen Maßnahmen proaktive Interventionen, positive Verstärkungsstrategien und Unterstützungsstrategien fokussiert, die das Personensein des anderen wertschätzen, sich an der Stärken-Perspektive sowie den bevorzugten Aktivitäten, Gewohnheiten und Handlungsabläufen der betroffenen Person orientieren. Unterstützungsstrategien verfolgen die Ermöglichung von Selbstbestimmung, soziale und gesellschaftliche Inklusion sowie Teilhabe.

(6) Da nicht erwartet werden kann, dass sich Verhaltensauffälligkeiten nach Beginn eines maßgeschneiderten Unterstützungsplans unmittelbar auflösen, stellt sich die Frage, wie auf der Grundlage eines erarbeiteten

Unterstützungskonzepts beim Auftreten herausfordernden Verhaltens reagiert werden soll. Eine Möglichkeit wäre z. B. ein Rückgriff auf (niedrigschwellige) Verträge, die sich auf einfache Verhaltensregeln („Ich sage ‚Stopp', statt andere zu schlagen") beziehen. Erfolgt mit dem auffälligen Verhalten ein Regelverstoß, muss die Person die im Vertrag festgehaltenen Konsequenzen tragen. Dieser Ansatz setzt neben Kompetenzen, sich selbst steuern und regelkonform verhalten zu können, ein kognitives Verständnis sowie ein Regelbewusstsein voraus, das längst nicht von allen Menschen mit Lernschwierigkeiten und schwerwiegendem herausforderndem Verhalten erwartet werden kann. Abgesehen davon, dass solche Kompetenzen oft erst erlernt werden müssen, werden daher präventive Interventionen und Alternativen wie das Ignorieren von Auffälligkeiten und insbesondere nicht-bestrafende (non-aversive) und nicht-restriktive Reaktionsstrategien empfohlen. Dazu zählen beispielsweise die Herstellung von Überraschungseffekten oder irritierender Situationen, die die betreffende Person zum Abbruch ihres auffälligen Verhalten verleiten, der Stimulus-Wechsel (z. B. durch das Singen oder Tanzen eines Liedes), der Umgebungswechsel, die Umlenkung des Impulses auf einen von der Person bevorzugten Stimulus (z. B. das Anbieten des Lieblingsessen), das aktive Zuhören, die paradoxe Intervention (z. B. Aufforderung, noch lauter zu schreien), die (gesteigerte) Spiegelung des Verhaltens (z. B. Mitschreien, aber dann noch lauter werden) oder schließlich die strategische Kapitulation (die Person machen lassen, was sie möchte). Entscheidend ist, dass beim Einsatz solcher reaktiven Strategien darauf geachtet wird, dass bei Wiederholung einer bestimmten Intervention keine Verstärkung des herausfordernden Verhaltens erzeugt wird (vgl. IJPBS 2016; LaVigna & Willis 2016; Theunissen 2019, 223 ff.).

(7) Bemerkenswert ist, dass heutzutage die Positive Verhaltensunterstützung sich nur noch als non-aversives Konzept definiert. Damit werden reaktive Interventionen wie das gerichtlich genehmigte „strategische" Timeout nicht mehr in einem Verhaltensunterstützungsplan, sondern in einem Sicherheitsplan verortet. Darüber kann diskutiert werden. Denn das „strategische" Timeout wurde bislang in etwa 30 % aller Einzelhilfe-Pläne nach Positiver Verhaltensunterstützung als letztes Mittel einer reaktiven Intervention verstanden, wenn alle anderen Reaktionsstrategien nicht anwendbar oder in einer konkreten Situation wirkungslos waren (vgl. Brown et al. 2008; auch LaVigna & Willis 2016, 7; Crates & Spicer 2016a; b; Gaskin, Elson & Happell 2007; Potter 2016). Das „strategische" Timeout ist zunächst einmal scharf von den herkömmlichen (z. B. in der Forschungsstudie aus Baden-Württenberg dokumentierten) Timeout-Maßnahmen abzugrenzen, wie sie üblicherweise als Bestrafung angewandt werden (z. B. durch ein Einsperren für 20

bis 60 Minuten oder gar für mehrere Stunden). Ferner darf es nur in Verbindung mit funktional bedeutsamen positiven Interventionen und Angeboten zum Einsatz kommen: Erfährt z. B. eine Person besondere Zuwendung im Rahmen interessenbezogener Aktivitäten, die täglich angeboten werden, braucht sie sich nicht mehr durch Schreien, Schlagen o. Ä. auffällig zu verhalten, um Zuwendung zu bekommen (Funktion der Verhaltensauffälligkeit). Da beim Auftreten der Auffälligkeiten non-aversive Strategien wirkungslos sowie das Ignorieren nicht anwendbar erscheinen, soll auf die Timeout-Methode zurückgegriffen werden. Strategisch kommt es in dem Fall darauf an, unmittelbar beim Auftreten der Auffälligkeiten die Person in den Timeout-Raum zu bringen. Danach muss die Person, die die Timeout-Intervention federführend durchführt, vor der verschlossenen Zimmertür verweilen und durch den Türspion das Verhalten des betroffenen Menschen genau beobachten. Denn sobald er sich nicht mehr auffällig verhält, muss die Tür geöffnet und die Person für ihr nunmehr positives (unauffälliges) Verhalten gelobt werden. Außerdem darf sie den Timeout-Raum wieder verlassen. Auf diese Weise wird in Verbindung mit der (besonderen) Zuwendung durch regelmäßige Aktivitäten eine passgenaue Strategie praktiziert, die ein Umlernen ermöglicht: Schreien, um Zuwendung zu bekommen, ist nicht erlaubt, also wird es bestraft. Positives Verhalten ist erwünscht, also wird es gelobt. Zuwendung gibt es zu Genüge im Rahmen besonderer Aktivitäten, also ist das Schreien als Mittel für Zuwendung überflüssig.

(8) Unabhängig der Frage der Zuordnung des „strategischen“ Timeouts, ist es mit Blick auf das Wohnen wichtig, eine kohärente und ganzheitliche Verhaltensintervention auf organisationsbezogener, wohnformbezogener sowie individueller Ebene zu gewährleisten. Diese empirisch gestützte Erkenntnis bedeutet, ausgehend von der Personenzentierten Planung die Elemente des dreistufigen Konzepts der Positiven Verhaltensunterstützung ggf. gemeinsam mit einem Sicherheitsplan, falls dieser im Falle schwerwiegender Verhaltensprobleme erforderlich sein sollte, eng miteinander zu verzahnen und – wie beim Beispiel des „strategischen“ Timeouts – geschickt abzustimmen. Dies durch eine reaktive Praxis, bloße Krisenintervention oder gar ein isoliertes Timeout zu ignorieren, ist ein weit verbreiteter Kunstfehler, dem wir hierzulande im Umgang mit herausforderndem Verhalten begegnen. Leistungsvereinbarungen zwischen Leistungsträger und Leistungserbringer, die unter dieser Prämisse eine Vielzahl an Interventionsmethoden auflisten, aber kein durchdachtes Gesamtkonzept erkennen lassen, sind ein Beleg dafür. Ein solches Gesamtkonzept erfordert eine kooperative, systematische Vorgehensweise, die auf der Annahme basiert, dass sich schwerwiegende Verhaltensauffälligkeiten langfristig nur reduzieren lassen,

wenn alle Mitarbeitenden (sowohl innerhalb einer Einrichtung als auch organisationsübergreifend), alle wichtigen Bezugspersonen sowie nicht zuletzt die betroffene Person selbst an der Entwicklung, Durchführung und Evaluierung des Unterstützungsprogramms involviert sind. Die hierzu geeignete Instanz ist ein Unterstützungskreis. Ferner sollte für die Konzeptentwicklung und Durchführung eine prozessbegleitende Praxisberatung (Coaching) verfügbar sein.

(9) Um die Wirksamkeit des Gesamtkonzepts und insbesondere das individuellen Unterstützungsprogramm zu überprüfen, sind Dokumentationen und Zwischenevaluationen notwendig. Bei einem befristeten Evaluationszeitraum sowie bei einem befristeten Unterstützungs- oder Sicherheitsplan werden am Ende der Interventionszeit die Daten der Ausgangssituation mit den Befunden aus den verschiedenen Phasen des Unterstützungsprogramms verglichen, um zu prüfen, in welchen Bereichen eine Verbesserung der Lebensqualität erzielt und auffälliges Verhalten reduziert werden konnte. Diese Überprüfung dient dann der Entwicklung und Vereinbarung zukünftiger Unterstützungsangebote.

Kapitel 5

Behindertenarbeit vom Menschen aus: Unterstützungssysteme und Unterstützungsleistungen bei schweren neurokognitiven Störungen (Demenzen)

Höhere Lebenserwartung und Prävalenz von schweren neurokognitiven Störungen

Bereits seit mehreren Jahrzehnten kann beobachtet werden, dass sich die durchschnittliche Lebenserwartung der Allgemeinbevölkerung in den führenden Industrienationen kontinuierlich erhöht (Janicki 2006, 8; 2010). So wird davon ausgegangen, dass im Jahre 2025 in Deutschland die durchschnittliche Lebenserwartung neugeborener Mädchen bei über 85 Jahren und neugeborener Jungen bei etwa 80 Jahren liegen wird; und für das Jahr 2060 wird prognostiziert, dass 20 % der Deutschen 65 bis 80 Jahre alt und 16 % über 80 Jahre alt sein werden (Egeler 2009, 4, 10).

Ebenso ist ein Anstieg der Lebenserwartung bei Menschen mit Lernschwierigkeiten oder einer komplexen Behinderung zu verzeichnen; wurde im Jahre 1930 eine Person mit einer komplexen Behinderung im Durchschnitt 20 Jahre alt, so wird heute die durchschnittliche Lebenserwartung auf über 70 Jahre angesetzt (Pugh 2004, 2).

Ein höheres Lebensalter als früher gilt gleichfalls für Personen mit Down-Syndrom, deren durchschnittliche Lebenserwartung 1929 nur bei neun Jahren,

1961 bei 18 Jahren und 1995 bereits bei 63 Jahren lag; Chicoine (2004, 7) erwähnt sogar eine Person mit Down-Syndrom, die vor nicht langer Zeit 83 Jahre alt geworden war.

Mit dem Anstieg der Lebenserwartung steigt zugleich das Risiko für spezielle Alterserkrankungen. Das gilt z. B. für Formen einer schweren neurokognitiven Störung (Demenz) als die derzeit häufigste psychische Störung im Alter. Davon waren Schätzungen zufolge in Deutschland im Jahre 2012 etwa 1,6 % der 65- bis 69-Jährigen, ca. 3,5 % der 70- bis 74-Jährigen, ca. 7,3 % der 75- bis 79-Jährigen, ca. 15,6 % der 80- bis 84-Jährigen, ca. 26,1 % der 85 bis 89-Jährigen und über 40 % der über 90-Jährigen betroffen (Ziegler & Doblhammer 2009, 10; Schäufele 2018, 147). Gegenwärtig wird angenommen, dass hierzulande fast 1,6 Mio. Menschen mit einer schweren neurokognitiven Störung leben (Behinderte Menschen 2017, 9). „Allgemein gilt, dass die Überlebenszeit umso geringer ist, je später im Leben die Erkrankung eintritt, je schwerer die Symptome sind und je mehr körperliche Begleiterkrankungen bestehen“ (DAG 2014, 2).

Bei Menschen mit Lernschwierigkeiten und komplexer Behinderung, die älter als 60 Jahre sind, wird nach einer aktuellen Auswertung internationaler Erhebungen eine Prävalenzrate von 6,1 % in Bezug auf schwere neurokognitive Störungen angegeben und eine Annäherung an die bei der Allgemeinbevölkerung ermittelten Werte konstatiert (Janicki 2010, 30; Strydom et al. 2009, 8). Wie sich die höhere Prävalenzrate bei Menschen mit Lernschwierigkeiten erklärt, ist unklar. Auf jeden Fall ist nicht allein der Anteil von Menschen mit Down-Syndrom dafür haftbar zu machen. Nach Hüther (2017) dürfen wir annehmen, dass ein Abschieben oder eine Unterbringung in eine Institution (Wohnheim, Komplexeinrichtung) und insbesondere ein Leben auf einer großen Wohngruppe den Verlust neuronaler Selbstheilungskäfte im Zuge des Älterwerdens und somit neurokognitive Störungen befördern. Ob jedoch nur – wie es Trescher signalisiert (2017) – Hospitalisierungseffekte und womöglich eine damit verknüpfte „Pseudodemenz“ eine Rolle spielen, ist eine Spekulation.

Wesentlich höher als bei der Gesamtgruppe der Menschen mit Lernschwierigkeiten ist die Prävalenzrate bei Menschen mit Down-Syndrom. So wird davon ausgegangen, dass 22 bis 25 % der über 40-jährigen und 56 bis 66 % der über 65-jährigen Personen mit Down-Syndrom eine schwere neurokognitive Störung, v. a. den sogenannten Alzheimer-Typus, entwickeln (ebd., 8; Janicki 2006, 21; 2010, 30). Die Prävalenzwerte bei Menschen mit Lernschwierigkeiten und Down-Syndrom gehen allerdings mit einem deutlichen

Unsicherheitsfaktor einher, da es bei diesem Personenkreis keine ausreichend fundierte „Demenz-Diagnostik“ gibt (dazu auch später).

Schwere neurokognitive Störungen

Wenn wir einen Blick in die fachwissenschaftliche Literatur werfen, ist festzustellen, dass Demenzen in der Regel als Störungen des Gedächtnisses, Intelligenzeinbußen sowie Beeinträchtigungen intellektueller und anderer Fähigkeiten betrachtet werden, die als Folge einer organischen Erkrankung im Laufe des Lebens zumeist zunehmen. Blieb der Begriff der Demenz lange Zeit für schwere und endgültige Prozesse reserviert, so werden inzwischen auch leichtere und reversible krankheitsbedingte Störungen (nicht jedoch Merkmale eines normalen Alterungsprozesses) mit einbezogen.

Alltagssprachlich wird bis heute der Begriff der Demenz ausgesprochen negativ konnotiert. Versuche, ihn durch andere Begriffe (z. B. Hirnleistungsstörungen) zu ersetzen, sind jedoch bislang gescheitert. Jedoch gibt es soeben mit dem DSM-5 (APA 2013) einen erneuten Anlauf, negative Konnotationen und Stigmatisierungen zu überwinden, indem nicht mehr von Demenzen, sondern von ausgeprägten oder schweren neurokognitiven Störungen (*major neurocognitive disorders*) gesprochen wird. Dieser Schritt ist ähnlich wie einst das Bemühen, den Begriff der Idiotie durch eine weniger stigmatisierende Bezeichnung zu ersetzen, grundsätzlich begrüßenswert. Gleichwohl garantiert ein bloßer Begriffsaustausch noch keine Änderung der Einstellung gegenüber dem definierten Phänomen bzw. der Haltung gegenüber betroffenen Personen. Insofern bleibt zu hoffen, dass der neue Begriff sich nicht nur auf den medizinischen Diskurs begrenzt, sondern dass er ebenso andere Felder wie z. B. den pflegerischen, psychosozialen und gesetzlichen Bereich erreicht und Zustimmung erfährt.

Die Gründe für die neue Bezeichnung sind aber nicht nur soziologisch oder ethisch motiviert, sondern sie resultieren in erster Linie aus medizinischen Erkenntnissen. So galten bisher Gedächtnisstörungen als wesentliches Merkmal einer Demenz. Diese Priorisierung ist jedoch heute als Problem erkannt worden: „Zum Beispiel stehen bei vaskulär verursachten kognitiven Störungen v. a. Beeinträchtigungen der Exekutivfunktionen und komplexe Aufmerksamkeitsleistungen im Vordergrund: Gedächtnisstörungen können dabei erst zu einem späteren Zeitpunkt auftreten“ (Maier & Barnikol 2014, 567). Ebenso haben andere Ätiologien wie Schädel-Hirn-Traumen, Entzündungen oder Substanzeinflüsse „eine jeweils verschiedene qualitative

Ausgestaltung – ohne dass Gedächtnis und Lernen im Vordergrund stehen müssen“ (ebd., 569).

Vor diesem Hintergrund wird nunmehr im DSM-5 die Kognition fokussiert, indem zwischen einer „leichten neurokognitiven Störung“ (minor NCD) (oder wie zuvor *mild cognitive impairment*) und einer „schweren neurokognitiven Störung“ (major NCD) im Sinne von Demenz unterschieden wird. Hierzu müssen für die Diagnostizierung, Bestimmung des Schweregrads und Klassifizierung „sechs kognitive Bereiche“ aufbereitet werden:

(1) Komplexe Aufmerksamkeit (incl. verschiedene Aufmerksamkeitsformen)
(2) Exekutive Funktionen (z. B. planen, Entscheidungen treffen, Arbeitsgedächtnis, geistige Flexibilität)
(3) Lernen und Gedächtnis (z. B. Erinnerungsvermögen, autobiographisches Langzeitgedächtnis, implizites Lernen)
(4) Sprache (z. B. Objektbenennung, Wortfindung, Grammatik, rezeptive Sprache)
(5) Perzeptuelle oder senso-motorische Funktionen (z. B. visuelle Wahrnehmung, visuell-konstruktives Denkvermögen, senso-motorische Koordination)
(6) Soziale Kognition (z. B. Erfassen von Emotionen, Theory of Mind, Empathie, Einfühlung)

Der Zusammenhang zwischen leichter und schwerer neurokognitiver Störung bedarf einer differenzierten Betrachtung. Ein zentraler Unterschied besteht darin, dass moderate Leistungseinbußen im Alltag (wie bei einer minoren NCD) nicht zu einer Unselbstständigkeit führen müssen. Ausgeprägte Leistungseinbußen (wie bei einer majoren NCD) gehen hingegen mit einem unselbstständigen Verhalten einher. Ebenso führt eine leichte Hirnleistungsstörung (z. B. durch eine traumatische Hirnschädigung) nicht zwangsläufig zu einer schweren neurokognitiven Störung. Zudem gilt Vorsicht geboten, „natürliche” Verwirrtheiten im Alter (Gronemeyer 2017, 41) als leichte neurokognitive Störungen zu pathologisieren und zu einem entkontextualisierten „behandelbaren medizinischen Arbeitsgebiet” (ebd.) umzudefinieren. Andererseits kann eine leichte neurokognitive Störung Vorbote für eine schwere Form insbesondere des Alzheimer-Typus (AT) sein. Um dies zu erschließen, wird im DSM-5 so früh wie möglich eine Diagnostik mit unterschiedlichen bildgebenden Verfahren empfohlen, um zwei für den AT charakteristische Biomarker (Beta-Amyloid, Abbau oder Zerfall von Nervenzellen) zu erfassen.

Alles in allem lässt sich festhalten, dass unter einer schweren neurokognitiven Störung ausgeprägte kognitive Leistungseinbußen gefasst werden, die

Unselbstständigkeit hervorrufen und zur Beeinträchtigung der beruflichen Tätigkeiten, der Verrichtungen des alltäglichen Lebens und des Sozialverhaltens führen. Wurden früher oftmals nur drei zentrale Störungsformen (Demenzen) unterschieden, so hat sich inzwischen eine differenzierte Betrachtung und Einteilung durchgesetzt: Unterschieden werden schwere neurokognitive Störungen

- vom Alzheimertypus (AT)
- vom Lewy-Body-Typus (LBT)
- vom frontotemporalen Typus (FT)
- vom vaskulären oder Multi-Infarkt-Typus (VT)
- als Mischformen (AT und VT; AT und LBT) sowie
- bei spezifischen Erkrankungen oder Ursachen (z. B. Parkinson-Krankheit, Chorea Huntington, substanz/medikamentionsinduziert, HIV-Infektion, Creutzfeldt-Jacob-Krankheit, endokrine Erkrankungen, Vergiftungen, posttraumatische Schädigungen wie dementia pugilistica nach Schädelprellungen)

Während etwa 10 % der schweren neurokognitiven Störungen (das betrifft einige spezifische Erkrankungen) als behandelbar und rückbildungsfähig gelten, verlaufen die anderen Formen irreversibel. Weithin unabhängig von den unterschiedlichen Verlaufscharakteristika einer DAT oder FTD (eher schleichend, gleichmäßig fortschreitend) und VD (plötzlich eintretend, schubweise) werden bei einem demenziellen Prozess ein Stadium der Vergesslichkeit (Zerstreutheit, aktuelle Erinnerungsprobleme, Orientierungsschwierigkeiten, ängstlich oder depressiv, Rückzug ...), Stadium der Verwirrtheit (Ratlosigkeit, größere Erinnerungslücken und Denkstörungen, Tag-Nacht-Umkehr, Gefühlsschwankungen, Rastlosigkeit, Sprachschwierigkeiten, desorientierte Alltagshandlungen …) und Stadium der Hilflosigkeit (Inkontinenz, Bewegungsstörungen, Verkennen, Erregungszustände, hohe Pflegebedürftigkeit …) unterschieden (Lingg & Theunissen 1999, 229).

Was die Dauer der Stadien bzw. eines demenziellen Prozesses betrifft, so gibt es hierzu angesichts spezifischer Einflussfaktoren (v. a. Krankheitsbeginn, Zeitpunkt der Diagnose, Lebensalter, Formen der schweren neurokognitiven Störung) keine zuverlässigen Angaben. In Bezug auf den AT als die häufigste Form einer schweren neurokognitiven Störung wird heute davon ausgegangen, dass das erste Stadium etwa zwei bis vier Jahre, das mittlere zwei bis 10 Jahre und das letzte ein Jahr bis drei Jahre dauert. Somit muss mit starken Schwankungen gerechnet werden, die von sechs Jahren bis 14 Jahre reichen können. Bei anderen schweren neurokognitiven Störungen werden kürzere Zeiträume angenommen, z. B. beim LBT sieben bis acht Jahre und bei einigen seltenen Formen unter drei Jahren bis hin zu wenigen Monaten (Creutzfeldt-Jacob). Auch der FT wird mit wenigen (häufig zwei oder drei) Jahren angegeben, wobei im Einzelfall über sehr langsame Verläufe bis zu 15 Jahren berichtet wird (vgl. DAG 2013).

Durch spezifische Medikamente (dazu später) lassen sich im Einzelfall die Frühphase und das mittlere Stadium einiger schwerer neurokognitiver Störungen verzögern oder verlängern, es handelt sich dabei aber nicht um einen Heilungsprozess, der den progredienten Verlauf stoppen könnte. Therapierbar sind letztlich nur die im Verlauf einer schweren neurokognitiven Störung auftretenden psychosozialen Auffälligkeiten oder Begleiterscheinungen (z. B. depressive Verstimmungen, Ängste, Schlafstörungen, wahnhafte Verkennungen, Spätepilepsie). Gleichwohl gibt es Hinweise darauf, dass das Erkrankungsrisiko durch eine positive Lebensführung im (späten) Erwachsenenalter (v. a. durch gesunde, mediterrane Kost [Olivenöl, Nüsse], körperliche Aktivierung, kognitive und soziale Herausforderungen) leicht verringert oder verzögert werden kann (Deuschl & Maier 2015, 108; Etgen u. a. 2011). Grundsätzlich sollte die „soziale Seite der Demenz" (Gronemeyer 2017; dazu auch Hüther 2017) nicht unterschätzt und ignoriert werden.

Im Hinblick auf die Erscheinungsformen der schweren neurokognitiven Störungen wird zwischen *primären Symptomen* (Gedächtnis-, Orientierungs-, Wortfindungs-, spezifischen Sprach- und Denk-, Aufmerksamkeits- und Antriebsstörungen sowie Störungen des Erkennens) und *sekundären Symptomen* (erhöhte Ängstlichkeit, depressive, aggressive, wahnhafte und panikartige Reaktionen, Rast- und Ruhelosigkeit, apathisches Verhalten, sozialer Rückzug, Tag-Nacht-Umkehr, erhöhtes Misstrauen) differenziert (Lingg 2011; Lingg & Theunissen 1999, 230 f.).

Anmerkungen zu den Ursachen und Besonderheiten

Der AT[56] ist die häufigste Form einer schweren neurokognitiven Störung. Sie wird bei über 50 % der Personen mit einer schweren neurokognitiven Störung diagnostiziert und „zeichnet sich durch einen schleichenden Beginn und durch eine allmähliche Verschlechterung der geistigen Fähigkeiten aus" (DAG 2012; vgl. auch Deuschl & Maier 2015, 18 ff.). Ihre Ursachen sind trotz intensiver Forschungen längst noch nicht geklärt (Krämer & Förstl

56 Eine aktuelle und durchaus fundierte Übersicht über mögliche Ursachen des AT bietet Wikipedia: https://de.wikipedia.org/wiki/Alzheimer-Krankheit (Zugriff: 1.11.2015).

2008). Ob dies womöglich zu einer vorschnellen „Diagnose ‚Alzheimer'" verleitet, wäre ein interessantes Diskussionsthema (vgl. Gronemeyer 2017). Fest steht, dass wir es mit einem Sterben der Nervenzellen zu tun haben, welches schon Jahrzehnte, bevor sich die Symptomatik bemerkbar macht, beginnt. Das betrifft zunächst den Hippocampus und Meynert-Basalkern, der Acetylcholin produziert. Dabei handelt es sich um einen Botenstoff, der für die Kommunikation zwischen den Nervenzellen sowie für Lernprozesse bedeutsam ist. Durch das Absterben von Acetylcholin produzierenden Nervenzellen kommt es zu einer irreversiblen Schrumpfung der Gehirnmasse, indem sich mit Flüssigkeit gefüllte Hohlräume bilden. Ferner werden Ablagerungen bzw. Verklumpungen von Beta-Amyloid-Plaques außerhalb der Neuronen mit dem AT in Verbindung gebracht, die die neuronale Signalübertragung blockieren, was gleichfalls zum Absterben von Nervenzellen führt. Solche Ablagerungen im Gehirn sind allerdings auch bei gesunden alten Menschen (Nonnen) festgestellt worden (dazu 3sat 2009). Des Weiteren sind im Rahmen von Forschungen an Mäusen Plaques aus der Stoffwechselsubstanz Metabolit im Inneren von Nervenzellen entdeckt worden, was zu einer Zellzerstörung führt. Zwei andere bedeutsame Befunde beziehen sich zum einen auf Entzündungen im Gehirn, die ein Absterben von Neuronen befördern. Zum anderen bilden phosphorylierte (chemisch veränderte) Neurofibrillen gemeinsam mit phosphorylierten Tau-Proteinen sogenannte Fibrillen-Bündel innerhalb von Nervenzellen. Auch diese Bündel führen zu Verklumpungen sowie zum Zellsterben und zählen wie die zuvor genannten Befunde zum neuropathologischen Kennzeichen der Alzheimer-Krankheit.

Weitere Faktoren, die in Bezug auf Ursachen des AT in Erwägung gezogen werden, beziehen sich auf Neurotransmitterstörungen, v. a. eine erhöhte Konzentration von Glutamat zwischen den Nervenzellen, eine ungesunde Lebensführung, Durchblutungs- und Stoffwechselstörungen, Vergiftungen durch bestimmte Substanzen bzw. Umweltstoffe (z. B. Aluminium, Metall, Lösungsmittel, Medikamente), Mangel an Mikronährstoffen (Folsäure, Vitamin B12 und B6) oder bestimmte Krankheitserreger, die chromosomale Störungen verursachen können. Ferner sind Mutationen in verschiedenen Genen gefunden worden, und es werden Störungen auf den Chromosomen 1, 14, 19 und 21 sowie Auto-Immunprozesse im Sinne altersbedingter Veränderungen an den Chromosomen in den Nervenzellen des Gehirns diskutiert. Eine familiäre Alzheimer-Krankheit wird auf etwa 5 % geschätzt.

Der LBT wurde in der Vergangenheit oftmals verkannt, fälschlicherweise als AT oder Delir ausgelegt. Heute wird bei über 10 % der Personen mit einer schweren neurokognitiven Störung ein LBT diagnostiziert. Dieser ist durch das ubiquitäre Auftreten von Lewy-Körperchen in den Neuronen (v. a. im

Cortex und limbischen System) gekennzeichnet. Bisher sind keine Risikofaktoren bekannt. Der LBT kann als eigenständige Erkrankung und (nicht selten) im Rahmen einer bereits bestehenden Parkinson-Krankheit auftreten, wobei in dem Fall die gleichen Gene und Mutationen angenommen werden. Üblicherweise verläuft der LBT progredient, allerdings zeichnet sich der Prozess im Unterschied zum AT durch starke Parkinson-Symptome (z. B. kleinschrittiger Gang, Zittern, Muskelsteifheit) und einer erhöhten Sturzgefährdung aus. Ferner gelten stark ausgeprägte (Tages-)Schwankungen der Aufmerksamkeitsleistungen, kognitiven Fähigkeiten und Wachheit sowie psychotische Symptome, v. a. optische Halluzinationen, als recht typisch (vgl. (Hellweg & Schulte-Herbrüggen 2006; Mollenhauer et al. 2010; Tolnay 2000, 140).

Der FT, früher als Morbus Pick bezeichnet, wird ähnlich wie der LBT bei etwa 10 % der Personen mit einer schweren neurokognitiven Störung diagnostiziert. Typisch für den FT ist ein atrophischer Prozess des Frontal- und Temporallappens, dessen Risikofaktoren und Ursachen unklar sind. Familiär tritt der FT bei 5 bis 10 % aller von dieser Krankheit betroffenen Personen auf. Bei einer Unterform, die mit Parkinson-Symptomen einhergeht, werden Beziehungen zum Chromosom 17q21-22 und Mutationen im Tau-Gen, das auf dem Abschnitt 17q21-22 liegt, in Betracht gezogen (Greck & Kurz o. J., 4 f.; Tolnay 2000, 143). Im Unterschied zum AT treten die Symptome des FT zumeist schon vor dem 60. Lebensjahr auf; es wird davon ausgegangen, „dass ca. 20 % der Personen mit einer Demenz vor dem 65. Lebensjahr eine frontotemporale Demenz haben" (Deuschl & Maier 2015, 23). Ferner dominieren bei dem FT zunächst nicht die charakteristischen kognitiven Merkmale (Störungen des Gedächtnisses), sondern Persönlichkeitsveränderungen (Antriebsmangel, Affektverflachung, Nachlassen beruflicher Pflichten), Auffälligkeiten im Sozialverhalten (sprachliche Enthemmungen, Taktlosigkeit, erhöhte Reizbarkeit, Missachtung sozialer Normen) in Verbindung mit bestimmten Vorlieben (Heißhunger auf Süßigkeiten), einem fehlenden Unrechtsbewusstsein und einer mangelnden Krankheitseinsicht.

Der VT betrifft unter Einbeziehung von Mischformen (AT und VT) 10 % bis 15 % der an einer schweren neurokognitiven Störung erkrankten Personen. Ursachen, die zu einem VT führen können, sind v. a. Atherosklerose, Herz- oder Gefäßerkrankungen, z. B. durch Bluthochdruck oder Durchblutungsstörungen des Gehirns, Diabetes mellitus (Zuckerkrankheit), starkes Rauchen sowie wiederholte (kleine) Schlaganfälle („Multi-Infarkt-Demenz"), die zum Absterben von Hirnzellen führen. Wenngleich die Symptome des VT denen des AT ähneln, unterscheidet sich der Verlauf durch einen plötzlichen Beginn (Infarkt) und eine stufenförmige Verschlechterung mit starken

(Tages-)Schwankungen der Leistungsfähigkeit und körperlichen Beschwerden wie Lähmungs- oder Taubheitsgefühle.

Schwere neurokognitive Störungen bei Menschen mit Lernschwierigkeiten oder einer komplexen Behinderung

Diese allgemeinen Befunde gelten bis auf einige Besonderheiten auch für Menschen mit Lernschwierigkeiten oder einer komplexen Behinderung.

Zunächst einmal ist das Risiko, an einer schweren neurokognitiven Störung zu erkranken, bei manchen der betroffenen Personen durch frühkindliche Hirnschädigung (z. B. perinatale Hypoxie), durch frühzeitiges Altern, durch traumatische Hirnverletzungen (massives Kopfschlagen) sowie durch spezifische Umwelteinflüsse (hohe Langzeitmedikalisierung, isolierende, wenig anregende Lebensbedingungen, Leben in einem Heim oder einer großen Wohngruppe) erhöht. Nach Schäufele (2018, 146) sei „das Gehirn von Menschen mit geistiger Behinderung … generell vulnerabler und im Lebensverlauf anfälliger für pathologische Veränderungen als das Gehirn von Menschen ohne Behinderung."

Ferner ist es bei nicht wenigen Menschen mit komplexer Behinderung ausgesprochen schwierig, rechtzeitig einen demenziellen Prozess zu erkennen. Denn mehrere Indikatoren der primären Symptomatik einer Demenz wie kognitive Beeinträchtigungen (Merkprobleme, mangelnde Kritikfähigkeit), Schwierigkeiten bei Abstraktionsleistungen, sprachliche Probleme, Konzentrationsschwächen und mangelnder Antrieb, Beeinträchtigungen der Aktivitäten des alltäglichen Lebens, motorische Beeinträchtigungen oder räumliche Orientierungsprobleme können sowohl für eine schwere neurokognitive Störung als auch für eine Lernschwierigkeit oder komplexe Behinderung gelten. „Diese Übereinstimmungen führen dazu, dass die Grenzen verwischen und der sorgfältigen Anamnese besondere Bedeutung zukommt. Demzufolge reicht es nicht, mit den betroffenen Personen Tests durchzuführen, da diese nichts darüber aussagen, wie die Ausgangssituation der Betroffenen beschaffen war" (Gerlach 2001, 32). Darüber hinaus kann bei der genannten Symptomatik eine depressive Störung („Pseudodemenz") oder depressive Begleiterscheinung bei komplexer Behinderung mit in Betracht gezogen werden; und nicht selten scheinen im Falle einer schweren neurokognitiven Störung bei Menschen mit Lernschwierigkeiten oder komplexer Behinderung einige der sekundären Symptome die primären zu überlagern.

Da somit die klassische Frühphase einer schweren neurokognitiven Störung bei (signifikanten) Lernschwierigkeiten oder komplexer Behinderung selten zu beobachten ist bzw. oft nur partiell, rudimentär und behinderungsspezifisch überschattet in Erscheinung tritt, werden betreffende Personen gegenüber nichtbehinderten Menschen häufig erst zu einem späteren Zeitpunkt im Hinblick auf eine mögliche psychische Störung im Alter untersucht. Dies hat im Falle eines demenziellen Prozesses zur Folge, dass sich die Betroffenen bereits im zweiten Stadium der Erkrankung befinden, weshalb eine medikamentöse Behandlung zur Abfederung der kognitiven Leistungseinbußen kaum mehr sinnvoll erscheint und der gesamte progrediente Verlauf eine kürzere Dauer (3,5 – 10,5 Jahre) vermuten lässt.

In der Regel sind bei Menschen mit Lernschwierigkeiten oder komplexer Behinderung nicht alle Erscheinungsformen, die mit einer schweren neurokognitiven Störung (v. a. DAT, LBD) assoziiert werden, erkennbar, häufig dominieren aus den oben genannten Gründen Einbußen bei Selbsthilfe- und Arbeitsfähigkeiten, mangelnde Ausdauer, depressiv anmutende Verhaltensweisen wie Apathie, sozialer Rückzug, Tagesschläfrigkeit und Interessenverlust als Frühsymptome (dazu auch Janicki 2010, 43). Sinnestäuschungen oder Halluzinationen scheinen hingegen seltener aufzutreten, stattdessen wird häufiger als bei nichtbehinderten Personen über Spätepilepsie und nicht selten über aggressives Verhalten berichtet (Strydom 2009, 23, 29).

Besonderheiten bei Menschen mit Down-Syndrom

Zunächst einmal ist zu beobachten, dass Menschen mit Down-Syndrom früher altern als die Durchschnittsbevölkerung oder Personen mit Lernschwierigkeiten ohne Down-Syndrom. Häufig tritt der Alterungsprozess schon ab dem 40. Lebensjahr ein, wobei eine erhöhte Vulnerabilität für altersspezifische Besonderheiten oder Erkrankungen gegeben ist (ndss 2012; 2013; Nelson 2013). Das gilt z. B. für eine Bänderschwäche im Bereich des Nackens oder der Halswirbelsäule, Schlafstörungen und Atembeschwerden, Gelenkentzündungen (Ostheoarthritis), Einschränkungen der Beweglichkeit, Steifheit, Schilddrüsenunterfunktion, Osteoporose (Knochenschwund), Zöliakie (Unverträglichkeit von Gluten in Getreide wie Weizen; nicht bei Mais, Reis, Kartoffelstärke) oder ein Nachlassen der Seh- und Hörfähigkeit und körperlichen Funktionen (Blasenprobleme; nicht selten Probleme beim Schlucken).

Da das Alter bzw. Altern ein Risikofaktor für eine schwere neurokognitive Störung ist, können Menschen mit Down-Syndrom eher als andere Personen (nämlich 20 Jahre früher) davon betroffen sein. Personen mit Trisomie 21 sind aber auch aus einem anderen Grund besonders gefährdet, eine schwere neurokognitive Störung zu entwickeln. Dies bezieht sich auf die drei Kopien des Chromosoms 21, „auf welchem das Gen für das ‚amyloid precursor protein' (APP) liegen kann. Die Überproduktion von APP wird abgebaut, wodurch das Amyloid und Plaques gebildet werden, was sich dann möglicherweise als Alzheimer-Krankheit manifestiert" (Alzheimer Disease International 2004). Ungeklärt ist bis heute die Frage, warum schon bei nahezu allen 40-jährigen Menschen mit Trisomie 21 die für den AT charakteristischen neuropathologischen Veränderungen auftreten (Plaques, Fibrillen-Bündel), aber nur 20 bis 30 % der über 40-Jährigen das typische Bild dieser Form einer major NCD zeigen.

Was die Symptome des AT bei Menschen mit Down-Syndrom betrifft, so haben wir es hier ebenso wie bei Menschen mit Lernschwierigkeiten ohne Down-Syndrom mit Abweichungen vom typischen Erscheinungsbild zu tun (ndss 2013; Strydom et al. 2009, 21 ff.). So ist z. B. in der Frühphase eines AT bei Menschen mit Down-Syndrom „der Gedächtnisverlust nicht immer präsent, und (…) generell sind Veränderungen der täglichen Lebens- und Arbeitsgewohnheiten als erstes feststellbar. Epileptische Krämpfe können im Laufe der Krankheit in einem früheren oder späteren Stadium auftreten. Kognitive Veränderungen sind zwar häufig vorhanden, können allerdings (…) nur schwer evaluiert werden" (Alzheimer Disease International 2004). Als besondere „Frühwarnzeichen" im Hinblick auf eine mögliche schwere neurokognitive Störung (AT) gelten im Vergleich zum bisherigen Erscheinungsbild eines Menschen mit Down-Syndrom spezifische Veränderungen im Verhalten und Erleben (Interessenverlust, starke Verlangsamung und wachsende Probleme, einfachste Dinge zu tun [arbeitsbezogen; lebenspraktisch bezogen auf die Selbstversorgung], starke Verlangsamung, Apathie, sozialer Rückzug, soziales Desinteresse, weniger Freude; erhöhte Reizbarkeit, hohe Sensitivität für negative Gefühle *oder* irritierendes, aggressives, sich selbstschädigendes Verhalten), Lern- und (sprachliche) Kommunikationsprobleme (z. B. vergessen, „auf Wiedersehen" zu sagen), Schwierigkeiten, Entscheidungen zu treffen, Verschlechterung des Kurzzeitgedächtnisses, Schwierigkeiten, Familienmitglieder zu erkennen sowie ein Abbau körperlicher Funktionen (z. B. Gleichgewicht, schwerfälliger Gang, zunehmende Inkontinenz).

Hinzu kommen häufige Co-Morbiditäten wie Atem-, Lungen- oder Magen-Darmprobleme sowie Appetit- und Gewichtsverlust (Strydom 2009, 23), die einen raschen Verlauf einer schweren neurokognitiven Störung im

Zuge des frühzeitigen Alterns nicht selten befördern. Das kann dazu führen, dass „aggressive forms of Alzheimer Dementia can lead to death within 2 years of onset in adults with Down Syndrome" (Janicki 2006, 17). Ansonsten wird von zwei bis sieben Jahren ausgegangen (ebd. 17).

Grundsätzlich können Symptome einer schweren neurokognitiven Störung durch motorische Beeinträchtigungen (i. S. e. Parkinson-Syndroms), durch Seh- oder Hörstörungen, Psychopharmaka, Epilepsie oder Herzinsuffizienz im Alter aber auch vorgetäuscht werden. Und ebenso wichtig ist es, eine akute Verwirrtheit (delirante Zustände) von einer demenziellen Erkrankung abzugrenzen sowie eine *„Pseudodemenz"* bzw. Depression als alleinige Störung auszuschließen, die dem Anschein nach bei Personen mit Down-Syndrom häufig verkannt und mit einer neurokognitiven Störung verwechselt werden (Lambert 2000; Theunissen 2001):

„Von einer Pseudodemenz sprechen wir, wenn kognitive Einbußen (Unkonzentriertheit, rasche Ermüdbarkeit, Vergesslichkeit) im Rahmen einer depressiven Erkrankung, die meist behandelbar und reversibel ist, eine Demenz nur vortäuschen. Neben dem Hauptsymptom einer depressiven Verstimmung, der Unfähigkeit sich zu freuen, können sowohl Aufgeregtheit wie Gehemmtsein, Durchschlafstörungen, Insuffizienz- und Schuldgefühle, Verarmungsideen und vegetative Symptome (Appetitverlust, Verstopfung, Grausehen) in unterschiedlicher Ausprägung das Bild bestimmen. (...) Während Menschen mit Demenz ihre daraus resultierenden Probleme häufig überspielen, klagen Menschen in depressiver Verfassung meist über Denkhemmung, Konzentrations- oder Gedächtnisschwäche, finden sich in der Vorgeschichte frühere depressive Episoden und fühlen sie sich zumeist in der ersten Tageshälfte schlechter" (Lingg 2011, 1).

Wenn wir uns darüber hinaus vor Augen halten, dass über die Hälfte aller Erwachsenen mit Down-Syndrom noch bei ihren Eltern wohnt (Harazin, McCallion, Nickle, 2005, 9; IASSID 2010) und dass einige Mütter bei der Geburt ihres Kindes 40 Jahre alt oder älter sind (die tatsächliche Altersstruktur scheint sich nicht von anderen Frauen zu unterscheiden [Wilken 2001, 8]), so sind nicht wenige der Betroffenen bei einem früh einsetzenden Alterungsprozess eher als andere behinderte Menschen der Gefahr von Verlustsituationen ausgesetzt, indem sie den (womöglich plötzlichen) Tod eines Elternteils oder beider Eltern miterleben und bewältigen müssen. Gerade dadurch ergibt sich eine erhöhte Krisenanfälligkeit für eine depressive Störung, deren Auswirkung auf eine signifikante Veränderung der Persönlichkeit und des Verhaltens im Alter einer betroffenen Person nicht unterschätzt werden sollte.

Konsequenzen für die Praxis

Multidimensionales Assessment

Das Erkennen einer schweren neurokognitiven Störung bei Menschen mit Lernschwierigkeiten oder einer komplexen Behinderung stellt eine (differential-)diagnostische Herausforderung dar, da sich viele der standardisierten Tests, die zur Feststellung einer major NCD bei Personen aus der Allgemeinbevölkerung eingesetzt werden, kaum anwenden lassen. Das betrifft Verfahren wie z. B. den *Minimal-Mental-State-Test* oder *Uhrentest* (dazu DGN 2012; Deuschl & Maier 2015, 30 ff.; Eschweiler u. a. 2010), die Selbstauskünfte und ein gewisses Maß an kognitiven und sprachlichen Voraussetzungen erfordern und nur bei etwa 55 % der Personen mit Down-Syndrom einsetzbar sind (Strydom 2009, 27; ndss 2013). Daher wurden in den letzten Jahren v. a. im angloamerikanischen Sprachraum spezielle Verfahren für Menschen mit Lernschwierigkeiten und komplexer Behinderung entwickelt (dazu Auty & Scior 2008), z. B. der *Dementia Questionnaire for Mentally Retarded Persons* (Evenhuis et al. 1990), die *Dementia Scale for Down Syndrome* (Gedye 1995) oder das *Assessment for Adults with Developmental Disabilities* (McQuillams et al. 2001), die hilfreich sein können, aber nicht darüber hinweg täuschen sollten, dass „kein einziges Verfahren ausreicht" (Thorpe 2007, 20), um zu tragfähigen Ergebnissen zu gelangen.

An der Schwierigkeit, schwere neurokognitive Störungen bei Menschen mit Lernschwierigkeiten, komplexer Behinderung oder Down-Syndrom ausreichend fundiert zu diagnostizieren, wird sich vermutlich auch in der kommenden Zeit kaum etwas ändern. Der günstigste Weg, um Anhaltspunkte für eine major NCD bei einer betroffenen Person zu finden, ist die Durchführung eines breit angelegten (multidisziplinären) Assessments (Dodd et al. 2009, 21 ff.; Strydom 2009, 23) mit „umfassenden körperlichen-, medizinischen-, neurologischen-, radiologischen- und Labor-Untersuchungen", die mit „Einschätzungen der kognitiven Funktionen" verknüpft werden sollten (Alzheimer's Disease International 2004; Eschweiler u. a. 2010). Des Weiteren kommt es darauf an, einen Verlauf von etwa 26 bis 52 Wochen zu erfassen, weshalb mindestens zwei Untersuchungszeitpunkte mit den gleichen Erhebungsinstrumenten angesetzt werden sollten (Thorpe 2007, 20). Erst wenn während eines Zeitraums von 6 bis 12 Monaten (weiterhin) Veränderungen im Sinne einer (progredienten) NCD beobachtet werden, kann eine *Verdachtsdiagnose* im Hinblick auf eine schwere neurokognitive Störung gestellt werden. Treten keine Veränderungen auf, sollte die Frage nach anderen klinischen Bildern, v. a. einer depressiven Störung im Alter, fokussiert werden. Wohl bemerkt: „Interesselosigkeit, sozialer Rückzug, Antriebsmangel und Störungen der Aufmerksamkeit sind Symptome, die sowohl bei einer frontotemporalen (oder anderen, G.T.) Demenz als auch bei einer *Depression* vorkommen" (Greck & Kurz o.J., 10). Da relevante Selbstauskünfte bei vielen Menschen mit komplexer Behinderung erheblich eingeschränkt sind, ist es unabdingbar, dass die für die „Demenz-Diagnostik" zuständigen medizinischen und neuropsychologischen Fachleute ihre Untersuchungen gemeinsam mit Bezugspersonen, z.B. Familienmitgliedern oder Mitarbeiterinnen aus der Behindertenhilfe, durchführen (Lingg & Theunissen 1999, 246ff.). Wichtig sind in dem Zusammenhang nicht nur die alltäglichen Beobachtungen, sondern ebenso die Vorgeschichte, anamnestische bzw. lebensgeschichtliche Informationen (Schäufele 2018, 144f.).

Diese Überlegungen entsprechen einem von uns Ende der 1999er Jahre vorgeschlagenen multidimensionalen Assessment (Theunissen 2001), das bis heute Zuspruch findet (vgl. Striffler 2014) und mit den internationalen Vorschlägen sowie dem aus dem deutschsprachigen Raum stammenden *Erlanger Modell* (Ackermann 2007; 2009) korrespondiert.

Angesichts der Schwierigkeit, Symptome einer schweren neurokognitiven Störung bei Menschen mit Lernschwierigkeiten rechtzeitig zu erkennen, gewinnt zudem der Vorschlag an Bedeutung, spätestens ab dem 50. Lebensjahr (bei Menschen mit Down-Syndrom ab dem 40. Lebensjahr) jährlich ein Screening durchzuführen, welches die kognitiven Fähigkeiten und den Gesundheitszustand erfasst, um dadurch frühzeitig Anhaltspunkte für einen potenziellen demenziellen Prozess zu gewinnen. Ein solches Instrument liegt nunmehr mit dem „NTG-Early Detection Screen for Dementia" auch in einer deutschen Version vor (vgl. NTG 2013). Es handelt sich um einen von der US-amerikanischen National Task Group on Intellectual Disabilities and Dementia Practices (NTG) speziell für Menschen mit Lernschwierigkeiten entwickelten Fragebogen, der von vertrauten Bezugspersonen ausgefüllt werden soll und etwa 15 bis 20 Minuten Zeit beansprucht. Abgefragt werden im Hinblick auf das aktuelle Entwicklungsniveau und mögliche Veränderungen des Gesundheitszustandes chronische Erkrankungen, Medikamente und Bereiche wie Aktivitäten des täglichen Lebens, Sprache und Kommunikation, Schlaf-Wach-Rhythmus, Fortbewegung, Gedächtnis, Verhalten und Arbeit sowie Probleme, die von der Person berichtet werden. Das Instrument stützt sich v.a. auf Beobachtungen und ist kein Diagnose-Verfahren. Wohl bemerkt, es geht nur um die Gewinnung von Anhaltspunkten, die dann einer weiteren Abklärung durch ein *multidimensionales Assessment* bedürfen. Hierzu unterscheiden wir (ausführlich in Theunissen 2001) ein:

Medizinisch-geriatrisches Assessment

Untersuchung des körperlichen bzw. gesundheitlichen Zustandes (Labor) unter Beachtung chronisch verlaufender Krankheiten, spät erworbener Krankheiten oder typischer Alterserkrankungen;

Gerontopsychiatrisches und pädagogisch-psychologisches Assessment

1. Anamneseerhebung und Aufbereitung der Lebensgeschichte
2. Pädagogisch-psychologische Erst-Erhebung des aktuellen Verhaltens unter Berücksichtigung spezieller Instrumente wie z. B. PAC, Heidelberger Kompetenzinventar, DMR[57] bzw. verschiedene Demenz- und Depressionsskalen zur Selbst- oder Fremdbeurteilung (z. B. NOS-GER-Skala, Hamilton Depressions-Skala; Hachinski-Ischämie-Skala zur Überprüfung des VT).
3. Ferner eine psychiatrisch-neurologische Untersuchung, u. a. mit bildgebenden Verfahren (MRT zur Darstellung der Hirnstruktur; CT zur Erfassung von Durchblutungsstörungen oder Tumore; SPECT oder PET zur Erfassung des Glucosestoffwechsels und Sicherung einer FT; weitere Empfehlungen hierzu APA 2013);
4. Dokumentierte Verlaufsbeobachtung des aktuellen Verhaltens unter besonderer Beachtung der typischen Symptomatik einer major NCD (unter Hinzuziehung des NTG-EDSD);
5. Pädagogisch-psychologische Zweit-Erhebung des aktuellen Verhaltens (durch die gleiche Person, wie bei der Erst-Erhebung) nach einem Beobachtungszeitraum von sechs bis zwölf Monaten unter Einsatz der zuvor bei der Erst-Erhebung angewandten Verfahren, um durch einen Ergebnisvergleich einen (progredienten) Verlauf einer schweren neurokognitiven Störung bestätigen oder verwerfen zu können.

Sozialpsychologisches Assessment

Erfassung der Beziehungsebene zwischen dem betroffenen Menschen und seinen wichtigsten Bezugspersonen sowie der impliziten Theorien, Umgangsformen und Einstellungen der relevanten Bezugswelt in Bezug auf demente Personen, um ggf. Aufklärung über schwere neurokognitive Störungen, angemessene soziale und kommunikative Angebote sowie praktische Tipps offerieren zu können.

---

57 Der DMR (Dementia Questionnaire for People with Intellectual Disabilities) ist ein in den Niederlanden entwickelter Fragebogen für Menschen mit Lernschwierigkeiten (Evenhuis o. J.), der Anhaltspunkte für eine mögliche Alzheimer-Krankheit, aber keine Diagnose liefern kann.

Stärken-Assessment

Erschließung individueller (noch vorhandener) Stärken, Potenziale, Interessen, Bedürfnisse etc., die nicht selten Vorlieben oder Tätigkeiten aus der Vergangenheit, den Bereich der Emotionen und des Ästhetischen (Klänge, Musik, Bewegungen, Rhythmik) betreffen und wertvolle Anknüpfungspunkte für die alltägliche Arbeit bieten.

Zu psychopathologischen Begleiterscheinungen, Verhaltensauffälligkeiten und speziellen medizinischen Unterstützungsleistungen

Wird vor dem Hintergrund eines Assessments eine *Verdachtsdiagnose* erstellt, stellt sich die Frage des weiteren Vorgehens. Auf Fragen und Möglichkeiten einer medizinisch-gerontopsychiatrischen Unterstützung, die im Falle einer schweren neurokognitiven Störung neben der primären Symptomatik die psychischen Begleiterscheinungen *(behavioral and psychological symptoms of dementia)* zu beachten hat, ist Lingg (2011) näher eingegangen. Aus seinen Ausführungen möchte ich gerne zitieren:

„Depressive Verstimmungen

- sind v. a. in den Beginnstadien der Demenzerkrankung häufig,
- stehen bei der vaskulären und fronto-temporalen Demenz meist über längere Zeit im Vordergrund, bevor sich auch Vergesslichkeit und weitere kognitive Einbußen zeigen, (…)“

Umgang und Behandlung:

- Beachtung der Lebensumstände, ggf. Vermittlung sozialer Kontakte, Hilfestellung bei Konfliktlagen oder alleine nicht bewältigbarer Trauerarbeit, mitunter Vermittlung psychotherapeutischer Unterstützung. Sorge tragen für ausreichend Bewegung und Lichtexposition.
- Berücksichtigen, dass viele älteren Menschen verordnete Medikamente depressiogen wirken können.
- Bei anhaltenden Schlafstörungen und vital depressiver Symptomatik Verordnung gut verträglicher Antidepressiva unter Beachtung möglicher Interaktionen mit anderen verordneten Medikamenten. Ausreichende Aufklärung, insbesondere über den verzögerten Wirkungseintritt von Antidepressiva.
- Beachtung möglicher Suizidgefährdung, aktives Nachfragen nach Einengung, Aggressionsstau und Suizidgedanken, ernst nehmen jeglichen auch scheinbar nur appellativen Suizidversuchs. (…)

Angst und Apathie/Interesselosigkeit

- gehören zu den am häufigsten beobachteten psychischen Auffälligkeiten im Demenzverlauf,
- können bei jeder Demenzform vorkommen, häufiger beim frontotemporalen und vaskulären Typ. Sie ähneln mitunter agitierten bzw. gehemmten Depressionen, die jedoch im Längsschnitt durch ihre Losigkeitssymptome, Tagesschwankungen von Stimmung und Antrieb und vegetative Störungen unterscheidbar werden. (…)
- Stadiengerechte Aktivierung aber auch das Ermöglichen ausreichender Ruhephasen sind hilfreich, sind doch Angstreaktionen nicht selten auf Überforderung bzw. Apathie auf fehlende Milieutherapie zurückzuführen.
- Antidementiva haben bei der Demenz vom Alzheimertyp, speziell im Beginnstadium, neben einer Verbesserung der Gedächtnisleistung häufig auch einen positiven Effekt auf Ängstlichkeit wie auch Apathie und Rückzugsverhalten.
- Ausgeprägtes und durch Milieutherapie nicht kupierbares Angstverhalten muss trotz der bekannten Risiken (Paradoxe Reaktion, Sturzgefahr, kognitive Verschlechterung) mit Tranquilizern behandelt werden, zu bevorzugen sind jedoch v. a. längerfristig Antidepressiva mit anxiolytischer Komponente wie Trazodon oder Mianserin.

Schlafstörungen und Tag-Nacht-Umkehr bei Demenz:

- (…) Die Schlafmuster von Menschen mit Demenz sind oft grob verändert, ihre Tiefschlafphasen häufig verkürzt, schon geringe Störreize führen zum Aufwachen; im späteren Stadium der Demenz führt die sogenannte Tag-Nacht-Umkehr häufig zu Überforderung der Betreuenden und stellt einen der häufigsten Gründe für Krankenhauseinweisungen dar.
- Den Schlaf können weiters stören:
- Körperliche Erkrankungen, v. a. wenn sie mit Schmerzen oder Atemnot einhergehen, häufig übersehene Entzugserscheinungen von Alkohol, Nikotin oder Beruhigungsmitteln, Coffein und zahlreiche Medikamente (etwa Parkinsonmittel).
- Depressionen und viele weitere psychischen Störungen sowie belastende Lebensereignisse gehen häufig mit Schlafstörungen einher, je nach im Vordergrund stehender Problematik sind unterschiedliche Interventionen angezeigt;
- Auch die Behandlung von Schlafstörungen sollte möglichst kausal sein, unangemessene Erwartungen an langen Schlaf sollten über Beratung

abgebaut, Störfaktoren möglichst beseitigt, für ausreichend Bewegung und Licht am Tag gesorgt werden. Einschlafrituale wie Lesen oder Musikhören sollten ermöglicht werden.

- Um den Einsatz von Schlafmitteln kommt man allerdings häufig nicht herum, länger dauerndes Schlafdefizit beeinträchtigt nicht nur das Wohlbefinden, sondern kann für sich krankmachenden Stress bedeuten.
- Pflanzliche Mittel wie Baldrian, Melisse, Hopfen, Passionsblume oder Johanniskraut (bei Letzterem auf mögliche Interaktionen mit Blutverdünnern und weiteren Medikamenten achten!) oder Aromatherapie können sich positiv auf die Schlafqualität auswirken.
- Die Verordnung von Tranquilizern sollte möglichst vermieden werden, da sie die Kognition verschlechtern und zu Benommenheit (Hang-over) bis hin zu paradoxen Reaktionen führen können. Das Sturzrisiko wird durch ihre muskelentspannende Wirkung deutlich erhöht.
- Alternativ bewähren sich schlaffördernde Antidepressiva wie Trazodone oder Mianserin, v.a. bei bekannter Neigung zu Verwirrtheitszuständen Neuroleptika in altersangepasst niedriger Dosierung, bevorzugt jene mit geringem Risiko von Parkinson-Nebenwirkungen. In regelmäßigem Abstand ist zu überprüfen, ob verordnete Schlafmittel noch benötigt oder Absetzen bzw. Ausschleichen (bei höherer Dosierung) möglich werden.

Psychomotorische Unruhe und Weglaufen treten für sich oder im Rahmen deliranter Zustände auf. Davon zu unterscheiden ist das Verlaufen bei fehlender örtlicher Orientierung. Aus all dem kann durch Stürze oder Unachtsamkeit im Straßenverkehr eine erhebliche Gefährdung resultieren.

- Verschiedenste Stressoren können eine Rolle spielen, nicht artikulierbare Schmerzen oder Angst vor bestimmten Personen bzw. Verkennungen auf diese Weise Ausdruck finden. Bislang unentdeckte schmerzhafte Erkrankung oder Kreislaufschwäche, Medikamentenunverträglichkeit, Unwohlsein bei Verstopfung oder Harnverhalten, besonders bei Männern, sind auszuschließen.
- Quälende Unruhe kann mitunter durch motorische Aktivität in geschütztem Rahmen oder begleitete Spaziergänge kanalisiert werden. Identifizierungsmöglichkeit der Betroffenen durch Armbänder, Visitenkarten oder eingenähte Namensschilder, Weglaufschutz in Institutionen, Schulung von Schlüsselpersonen (z.B. Polizei, Busfahrer) im Umgang mit verwirrten Menschen sind hilfreich.
- Die medikamentöse Behandlung dieser meist ab dem mittleren Demenzstadium auftretenden Probleme ist meist schwierig und eine Gratwanderung zwischen ausreichender Beruhigung und überstarker Sedierung mit dann wieder erhöhter Sturzgefahr. Dem häufig geäußerten Wunsch

von Angehörigen und Betreuenden an den konsultierten Arzt auf ‚medikamentöse Einstellung' darf nicht vorschnell nachgekommen werden. Vorab sind Beratung über den adäquaten Umgang, Milieutherapien und Aufklärung über die besondere Empfindlichkeit demenzkranker Menschen gegenüber sedierenden Medikamenten angesagt.

Wesensänderungen mit Enthemmung und Aggressivität können in bestimmten Phasen der Demenz bzw. bei speziellen Demenztypen (fronto-temporale und vaskuläre Demenz) im Vordergrund stehen und die Betreuenden vor harte Proben stellen. Es sollte versucht werden, herauszufinden, in welcher Situation und gegenüber welchen Personen dieses Verhalten möglicherweise gehäuft auftritt. Hier werden Aufklärung, Schulung und Entlastung von Betreuenden besonders wichtig.

- Befristet und gut dokumentiert sind einschränkende Maßnahmen wie der Einsatz von Bettgittern oder Gurten (bei Beachtung der rechtlichen Vorgaben) sowie medikamentöse Beruhigung mit einem Neuroleptikum oder sedierendem Antidepressivum sind mitunter unumgänglich.
- Die Enthemmung kann auch den sexuellen Bereich betreffen: Verbal distanzloses Verhalten, Grabschen von Betreuenden, Onanieren vor anderen, aber auch stundenlanges Schreien stellen große Herausforderungen dar.
- Nachdem diese Phänomene häufig im letzten Stadium der Demenz auftreten, sind medikamentöse Beruhigungsversuche nicht selten frustran und muss diese schwierige Episode mit Separierung, Ablenkung, Beruhigung durch Musik oder Snoezelen überbrückt werden.

Wahnhafte Verkennungen können flüchtig, aber auch über längere Zeit den Umgang erheblich komplizieren und die Betroffenen verängstigen.

- Die wahnhafte Überzeugung, bestohlen worden zu sein, kann einerseits aus dem Gefühl der Betroffenen resultieren, selbst verloren zu gehen, aber auch Folge von Vergessen und Verlegen, also der Erinnerungsschwäche sein. Im Rahmen von Depressionen kommen vornehmlich Verarmungs- und Versündigungsideen vor, die Verkennung von nächsten Angehörigen kann diese extrem belasten.
- Schwerhörigkeit oder auch höhergradige Sehschwäche können zunächst zu Verunsicherung, dann dem Gefühl hintergangen zu werden bis hin zu eigentlichem Verfolgungswahn führen. Hörgeräte werden von Menschen mit Demenz häufig verlegt oder nicht toleriert, wonach v. a. für andere Kommunikationswege und damit Abbau der Verunsicherung der Betroffenen gesorgt werden muss. Auch Mangel an Sozialkontakten kann zum Gefühl der Verlassenheit bis hin des Verfolgtseins führen.

- Wahnideen lassen sich durch logische Gegenargumente oder Beweise nicht ausreden, wichtig sind Ablenkung und ausreichende Zuwendung.
- Reicht all dies nicht aus, sind hochpotente Neuroleptika oft gut wirksam.
- Sinnestäuschungen werden bei an Demenz Erkrankten häufig übersehen und lassen sich mitunter nur indirekt an der Verängstigung oder Abwehrverhalten ablesen (…)“ (Lingg 2011, 1–6).

Linggs Beitrag ist in zweierlich Hinsicht wertvoll. Zum einen schließt er eine Lücke, die das DSM-5 hinterlässt, indem es die Begleiterscheinungen bzw. sekundären Symptome (psychische oder Verhaltensstörungen) bei schweren neurokognitiven Störungen nur unzureichend abbildet (dazu Maier & Barnikol 2014, 567). Zum anderen enthält er Anmerkungen für eine richtungsweisende Praxis (milieutherapeutisch, psychopharmakologisch, psychosozial, psychoedukativ) bei primären (kognitiven) und sekundären Symptomen einer schweren neurokognitiven Störung. In einer ähnlichen Bahn bewegen sich die Ausführungen von Dodd et al. (2009, 51 ff.), die sich explizit auf Menschen mit Lernschwierigkeiten beziehen. Nach Linggs Ansicht sollten seine Anregungen für ein *Gesamtkonzept* in Betracht gezogen werden, welches neben milieuspezifischen, pädagogischen, psychologischen, pflegerischen und konsultativen (z. B. im Hinblick auf eine gesunde Lebensführung und Kost) Unterstützungsleistungen gleichfalls medizinisch-assistierende Hilfen beinhalten muss, die über eine Allgemeinmedizin sowie geriatrische und gerontopsychiatrische Beratung hinaus v. a. eine spezifische medikamentöse Therapie betreffen.

Wohl wissend, dass Antidementia eine schwere neurokognitive Störung nicht heilen, sondern nur (v. a.) im Frühstadium abfedern und zeitlich hinauszögern können, lässt sich zum gegenwärtigen Zeitpunkt Folgendes festhalten (DGN 2012; Deuschl & Maier 2015, 50 ff.): Bis zum Zustand einer mittelschweren Alzheimer-Krankheit können wie bisher Acetylcholinesterase-Hemmer mit den Wirkstoffen Donezepil, Galantamin und Rivastigmin im Hinblick auf Verrichtungen des alltäglichen Lebens und Verzögerung des allmählichen Abbaus der kognitiven Funktionen als wirksam eingeschätzt werden. Für das dritte Stadium werden der ACE-Hemmer Donepezil oder der nichtkompetitive NMDA-Antagonist Memantin empfohlen (Letzterer auch bei moderat ausgeprägter NCD vom AT). Darüber hinaus wird neuerdings der Einsatz von Ginkgo biloba (Extrakt EgB 761) bei leichter bis mittelgradiger Form des AT, beim VT sowie bei nichtpsychotischen Verhaltenssymptomen mit in Betracht gezogen. Weitere Empfehlungen an Medikamenten oder anderen Präparaten (Vitamin E) beim AT gibt es derzeit nicht.

Wenngleich Memantin beim VT in Erwägung gezogen wird, sollte bei den vaskulären Störungsformen eher die Beeinflussung von Risikofaktoren (Lebensführung) und Behandlung von Grunderkrankungen (z. B. Thrombose, Embolie, Hirnblutungen, hoher Blutdruck) fokussiert werden.

Sowohl beim LBT als auch im leichten und mittleren Stadium einer schweren neurokognitiven Störung bei bestehender Parkinson-Krankheit wird Rivastigmin empfohlen.

Vor dem Einsatz von Psychopharmaka bei den oben genannten psychopathologischen Begleiterscheinungen oder Verhaltensauffälligkeiten in Verbindung mit einer schweren neurokognitiven Störung sollten aber – wie gleichfalls Lingg signalisiert – zunächst alle Möglichkeiten der Veränderung von Lebensbedingungen, milieutherapeutische und psychosoziale Interventionen erkundet und fokussiert werden (Deuschl & Maier 2015, 67). Diesbezüglich werden inzwischen vonseiten der Psychiatrie und Neurologie sogenannte kognitive und psychosoziale Interventionen als „zentraler und notwendiger Bestandteil der Betreuung von Demenzkranken" (DGN 2015) betrachtet. Dies ist der Erkenntnis geschuldet, dass einige dieser Arbeitsformen und Angebote, z. B. aus dem ästhetischen Bereich (Musiktherapie/ Musik, Rhythmik, Bewegung, Kunst, multisensorische Stimulation, Snoezelen), Reminiszenztherapie bzw. autobiographisches Arbeiten (Aktivierung von Altgedächtnisinhalten) oder auch körperliche, ergotherapeutische und alltagsbezogene Aktivierung, ebenso wirksam wie eine medikamentöse Therapie mit Antidementia sein können, sich positiv auf das Verhalten und Erleben betroffener Personen auswirken und im Einzelfall zum Abbau, zur Kompensation sowie zur Prävention psychischer Begleitstörungen beitragen können (Deuschl & Maier 2015, 85 ff.). Angesichts eines mitunter ungünstigen Nebenwirkungsprofils oder spezifischer Unverträglichkeiten sollte eine medikamentöse Behandlung von psychischen Begleitstörungen oder Verhaltensauffälligkeiten eher vermieden werden oder aber mit der geringst möglichen Dosis nur über einen kurzen Zeitraum erfolgen (dazu die speziellen Empfehlungen in ebd., 72 ff.; dazu auch Romero & Wenz 2002; Oswald & Ackermann 2009). Als besonders wichtig gelten darüber hinaus Verhaltens- und Unterstützungsprogramme für alle assistierenden Personen.

Unter Beachtung dieser Befunde soll nunmehr die alltägliche Lebensbegleitung in den Blick genommen werden, die sich im Vereine mit den oben zitierten Empfehlungen und einem personenzentrierten Pflegeansatz (Grond 1992; 1993; Kitwood 2003) an der Leitperspektive Lebensqualität orientieren sollte. Hierzu werden Erkenntnisse und Anregungen aus pädagogischer und psychologischer Sicht fokussiert.

Leitperspektive Lebensqualität und Personenzentrierte Planung

Wie in der Behindertenarbeit werden seit geraumer Zeit auch in der Arbeit mit alten und dementen Personen Unterstützungsmaßnahmen und Hilfeangebote im Lichte von Lebensqualität *(quality of life)* beleuchtet und diskutiert (Bamford & Bruce 2000; Beck 1998; Bond 1999; Brown 2000; Gwyther 1997; Felce & Perry 2007; Lawton et al. 1999; Hughes et al. 1995; McGhee & Dorsett 2011; Schalock 1990; Schalock et al. 2002; Seifert 2006; Strydom 2009, 32 f.; Volicier, Hurley & Camberg 1999). Wenngleich es diesbezüglich keine allgemein gültige Definition von Lebensqualität gibt, lassen sich auf der Grundlage unterschiedlicher Begriffsauslegungen einige zentrale Indikatoren wie (1) zwischenmenschliche Beziehungen und soziale Kontakte, (2) Selbstbestimmung, (3) emotionales und soziales Wohlbefinden, (4) personale Identität, (5) Sicherheit und Unversehrtheit, (6) bedeutungsvolle Aktivitäten und (7) soziale Integration und Zugehörigkeit im Sinne von Inklusion nennen, die hohe Übereinstimmung erfahren. Hinzu kommt die Erkenntnis, dass Umfeldfaktoren (z. B. Lebensbedingungen; Lebenswelten; soziale Räume) im Zusammenwirken mit individuellen (demografischen) Faktoren (z. B. Alter, Geschlecht, Beziehungs- und Einkommensverhältnisse) auf die persönliche Lebensqualität Einfluss nehmen (Hughes et al. 1995, 634). Um das Konzept der Lebensqualität fruchtbar werden zu lassen, sollten somit weder objektive noch subjektive Qualitatsstandards isoliert betrachtet werden, sondern entscheidend ist ein Ansatz, der subjektive Lebenszufriedenheit fokussiert, ohne dabei ihre Reflexion im Hinblick auf hintergründige materielle Ressourcen und Lebensbedingungen zu vernachlässigen (Bamford & Bruce 2000, 556 f., 562 f.). Das betrifft zugleich auch die Qualität von Unterstützungsleistungen: „For some individuals, particularly those with severe or profound impairments, the quality of support provided in an environment may be inseperable from quality of life" (Hughes et al. 1995, 634).

An dieser Stelle hat die *Personenzentrierte Planung* als „persönliche Lebensstilplanung" (Kap. 4) ihren Platz, die sich als ein effektives Instrument zur Erschließung individueller Stärken, Fähigkeiten, Fertigkeiten und Wünsche sowie sozialer Ressourcen bewährt hat und das Hauptprinzip für Entscheidungen bei der Auswahl von Unterstützungssystemen und Hilfeleistungen sein sollte (Dodd et al. 2009; IASSID 2001; Alzheimer's Disease International 2004). Ausgangspunkt ist die Bildung eines *Unterstützungskreises* mit den relevanten Bezugspersonen (z. B. Angehörige, Mitarbeitende, Ärzte, therapeutische Kräfte). Üblicherweise sollten Familienangehörige, Verwandte und engste Freunde „bei allen Entscheidungen miteinbezogen werden, um der Person dabei zu helfen, in ihrem gewünschten Zuhause und Umfeld verbleiben zu können“ (Alzheimer's Disease International 2004). Sind keine Angehörigen mehr vorhanden oder verfügbar, müssen gesetzliche Betreuer und Bezugspersonen aus der Behindertenhilfe als „Dolmetscher“ und Fürsprecher assistieren (dazu Theunissen 2013, 69, 82 f.).

Der Ansatz der persönlichen Lebensstilplanung hat den Vorteil, dass sich objektive und subjektive Aspekte von Lebensqualität gemeinsam erschließen und verschalten lassen. Insofern ergeben sich Zielsetzungen in beide Richtungen, indem zum einen erwünschte *und* angemessene (menschenwürdige) Lebensbedingungen in Augenschein genommen werden können und zum anderen den psychologischen Momenten (Wohlbefinden, Sozialinteresse, Selbstverwirklichung) von Lebensqualität, d.h. „the degree to which a person enjoys the important possibilities of his or her life“ (Brown, Bayer, McFarland 1989, zit. n. Pugh 2004, 10), entsprochen werden kann. Dieser Doppelaspekt kann nicht hoch genug eingeschätzt werden. Denn einer qualitativen Forschungsstudie (Mitarbeiterbefragung) ist zu entnehmen, dass eine einschlägige Fort- und Weiterbildung nicht genügt, um eine hochwertige, an den Grundsätzen der Lebensqualität orientierte Arbeit mit behinderten und dementen Personen zu leisten, wenn die Lebensbedingungen eine qualifizierte Praxis nicht zulassen (McCarron et al. 2008, 4; auch Dammert, Bleses & Beer 2017).

Vor diesem Hintergrund soll im Folgenden zunächst ein Beispiel vorgestellt werden, das Möglichkeiten der lebensweltbezogenen Arbeit einer an einer major NCD erkrankten Frau mit Down-Syndrom durch ihre Familienangehörigen aufzeigt. Dabei wird der Ansatz der „validierenden Assistenz“ fokussiert, und es werden Aspekte herausgestellt, denen unter der Leitperspektive Lebensqualität eine prominente Bedeutung zukommt. Da die meisten Arbeiten über Demenz bei Menschen mit Lernschwierigkeiten oder komplexer Behinderung auf Einrichtungen und Dienstleistungen der Behindertenhilfe zugeschnitten sind, betreten wir zugleich ‚anderes Terrain‘, indem wir die Arbeit einer „starken Familie“ präsentieren, von der sowohl andere Familien mit einem behinderten und dementen Familienmitglied als auch professionelle Helfende und Systeme lernen können. Immerhin leben in den führenden westlichen Industrienationen etwa 50 % aller Erwachsenen mit Lernschwierigkeiten oder komplexer Behinderung noch bei ihren Eltern oder Angehörigen (IASSID 2002). Insofern sollte die Würdigung häuslicher, informeller Leistungen als Modell einer Behindertenarbeit vom Menschen aus nicht zu kurz kommen. Das abschließende Kapitel befasst sich dann mit Fragen der Unterstützung von Menschen mit Lernschwierigkeiten oder einer komplexen Behinderung und einer zusätzlichen schweren neurokognitiven Störung, die in Einrichtungen der Behindertenhilfe leben. Dabei werden konkrete Anregungen für die Praxis offeriert, die an Erkenntnissen einer lebensweltbezogenen Assistenz und „positiven Lebensbegleitung" anknüpfen, welche zum Teil auch in dem Beispiel der Familienarbeit Eingang gefunden haben und vor Augen geführt werden. Dies betrifft insbesondere das Bemühen um eine validierende und basal orientierte Form zwischenmenschlicher Kommunikation sowie stimulierende Angebote zur Erhöhung der Lebensqualität.

Lebensweltbezogene Unterstützungsleistungen durch Familienangehörige – das Beispiel Frau Rose

Lebensgeschichtliche Informationen

Frau Gisela Rose, geb. 1952, Down-Syndrom mit Herzinsuffizienz, ledig, hatte zunächst eine zeitgerechte frühkindliche Entwicklung durchlaufen (sitzen, krabbeln, laufen), nur in der Intensität gab es Unterschiede zu ihren drei nichtbehinderten Geschwistern: „Gisela brauchte immer wieder Anregung, sie bewegte sich nur sehr selten von alleine und benötigte viel Aufmerksamkeit" (zit. n. Gerlach 2001, 59). Des Weiteren beschränkte sich ihr Ausdrucksvermögen in den ersten Jahren auf Zweiwortsätze. Durch einen frühen Sprachheilunterricht konnte jedoch ein vollständiges Sprechen erreicht werden.

Frau Rose besuchte die Vorschule, die sie jedoch aufgrund mangelnder Konzentrationsfähigkeit bereits nach einem halben Jahr verlassen musste. Ebenso wenig wurde ihr ein Schulbesuch ermögicht – galt sie doch offiziell als „nicht schultauglich und bildungsunfähig" (Gerlach 2001, 140). Daraufhin erhielt sie durch ihre Familie und insbesondere durch eine angestellte Kinderfrau, zu der sie eine enge und gute Beziehung hatte, eine umfassende Förderung, sodass sie einen hohen Grad an lebenspraktischer Selbstständigkeit, ein gewisses Maß an Autonomie und Handlungskompetenz sowie Lese- und Schreibfähigkeiten erlangen konnte. Das Rechnen fiel ihr hingegen sehr schwer und lag nicht in ihrem Interessenbereich.

Kritisches Lebensereignis

Ein einschneidendes Lebensereignis trat ein, als zunächst ihr Vater und dann kurze Zeit später im Jahre 1980 ihre Mutter verstarben. Daraufhin erfolgte ein Umzug zu einer ihrer Schwestern, Frau Krause, die seitdem die zentrale Bezugsperson und gesetzliche Betreuerin von Frau Rose war. Den Tod der Eltern und den Umzug in ein ihr recht vertrautes Umfeld konnte Frau Rose problemlos verkraften und kompensieren, was in erster Linie auf das gute

Verhältnis zu ihren Geschwistern und deren redlichen Bemühungen um ihr Wohlbefinden im Kreis der Familienangehörigen zurückgeführt wurde. Es gelang Frau Rose, sich bei ihrer Schwester gut einzuleben und zu ihren Nichten und Neffen ein inniges Verhältnis aufzubauen, welches einer geschwisterlichen Beziehung ähnelte. Frau Rose erhielt ein eigenes Zimmer, das sie sich nach ihrem Geschmack einrichten konnte. Als volles und uneingeschränktes Mitglied der Familie Krause war sie in Bezug auf Verrichtungen des alltäglichen Lebens weithin selbstständig und im Hinblick auf ihre Lebensgestaltung relativ autonom. Wenngleich sie über Taschengeld verfügte, „ließ sie aber nur selten Eigeninitiative erkennen, sich selbst etwas zu kaufen“ (Gerlach 2001, 141). Ihre Lieblingsbeschäftigungen bestanden in Musik hören, malen oder Briefe schreiben, womit sie sich stundenlang beschäftigen konnte. Ferner liebte sie seit ihrer Kindheit Süßigkeiten, später trank sie dann abends gerne einmal ein Glas Eierlikör. Zu jener Zeit stand mehrfach die Frage im Raum, ob sie nicht besser in eine professionell unterstützte Wohnform umziehen sollte. Diese Option wurde aber von Frau Rose stets verworfen, sodass es für Frau Krause geboten schien, ihrer Schwester eine dauerhafte Unterstützung in der ihr vertrauten Lebenswelt (Mikrosystem) zu ermöglichen.

Des Weiteren erfolgte nach dem Tod ihrer Mutter die Aufnahme in eine Werkstatt für behinderte Menschen (WfbM), die sie etwa 20 Jahre lang besuchte. Erwähnenswert ist, dass sie nach einem mehrwöchigen Training gelernt hatte, den Weg zur WfbM, der über mehrere Ampeln führte, alleine zu gehen. „Dabei musste sie auch zu Hause die Wohnung abschließen und durfte nicht vergessen, ihre Tasche mitzunehmen“ (Gerlach 2001, 61). Die WfbM wurde alsbald von Frau Rose als eine zweite Lebenswelt (Mesosystem), insbesondere auch als ein wichtiger Ort der Beziehungen geschätzt, wobei sie allerdings in Bezug auf enge Freundschaften oder Partnerschaften zurückhaltend war.

Erste Anzeichen eines demenziellen Prozesses traten 1998 auf, als bei Frau Rose zunächst häufiger als all die Jahre zuvor Absenzen, später mehrere Grand mal-Anfälle beobachtet wurden. An der Stelle sei erwähnt, dass sie seit 1981 aufgrund von Absenzen in psychiatrisch-neurologischer Behandlung war und nunmehr zur Optimierung der Therapie bzw. medikamentösen Einstellung in eine Klinik eingewiesen wurde. Zeitgleich kam es erneut zu Verschlechterungen im Urogenitalbereich, sodass sie wie bereits zehn Jahre zuvor auch in einer urologischen Klinik behandelt werden musste, was für Frau Rose als belastend erlebt wurde. In der Klinik wurde ihr u. a. eine Harnableitung gelegt.

Zu jener Zeit fiel es ihr zusehends schwerer, sich verbal auszudrücken und ihre Überlegungen und Sätze sinnvoll weiterzuführen. So vergaß sie z. B. mitten im Satz ihre Gedanken und reagierte auf Fragen immer häufiger nur noch mit „ja", ohne sich dabei über den Sinn ihrer Antworten bewusst zu sein. Diese kognitiven Einbußen machten Frau Rose nach Aussage ihrer Schwester, Frau Krause, zu schaffen: „Wenn Gisela manchmal ein Wort nicht mehr herausbekam, dann fing sie plötzlich an zu weinen. Auch als der kleine Sohn meiner Tochter das erste Mal zu Gisela kam und sie sich nicht äußern konnte, man ihre Freude aber bemerkte, weinte sie" (zit. n. Gerlach 2001, 66). Gleichfalls ließen ihre lebenspraktischen Fähigkeiten nach, was von ihrer Schwester deutlich beobachtet wurde:

„Immer wieder kam ich ins Bad und konnte sehen, dass Gisela, die sonst sehr wohl in der Lage war, sich selbst zu waschen, schon wieder begonnen hatte, sich das Gesicht zu waschen und mit dem Oberkörper weiterzumachen. Sie schien vollkommen vergessen zu haben, dass sie damit bereits fertig war. Auch wenn man zu ihr sagte: ‚Gisela, hol bitte dein Besteck aus der Schublade', dann ging sie zwar hin, schien aber dann nicht mehr zu wissen, was sie eigentlich machen sollte" (74).

Des Weiteren war auffällig, dass sie von nun an den bislang sehr geschätzten Eierlikör gänzlich ablehnte und sich nur noch selten zum Malen, Basteln oder Briefe schreiben motivieren ließ. Zwei Jahre später sei dies dann überhaupt nicht mehr möglich gewesen. Ferner traten in bisher nicht bekannter Form Konzentrationsschwächen und Ermüdungserscheinungen während der Arbeit auf; und zudem verlor Frau Rose zusehends das Interesse an der von ihr bislang so geliebten Arbeit in der WfbM. Dem Anschein nach fühlte sie sich immer weniger in der Werkstatt wohl, was sich u. a. in einem Rückzug gegenüber den anderen Personen äußerte. Auf der Grundlage einer guten Zusammenarbeit zwischen Frau Krause und der Werkstatt wurden zunächst flexible, den Kontext verändernde Lösungen geschaffen, z. B. wurde Frau Rose ein zweistündiger Mittagsschlaf ermöglicht, und als dieser nicht mehr ausreichte, wurde die Arbeitszeit deutlich verkürzt, indem Frau Rose erst im Laufe des Vormittags zur Arbeit kam und in der Fördergruppe betreut wurde. Da sie zu der Zeit bereits nicht mehr in der Lage war, allein zur WfbM zu fahren, musste sie nunmehr jeweils von Familienmitgliedern gebracht werden, die sich zu einem selbstorganisierten Fahrdienstplan verpflichtet hatten. Aus äußeren Gründen (unübliche Vormittagszeit) konnte nämlich nicht auf den Fahrdienst der WfbM zurückgegriffen werden. In der nachfolgenden Zeit verschlechterte sich allerdings Frau Roses körperlicher Zustand derart, dass auch die Betreuung in der Fördergruppe als überfordernd und nicht mehr sinnvoll eingeschätzt wurde. Daher wurde im Jahre 2000 der WfbM-Vertrag gekündigt und Frau Rose seitdem nur noch im häuslichen

Milieu ihrer Schwester betreut. Diese Maßnahme führte zum Verlust an sozialen Kontakten mit vertrauten Personen (Arbeitskollegen) außerhalb der Familienangehörigen, die in der Folgezeit bemüht waren, Frau Rose eine größtmögliche Teilhabe am Leben in der Gesellschaft zu ermöglichen, dennoch eingestehen bzw. feststellen mussten, dass viele öffentliche Veranstaltungen wie z. B. Disco, die Frau Rose immer gerne besucht hatte, nicht mehr erreichbar waren.

Ein schwerwiegendes Problem, das für Frau Rose anfangs sehr frustrierend gewesen sei, waren zunehmende Beeinträchtigungen im motorischen Bereich, v. a. ein Abbau von Kräften und Unsicherheiten beim Laufen, die durch die Anfallsgefährdung und einen schleichenden Verlust ihrer Sehkraft verstärkt wurden. So war Frau Rose alsbald rollstuhlgebunden und stark pflegebedürftig, wobei sie u. a. über eine PEG-Sonde ernährt werden musste, da sie immer häufiger vergaß, „was sie mit dem Essen im Mund tun sollte" (Gerlach 2001, 75).

Frage nach einer schweren neurokognitiven Störung

Spätestens an dieser Stelle sollten wir die Frage nach einer schweren neurokognitiven Störung aufwerfen. Handelt es sich bei Frau Rose um einen demenziellen Prozess oder lassen andere psychische Störungen wie z. B. Epilepsie oder Depression eine „Pseudodemenz" vermuten? Um diesbezüglich Anhaltspunkte zu gewinnen, bietet sich ein umfassendes Assessment an, wie es eingangs skizziert wurde.

Im vorliegenden Fall wurden mit Blick auf diese Empfehlungen neben einer allgemeinen und internistisch-medizinischen Untersuchung Anfang Juli 2001 und etwa drei Monate später verschiedene Assessments durchgeführt. Diese recht enge Zeitspanne (empfohlen wird ein Messzeitraum von mindestens sechs Monaten) sowie die zeitlich sehr spät angesetzte „Demenz-Diagnostik" (bei ersten Anzeichen sollte bereits eine Untersuchung erfolgen) sind zu kritisieren. Da Selbstauskünfte von Frau Rose nicht möglich waren, erfolgten die Untersuchungen über anamnestische Explorationsgespräche und Fremdratings durch ihre Schwester sowie über Beobachtungen von engen Familienangehörigen und der für die Diagnostik zuständigen Neurologin. Überprüft wurden die Aktivitäten des täglichen Lebens (ADL), z. B. Fähigkeiten im Bereich der Selbstpflege und Mobilität durch den Barthel-Index, sowie die Instrumentellen Aktivitäten des täglichen Lebens (IADL) in Bezug auf Verrichtungen im Haushalt. Ferner wurden zur diagnostischen Abklärung einer Demenz mehrere Verfahren wie Mini Mental Status, Hachinski-Ischämie Skala, Reisberg Skalen und NOSGER-Skala eingesetzt und zudem wurde mit Hilfe der Hamilton Depression Scale der Frage einer möglichen depressiven Störung oder Co-Morbidität nachgegangen. Alles in allem erbrachten die Untersuchungen keinen überzeugenden Hinweis auf eine Depression, vielmehr gab es mehrere Anhaltspunkte für einen demenziellen und einen degenerativen Prozess. Anhand der Indizien wurde aber keine endgültige Diagnose, sondern nur eine Verdachtsdiagnose gestellt. Ob es sich um eine major NCD vom AT handelte, wurde offen gehalten, da die Einflüsse der Multimorbidität (v. a. der generalisierten Epilepsie bzw. der Grand mal-Anfälle in den Jahren zuvor) auf eine demenzielle Erscheinung mit in Betracht zu ziehen waren.

Konsequenzen für die Familienangehörigen

Für Familie Krause stellte sich bereits im Jahre 1999 die Frage der weiteren Pflege und Lebensbegleitung von Frau Rose in ihrem häuslichen Milieu. Diesbezüglich wurden gemeinsam in einem erweiterten Familienkreis Überlegungen in Form einer Personenzentrierten Planung (dazu *group action planning* in Kap. 4) angestellt, wie Frau Rose trotz zunehmender Pflegebedürftigkeit familiär betreut werden konnte. Durch Hinzuziehung eines Freundes der Familie sowie mehrerer Angehöriger ließ sich ein häuslicher Pflegeplan implementieren und realisieren. Dadurch, dass die alltägliche Lebensbegleitung auf mehreren Schultern der Familienangehörigen lag, konnten zugleich für die einzelnen Helfenden Freiräume geschaffen werden, die es ihnen ermöglichte, „einmal abzuschalten und den Kopf frei zu bekommen" (Gerlach 2001, 135), um sich dann wieder besser auf Frau Rose einstellen zu können. Freilich lag die Hauptarbeit bei Frau Krause, deren Kompetenzen und hohes Engagement bemerkenswert, ja bewundernswert waren. Die hohe Pflegebedürftigkeit brachte es jedoch mit sich, dass sich auf Dauer nur noch wenige Familienmitglieder in der Lage fühlten, Frau Rose angemessen zu betreuen. Daher avancierte der Freund der Familie zu einer zentralen Pflege- und Bezugsperson. Zwar hätte Familie Krause auch einen familienentlastenden bzw. professionellen Pflegedienst in Anspruch nehmen können, doch aufgrund schlechter Erfahrungen hatte Frau Roses Schwester auf dieses Angebot verzichtet: „Das einzige, was die mit Gisela gemacht haben, war, ihr mehrfach mit dem Lappen übers Gesicht zu fahren. Es gab halt einfach nicht die emotionale Bindung, die für Gisela aber so wichtig ist. Sie merkt doch ganz genau, ob sie jemand mag oder nicht" (zit. n. Gerlach 2001, 77). Darüber hinaus gab es von Frau Krause ebenso Kritik an einer mangelnden Kooperation der klinischen Dienstleistungssysteme, unter denen Frau Rose zu leiden hatte: „So wurde mir auf der urologischen Station gesagt, wie wichtig es sei, dass Gisela viel trinkt und Gisela trinke zu wenig. Keiner kam auch nur ansatzweise auf die Idee, dass Gisela gar nicht in der Lage war, sich den Becher vom Nachtschrank zu nehmen. So etwas kann schon sehr frustrierend sein. Erst nachdem sich alle beteiligten Fachrichtungen zusammengesetzt hatten (...) konnten wir für Gisela Fortschritte sehen" (zit. n. Gerlach 2001, 66). Eine wichtige Maßnahme, durch die die familiäre Arbeit und insbesondere die Teilhabechancen am gesellschaftlichen Leben für Frau Rose entscheidend unterstützt wurden, bestand in der Anschaffung eines Treppenlifts, da das Haus über keinen Fahrstuhl verfügte. Alle von der Familie arrangierten Maßnahmen erfolgten letztlich über Mischfinanzierungen (Rentenzahlungen, Pflegegeldleistungen, familiale Geldunterstützungen und Eigenanteile), die neben der vertrauten Wohnung für Frau Rose eine weithin gesicherte materielle Ressource bildeten.

Subjektzentrierte Lebensbegleitung

Neben Fragen einer angemessenen Pflege, die eine Praxisberatung und Aneignung gewisser Basiskenntnisse notwendig machte, war es für Frau Krause und den familialen Unterstützungskreis wichtig, sich umfassend über Formen einer Lebensbegleitung von dementen Personen zu informieren, um Frau Rose die bestmöglichste Unterstützung offerieren zu können. Im Rahmen der Informationsgewinnung (u. a. durch Besuch von Vorträgen und Seminaren) fanden alsbald einschlägige Empfehlungen aus der Heilpädagogik und Psychogeriatrie (z. B. Bienstein & Fröhlich 1994; Grond 1992; 1993; Lingg & Theunissen 1999; Theunissen 2000) sowie der aus der Arbeit mit altersverwirrten Personen stammende Ansatz der Validation (Feil 1992; 2000) Zuspruch. Dies führte dazu, dass sich neben Frau Krause eine weitere Familienangehörige autodidaktisch mit der Methodik der Validation vertraut gemacht hatte und dass aus dem engeren Kreis der Familienangehörigen Kenntnisse über Formen einer basalen Arbeit angeeignet sowie Leitprinzipien einer subjektzentrierten Lebensbegleitung in den Blick genommen wurden. Vor diesem Hintergrund kamen folgende Aspekte zum Tragen:

Aufrechterhaltung sozialer Kontakte

Ein wichtiges Ziel war die größtmögliche Aufrechterhaltung sozialer Kontakte. So erhielt z. B. Frau Rose alle 14 Tage Besuch von ihrer ehemaligen Kinderfrau, zu der sie ein inniges Verhältnis hatte. Ferner bemühten sich die Familienangehörigen bis zum Eintritt und Erscheinungsbild einer schweren neurokognitiven Störung um Gelegenheiten, die es Frau Rose ermöglichten, ehemalige Arbeitskolleginnen zu treffen oder kulturelle Veranstaltungen zu besuchen. Des Weiteren wurde so weit wie möglich auf die uneingeschränkte soziale Teilhabe am Familienleben geachtet.

Interessen

Bis zum dritten Stadium der schweren neurokognitiven Demenz (hohe Pflege- und Unterstützungsbedürftigkeit) zeigte Frau Rose noch ein deutliches Interesse an ihrer Umgebung, wobei sie auf ihre engen Bezugspersonen am stärksten reagierte. Ferner war sie trotz ihrer Inkontinenz noch im dritten Jahr der beobachteten demenziellen Symptome bemüht, sauber zu sein; und sie fühlte sich zumeist unwohl, wenn es ihr nicht gelang, sich sauber zu halten. Zudem war sie lange Zeit in der Lage, über nonverbale Kommunikation und Körpersprache ihre Gefühle auszudrücken, die später allerdings nur noch für die engsten Familienmitglieder verstehbar waren.

Anknüpfen an Lieblingsbeschäftigungen

Grundsätzlich ließ sich Frau Rose durch Singen oder Summen vertrauter Lieder oder Melodien emotional anregen. Besonders an Tagen, an denen es ihr schlecht ging, war die Stimulation durch Musik die einzige Art der Kontaktaufnahme.

Kommunikative Pflege

Ein wesentliches Moment der häuslichen Lebensbegleitung und Unterstützung bestand in einer kommunikativen Pflege, bei der die alltäglichen Pflegeaktivitäten mit Formen einer feinfühligen, empathisch-verstehenden, basalen Ansprache und Kommunikation verknüpft wurden. Dabei ließen sich die pflegenden Personen von dem Grundsatz leiten: „Nur ein Mensch, der sich angenommen und geliebt fühlt, ist in der Lage, sein Selbstwertgefühl zu erhalten und sich nicht dem Rückzug hinzugeben" (Gerlach 2001, 105). Eine günstige Voraussetzung für die kommunikative Pflege bestand darin, dass die Familienmitglieder oder Helfenden nicht unter institutionellem Systemzwang standen und dass genügend Raum und Zeit vorhanden war, sich auf Frau Rose einlassen zu können.

Basale Stimulation (nach Fröhlich)

Neben der kommunikativen Pflege kamen gleichfalls Angebote einer basalen Stimulation zum Tragen. Dieser von Fröhlich (1992) entwickelte Ansatz empfiehlt sich bekanntlich nicht nur für die Arbeit mit Menschen mit komplexer Behinderung, sondern ebenso für eine subjektiv bedeutsame Ansprache und Aktivierung von Personen mit schwerer neurokognitiver Störung oder einem apallischen Syndrom. Im Falle von Frau Rose spielten Formen einer taktilen, olfaktorischen, thermischen und musikalischen Stimulation eine zentrale Rolle. Dabei wurde darauf geachtet, die Stimulationen im Rahmen der alltäglichen Pflege- und Versorgungsprozesse wirksam werden zu lassen, so z. B. beim Baden, das einerseits für Frau Rose eine anstrengende Prozedur war, andererseits von ihr immer wieder genossen wurde und zur Steigerung ihres Wohlbefindens beitrug, indem sie sich nach dem Baden für mehrere Stunden gut entspannen konnte. Ebenso schätzte sie es, wenn sie mit wohltuenden Cremes eingerieben oder mit Parfüm stimuliert wurde.

Validierende Assistenz

Die Orientierung am Ansatz und an den Techniken der Validation (Feil 1992; 2000) bildete den fühlbaren Hintergrund der alltäglichen Lebensbegleitung von Frau Rose. Schon seit den ersten Anzeichen einer möglichen schweren neurokognitiven Störung wurde sie von ihrer Schwester, Frau Krause, validiert, was jedoch zunächst eher intuitiv geschah. So setzte beispielsweise Frau Krause Musik ein, wenn sie den Eindruck hatte, dass sich ihre Schwester unwohl fühlte, gleichfalls arbeitete sie mit Berührungen und liebevoller verbaler Zuwendung. Diese Formen einer „validierenden Assistenz" (dazu auch später) wurden dann im Jahre 2001 durch Unterstützung eines weiteren Familienmitglieds mit anderen Validationstechniken systematischer angewandt und fokussiert.

Grundsätzlich wurde mit der Validationsarbeit kein psychotherapeutischer Anspruch erhoben, sondern entscheidend waren das implizite positive Menschenbild der Validation nach Feil sowie die in Anlehnung an Rogers humanistischer Psychologie entwickelten Handlungsgrundsätze psychosozialer Beratung und Unterstützung im Zuge einer ressourcen- und kommunikationsorientierten Arbeit. Zudem ließ sich das (demenzielle) Verhalten von Frau Rose keinem eng gestrickten Stadium nach dem Validationsmodell von Feil zuordnen, weshalb auch keine phasenspezifische Anwendung bestimmter Validationstechniken in den Blick genommen wurde, stattdessen erfolgte ihre Auswahl nach eingehenden Beobachtungen des Erscheinungsbildes von Frau Rose. Fokussiert wurden neben der grundlegenden Technik des Zentrierens die sozialen Kommunikationsformen des Augenkontakts, der liebvollen Sprache, Zuwendung und des Erinnerns, der Verwendung des bevorzugten Sinnesorgans, der Verbindung des Verhaltens mit einem menschlichen Bedürfnis, des behutsamen körperlichen Berührens und des Einsatzes von vertrauter Musik. Welche (Aus-)Wirkungen erzielt wurden, soll an der folgenden Zusammenschau sichtbar gemacht werden.

Zur Technik des Erinnerns:

Wenngleich Frau Rose nicht mehr in der Lage war, sich verbal zu äußern, konnten durch das Nennen von Namen bestimmter Personen emotional besetzte Erinnerungen wachgerufen werden. So gab es Tage, an denen sie beim Aufgreifen von Namen ihrer ehemaligen Betreuer aus der WfbM kräftig mit ihren Händen auf der Bettdecke zu klopfen begann und aufmerksam Informationen aus der Vergangenheit aufnahm. Andererseits gab es Zeiten und Tage, an denen durch das Erinnern keine sichtbaren Reaktionen hervorgerufen werden konnten.

Zur Technik des Augenkontaktes:
Vor dem Hintergrund der Erfahrung, dass Frau Rose nicht von sich aus Augenkontakt aufnahm, wohl aber immer sehr positiv auf Augenkontakt reagierte, waren die validierenden Familienangehörigen grundsätzlich bemüht, dieser Technik auf valide Weise Rechnung zu tragen.

Zur Technik der liebevollen (An-)Sprache:
Auch durch diese Form der sozialen Kommunikation konnte das persönliche Wohlbefinden von Frau Rose wirksam gefördert werden. Das wurde allein daran sichtbar, dass sie sich bei Ansprachen durch Personen mit kräftiger Stimme verkrampfte und ihre Augen aufriss, bei sanfter, liebevoller Sprache hingegen einen entspannten Eindruck hinterließ und eine Zugewandtheit signalisierte, bei der sie sogar einfache Fragen adäquat mit „ja" oder „nein" beantworten konnte.

Zur Technik der Verbindung von Verhaltensweisen mit einem Bedürfnis:
Anstelle verbaler Mitteilungen war Frau Rose in der Lage, ihre Bedürfnisse oder Wünsche über nonverbale Kommunikationsformen selbstbestimmt zum Ausdruck zu bringen. Die Körpersprache (z. B. Fingerspiele, an der Bettdecke zupfen oder klopfen) bot ihr eine wichtige Möglichkeit, sich mitzuteilen und verstanden zu werden. Dabei ging es ihr um Toilettengänge ebenso wie um Aufmerksamkeit oder Zuwendung. Die Kunst der Validationstechnik bestand darin, diese nonverbale Sprache zu erkennen und bedürfnisbezogen aufzugreifen.

Zur Technik der Nutzung des bevorzugten Sinnesorgans:
Angesichts ihrer sichtbar eingeschränkten Sehfähigkeit reagierte Frau Rose wohl immer stärker auf taktile, olfaktorische oder auditive Reize, was im Rahmen der validierenden Assistenz auf anregend-angenehme Weise (über Musik, Streicheln, Creme, Parfüm) berücksichtigt wurde.

Zur Technik des körperlichen Berührens:
Behutsame körperliche Berührungen spielten im Rahmen der validierenden Lebensbegleitung von Frau Rose eine zentrale Rolle. „So wurde sie an Tagen, an denen es ihr nicht so gut ging, in erster Linie durch Berührungen validiert. Dies ermöglichte einerseits die Kontaktaufnahme, andererseits aber auch die Befriedigung des Bedürfnisses nach Nähe und Liebe" (Gerlach 2001, 128). Allerdings lehnte sie Berührungen im Gesicht ab, indem sie mit Verkrampfungen reagierte. „Dies deckte sich mit Beobachtungen aus früheren Zeiten, bei denen offensichtlich wurde, dass Frau Rose z. B. nicht auf den Mund geküsst oder nicht im Gesicht berührt werden wollte. Demzufolge hatte sich an ihren Vorlieben nichts geändert" (ebd., 129). Daher wurde sie an den

Händen, Armen, am Rücken und am Nacken taktil stimuliert, was sie v. a. dann genoss, mit Lächeln beantwortete und zu einem entspannten Verhalten führte, wenn die Berührungen zugleich mit einer sanften sprachlichen Zuwendung einher gingen.

Zur Technik der Verwendung von Musik:
Stimulierende musikalische Angebote durch vertraute und geschätzte Schlagermusik spielten neben den behutsamen Berührungen „die wichtigste Rolle beim Validieren" (ebd., 129). Dabei zeigte sich, dass Frau Rose v. a. bei bestimmten Musikstücken mit tiefen Männerstimmen positiv reagierte, indem sie sich nicht nur entspannen konnte, sondern auch eine Wachheit an den Tag legte. Benötigte sie zu Beginn der Validationsarbeit durch musikalische Stimulation noch Hilfestellungen beim Klatschen nach der Musik, konnte sie später sogar von sich aus beim Erklingen von Musik in die Hände klatschen.

Alles in allem wurde die validierende Assistenz in Verbindung mit der kommunikativen Pflege und basalen Stimulation als „sehr positiv" (Gerlach 2001, 130), subjektiv bedeutsam und hilfreich eingeschätzt, so konnte z. B. an den Tagen, als es Frau Rose „nicht so gut ging, ein Zugang zu ihr gefunden werden" (ebd., 130). Dieser hatte für sie im Zuge der Validationsarbeit einen psychischphysisch-kompensatorischen Charakter. Für die Familienmitglieder stiftete er dahingehend eine psychosoziale Erleichterung und Entlastung, dass sie oftmals bei Frau Rose etwas Bedrückendes im Sinne eines psychischen Unwohlseins spürten, aber aufgrund der fehlenden verbalen Kommunikation mit Auflösungen von Problemen oder Antworten auf unerledigten Fragen „nicht direkt helfen" (ebd., 66) konnten.

Die Arbeit mit Frau Rose zeigt auf, dass Menschen mit einer komplexen Behinderung, schweren neurokognitiven Störung und starken Pflegebedürftigkeit von einer validierenden Assistenz profitieren können. Das bezieht sich nicht nur auf Formen verbaler Begegnung (z. B. Verbalisierung der Erlebnisinhalte, Ausdrucksformen, Gefühle), sondern ebenso (v. a.) auf non-verbale Kommunikationsformen, so z. B. auf körperliche Berührungen (z. B. ruhige, leichte auf- und abstreichende Berührungen am Rücken oder an der Schulter), um positive Gefühle (z. B. des Getröstetwerdens) hervorzurufen; ebenso lassen sich über Musik aus vergangenen Zeiten, Klänge, Lieblingsdinge, Bilder oder dergleichen schöne Erinnerungen und positive Emotionen wachrufen. Für diesen Zugang bedarf es lebensgeschichtlicher Kenntnisse, die bei Frau Roses Familienangehörigen unzweifelhaft vorhanden waren. Anzumerken ist, dass von der validierenden Assistenz nahtlos zur Palliative Care im letzten Lebensabschnitt eines Menschen übergeleitet werden kann.

Auch hierbei geht es um das Ernstnehmen der Erfahrungs- und Gefühlswelt des anderen, um die Würdigung seines Lebens und Beachtung und Wertschätzung seiner Stärken und Botschaften. Können demente Menschen im letzten Lebensabschnitt Worte vielleicht nicht mehr verstehen, so spüren sie doch die Wärme und den Klang der Worte. Die Beziehung zu einer betroffenen Person vollzieht sich dann v.a. auf präreflexiver, „coenästhetischer", sensorischer und taktiler Ebene (Hoffmann 2002, 130 f.). Es empfiehlt sich, dass Personen, die das Vertrauen eines betroffenen Menschen in besonderer Weise erworben haben, die Begleitung in seinem letzten Lebensabschnitt bzw. beim Sterben übernehmen. Denn „Halt geben kann dem Sterbenden im Grunde nur eine vertraute, nahestehende Person. Echte Begleitung kann nur geben, wer mitteilen kann, dass er den Sterbenden liebt" (Huber 1992, 237).

Resümee und Reflexion

Die vorausgegangenen Ausführungen stehen für eine Behindertenarbeit vom Menschen aus und führen uns exemplarisch vor Augen, was eine Familie an profunder Unterstützung eines behinderten und dementen Angehörigen zu leisten vermochte und wie sie sich zu helfen wusste. Damit ihre Unterstützungsleistungen tragfähig sein konnten, waren bestimmte Voraussetzungen und Grundeinstellungen wichtig: (1) eine größere Anzahl an Familienangehörigen, (2) materielle und finanzielle Ressourcen, (3) ein bemerkenswerter Familienzusammenhalt, (4) ein Gefühl von Entschlusskraft, Zuversicht und Zielorientierung, welches die Basis für den Zusammenhalt in guten wie auch schlechten Zeiten darstellt, (5) die Überzeugung und Zuversicht, Probleme durch die Mobilisierung familialer bzw. familienbezogener Ressourcen in eigener Regie bewältigen zu können, (6) die Bereitschaft und Fähigkeit zu einer zuverlässigen Zusammenarbeit und guten Kommunikation im Familienkreis, (7) die Bereitschaft zu einem freiwilligen, sozialen Engagement, (8) das Gefühl von Verpflichtung gegenüber allen Familienmitgliedern, ein persönliches Wohlbefinden zu erzielen, Zufriedenheit und das Erleben von Identität zu ermöglichen, (9) eine vorurteilsfreie, offene und positive Einstellung gegenüber einem Familienmitglied mit Behinderung, Pflegebedürftigkeit und demenzieller Erkrankung im Alter, (10) der Respekt vor dem selbstbestimmten Willen eines schwer behinderten, auf umfängliche Unterstützung angewiesenen Familienmitglieds, (11) der Respekt vor der Entscheidungs- und Handlungsautonomie der Gesamtfamilie, (12) die Wertschätzung eines vertrauten, häuslichen und familialen Milieus und eines Lebensweltbezugs als Vehikel für Lebensqualität, (13) die Orientierung an den (Grund-)Bedürfnissen, Interessen und Stärken der zu unterstützenden Person und aller anderen Familienmitglieder, (14) die Orientierung an den Rechten eines behinderten

Angehörigen, (15) die Wertschätzung und Nutzung des Selbsthilfe- und Selbstvertretungsprinzips von Familien mit einem behinderten Angehörigen, (16) die Bereitschaft und Fähigkeit positiv zu denken und Positives aus Aspekten des Lebens zu erschließen, (17) die Fähigkeit, Krisen und Probleme als Chance zu begreifen, mit ihnen und an ihnen als Familie zu wachsen und (18) die Rollenflexibilität und Anpassungsbereitschaft von Familienmitgliedern, um Formen einer informellen Unterstützung im familiären Milieu wahrnehmen und realisieren zu können. Dieser Katalog an Faktoren und Qualitätsmerkmalen lässt unschwer erkennen, dass wir es hier mit dem Zeugnis einer *„starken Familie"* (Theunissen 2013, 181) zu tun haben, deren wohl durchdachte Konzeption einer lebensweltbezogenen Arbeit, dokumentiert durch eine häusliche Lebensbegleitung eines behinderten und dementen Familienmitglieds, ein hohes Maß an Affinität zu konzeptionellen Empfehlungen aufweist, wie sie unter dem Stichwort der Lebensqualität formuliert werden. Das betrifft insbesondere die folgenden Aspekte:

- *Aufrechterhaltung von sozialem Kontakt und zwischenmenschlichen Beziehungen* (v.a. durch das Zusammenleben und Zusammensein mit Familienmitgliedern; durch Besuche);
- *Ermöglichung sozialer Partizipation* (Teilhabe am Familienleben und an kulturellen Bezügen);
- *unmittelbare soziale Zugehörigkeit* (familiale und gesellschaftliche Inklusion);
- *Ermöglichung subjektiv bedeutsamer Aktivitäten* (durch Anknüpfen an Lieblingsbeschäftigungen, Bedürfnissen und Stärken; musikalische, olfaktorische und taktile Stimulation);
- *Unterstützung größtmöglicher Selbstbestimmung* (durch Wahl- und Entscheidungsangebote, Ermöglichung einer häuslichen Pflege und Lebensbegleitung unter vertrauten Bedingungen);
- *Sicherung eines umfassenden Wohlbefindens* (durch kommunikative Pflege, basale Angebote und validierende Assistenz; durch rechtzeitiges Eingehen auf nonverbale Mitteilungen und Wünsche, z.B. nach Sauberkeit);
- *Ermöglichung des Gefühls personaler Identität bzw. eines Selbstwertgefühls* (v.a. durch validierende Zuwendung);
- *Unterstützung des Wunsches nach materieller Sicherheit* (Ermöglichung des Wohnens und Lebens in der vertrauten Familie, Ermöglichung der Aneignung vertrauter Räume);
- *Unterstützungsleistungen in der vertrauten Lebenswelt*, die ständig mitgedacht wird.

Das Beispiel von Frau Rose zeigt auf, dass sehr wohl auch Familien in der Lage sind, eine hochwertige und zeitgemäße Arbeit mit einem schwerbehinderten, dementen Familienangehörigen zu leisten. Praktiziert wurde eine von einem Freiwilligenengagement getragene Form von Selbsthilfe, die gegenwärtig „im Bereich der Betreuung demenzkranker älterer Menschen (…) nur sehr selten anzutreffen ist" (BMFSFJ 2009, 125). Von dieser bemerkenswerten Arbeit können sogar Profis lernen, wird ihnen doch nachgesagt, dass sie nicht selten das Recht auf Selbstbestimmung von Personen mit schwerer neurokognitiver Störung übergehen oder unreflektiert einschränken sowie die Ermöglichung des Gefühls personaler Identität in der Arbeit mit dementen Menschen vernachlässigen (Bamford & Bruce 2000, 556f., 562f.). Derlei Probleme können gar bei Pflegekräften auftreten, die in Ansätzen wie Validation und „basaler Stimulation in der Pflege" (Bienstein & Fröhlich) geschult wurden (Dammert, Bleses & Beer 2017, 57). Ebenso scheint die Orientierung an Kriterien der Lebensqualität sowie ihre konkrete Umsetzung in der Behindertenarbeit mit älteren und dementen Personen selbst bei einer gezielten Fort- oder Weiterbildung von Mitarbeitenden nicht gesichert zu sein (McGhee & Dorsett 2011, 74).

Jedoch sollten die positiven familiären Leistungen nicht den Eindruck einer Romantisierung der Familienarbeit hinterlassen. Denn allzu oft stoßen Familien bei der häuslichen Pflege eines dementen Angehörigen auf Grenzen ihres Kapitals und fühlen sich verständlicherweise überfordert und erschöpft. „Die erlebten Belastungen von pflegenden Angehörigen, die sich v. a. auf den zeitlichen, emotionalen und körperlichen Bereich beziehen, werden entsprechenden Untersuchungen zufolge als sehr hoch eingestuft" (BMFSFJ 2009, 130). Das betrifft im Bereich der Behindertenarbeit insbesondere auch die Situation alter Eltern, deren alltägliche Pflege und Betreuung ihres schwer behinderten Sohnes oder ihrer Tochter allzu leicht „zu einer häuslichen Krise führen" (Janicki 2006, 54; 2010, 42) kann; und „häufig brechen in Familien durch die Überlastung und eine nicht bewältigte Trauerarbeit (‚Sterben auf Raten'), mitunter auch bei schon lange schwelenden Unstimmigkeiten oder Ambivalenzen, Konflikte auf, welche die Situation zusätzlich komplizieren" (Lingg & Theunissen 1999, 250). In dem Falle bedarf es neben familienunterstützenden Diensten und der Partizipation an Selbsthilfegruppen zumeist auch einer psychosozialen oder therapeutischen Unterstützung der Familie (Janicki 2010, 47; Romero & Wenz 2002).

Hinzu kommt, dass die hier skizzierte lebensweltbezogene Behindertenarbeit einer „starken Familie" nur unter Bedingungen möglich ist, die einerseits ausreichende, stabile, materielle Ressourcen (finanziell, räumlich) und andererseits ein verlässliches, stabiles, soziales Unterstützernetzwerk

(Familien- und Freundeskreis) garantieren können. Dadurch grenzt sich der Kreis an Familien, die sich eine häusliche Pflege und Unterstützung eines schwer behinderten Angehörigen leisten können, unzweifelhaft ein. Gleichwohl sind die Erfahrungen des vorgestellten Beispiels wertvoll und hoch einzuschätzen.

Behindertenarbeit vom Menschen aus durch geeignete Wohnangebote und Unterstützungsformen der Behindertenhilfe

Einleitende Bemerkungen zum Wohnen

Es entspricht den Vorstellungen der Sozialpolitik, dass möglichst viele Menschen mit einer schweren neurokognitiven Störung von Familienangehörigen oder nahestehenden Personen zunächst in ihrem Zuhause betreut und versorgt werden. Um die damit verknüpften hohen psychischen und physischen Belastungen der häuslichen Pflegepersonen (Angehörigen) abzufedern, sollen Pflegedienste, Sozialstationen und spezialisierte Tageseinrichtungen in Anspruch genommen werden, zudem wird das Aufsuchen von sozialen Netzwerken wie Selbsthilfegruppen empfohlen, um v. a. auch emotionalen oder psychosozialen Beistand zu erfahren. Kann die Unterstützung dementer Personen in ihrem vertrauten häuslichen Milieu nicht (mehr) geleistet werden, müssen Alternativen in Betracht gezogen werden. Diese beschränken sich heute keineswegs mehr auf Heimlösungen, vielmehr gewinnen spezialisierte (kleine) Wohngruppen für Personen mit schwerer neurokognitiver Störung immer mehr Zuspruch (Janicki 2010, 51 ff.; Janicki et al. 2005, 2; Manji & Dunn 2010).

Von der Leitperspektive Lebensqualität lässt sich nämlich unschwer eine Brücke zur *Rechte-Perspektive* schlagen. Als richtungsweisend sollten wir die UN-Behindertenrechtskonvention in Augenschein nehmen. Sie besagt, dass alle Menschen mit Behinderungen, unabhängig des Alters oder der Schwere der Behinderung, ein Recht auf Inklusion im Sinne gesellschaftlicher Zugehörigkeit und Partizipation haben, welches vom Recht auf Selbstbestimmung im Sinne persönlicher Wahl- und Entscheidungsfreiheit nicht losgelöst betrachtet werden darf.

Mit Blick auf ältere Menschen werden hierzu in Artikel 28, der das Recht auf einen angemessenen Lebensstandard und sozialen Schutz thematisiert, Maßnahmen eingefordert, die Menschen mit Behinderungen einen „gleichberechtigten Zugang zu Leistungen und Programmen der Altersversorgung“

ermöglichen und sichern. Entsprechende Gesundheitsleistungen sollen nach Artikel 25 so gemeindenah wie möglich angeboten werden; zudem soll auf der Grundlage der freien Zustimmung die Versorgung von gleicher Qualität wie bei anderen Menschen sein. Wichtig ist darüber hinaus der Artikel 19, welcher alle Vertragsstaaten in die Pflicht nimmt, anzuerkennen und zu gewährleisten, dass Menschen mit Behinderungen das gleiche Recht und die gleichen Wahlmöglichkeiten wie andere Menschen haben, in der Gesellschaft zu leben und am Gemeinwesen zu partizipieren, so z. B. „ihren Aufenthaltsort zu wählen und zu entscheiden, wo und mit wem sie leben möchten und nicht verpflichtet sind, in besonderen Wohnformen zu leben." Ferner sollen Menschen mit Behinderungen Unterstützungsdienste für das Wohnen im eigenen Zuhause zugänglich sein, gemeindebezogene Dienstleistungen und Einrichtungen, wie sie für die Allgemeinbevölkerung vorgesehen sind, gleichberechtigt zur Verfügung stehen sowie Möglichkeiten einer persönlichen Assistenz offeriert werden, um ein „inklusives Leben" im Gemeinwesen zu unterstützen sowie gesellschaftliche Isolation oder Segregation zu vermeiden.

Darüber hinaus erfordern der Leitgedanke der Lebensqualität sowie die Rechte-Perspektive ein Menschenbild, das Personen mit Lernschwierigkeiten und einer schweren neurokognitiven Störung nicht von einem nihilistischen Blickwinkel aus betrachtet, sondern die personale Wertschätzung und Würde zugrunde legt. Das von C. Rogers (1974) angeregte humanistische Menschenbild und Persönlichkeitsmodell ist hierzu wegbereitend für eine Haltung, die das Bedürfnis nach personaler Wertschätzung als essenziell für die Entwicklung und den Erhalt des Selbst eines Menschen unabhängig der Art oder Schwere von Beeinträchtigungen wertzuschätzen weiß. Zugleich befördert es eine positive Einstellung gegenüber der Selbstdarstellung des anderen.

Diese Anmerkung lässt unschwer erkennen, dass eine Unterstützungskonzeption die Sicht der Betroffenen nicht übergehen darf. Diesbezüglich gibt es Berichte aus dem angloamerikanischen Sprachraum, denen zu entnehmen ist, dass ältere Menschen mit Lernschwierigkeiten Sorge vor Verlusterfahrungen haben und altersbedingte wie auch Beeinträchtigungen einer schweren neurokognitiven Störung schmerzvoll erleben. Gleichwohl ist es für sie weiterhin wichtig, ihr Alltagsleben ohne Stress selbst zu bestimmen, soziale Kontakte und zwischenmenschliche Beziehungen aufrechtzuerhalten, selbstbestimmte Aktivitäten pflegen, sich freiwillig engagieren und am gesellschaftlichen Leben teilnehmen zu können sowie nicht diskriminiert, sozial ausgegrenzt und abgeschoben zu werden (vgl. Theunissen 2015a; auch Kuhn 2014). Die meisten der Befragten möchten inmitten der Gesellschaft in ihrem eigenen, vertrauten Zuhause verweilen und nicht aus alters- oder krankheitsbedingten Gründen in eine Pflegeeinrichtung verlegt werden.

Alles in allem sollte somit unstrittig sein, dass behinderte Menschen im Alter (mit oder ohne major NCD) ein Recht darauf haben, so leben und wohnen zu dürfen, wie es für andere ältere Personen üblich ist (Bigdy & Torr 2011, 122 ff.; Crawford 2004, 26 f.; Janicki 2006; 2011; Manji & Dunn 2010). Gerontopsychiatrische Dienstleistungssysteme können hierzu eine geeignete Unterstützung anbieten, z. B. durch Diagnostik, Therapie, methodische Konzeptanregungen, Tagesklinik, konsultative Begleitung, Praxisberatung und Supervision für Mitarbeitende. Dies verlangt eine enge und gute Kooperation zwischen den beteiligten Dienstleistungssystemen.

Wie in der Arbeit mit alten Menschen werden heute gleichfalls in der Behindertenhilfe Wohnformen favorisiert, die ein Höchstmaß an selbstbestimmter Lebensgestaltung ermöglichen können (vgl. Kap. 2 u. 3). Das betrifft das Leben mit Assistenz in der eigenen Wohnung gleichermaßen wie das unterstützte Einzel- oder Paarwohnen in einer Mehrgenerationenwohnanlage oder das unterstützte Wohnen in einer Lebensgemeinschaft von drei bis sechs Personen inmitten einer Gemeinde. Die Frage, ob vor diesem Hintergrund ein Einrichtungsträger oder Dienstleister der Behindertenhilfe eine spezielle Wohngruppe für demente Personen einrichten soll, lässt sich nicht pauschal beantworten (dazu Chaput 2002; Janicki et al. 2005; 2011). Zum einen sollte nämlich eruiert werden, inwieweit gemeinsam mit Organisationen oder Dienstleistern der Altenhilfe „inklusive" Wohnprojekte für demente Personen mit oder ohne Behinderung realisiert werden können. Zum anderen gilt es zu prüfen, ob die Unterstützung einer dementen Person mit Behinderung in einer bestehenden Wohngruppe der Behindertenhilfe möglich sein kann. Wohngruppen, die sich auf die Unterstützung von Menschen mit einer (schweren) komplexen Behinderung und hohen Pflegebedürftigkeit spezialisiert haben, imponieren nicht selten durch eine subjektzentrierte Alltagsarbeit, so dass sie im Einzelfall auch für Menschen mit Lernschwierigkeiten und einer zusätzlichen schweren neurokognitiven Störung eine Option sein können. Grundsätzlich sollte ein Dienstleister der Behindertenhilfe Personen mit einer schweren neurokognitiven Störung (ähnlich wie eine Familie) das größtmögliche Maß an entsprechenden Unterstützungsformen ermöglichen und sicherstellen sowie die Stimme und Perspektive der Betroffenen nicht übergehen. Stößt die Lebensbegleitung in der vertrauten Wohnung unter der Regie der Behindertenhilfe auf unüberwindbare Grenzen, ist eine alternative Wohnform geboten, die den höchsten Grad an Lebensqualität für Menschen mit einer schweren neurokognitiven Störung verspricht.

Konzeptionelle Leitprinzipien und Qualitätsmerkmale

Unter Berücksichtigung allgemeiner Erkenntnisse (dazu Theunissen 2002; 2013) und der anskizzierten Subjektperspektive lassen sich zunächst einmal zentrale Leitprinzipien formulieren, die den fühlbaren Hintergrund aller Dienstleistungsangebote für demente Personen mit Lernschwierigkeiten oder einer komplexen Behinderung bilden sollten:

- Verabschiedung von einer (heil-)pädagogischen Maxime der Förderung und Hinwendung zu einer Philosophie der subjektzentrierten Lebensbegleitung zur Ermöglichung eines sinnerfüllten Lebens im Alter mit einer schweren neurokognitiven Störung;
- unbedingte Annahme des anderen und Respekt vor seinem So-Sein und Eigen-Sinn;
- Kommunikative Orientierung und Beziehungsgestaltung;
- erwachsenen- bzw. altersgemäße Ansprache;
- größtmögliche Unterstützung der Selbstbestimmungsmöglichkeiten und Wertschätzung der persönlichen Freiheit;
- größtmögliche Unterstützung des persönlichen, emotionalen, physischen und sozialen Wohlbefindens;
- Ermöglichung eines Lebens, das Vertrautheit, Sicherheit, Stetigkeit und Geborgenheit wie aber auch Anregungen, soziale Beziehungen und ein soziales Zusammensein bietet;
- assistierende Alltagshilfen (pflegerisch, pädagogisch, medizinisch, psychologisch) zur Verwirklichung eines sinnerfüllten Lebens und Aufrechterhaltung des Selbstwertgefühls;
- Verzicht auf entwertende oder denunzierende Expertenurteile und Praktiken im Lichte des Defizitmodells.

Des Weiteren können auf der Grundlage des aktuellen Forschungs- und Diskussionsstandes (Janicki 2006; 2010; 2011; Manji & Dunn 2010; Strydom 2009) sowie der vorausgegangenen Ausführungen (insbesondere auch mit Blick auf das Beispiel „Frau Rose") 15 Aspekte herausgestellt werden, die als objektive Qualitätsmerkmale und Prüfkriterien für ein Dienstleistungsangebot im Sinne der lebensweltbezogenen Behindertenarbeit von Bedeutung sind:

1. *Durchführung und Implementierung einer Personenzentrierten Planung* (einschließlich eines individualisierten Pflegeplans *[individualized care plan]* und Gesundheitsplans *[health action plan]*)
2. *Sicherung der Rechte und advokatorisches Engagement* (Ausschöpfung der gesetzlichen Bestimmungen, Einhaltung der Privatsphäre, Aufklärungs- und Öffentlichkeitsarbeit im Hinblick auf „Bewusstseinsbildung"

in Bezug auf Rechte behinderter Menschen mit Demenz; politisches Engagement in Bezug auf Schaffung und Sicherung „barrierefreier" Zugänge zu öffentlichen Räumen, Unterstützung „barrierefreier" Partizipation behinderter Personen mit schwerer neurokognitiver Störung am Gemeinwesen [Manji & Dunn 2010])

3. *Verbleib in der vertrauten Lebenswelt und Gemeinde*
(Ein Abschieben in ein Heim oder in eine abseits gelegene Pflegeeinrichtung sollte vermieden werden.)
4. *Spezialisierte kleine Wohngruppen*
(Ein Verbleib in der vertrauten Lebenswelt kann ggf. durch die Nutzung von vorhandenen Ressourcen einer Wohngruppe für Personen mit hohem Unterstützungs- und Pflegebedarf oder durch die Einrichtung einer kleinen Wohngruppe für Menschen mit schweren neurokognitiven Störungen bewerkstelligt werden; solche Gruppen bieten eine höhere Lebensqualität als große Wohngruppen [über sechs Plätze] oder Pflegeheimsettings [Harazin, McCallion & Nickle 2005; Janicki 2006; Manji & Dunn 2010; Strydom 2009, 32; auch Trescher 2017].)
5. *Aufbau eines Beziehungsnetzwerkes unter Berücksichtigung informeller Unterstützungsleistungen*
(Die Betreuung dementer Personen kann nicht allein von Profis geleistet werden; zudem wünschen sich betroffene Personen ein informelles soziales Netzwerk, insbesondere auch durch ihre Angehörigen.)
6. *Angepasste Wohnraumgestaltung*
(Orientiert an den drei Stadien der schweren neurokognitiven Störung: z. B. in der Frühphase: Weg-, Raum- oder Objektmarkierungen als Orientierungshilfen; Vermeidung von störenden Geräusch- oder Gefahrenquellen wie scharfe Kanten, Schatten etc.; Hilfsmittel bzw. Vorrichtungen zur Pflege, Pflegebett, Raumausstattung mit musikalischen und dezenten Snoezelangeboten im dritten Stadium der schweren neurokognitiven Störung)
7. *Angepasste Arbeitsplatzgestaltung*
(Gilt für betroffene Arbeitnehmer: reduzierte Arbeitszeiten; häufigere Zwischenpausen und Erholungsphasen; strukturierter Arbeitsplatz; reduzierte Anforderungen; Vereinfachung der Tätigkeiten; so lange wie möglich Erhalt des Arbeitsplatzes)
8. *Tagesstrukturierende Angebote*
(Z. B. durch Besuch einer Tagesstätte für demente Personen; subjektiv bedeutsame Aktivitätsangebote [nicht Training!] auf der Basis von Bedürfnissen, Interessen, Stärken; gesundheitserhaltende und -fördernde Angebote; Angebote zur Aufrechterhaltung von Fähigkeiten; [therapeutisch-]ästhetische Aktivitäten [Musik/ Gesang, Tanz/Rhyth-

mik/Bewegung, Kunst/bildnerisches Gestalten], Aromatherapie, sensorische Stimulation, Snoezelen, biographieorientierte oder körperliche Aktivierung o. ä.)

9. *Angebote zur Teilnahme und Teilhabe am sozio-kulturellen Leben* (selbstausgewählte bzw. selbstbestimmte Ausflüge, Spaziergänge, Nutzung sozio-kultureller Ressourcen etc.)
10. *Hochwertige Alltagspflege* (ganzheitlich; bedürfnisbezogen [z. B. Haar- und Gesichtspflege mit Make-up] und gesundheitliche Unterstützung [gute Ernährung z. B. durch mediterrane Kost; Massage, physiotherapeutische Angebote]
11. *Hochwertige pädagogische Lebensbegleitung* (Z. B. biografieorientierte, basale, kommunikative Angebote, validierende Assistenz)
12. *Positive Verhaltensunterstützung bei herausforderndem Verhalten* (Z. B. können durch eine biografische Rückschau und positive Konnotation mögliche Funktionen bestimmter Verhaltensauffälligkeiten erschlossen werden, was einen „verstehenden Umgang" [dazu Theunissen 2015b] befördern kann: sinnlos erscheinende Aktionen wie z. B. ständig wiederholendes, stereotypes Sortieren von Besteck, renitente Verhaltensweisen oder Ähnliches werden in ihrem Sinn erfasst, akzeptiert, ignoriert oder ggf. umgelenkt; pädagogisches Fehlverhalten durch Verstärkung, unnötige Sanktionen oder gar Bestrafung wird vermieden; außerdem hat die Positive Verhaltensunterstützung [nicht selten in Kooperation mit psychiatrischen und psychologisch-psychotherapeutischen Hilfen] dort ihre Bedeutung, wo es um die Förderung oder Aufrechterhaltung eines Selbstwertgefühls, um den Umgang mit Ängsten, psychischen Begleitstörungen sowie um Krisenmanagement geht. Der Ansatz der Positiven Verhaltensunterstützung entspricht weithin aktuellen Rahmenempfehlungen aus dem Bereich der Pflegewissenschaften und Gerontologie, wo seit einigen Jahren der Begriff des herausfordernden Verhaltens für weithin alle psychischen Begleiterscheinungen bei Menschen mit neurokognitiven Störungen benutzt wird [Schäufele 2018, 150 f.]. Ursächlich wird hierbei auf die Synthese aus einem bedürfnisorientierten Verhaltensmodell und dem sogenannten Vulnerabilität-Stress-Modell verwiesen. Durch eine am humanistischen Menschenbild orientierte „verstehende Diagnostik", bei der es darauf ankommt, konkrete Situationen, hintergründige Aspekte, auslösende Bedingungen und aufrechterhaltende Faktoren herausfordernden Verhaltens zu erfassen, sollen Interventionen zur Gewinnung von mehr Menschlichkeit und Lebensqualität erschlossen werden.)

13. *Erforderliche medizinische und krankenpflegerische Dienstleistungen* (Allgemeinmedizinisch, internistisch, neurologisch, psychiatrisch; Behandlungspflege; künstliche Ernährung etc.)
14. *Palliative Care* (In der Endphase; ggf. in Zusammenarbeit mit Hospiz-Organisationen)
15. *Praxisberatung, Supervision und Kompensations- sowie Schulungsangebote für pflegende Personen, Helfende, Mitarbeitende, Angehörige* (Diese Angebotspalette wird angesichts der Gefahr der Überforderung, Hilflosigkeit, Handlungsunsicherheit oder eines Burnouts in der alltäglichen Arbeit mit behinderten und dementen Personen als besonders wichtig erachtet [Strydom 2009, 31;]. „Vielversprechend im Hinblick auf eine Minderung herausfordernden Verhaltens scheinen insbesondere niedrigschwellige, qualifizierte Beratungs- und Schulungsangebote für Angehörige und professionell Pflegende demenziell Erkrankter zu sein“ [Schäufele 2018, 160]).

Zur Alltagsarbeit

Vor dem Hintergrund dieser Leitphilosophie und Leitlinien gilt es ein Konzept für die alltägliche Arbeit zu entwickeln. Unsere Überlegungen beziehen sich dabei auf das Wohnen, wobei die Arbeit in Einrichtungen, die sich nur auf tagesstrukturierende Angebote (z. B. Tagesstätten) beziehen, mitgedacht ist. Um zu einem tragfähigen Konzept zu gelangen, sind auf jeden Fall Team-Tage zu empfehlen, die Mitarbeitende einer Wohngruppe oder Tagesstätte Gelegenheit bieten, sich tiefgreifender und sorgfältiger als im Rahmen üblicher (zweistündiger) Gruppenbesprechungen mit konzeptionellen Fragen auseinanderzusetzen. Ausgangspunkt einer Konzeptentwicklung ist die Personenzentrierte Planung, nach der sich alle Entschcidungen zu orientieren haben. Folglich geht es um einen Bottom-up-Ansatz und nicht etwa um eine Top-down-Konzeption. Das bedeutet, dass zunächst nur ein grobmaschiger konzeptioneller Rahmen festgelegt werden kann, dessen Bausteine dann individualisiert (nach Ergebnissen aus der persönlichen Lebensstilplanung) und mit Blick auf ein Wohnen und Leben in einer Gruppe aufbereitet werden müssen. Das von uns favorisierte Konzept einer lebensweltbezogenen Behindertenarbeit unterscheidet zwei Bausteinebenen, die den Rahmen abstecken:

- Allgemeine Bereiche einer Alltagsarbeit: (1) Pflege und Ernährung, (2) Hausarbeit und Haushaltsführung, (3) Freizeitgestaltung und ästhetische Praxis, (4) psychosoziale Lebenshilfe und körperliche Aktivierung und (5) gesellschaftliche Integrationshilfe und kulturelle Partizipation (Teilhabe)

Spezielle Fragen zu: (1) den alltäglichen Aktivitäten und Angeboten (einschließlich Tierhaltung oder kultureller Teilhabe), (2) der räumlichen

Lebenswelt (Zimmer-, Flur-, Gartengestaltung etc.), (3) der sozialen Kommunikation, den zwischenmenschlichen Beziehungen und der Beziehungsgestaltung, (4) der zeitlichen Gestaltung eines Alltags (unter Berücksichtigung eines persönlichen Zeitrhythmus und allgemeiner Zeitabsprachen), (5) der Bedeutung und Koordination von Einzel- und Gruppenarbeit und (6) den assistierenden Hilfen (einschließlich Methoden und Umgangsformen).

Wie wir uns mit Blick auf Menschen mit komplexer Behinderung und schwerer neurokognitiver Störung die inhaltliche Ausgestaltung dieser stichwortartig genannten Bausteine vorstellen können, ist verschiedenen Fachbeiträgen zu entnehmen (Janicki 2011; Janicki & Ansello 2000; Lingg & Theunissen 1999; Rosewame 2001; Theunissen 2002). Grundsätzlich lässt sich festhalten, dass der von uns skizzierte Entwurf mit Überlegungen kompatibel ist, die in jüngster Zeit als „supported empowerment for individuals with developmental disabilities and dementia" (Manji & Dunn 2010) diskutiert werden. Dabei geht es letztlich um die Implementierung der Leitprinzipien der Behindertenrechtskonvention unter besonderer Berücksichtigung von Menschen mit Lernschwierigkeiten oder einer komplexen Behinderung und einer schweren neurokognitiven Störung. Wie alle anderen behinderten Menschen hat gleichfalls dieser Personenkreis ein Recht auf gesellschaftliche Inklusion und ein Wohnen und Leben, das ein Höchstmaß an Lebensqualität ermöglichen kann. Wichtig für die konkrete Alltagsarbeit ist es, sich in dem Zusammenhang zu vergegenwärtigen, dass anstelle einer heilpädagogischen Förderung oder statischen Pflege gemäß der Pflegeversicherung subjektzentrierte Formen einer Lebensbegleitung im Dienste der betroffenen Person treten. Dafür verwenden wir den Begriff der Assistenz, der sich abgeleitet vom lateinischen Herkunftswort „assistentia" mit „Beistand, Mithilfe oder Unterstützung" übersetzen lässt und zielgruppenbezogen aufbereitet werden muss (Duden 1997, 48). Da den assistierenden Hilfen für gelingende Empowermentprozesse *(supported empowerment)* und Lebenszufriedenheit von Menschen mit Behinderungen und einer schweren neurokognitiven Störung eine „Schlüsselfunktion" zukommt, sollen im Folgenden die zentralen Unterstützungsformen reflektiert werden.

Assistierende Hilfen

Für die Arbeit mit Personen mit Lernschwierigkeiten oder einer komplexen Behinderung und einer schweren neurokognitiven Störung lassen sich sieben zentrale Formen einer Assistenz unterscheiden:

1. Dialogische Assistenz

Der Begriff der dialogischen Assistenz steht für das Bemühen, mit einer Person in Beziehung zu treten und ihr auf dem Hintergrund eines positiven, vertrauensstiftenden Verhältnisses Gelegenheiten zu offerieren, sich angenommen zu fühlen, psychisches Wohlbefinden zu erleben und zu einer Befriedigung von Grundbedürfnissen nach sozialer Kommunikation, Zuwendung, Anerkennung, Geborgenheit, emotionalem Halt, Verbundenheit oder Mitmenschlichkeit zu gelangen. Entsprechende Begegnungen (Buber) können aber nur dann tragfähig sein, wenn es der assistierenden Person gelingt, mit ihrer Kommunikation (z. B. einfache Sprache, angemessener Ton, Vermeidung eines „Überfragens") den anderen zu erreichen. Untersuchungen lassen den Schluss zu, dass der Qualität von Beziehungen für das Wohlbefinden im Alter eine zentrale Rolle zukommt (Menzen 2004, 86ff.). Das gilt nicht nur für Partnerschaften oder Freundschaften im höheren Lebensalter, die eine haltgebende Schutzfunktion haben können, sondern gleichfalls für Begegnungen und Interaktionen in der alltäglichen Pflege oder Unterstützung beim Einzel- oder Gruppenwohnen. Für viele betroffene Personen stellt daher eine sogenannte Bezugsassistenz eine Option dar.

2. Lebenspraktische Assistenz

Unter lebenspraktischer Assistenz fassen wir eine breite Palette an Handreichungen oder Hilfen, die sich auf die Aktivitäten des alltäglichen Lebens beziehen (z. B. bei der Körper- oder Behandlungspflege, beim An- oder Ausziehen, bei der Essenszubereitung, beim Einkaufen, bei Spaziergängen, im Haushalt). Solche Hilfen sollten nicht als eine paternalistisch-bevormundende Fürsorge oder Betreuung zutage treten, sondern sich im Sinne von *„care"* (eines „assistierenden Kümmerns") an Leitprinzipien der Selbstbestimmung, Selbst-Hilfe, Ressourcenaktivierung und größtmöglichen Beteiligung am Alltagsleben orientieren. T. Kitwoods Anregungen einer „positiven Demenzpflege" (2001) sind hier mit Blick auf Verrichtungen des alltäglichen Lebens hilfreich.

3. Advokatorische Assistenz

Angesichts der fortschreitenden Schwierigkeiten betroffener Personen, ihre Situation oder Lebensperspektive zu überschauen und zu antizipieren, gilt es stellvertretend in ihrem Interesse zu entscheiden, zu handeln und die Lebenszukunft zu planen. Assistierende Personen haben hierbei Partei für den betroffenen Menschen zu ergreifen, eine Fürsprecherfunktion zu übernehmen und individuelle Übersetzungs- und Mitteilungshilfe zu leisten. Diese Aufgabe bezeichnen wir als advokatorische Assistenz – wohl wissend, dass der Begriff nicht unstrittig ist. Denn eine „Anwaltschaft" setzt üblicherweise ein Mandat voraus, das den Umfang der Interessenvertretung regelt. Fehlt ein solches Mandat, haben wir es mit einer „Selbstanmaßung" zu tun, die überzeugend begründet werden muss und nur dann nicht in eine paternalistische Bevormundung entgleitet, wenn sie beständig selbstkritisch reflektiert wird. In diesem Sinne verweist der hier benutzte Begriff der advokatorischen Assistenz immer auf eine Selbstreflexion, Selbstbeschränkung und Achtsamkeit, nicht eigene Interessen ins Spiel zu bringen und dem betroffenen Menschen aufzustülpen. Wichtig ist es, dass die Interessenvertretung eindeutig und authentisch ist; und sie hat die Grundbedürfnisse, Perspektiven wie auch Ressourcen oder Stärken der betreffenden Person zu respektieren. Zudem gilt es sich für ihre Rechte zu engagieren, was im Einzelfall professionelles Engagement im öffentlichen Raum erfordert, um beispielsweise „Schlüsselpersonen" (Gemeindevertreter, einflussreiche Geschäftsleute oder Persönlichkeiten) sowie andere Bürgerinnen in einem Gemeinwesen (Sozialraum) zu sensibilisieren, Menschen mit Behinderungen und einer schweren neurokognitiven Störung als Nachbarn oder Mitbürgerinnen zu respektieren und ihnen unbehindert (barrierefrei) ein Leben inmitten der Gesellschaft (Inklusion) zu ermöglichen.

4. Sozialintegrierende Assistenz

Aufgabe der sozialintegrierenden Assistenz ist es, Menschen mit Lernschwierigkeiten oder komplexer Behinderung und einer schweren neurokognitiven Störung die Möglichkeit zu eröffnen und Unterstützung anzubieten, sich als Mitglied einer Gruppe bzw. zugehörig zu erleben und in eine bestehende Gemeinschaft aktiv einzubringen, am Gemeinschaftsleben teil zu haben und an erweiterten sozialen oder gesellschaftlichen Bezügen zu partizipieren. Nach Kitwood (2001, 121 ff.) kann durch die sozialintegrierende Assistenz v. a. den Bedürfnissen dementer Menschen nach sozialem Kontakt, sozialer Zugehörigkeit, Teilnahme und Teilhabe Rechnung getragen werden. Zugleich kommt ihr nicht selten in Verbindung mit der advokatorischen Assistenz eine Schlüsselfunktion im Hinblick auf gesellschaftliche Integration und Inklusion zu. Möchte beispielsweise eine Person an tagesstrukturierenden Angeboten einer im Sozialraum (Wohnquartier, Stadtteil) gelegenen Begegnungsstätte partizipieren, die ursprünglich für nichtbehinderte Menschen mit schwerer neurokognitiver Störung geschaffen wurde, fallen die entsprechenden Vorkehrungen, begleitenden Unterstützungsformen und Integrationshilfen *(bridge building)* in den Bereich der sozialintegrierenden Assistenz.

5. Facilitatorische Assistenz

Diese Form der Assistenz gilt als eine wegbereitende Hilfe zur Realisierung von Aktivitäten, Handlungen oder Tätigkeiten, die an den Ressourcen und Stärken der Person anknüpft, gewohnte Materialien (z. B. Werkzeuge, Haushaltsgegenstände) berücksichtigt und dazu geeignet ist, zu physisch-psychischem Wohlbefinden beizutragen und ein gewisses Maß an körperlicher Belastung und Aktivität, sensorische Wahrnehmungen sowie vertraute Bewegungsmuster aufrechtzuerhalten. Solche Aktivitäten können von einer dementen Person selbst initiiert werden (z. B. durch den plötzlichen Drang, Bestecke zu sortieren) oder durch die Schaffung stimulierender Angebote und Situationen (z. B. im Rahmen einer Essenszubereitung) angeregt werden.

Durch die Unterstützung vertrauter Tätigkeiten, die dem Bedürfnis dementer Personen nach Beschäftigung (Kitwood) entgegenkommen, werden v. a. prozedurale Gedächtnisareale aktiviert, in denen von klein auf erworbene motorische Fertigkeiten und Handlungsabläufe gespeichert sind (Markowitsch 2002). Diese in den Basalganglien und im Kleinhirn gelegenen Bereiche stehen als implizites Langzeitgedächtnis Menschen mit einer schweren neurokognitiven Störung am längsten zur Verfügung. Gleichfalls lassen sich durch die facilitatorische Assistenz aber auch andere Gedächtnisformen wie z. B. das Priming unterstützen, welches den cerebralen Cortex und primäre sensorische Felder betrifft. Das Priming bezieht sich auf unbewusst Gelerntes, das assoziativ durch Wiedererkennung abgerufen werden kann. Hierzu bietet sich beispielsweise der Griff in eine „Schatzkiste" an, aus der Dinge hervorgeholt werden, die zu erraten sind, Erinnerungen wecken und zu Assoziationen stimulieren. Das können persönliche „Schätze", alltägliche Gegenstände (Zahnbürste, Kamm) oder Angebote zum Riechen oder Schmecken sein, um Schwächen in der sensorischen Wahrnehmung vorzubeugen oder zu kompensieren (dazu Menzen 2004, 37 ff.).

6. Intervenierende Assistenz

Unter der intervenierenden Assistenz verstehe ich eine „vermittelnde" Hilfe, die über ein bloßes „Eingreifen" oder „Dazwischentreten" hinausgeht, insofern sie die Würde des anderen Menschen nicht verletzt und auf jegliches Interesse, den anderen zu verändern, ausdrücklich verzichtet. Ebenso wenig darf sie ihn verdinglichen und Momente der personalen Wertschätzung, welche die dialogische oder validierende Assistenz fühlbar durchdringen, leichtfertig aufs Spiel setzen. Eine intervenierende Assistenz kann als „Notfall-Hilfe" betrachtet werden. Bekanntlich gibt es v. a. im zweiten Stadium einer schweren neurokognitiven Störung häufig Situationen einer Gesundheits-, Selbst- oder Fremdgefährdung, die ein assistierendes Intervenieren notwendig machen (z. B. bei einem unsachgemäßen Gebrauch von Elektrogeräten, bei einem desorientierten Weglaufen mit Verkehrsgefährdung).

7. Validierende Assistenz

Wie schon im Rahmen unseres Beispiels „Frau Rose" erwähnt, fußt der Begriff der validierenden Assistenz auf Einsichten und Grundüberzeugungen, die aus dem von Naomi Feil (1992; 2001) entwickelten Ansatz der Validation stammen. Daran anknüpfend gibt es noch zwei weitere Varianten, auf die wir Bezug nehmen, zum einen auf eine ressourcen- und kommunikationsorientierte validierende Unterstützung nach Klaus Heck (1998) und zum anderen auf die „Integrative Validation“ (IVA) nach Nicole Richard (1994; 1996). Um den exklusiven Stellenwert der validierenden Assistenz in der Alltagsarbeit mit dementen Personen reflektieren zu können, macht es Sinn, das Grundanliegen der Validationsansätze kurz zu beleuchten.

Ausgehend von Beobachtungen, dass es Menschen mit einer schweren neurokognitiven Störung in zunehmendem Maße schwer fällt, sich aktuelle Informationen einzuprägen sowie in der gegenwartsbezogenen Realität zurechtzufinden, wurde quasi kontrapunktisch zu „realitätsorientierten Interventionen“ in der Pflege oder Alltagsbetreuung die Validation (Feil) entwickelt. Hinzu kam die Erfahrung, dass herkömmliche Umgangsformen (v. a. Anweisungen, Vorschriften, Korrektur) in der alltäglichen Arbeit häufig Frustrationen, Ablehnung und zusätzliche Verhaltensauffälligkeiten provozieren sowie kognitive Überforderungen implizieren. Offensichtlich konnten demente Menschen mit ihren Bedürfnissen nicht mehr adäquat erreicht werden. Zudem wurde festgestellt, dass sich Betroffene mit ihren Erlebens-, Verhaltens- und Ausdrucksweisen immer wieder auf ihre Vergangenheit beziehen und dabei ihr episodisches (autobiografisches) Gedächtnis (persönliche Erlebnisse) mobilisieren. Bei diesem Rückzug in die eigene Vergangenheit würden nicht nur subjektiv bedeutsame Gewohnheiten, Rituale oder Tagesrhythmen sowie schöne Erlebnisse, Ereignisse und positive Emotionen, sondern immer auch ungelöste Fragen, unbewältigte Lebensaufgaben, unverarbeitete Konflikte, Verluste, ein Gefühl von Nutzlosigkeit, Ängste sowie Wünsche oder Sehnsüchte nach partnerschaftlicher Nähe, Geborgenheit und Vertrautheit „ungefiltert“ und nicht selten spontan oder in unvorhergesehenen Momenten zutage treten. Gerade diese gefühlsmäßigen Erinnerungen seien für die Betroffenen lebendig spürbar und wahr und quasi das Vehikel für ihre aus unserer Sicht oft unverständlichen Verhaltensäußerungen oder Handlungen.

Genau an dieser Stelle setzen die validierenden Vorgehensweisen an, indem sie sich mit einer positiven Grundhaltung und Wertschätzung in die „Welt der Betroffenen“ einzufühlen versuchen, um zu erspüren, welche Gefühle sich hinter den Äußerungen oder Handlungen verbergen. Während Feil (1992, 51 ff.) in dem Zusammenhang spezifische Symboldeutungen zur Aufarbeitung unbewältigter Vergangenheitserfahrungen ins Spiel bringt, wird in den Ansätzen von Richard oder Heck auf tiefenpsychologische Spekulationen weithin verzichtet. Stattdessen geht es um die „validierende Grundhaltung“, bei der die Gefühlsäußerungen eines dementen Menschen nicht etwa korrigiert bzw. in die Gegenwartssituation zurückgeführt, sondern als echt (valide) akzeptiert, zugelassen, wertgeschätzt und bestätigt werden. Die hinter den

Verhaltensäußerungen oder Handlungen liegenden Gefühle (v.a. Trauer, Angst, Resignation, Wut, Stolz, Tüchtigkeit, Pflichtgefühl) sollen adäquat erfasst und der Person durch eine Widerspiegelung (z.B. „oh, Sie sind aber fleißig"; „darauf sind Sie sehr stolz"; „ja, davor haben Sie Angst"; „das macht Sie ganz traurig") so vor Augen geführt werden, dass sie sich mit ihren emotionalen Erinnerungen, Äußerungen oder Handlungen angenommen und „aufgefangen" erleben sowie zu einer inneren Befriedigung gelangen kann.

Alles in allem lässt sich festhalten, dass es im Rahmen des validierenden Arbeitens neben der Förderung persönlichen Wohlbefindens sowie der Aufrechterhaltung oder Wiederherstellung persönlicher Würde, eines Identitäts- und Selbstwertgefühls im Wesentlichen um die Annahme eines gelebten Lebens, die Auflösung oder Kompensation von Ängsten, unerledigten Problemen oder Lebensfragen aus der Vergangenheit, die Reduktion von psychischem Stress und Psychopharmaka sowie die Verhinderung eines sozialen Rückzugs geht (Feil 1992; 2000; Richard 1994; 1996). Um diese Ansprüche auf handlungspraktischer Ebene einlösen zu können, bedarf es bestimmter Validationstechniken, die sich aus verschiedenen Kommunikationsformen und -mitteln (dazu unser Beispiel „Frau Rose") zusammensetzen: So gilt z.B. die Technik des Zentrierens zur Herstellung einer inneren Bereitschaft als Ausgangspunkt jeder Validation; ferner sollen auf Augenhöhe und durch Aufrechterhaltung eines ehrlichen, engen Augenkontakts, in einer sanften, liebevollen Sprache sowie in Anpassung an den Sprachrhythmus der betroffenen Person eindeutige, nicht wertende Worte verwendet werden, um Vertrauen herzustellen und zu sichern. Ebenso bedeutsam sind die Prinzipien der Versprachlichung der Gefühle des betreffenden Menschen unter Beachtung seiner Vergangenheit und seiner Grundbedürfnisse, des Wiederholens zentraler Schlüsselwörter sowie die Vermeidung von Warum-Fragen, um keine Überforderungen oder (Versagens-) Ängste zu erzeugen. Weitere Techniken beziehen sich auf das Setzen von Polaritäten, auf das Spiegeln von Verhalten bzw. der Körpersprache des anderen, auf die Berücksichtigung des bevorzugten Sinnesorgans, um dadurch besser in Kontakt treten zu können, auf das behutsame Berühren sowie die Verwendung von Musik, um angenehme Erinnerungen wachzurufen und Lebenskraft aufrechtzuerhalten.

Diese methodischen Instrumente lassen sich im Rahmen von Fort- oder Weiterbildungen in Validation aneignen. Gleichwohl ist dies noch keine Garantie dafür, dass die Validationstechniken oder auch das Konzept der „Basalen Stimulation in der Pflege" (Bienstein & Fröhlich) wirklich im Alltag angewandt werden. Dies geht aus einer qualitativen Forschungsstudie von Dammert, Bleses & Beer (2017) hervor. Demnach gibt es mehrere Faktoren, die die Umsetzung der beiden Ansätze be- oder verhindern, z.B. ungünstige

Rahmenbedingungen (mangelnde zeitliche Ressourcen, Lärm u.a.), das Fehlen kompetenter Ansprechpartner (Praxisberatung), Schwierigkeiten, sich „innerlich ruhig" auf das einfühlsame Arbeiten einzustellen, Schwierigkeiten, beim Validieren das Gefühl der betroffenen Person rasch und sicher zu deuten sowie die Erfahrung oder Befürchtung, dass durch das Validieren der erhoffte Effekt der psychischen Entlastung und Beruhigung nicht eintritt (ebd., 57). Die Autorinnen und Autoren ziehen daraus den Schluss, dass Wissen, Anspruch und Wirklichkeit auseinanderklaffen. Dies scheint damit zusammenzuhängen, dass ebenso wie demente Menschen die pflegenden Personen (Mitarbeitende) ein Bedürfnis nach Sicherheit aufsuchen, dies jedoch nicht durch Nähe, sondern durch Distanz zu befriedigen versuchen, „die ihnen (Eigen- und Fremd-)Kontrolle zur Minimierung ihrer vielfältigen Arbeitsbelastungen ermöglicht" (58). Dieses Bedürfnis „im Spannungsfeld zwischen emotions- und personenorientierten Arbeitens einerseits und der Fürsorgeverantwortung andererseits" (ebd.) sollte sowohl in der Forschung als auch im Zuge der Professionalisierung unter Berücksichtigung der hochkomplexen Alltagsarbeit stärker beachtet und thematisiert werden. Erst dann kann wohl den Ansprüchen der personenzentrierten Zugänge besser Rechnung getragen werden. Eine wichtige Voraussetzung der Validation besteht nämlich darin, dass die validierende Person bereit und fähig sein muss, den anderen so anzunehmen wie er ist, sich in ihn hineinzufühlen und die eigenen Erwartungen hintanzustellen. Anzumerken ist, dass Feil (2000) mit Blick auf „altersverwirrte" bzw. demente Personen vier Stadien unterscheidet (von einer unglücklichen Orientierung bis hin zum Vegetieren), in denen bestimmte Aufgaben zur Aufarbeitung des Lebens zum Tragen kommen, denen sie zugleich verschiedene Techniken der Validation zuordnet. Dies sollte, wie in unserem Beispiel angedeutet, kritisch gesehen werden, da häufig zu beobachten ist, dass Menschen mit schwerer neurokognitiver Störung je nach Tagesform zwischen den von Feil genannten Stadien hin- und herpendeln.

Unabhängig der oben genannten Implementierungsprobleme dürfte die von uns skizzierte Form der validierenden Assistenz, die eine Affinität zur dialogischen Assistenz aufweist, für die Praxis auf jeden Fall hilfreich zu sein; und da sie Handlungsmöglichkeiten für helfende Berufe jenseits psychotherapeutischer Provenienz bietet, beschränkt sie sich nicht auf eine spezielle therapeutische Einzelhilfe. Vielmehr stellt sie ein Angebot für die Alltagsarbeit dar, das grundsätzlich für den Umgang mit dementen Personen genutzt werden sollte.

Ergebnisse aus der Validationsforschung (Feil 1992, 40 ff.) lassen den Schluss zu, dass validierende Umgangsformen in zweifacher Hinsicht bedeutsam sind: Zum einen werden günstige Effekte bei dementen Personen nachgewiesen, etwa eine ausgeglichene Stimmungslage, psychisches Wohlbefinden und vermehrte positive Interaktionen. Zum anderen lassen sich auch bei Mitarbeitenden positive Wirkungen beobachten, so z. B. ein verbessertes Verständnis der betroffenen Person gegenüber, mehr Gelassenheit und Geduld sowie ein größeres Maß an Vertrauen und Zutrauen in die eigene Arbeit.

Interessant ist die Frage, ob darüber hinaus auch alte Menschen mit einer (v. a. schweren) komplexen Behinderung, die keine Symptome einer schweren neurokognitiven Störung zeigen, von diesem Angebot profitieren können. Dazu gibt es noch keine wissenschaftlichen Erkenntnisse, wohl aber erste Beobachtungen und Stimmen aus der Praxis, die ermutigend sind und sich mit Erfahrungen aus der Arbeit mit dementen Personen an der Stelle treffen, wo neben den Formen der verbalen Begegnung (Verbalisierung der Erlebnisinhalte, Ausdrucksformen, Gefühle; Wiederholung von subjektiv bedeutsamen „Schlüsselworten“ aus der Biografie u. a.) ebenso non-verbale Kommunikationsformen validierend genutzt werden. Das betrifft z. B. bestimmte Formen körperlicher Berührung (z. B. ruhige, leichte auf- und abstreichende Berührungen am Rücken, an der Schulter), um positive Gefühle (z. B. des Getröstetwerdens) hervorzurufen; ebenso lassen sich – wie unser vorausgegangenes Beispiel signalisiert– über Musik aus vergangenen Zeiten, Klänge, Lieblingsdinge, Kleidungsstücke, Stofftiere, Puppen, Bilder oder dergleichen schöne Erinnerungen und positive Emotionen wachrufen. Die Annahme, dass eine validierende Assistenz in der Arbeit mit alten Menschen mit Lernschwierigkeiten oder einer komplexen Behinderung grundsätzlich wertvoll erscheint, wird u. a. durch einen bemerkenswerten Beitrag von Ingersoll-Dayton et al. (2003) unterstützt.

Um erfolgreich im beschriebenen Sinne assistieren zu können, bedarf es lebensgeschichtlicher Kenntnisse. Im Vorfeld einer validierenden Assistenz gesammelte biografische Daten können dazu verhelfen, die Gefühlsäußerungen, Verhaltensweisen oder Handlungen der Person besser zu verstehen und den Umgang zu erleichtern. Denn „je mehr ich über das Leben des betreffenden Menschen weiß, desto besser kann ich mich auf seine Äußerungen einstellen und damit umgehen“ (so C. Müller in BR 2001). Die Aufbereitung von Lebensgeschichten sowie Bildungsangebote wie Biografiearbeit (z. B. Erstellung eines „Ich-Buches“ oder „Lebensbuches“) zählen heute zu zentralen Aufgaben in der Erwachsenen- und Altenarbeit mit behinderten Menschen (Lindmeier 2008; Lingg & Theunissen 1999; Theunissen 2002; dazu auch Oswald & Ackermann 2009).

Im Folgenden soll nunmehr anhand von zwei Sequenzen sozialer Kommunikation aufgezeigt werden, wie wir uns die validierende Assistenz im Rahmen der Alltagsarbeit in einer Wohngruppe vorstellen können. Im Unterschied z. B. zu „Frau Rose“ wird diesmal auf sprachlicher Ebene validiert.

Ein Beispiel aus der Praxis

Vorgeschichte

Herr K. (Down-Syndrom, leicht geistig behindert, IQ 58), arbeitete zunächst 23 Jahre in der Gärtnerei seines Vaters, nach Schließung des Betriebs wechselte er vom elterlichen Zuhause in eine Wohngruppe einer Großeinrichtung, wo er auch einen Werkstattplatz erhielt. Er galt als fleißig, umgänglich, in allen Verrichtungen des alltäglichen Lebens selbstständig, verfügte über ein gutes Erinnerungsvermögen, konnte sich sprachlich verständigen, sprach jedoch leise und etwas verwaschen und galt als redescheu. Er betätigte selbstständig Einkäufe innerhalb und außerhalb der Anstalt und arbeitete eigenständig-verantwortlich zur größten Zufriedenheit der Werkstattbetreuer.

Seit zwei Jahren werden Veränderungen in seinem Verhalten beobachtet, die aus medizinisch-klinischer Sicht einen demenziellen Prozess vermuten lassen. Das betrifft vor allem zunehmende Unregelmäßigkeiten im Arbeitsverhalten (Tätigkeiten werden nicht zu Ende geführt, Aufgaben bleiben unerledigt, Werkstücke bleiben liegen oder werden falsch bearbeitet, verlangsamtes Arbeitstempo, häufiges Einschlafen und Dösen am Arbeitsplatz, Klagen über Kopfschmerzen), wachsende Unselbstständigkeit, örtliche und zeitliche Desorientierung bei seinen Einkäufen und Außenaktivitäten (z. B. Vergessen und Abbrüche von Vorhaben; vergessen, was eingekauft werden soll; liegenlassen von Dingen; verlaufen in der Stadt), vermehrte Schwierigkeiten (zunehmende Unbeholfenheit) bei der alltäglichen Selbstversorgung, Rückzugstendenzen in der Wohngruppe, spontanes Verlassen der Gruppe und planloses, desorientiertes Umherlaufen im Anstaltsgelände, Tag- und Nachtumkehr mit der Tendenz, Mitbewohner nachts aufzuwecken bzw. von ihrem Schlaf abzuhalten.

Aufgrund dieser Umstände wurde eine Veränderung der Beschäftigungsangebote und Tagesstrukturierung (statt Montagegruppe Tagesförderstätte) sowie eine Verlegung in eine „intensiv betreute“ Gruppe mit Nachtwache vorgenommen. Dort heißt es, dass der beschriebene Prozess fortschreiten würde, dass das Personal jedoch bemüht sei, die noch vorhandenen Formen an Selbstständigkeit bei der alltäglichen Pflege, beim An- und Ausziehen, bei der Auswahl der Kleidung, beim Essen etc. soweit wie möglich aufrechtzuerhalten. Dabei würde Herr K. nicht unter Zeitdruck gesetzt, so könne er beispielsweise morgens länger schlafen oder später frühstücken und die Zeiten in der Tagesstätte (TAF) seien flexibel. Dadurch ließen sich „unnötige" Auseinandersetzungen (z. B. beim Beharren auf Zeitvorgaben wie „jetzt ist Frühstückszeit"...) und Formen an Gereiztheit und Aggressivität vermeiden. Allgemein gilt Herr K. als ruhiger Bewohner, der sich aus eigenem Antrieb kaum äußern würde. Grundsätzlich sei das Personal bestrebt, Herrn K. sinnvolle, stärkenorientierte Aktivitäten (z. B. Mithilfe bei der Essenszubereitung, Küchenarbeiten) anzubieten und eine Lebensgestaltung zu ermöglichen, in denen er seine Interessen und „Rituale" (z. B. Tragen bestimmter T-Shirts; Sammeln und Sortieren von Fotos mit Fußballspielern; Aufkleben von Bildern in einem Fußballalbum) aufrechterhalten könne. Alles in allem würde – so die Bereichsleitung – das Gruppenpersonal gegenüber Herrn K. das nötige Verständnis aufbringen, und einige Mitarbeiterinnen hätten sich bereits mit den Grundsätzen der Validation vertraut gemacht und würden intuitiv danach arbeiten.

Verlaufsbeschreibung eines validierenden Gesprächs

(15.7.2005; 10 Uhr)

Das Wetter war schön und die Sonne schien. Frau R. (Ergotherapeutin) hatte mit der Wohngruppe vereinbart, Herrn K. um 10 Uhr zu einem kleinen Spaziergang abzuholen, bevor Sie mit ihm zur TAF gehen wollte. Als Frau R. Herrn K. abholen wollte, saß dieser noch mit seinem Nachthemd bekleidet in seinem Zimmer. Nach Aussage der Gruppenmitarbeiter hatte er an diesem Freitagmorgen keine Lust gehabt, sich anzuziehen. Frau R. begrüßte ihn und fragte, ob sie sich zu ihm setzen dürfe. Herr K. nickte und brummelte „ja".

Frau R.: Sie haben ein schönes Nachthemd an, es gefällt mir.
Herr K.: Ja, ist schön, von Mama.
Frau R.: Ihre Mama hat einen guten Geschmack.
Herr K.: Ja, Mama soll kommen, Mama soll kommen, mich holen, muss helfen, gießen.
Frau R.: Bei Ihren Eltern in der Gärtnerei gibt es viel zu tun. Herr K.: Ja, muss gießen, Blumen gießen, graben, mit Spaten.
Frau R.: Da wird Ihre Mama froh sein, wenn Sie helfen.
Herr K.: Ja, Papa auch.
Frau R.: Ihr Papa ist auch froh, wenn Sie helfen.
Herr K.: Papa Arm kaputt.
Frau R.: Ihr Papa hatte einen Unfall. Daher möchten Sie ihm helfen.
Herr K.: Ja, Blumen gießen, graben, Papa kann nicht, Hand kaputt.
Frau R.: Darum ist Ihre Hilfe sehr wichtig.
Herr K.: Ja, Papa freut sich.

Frau R.: Ihr Papa freut sich, wenn Sie ihm helfen.
Herr K.: Ja (schmunzelt dabei und brüstet sich selbstbewusst), findet Papa gut.
Frau R.: Ihr Papa ist stolz auf Sie, wenn Sie ihm helfen.
Herr K.: Ja, viel Arbeit.
Frau R.: Dann sind Sie bestimmt abends müde, nach so viel Arbeit.
Herr K.: Ja, viel schaffen (nickt und schmunzelt), bin fertig.
Frau R.: Jetzt haben Sie alles erledigt. Herr K.: Ja.
Frau R.: Ich wollte Sie jetzt abholen. Möchten Sie mit?
Herr K.: Ja, will mitkommen. Daraufhin steht
Herr K. auf und zieht sich mit Unterstützung an ...

Zwischenreflexion

Zunächst sei betont, dass die Umsetzung einer validierenden Assistenz Übung bedarf und nicht von heute auf morgen erlernt werden kann. Frau R. hatte an zwei Validationsseminaren teilgenommen und sich autodidaktisch geschult. Wenngleich sie Supervision erhielt, legte sie Wert auf die Aussage, keinen Anspruch auf „Richtigkeit" zu erheben.

Ihr erklärtes Interesse ist es, mit einer dementen Person respektvoll und wertschätzend zu kommunizieren und auch in schwierigen Situationen validierend klar zu kommen, d.h. nicht zu tadeln oder zu kritisieren, sondern den Einzelnen so anzunehmen und anzusprechen, dass er sich verstanden und sicherer fühlen sowie Selbstvertrauen (wieder-)gewinnen kann.

Dementsprechend zeigt unser Gesprächsbeispiel auf, dass Frau R. Herrn K. nicht danach fragt, warum er noch nicht angezogen sei, sondern ihn so akzeptiert, wie sie ihn antrifft. Das unterstreicht sie mit der Wertschätzung seines Nachthemdes. Dadurch fühlt sich Herr K. angenommen, und es ist eine Situation geschaffen, in der er Vertrauen aufbauen, Verständnis und Geborgenheit finden, Angst abbauen, Freude empfinden sowie positive Selbstbestätigung erfahren kann. Da Frau R. die Lebensgeschichte von Herrn K. kennt, fällt es ihr leicht, ins Gespräch einzusteigen, sich in die Erlebniswelt von Herrn K. einzufühlen und ihn auf seiner Erinnerungsreise in seiner Vergangenheit zu begleiten. Frau R. vermeidet es, von einer gegenwartsbezogenen Perspektive auszugehen sowie Herrn K. auf die Realitätsebene zu führen. Vielmehr orientiert sie sich an seinen „real empfundenen", unbewältigten Erinnerungen aus seiner Vergangenheit, indem sie ihm seine Erfahrungs- und Erlebniswelt in einfachen, verständlichen Worten widerspiegelt und vor Augen führt, dass seine Gefühle richtig und wertvoll sind. Dabei lässt sie das Tempo und die Richtung des Gesprächs Herrn K. selbst bestimmen. Auf diese Weise bietet sie ihm Unterstützung in der Bewältigung seiner Vergangenheit (lebensgeschichtliche Erfahrungen) und der damit verknüpften Gefühle. Es gelingt ihr, sein Bedürfnis nach Bestätigung und Gewissheit zu befriedigen, psychischen Stress zu kompensieren sowie sein Selbstwertgefühl zu erhöhen.

Verlaufsbeschreibung eines validierenden Gesprächs

(23.7.2005; 15:30 Uhr)

In der Wohngruppe soll gemeinsam Kaffee getrunken werden. Der Tisch im Wohnraum ist mit Kaffee, heißer Schokolade, Wasser, Saft, Kuchen und Obst gedeckt. Fast alle Bewohnerinnen und Bewohner sitzen schon am Tisch. Herr K. sitzt „dösend" auf dem Sofa im Gruppenwohnraum und wollte nicht aufstehen. Eine mit Validationstechniken vertraute Mitarbeiterin (Frau Z.) spricht ihn an.

Frau Z.: Darf ich mich zu Ihnen setzen. Herr K.: Ja (brummelt).
Frau Z.: Sie sehen heute aber müde aus.
Herr K.: [war] schaffen, Arbeit fertig. (Herr K. redete sehr leise und war zunächst kaum zu verstehen.)
Frau Z.: Sie haben gearbeitet und sind fertig.
Herr K.: Ja, Papa helfen.
Frau Z.: Sie haben Ihrem Papa geholfen in der Gärtnerei.
Herr K.: Erde laden.
Frau Z.: Das war anstrengend.
Herr K.: Ja, Papa helfen, Papa gesagt.
Frau Z.: Das finde ich ja schön, dass Sie Ihrem Papa helfen.
Herr K.: Papa lieb haben, Mama lieb haben.
Frau Z.: Sie haben Ihren Papa sehr lieb, und Sie haben Ihre Mama sehr lieb.
Herr K. schmunzelt, brummelt vor sich hin, lacht, steht plötzlich auf und geht zum gedeckten Kaffeetisch.

Reflexion

Da es Herr K. problemlos zulässt, dass sich Frau Z. neben ihn setzen darf, ist die Ausgangssituation für eine validierende Assistenz sehr günstig. Frau Z. kann mit ihm leicht ins Gespräch kommen. Da ihr wie Frau R. die Lebensgeschichte bekannt ist, braucht sie sich nicht über die Aussagen von Herrn K. zu wundern, sondern sie weiß sofort, was ihn bewegt. Beim Gesprächsablauf geht Frau Z. einfühlend und wertschätzend vor, es gelingt ihr, sich in die Gedanken- und Gefühlswelt von Herrn K. einzufinden und ihn dort abzuholen, wo er Lebensfragen hat, unsicher wirkt, Gewissheit gewinnen und bestätigt werden will.

Über die Gründe seines Rückzugs in die Vergangenheit können wir letztlich nur spekulieren. Berichten zufolge habe er sich zu Hause bei seinen Eltern immer sehr wohl gefühlt. Die Eltern hätten sich stark um ihn gekümmert und seien stolz darauf gewesen, dass sie es geschafft hatten, ihren Sohn zur selbstständigen Mithilfe bei einfachen Tätigkeiten wie Umtopfen, Gießen, Wässern, Schubkarre schieben, Stapeln und Ähnlichem zu befähigen. Möglicherweise gehen daher die immer wiederkehrenden Erinnerungen aus seiner Vergangenheit mit einer Sehnsucht nach der Arbeit einher. Herr K. war stolz darauf, v. a. seinem Vater helfen zu können, und dieses Gefühl braucht seine Bestätigung, was zugleich identitätsstiftend und -erhaltend ist: Identität zu erleben, Identität (wieder-)zugewinnen und „Identität zu haben, bedeutet zu wissen, wer man ist. Es bedeutet, ein Gefühl der Kontinuität mit der Vergangenheit und demnach eine ‚Geschichte' zu haben, etwas also, das man anderen präsentieren kann" (Kitwood 2001, 125).

Insgesamt führen uns beide Gesprächsausschnitte vor Augen, dass es nicht selten für uns eher „nichtig" erscheinende Äußerungen sind, die für die Person sehr bedeutsam sind. Für eine validierende Assistenz kommt es darauf an, gerade solche subjektiv bedeutsamen Botschaften oder Signale zu erkennen, richtig einzuschätzen und im Hinblick auf Gefühle und Bedürfnisse nach Trost, Wertschätzung, zwischenmenschlicher Kommunikation, Sicherheit, Gewissheit und Identität widerzuspiegeln.

Schlussbemerkung

Um Missverständnissen vorzubeugen, soll nicht unerwähnt bleiben, dass in der alltäglichen Arbeit alle sieben Unterstützungsformen in ihrer interdependenten Verknüpfung zur Geltung kommen sollten, da am ehesten von der Synergiewirkung dieses Zusammenspiels positive Effekte für einen angemessenen Umgang mit dementen und (schwer-)behinderten Personen erwartet werden können. Zudem kann das Assistenz-Modell nur dann tragfähig sein, wenn sich die Profis mit dem Problem der Macht bzw. den stillen Verführungen zum Mächtigsein selbstkritisch auseinandersetzen. Denn die assistierenden Hilfen verweisen auf eine paradoxe Situation, in der die unterstützende Person zumeist als die aktivere und mächtigere in Erscheinung tritt und – wie es M. Buber (1962, 167) ausdrückt – sich an „beiden Enden der gemeinsamen Situation" befindet. Dieses asymmetrische Verhältnis steht in der augenfälligen Gefahr, in willkürliche Herrschaft und manipulative Fürsorglichkeit zu entgleiten, falls es der assistierenden Person nicht gelingen sollte, das eigene Handeln von der „Gegenseite" her zu erleben und nachzuempfinden, sich „von drüben aus" selber aufzufangen und zu erspüren, „‚wie das tut', wie das diesem anderen Menschen tut" (Buber 1969, 43). Buber unterstreicht hierbei die Notwendigkeit der Reflexion dieses Akts der „Umfassung" (ebd., 37; 1962, 167) in der Beziehung mit dem anderen.

Dieses asymmetrische Verhältnis steht der Struktur der von körper- und sinnesbehinderten Menschen favorisierten „Persönlichen Assistenz" quasi diametral gegenüber. Es legitimiert sich jedoch dadurch, dass Modelle der „Persönlichen Assistenz" oder der „symmetrischen Partnerschaft", wie es in Empowerment-Konzepten eingefordert wird, bei Menschen mit einer komplexen Behinderung und schweren neurokognitiven Störung auf unüberwindliche Probleme stoßen. Gerade deshalb bedarf es einer zielgruppenbezogenen Konzeption, die sich an der Erkenntnis zu orientieren hat, dass Menschen mit einer komplexen Behinderung und schweren neurokognitiven Störung empathische Unterstützungsformen und vertrauensvolle Bezugspersonen benötigen, die sich nicht auf die Rolle von Ausführungsgehilfen zurückziehen dürfen, sondern mehrere Funktionen und Aufgaben im Dienste der Betroffenen erfüllen müssen. Hierzu kann das skizzierte Assistenz-Modell, in dem Grundeinsichten und Anliegen aus der Empowerment-Philosophie Eingang gefunden haben, einen prominenten Beitrag leisten, der zugleich für eine zielgruppenbezogene Professionalisierung wegweisend sein sollte. Ein professionelles Denken und Handeln, das sich an den zuvor skizzierten Assistenzformen orientiert, ist zugleich Voraussetzung für eine lebenswelt- und sozialraumorientierte Arbeit, die Lebensqualität für Menschen mit einer komplexen Behinderung und schweren neurokognitiven Störung fördern und sichern soll.

Literatur und Quellenangaben

Ausführliche Literatur und Quellenangaben unter www.lambertus.de/behindertenarbeit

Bullinger, H./Nowak, J. (1998): Soziale Netzwerkarbeit: eine Einführung für soziale Berufe, Freiburg i.B.

Eurich, J.: (2020): Personenzentrierung und Selbstbestimmung. Ethische Reflexionen zu Grundfragen der professionellen Beziehungsgestaltung, in: Lob-Hüdepohl, A./Eurich, J. (Hg.): Personzentrierung – Inklusion – Enabling Community. Stuttgart, 33–52.

Fink, F./Hinz, T. (Hg.) (2011): Inklusion in der Behindertenhilfe und Psychiatrie. Freiburg i.B.

Goffman, E. (1972): Asyle – über die soziale Situation psychischer Patienten und anderer Insassen. Frankfurt/M.

Grezer-Sass, A. (2011): Mehrgenerationenhäuser, in: Olk, T./Hartnuß, B. (Hg.): Handbuch Bürgerschaftliches Engagement. München, 567–576.

Herriger, N. (2014): Empowerment in der Sozialen Arbeit (3. Aufl.). Stuttgart.

Hinte, W./Treeß, H. (2007): Sozialraumorientierung in der Jugendhilfe. Weinheim.

Kann, P./Doose, S. (2004): Zukunftsweisend. Peer Counseling & Persönliche Zukunftsplanung Kassel (3. Aufl.).

Kitwood, T. (2003): Demenz. Der person-zentrierte Ansatz im Umgang mit verwirrten Menschen. Bern.

Klee, E. (1985): „Euthanasie“ im NS Staat. Frankfurt/M.

Klee, E. (1986): Dokumente zur „Euthanasie“. Frankfurt/M.

Lob-Hüdepohl, A. (2020): Personenzentrierung: Inklusive Herausforderungen für eine umfassend diakonische Kirche, in: Lob-Hüdepohl, A./Eurich, J. (Hg.): Personzentrierung – Inklusion – Enabling Community. Stuttgart, 113–129.

MSJG – Montag Stiftung Jugend und Gesellschaft (2011) (Hg.): Inklusion vor Ort. Der kommunale Index für Inklusion – Ein Praxishandbuch. Berlin.

MSJG – Montag Stiftung Jugend und Gesellschaft (2018) (Hg.): Inklusion ist machbar! Das Erfahrungshandbuch aus der kommunalen Praxis. Berlin.

Schwalb, H./Theunissen, G. (Hg.) (2018): Inklusion, Partizipation und Empowerment in der Behindertenarbeit. Stuttgart (3. akt. Aufl.).

Seifert, M. (2010b): Das Gemeinwesen mitdenken – Herausforderungen für die Behindertenhilfe, in: Stein, A.-D./Krach, S./Niediek, I. (Hg.): Integration und Inklusion auf dem Weg ins Gemeinwesen. Bad Heilbrunn, 32–50.

Theunissen, G. (2013): Empowerment und Inklusion behinderter Menschen, Freiburg (3. erw. Aufl.).

Theunissen, G. (2014): Der Umgang mit Autismus in den USA. Schulische Praxis – Empowerment – Leben in der Gemeinde. Das Beispiel Kalifornien. Stuttgart.

Theunissen, G. (2021): Geistige Behinderung und Verhaltensauffälligkeiten. Bad Heilbrunn (7. überarb. u. erw. Aufl.).

Theunissen, G./Kulig, W. (Hg.) (2016): Inklusives Wohnen. Bestandsaufnahme, Best Practice von Wohnprojekten für Erwachsene mit Behinderung in Deutschland. Stuttgart.

Der Autor

Universitätsprofessor Dr. Georg Theunissen (i. R.), Jg. 1951, Dipl.-Päd., Heilpäd., von 1994 bis 2019 Ordinarius für Geistigbehindertenpädagogik an der Martin-Luther-Universität Halle-Wittenberg, bis 2019 eine zusätzliche Professur für Pädagogik bei Autismus, damit Gründer des 1. Lehrstuhls für Pädagogik bei Autismus im deutschsprachigen Raum; Lehr- und Forschungsgebiete: Enthospitalisierung und Deinstitutionalisierung, Empowerment und Heilpädagogik, Ästhetische Erziehung und Außenseiterkunst, Altenarbeit und Demenz, Verhaltensauffälligkeiten und Positive Verhaltensunterstützung, Autismus; über 600 Beiträge in Fachzeitschriften und etwa 60 Fachbücher (Monographien, Herausgeberschriften, Handbücher) zu den genannten Arbeitsgebieten.

Anfragen für Vorträge, Workshops und Praxisberatung über Autismus und Umgang mit herausforderndem Verhalten (Positive Verhaltensunterstützung) gerne per email: georgtheunissen@gmx.de